Erste Ergebnisse aus IGI II

Wilfried Bos, Eva-Maria Lankes, Manfred Prenzel,
Knut Schwippert, Gerd Walther, Renate Valtin (Hrsg.)

# Erste Ergebnisse aus IGLU

## Schülerleistungen am Ende der vierten Jahrgangsstufe im internationalen Vergleich

Waxmann Münster / New York
München / Berlin

Die Deutsche Bibliothek – CIP-Einheitsaufnahme

**Bibliografische Informationen Der Deutschen Bibliothek**
Die Deutsche Bibliothek verzeichnet diese Publikation in der Deutschen Nationalbibliografie; detaillierte bibliografische Daten sind im Internet über http://dnb.ddb.de abrufbar.

ISBN 3-8309-1200-5


Postfach 8603, D-48046 Münster

http://www.waxmann.com
E-Mail: info@waxmann.com

Umschlaggestaltung: Matthias Grunert, Münster
Titelbild: „Hannah", fotografiert von Mathilda Legemah
Satz: Heike Poppendieker
Druck: Runge GmbH, Cloppenburg
Gedruckt auf alterungsbeständigem Papier, DIN 6738

# Inhalt

# I. IGLU – ein kooperatives internationales Projekt

*Wilfried Bos, Eva-Maria Lankes, Manfred Prenzel, Knut Schwippert, Gerd Walther, Renate Valtin*

## 1. Vorbemerkung

Mit dem hier vorgelegten Band stellen wir zeitgleich mit der internationalen Berichterstattung erste Ergebnisse der Internationalen Grundschul-Lese-Untersuchung (IGLU) aus deutscher Perspektive vor. Dies ist der erste von zwei Berichtsbänden, der einen ersten Überblick über die Leistungen in den getesteten Fachkompetenzen, über deren Einordnung in die internationalen Befunde und über einige ausgewählte Bedingungen des lernrelevanten Hintergrunds gibt. Der zweite Band wird eine ausführlichere Darstellung der Leistungen im Kontext der international und national zusätzlich erhobenen Einfluss- und Bedingungsvariablen enthalten. Weltweit beteiligten sich 35 Länder an diesem Projekt.

In Deutschland wurde die Untersuchung zum Leseverständnis um Mathematik, Naturwissenschaften, Orthographie und Aufsatz (IGLU-E) erweitert. Damit wird eine Wissenslücke in der systematischen Beobachtung von Bildungsergebnissen über die gesamte Schulzeit hinweg geschlossen. Zum ersten Mal werden an einer großen, für Deutschland repräsentativen Stichprobe Kompetenzen von Grundschülerinnen und Grundschülern am Ende der vierten Jahrgangsstufe in mehreren Fächern international vergleichend untersucht. Die IGLU-Konzeption für die Grundschule beruht auf einer Vorstellung von Grundbildung (*Literacy*) und betont die kulturelle Bedeutung von Bildungsinhalten. Die Testaufgaben sprechen Kompetenzen im Leseverständnis, in Mathematik und in den Naturwissenschaften an, die in der Lebenswelt von Grundschulkindern bedeutsam sind und zugleich eine wichtige Basis für das anschließende Lernen in der Sekundarstufe I darstellen.

Im Rahmen von IGLU wurde zudem mit Hilfe von Fragebögen an Eltern, Lehrer, Schulleiter und Kinder ein breites Spektrum von Zusatzinformationen erhoben. Sie geben Aufschluss über Schulen, Unterricht, Unterstützungssysteme, Einstellungen und Interessen der Befragten aus insgesamt 35 nationalen Bildungssystemen in den teilnehmenden Ländern. Die Befunde aus IGLU und IGLU-E lassen die Ergebnisse der Schulleistungsuntersuchungen aus der Sekundarstufe I, wie sie kürzlich mit der *Third International Mathematics and Science Study* (TIMSS) und der Studie *Programme for International Student Assessment* (PISA) vorgelegt wurden, in einem neuen Licht erscheinen. Am Ende der vierten Jahrgangsstufe müssen Schülerinnen und Schüler in Deutschland internationale Vergleiche nicht scheuen. Die in der Sekundarstufe I und II festgestellten Mängel sind offensichtlich nicht Fortschreibungen von bereits in der Grundschule angelegten Defiziten, sondern in Deutschland primär Resultat der an die Grundschule anschließenden Schulformen. Diese allgemein nicht erwarteten Ergebnisse werden die Diskussion um die Kompetenzen von Grundschülerinnen und Grundschülern, die Unterstützung durch Elternhäuser, die weitere Verbesserung der Grundschule und den Bedarf an gezielter Fortführung der Bildungsanstrengungen im Sekundarbereich beleben.

Die zentrale Bedeutung der Grundschule – sowie der vorschulischen Bildung – wird durch die vorgelegten Befunde verstärkt. Die Grundschule ist die Einrichtung, die im Rahmen des deutschen Bildungssystems für die Förderung aller Schülerinnen und Schüler unabhängig von ihrer sozialen und kulturellen Herkunft und den bereits erbrachten Vorleistungen zuständig ist. Die Grundschule hat gerade im deutschen Bildungswesen eine zentrale Förder- und Ausgleichsfunktion, die weiter ausgebaut werden muss. Deutlich wird aber auch, dass sich die Probleme auf Ebene der Sekundarstufe I massiv verschärfen und zuspitzen. Deshalb reicht eine weitere Optimierung auf Grundschulebene allein nicht aus.

IGLU steht in der Tradition der in Deutschland in jüngster Zeit durchgeführten internationalen Schulleistungsuntersuchungen. Bereits nach den ersten Analysen aus TIMSS bedauerten Wissenschaftler des Max-Planck-Instituts für Bildungsforschung in Berlin und des Leibniz-Instituts für die Pädagogik der Naturwissenschaften in Kiel, dass in Deutschland versäumt worden war, sich an TIMSS für die Grundschule zu beteiligen, da deshalb unklar blieb, welche der in der Sekundarstufe festgestellten Defizite bereits im Primarbereich angelegt waren. Zeitgleich mit Planungen, TIMSS für die Grundschule in Deutschland nachzuholen, kam ein Angebot der *International Association for the Evaluation of Educational Achievement* (IEA), sich mit einer repräsentativen Stichprobe an einer internationalen Untersuchung zur Lesekompetenz am Ende der vierten Jahrgangsstufe zu beteiligen. Da dies eine gute Gelegenheit bot, mit der Kombination von TIMSS und der Studie zur Lesekompetenz eine Schnittmenge der untersuchten Kompetenzen zur PISA-Studie im Bereich der Sekundarstufe I und der Grundschule zu erfassen, entschieden sich die beteiligten Wissenschaftlerinnen und Wissenschaftler diese abrundende Studie durchzuführen.

## 2. Die Organisation von IGLU

An der Internationalen Grundschul-Lese-Untersuchung und ihrer nationalen Erweiterung sind international und national zahlreiche Arbeitsgruppen und Institutionen beteiligt. IGLU wird weltweit unter der Bezeichnung *Progress in International Reading Literacy Study* (PIRLS) durchgeführt. International wird diese Studie – wie bereits TIMSS – von der IEA verantwortet. Die IEA hat mit der Durchführung und Organisation Michael O. Martin und Ina V.S. Mullis am International Study Center (ISC) des Boston College in Chestnut Hill / MA, USA betraut.

Diese Arbeitsgruppe war verantwortlich für Entwicklung, Design und Implementation der Studie, für die internationale Koordination der Entwicklung der Instrumente und der Erhebungsprozeduren, für die Qualität der Datenerhebung, für die Datenanalyse und den internationalen Bericht der Ergebnisse. Marc Joncas von Statistics Canada war verantwortlich für die Stichprobenziehung und die Anpassung des internationalen Designs an nationale Besonderheiten, für die Dokumentation der nationalen Stichproben und die Berechnung der internationalen Stichprobengewichte.

In jedem Teilnehmerland verantwortet international und national ein *National Research Coordinator* (NRC) die nationale Durchführung und Leitung der Studie. In Deutschland übernahm diese Aufgabe Wilfried Bos. Zur Durchführung der Studie wurde in Deutschland ein nationales Konsortium eingerichtet, dem folgende Mitglieder angehören:

- Wilfried Bos, Lehrstuhl für Quantitative Methoden und Internationale Bildungsforschung am Institut für International und Interkulturell Vergleichende Erziehungswissenschaft des Fachbereiches Erziehungswissenschaft an der Universität Hamburg;
- Manfred Prenzel, Geschäftsführender Direktor des Leibniz-Instituts für die Pädagogik der Naturwissenschaften (IPN) an der Christian-Albrechts-Universität zu Kiel;
- Renate Valtin, Lehrstuhl für Grundschulpädagogik am Institut für Schulpädagogik und Pädagogische Psychologie an der Humboldt-Universität zu Berlin;
- Gerd Walther, Lehrstuhl für Didaktik der Mathematik am Mathematischen Seminar der Christian-Albrechts-Universität zu Kiel.

Die Projektleitung am Lehrstuhl für Quantitative Methoden und Internationale Bildungsforschung an der Universität Hamburg obliegt Eva-Maria Lankes, das Datenmanagement und die Koordination der Datenanalysen verantwortet hier Knut

Lehrern und den Schulleitungen. Ohne ihre hohe Bereitschaft, die Tests zu bearbeiten und die Fragebögen auszufüllen, und auf diese Weise alle Informationen zur Verfügung zu stellen, über die hier berichtet wird, wäre diese Studie nicht möglich gewesen. Ein weiterer Dank gilt den Grundschullehrerinnen Alexandra Heese von der Heideschule in Buchholz und Inse Klein von der Pestalozzischule in Münster für die freundliche Unterstützung bei berufspraktischen Fragen.

## 3. Finanzierung und politische Administration

Mit dem Konstanzer Beschluss vom 24. Oktober 1997 hat die Kultusministerkonferenz (KMK) die Frage nach dem Leistungsvermögen von Schülerinnen und Schülern in Deutschland thematisiert und die Beteiligung an entsprechenden internationalen Vergleichsuntersuchungen als wichtige Ergänzung der länderbezogenen Qualitätssicherungsmaßnahmen im Bildungsbereich eindeutig befürwortet. In Konsequenz dieses Beschlusses hat die KMK am 25. Mai 2000 der Durchführung von IGLU zugestimmt.

IGLU und IGLU-E sind durch Drittmittel geförderte Zuwendungsforschungen. Es bestehen Berichtspflichten gegenüber den Zuwendungsgebern. Die Publikationsfreiheit ist jedoch nicht eingeschränkt. Ebenso wenig wurde von den Zuwendungsgebern in irgendeiner Form Einfluss auf Form und Inhalt der Berichtserstattung ausgeübt. Der vorliegende Bericht wird ausschließlich von den beteiligten Wissenschaftlern verantwortet.

Die Durchführung von IGLU wurde je zur Hälfte durch Zuwendungen des Bundesministeriums für Bildung, Wissenschaft, Forschung und Technologie (BMBF, Förderkennzeichen: IGL2000) und der Ständigen Konferenz der Kultusminister der Länder gefördert. IGLU-E wurde anteilsmäßig von den zwölf Ländern gefördert, die sich daran beteiligten. Die Federführung für die Administration von IGLU-E wurde vom Land Schleswig-Holstein übernommen.

# II. Anlage und Durchführung der Internationalen Grundschul-Lese-Untersuchung (IGLU) und ihrer Erweiterung um Mathematik und Naturwissenschaften (IGLU-E)

*Eva-Maria Lankes, Wilfried Bos, Ingola Mohr, Nike Plaßmeier, Knut Schwippert, Heiko Sibberns, Andreas Voss*

Die Internationale Grundschul-Lese-Untersuchung (IGLU) untersucht die Fähigkeiten von Kindern im Leseverständnis am Ende der vierten Jahrgangsstufe im Rahmen der von der *International Association for the Evaluation of Educational Achievement* (IEA) unter dem Namen *Progress in International Reading Literacy Study* (PIRLS) initiierten und organisierten Studie. Die Zielgruppe der Untersuchung war „the upper of the two adjacent grades with the most 9-year-olds" (Campbell, Kelly, Mullis, Martin & Sainsbury, 2001, S. 6). In den meisten Ländern und auch in Deutschland entspricht diese Definition der vierten Jahrgangsstufe. IGLU enthält gegenüber der internationalen Studie PIRLS zusätzliche Testkomponenten und Fragebögen. Zusätzlich wurde in Deutschland die Studie um einen zweiten Testtag erweitert, an dem Tests in Mathematik, Naturwissenschaften, Rechtschreiben und Aufsatz durchgeführt wurden (IGLU-E). Das folgende Kapitel liefert einen Überblick über die Untersuchungsschritte, Verfahren und Prozeduren der Studie. Weitere Informationen sowie Literaturhinweise zu den Themen finden sich in den Ergebniskapiteln.

## 1. Definition der Untersuchungspopulation

### 1.1 Teilnehmerländer

Im Frühsommer 2001 (nördliche Hemisphäre) und im Herbst desselben Jahres (südliche Hemisphäre) beteiligten sich weltweit 146.490 Grundschülerinnen und -schüler aus 35 Staaten an der internationalen Lesestudie (vgl. Abb. II.1).

Abbildung II.1: IGLU-Teilnehmerländer

| | | | | | | |
|---|---|---|---|---|---|---|
| Argentinien | Frankreich | Israel | Lettland | Neuseeland | Schottland | Tschechien |
| Belize | Griechenland | Italien | Litauen | Niederlande | Schweden | Türkei |
| Bulgarien | Hong Kong | Kanada | Marokko | Norwegen | Singapur | Ungarn |
| Deutschland | Iran | Kolumbien | Mazedonien | Rumänien | Slowakei | USA |
| England | Island | Kuwait | Moldawien | Russland | Slowenien | Zypern |

IEA: Progress in International Reading Literacy Study

Die Studie bietet jedem Staat die Möglichkeit, sich mit einer breiten Palette von Staaten zu vergleichen. In mancherlei Hinsicht mag ein Vergleich in dieser Breite auch für Deutschland interessant und lohnend sein. Wenn es jedoch darum geht, die Leistungen von Schülerinnen und Schülern als ein Ergebnis des Einsatzes von Ressourcen und kultureller Erfahrung zu betrachten und zu bewerten, dann ist es sinnvoll, sich mit Staaten zu vergleichen, die einen ähnlichen wirtschaftlichen und kulturellen Hintergrund haben.

Deshalb werden in diesem Band zu Befunden, die in die internationale Lesestudie eingebettet sind, neben dem internationalen Mittelwert drei weitere Kennwerte angegeben, die für Deutschland relevante Vergleichsmaßstäbe sein können (vgl. Tab. II.1). In Vergleichsgruppe 1 (VG 1) sind die teilnehmenden Länder aus der europäischen Union versammelt. Vergleichsgruppe 2 (VG 2) enthält alle an IGLU teilnehmenden Länder der OECD – ohne die Türkei. Zu dieser Gruppe gehören auch die IGLU-Länder, die bis zum Jahre 2007 Mitgliedsländer der Europäischen Union werden (Bulgarien, Lettland, Litauen, Rumänien, Slowenien, Tschechien, Ungarn und Zypern). Der Mittelwert und die Leistungsstreuung dieser Beitrittsländer (M = 528, SD = 76) entsprechen den Werten der an der Lesestudie teilnehmenden OECD-Staaten (M = 529, SD = 79), sie passen deshalb gut in diese Gruppe.

Tabelle II.1: IGLU-Ländervergleichsgruppen

| VG 1 | VG 2 | | VG 3 |
|---|---|---|---|
| Deutschland | Bulgarien | Niederlande | Argentinien |
| England | Deutschland | Norwegen | Belize |
| Frankreich | England | Rumänien | Iran |
| Griechenland | Frankreich | Schottland | Kolumbien |
| Italien | Griechenland | Schweden | Kuwait |
| Niederlande | Island | Slowakei | Marokko |
| Schottland | Italien | Slowenien | Mazedonien |
| Schweden | Kanada | Tschechien | Türkei |
| | Lettland | Ungarn | |
| | Litauen | USA | |
| | Neuseeland | Zypern | |

IEA: Progress in International Reading Literacy Study © IGLU-Germany

Vergleichsgruppe 3 (VG 3) besteht aus den acht Ländern, die beim Lesen mehr als eine halbe Standardabweichung unterhalb des internationalen Mittelwertes liegen. Zu dieser Gruppe gehören Argentinien, Belize, der Iran, Kolumbien, Kuwait, Mazedonien, Marokko und die Türkei. Die Länder Hong Kong, Moldawien, Singapur und die Russische Föderation werden in den Vergleichsgruppen nicht berücksichtigt. Israel wird wegen der zu niedrigen Ausschöpfung hier nicht berichtet. Die Befunde in Mathematik und Naturwissenschaften werden auf der Basis der Staaten verglichen, die an der Primarstufenuntersuchung TIMSS teilgenommen haben (vgl. Kap. V und VI).

## 1.2 Stichprobenziehung, Gewichtung und die Schätzung von Standardfehlern

Bei einer internationalen Vergleichsuntersuchung muss die Stichprobe, anhand derer ein Schulsystem beschrieben werden soll, groß genug sein, um statistisch verlässliche Aussagen machen zu können. Da die IGLU-Studie in die international durchgeführte PIRLS-Untersuchung eingebettet ist, wurden für die internationale Stichprobe von IGLU die in der IEA vorgegebenen Standards für die Stichprobenziehung angewendet. Die Stichproben in den einzelnen teilnehmenden Nationen waren so zu wählen, dass Mittelwerte ± 1/10 Standardabweichung mit 95prozentiger Sicherheit bestimmt werden können. Als Planungsgrundlage für den Stichprobenumfang in der PIRLS-Untersuchung wurde von der internationalen Studienleitung vorgegeben, dass mindestens 150 Schulen in der Stichprobe enthalten sein sollen.

Die Stichprobenziehung in IGLU basiert auf einem zweistufigenVerfahren: Grundsätzlich werden zuerst bundeslandweise Schulen gezogen, dann Klassen innerhalb der Schulen. Für die Schulstichprobenziehung im Dezember 2000 wurden aus den Angaben aus dem Schuljahr 1999/2000 mit einer Wahrscheinlichkeit proportional zur Größe der Schule die in die Erhebung eingehenden Schulen gezogen. Das Vorgehen wird so weltweit auch in allen Schulleistungsvergleichen angewandt, da die Zahl der Schulen von einem Schuljahr zum nächsten als konstant angesehen werden kann und auch die Schülerzahlen in den Schulen keinen erheblichen Schwankungen unterliegen. Die für die Klassenstichprobenziehung genutzten Klassenzahlen sowie die in die Erhebung eingehenden Schülerzahlen basieren auf den genauen Werten zum Testzeitpunkt. Innerhalb einer Schule haben alle Klassen die gleiche Wahrscheinlichkeit, in die IGLU-Stichprobe zu gelangen.

Bei disproportionalen einfach stratifizierten Klumpenstichproben, wie der hier vorliegenden, können die üblichen Analyseverfahren den Standardfehler systematisch unterschätzen. Wie sehr diese Unterschätzung von den tatsächlichen Werten abweicht, hängt von der Homogenität der Cluster ab. Dieses Problem kann mit sogenannten *Jackknife*-Verfahren angemessen berücksichtigt werden. Sie bestimmen die Variabilität der Schätzung von Populationskennwerten durch das wiederholte Schätzen dieser Werte aus Substichproben und bieten damit die Möglichkeit, Stichprobenfehler zu schätzen ohne die Annahme einfacher Zufallsstichproben voraussetzen zu müssen. Durch die Reduzierung der Freiheitsgrade führt diese Methode zu konservativen Schätzungen. In IGLU werden alle Standardfehler durch Jackknifing (*Jack-*

*knife Repeating Replication Technique*, JRR) geschätzt (Baumert, Bos & Lehmann, 2000; Gonzalez & Foy, 2000; Johnson & Rust, 1992; Wolter, 1985).

Jeder Schüler in der Studie repräsentiert nicht nur sich selbst, sondern eine bestimmte Anzahl anderer Schüler. Wie groß diese Anzahl genau ist, lässt sich aus der Wahrscheinlichkeit berechnen, in die gezogene Stichprobe zu gelangen. Wie oben beschrieben lässt sich diese Wahrscheinlichkeit aus zwei Einzelwahrscheinlichkeiten berechnen, nämlich aus der Wahrscheinlichkeit, dass die Schule gezogen wurde und aus der Wahrscheinlichkeit, dass die Klasse innerhalb der Schule gezogen wurde. Um länderspezifische Untersuchungen zu ermöglichen, lässt das Untersuchungsdesign zu, dass die individuelle Teilstichprobe so weit erhöht wird, dass interessierende Fragestellungen zufallskritisch abgesichert werden können. Einige Bundesländer in Deutschland haben sich für eine derartige überproportionale Stichprobe (*Oversampling*) entschieden. Um in den Analysen die Proportionen in den realen Schülerzahlen der Bundesländer beizubehalten, werden diese Länder in den Analysen so gewichtet, dass die proportionalen Anteile erhalten bleiben.

Die internationalen Vorgaben erlauben es, Schulen mit geistig, körperlich oder mehrfach behinderten Schülerinnen und Schülern sowie sehr kleine Schulen nach festgelegten Kriterien vor der Stichprobenziehung von der national angestrebten Stichprobe auszuschließen. Der Ausschluss durfte allerdings nicht mehr als 5 Prozent der Population betragen, für die eine Aussage gemacht werden sollte, damit das Land noch in der internationalen Berichtlegung verbleiben konnte. Die Ausschöpfungsquoten konnten von einigen Ländern nicht in dem international vorgeschriebenen Umfang erreicht werden. England, Griechenland und die Russische Föderation erreichten eine Ausschöpfung unter den erforderlichen 95 Prozent. Israel erreichte weniger als 80 Prozent der erforderlichen Ausschöpfung und wird aus diesem Grund nicht in den hier vorgelegten deutschen Bericht aufgenommen. In Kanada gingen von vornherein nur die Provinzen Ontario und Quebec (60 % der Bevölkerung) in die Stichprobenziehung ein, in Litauen wurden nur litauisch sprechende Schülerinnen und Schüler einbezogen (90 %). Die Niederlande, Schottland und Marokko erreichten ihre erforderliche Ausschöpfungsquote erst nach Einbeziehung von ebenfalls zufällig gezogenen Ersatzschulen. Alle Länder mit von den internationalen Vorgaben abweichenden Stichprobenbedingungen sind in den Tabellen und Abbildungen mit einem * gekennzeichnet.

In Deutschland nahmen alle 16 Bundesländer an der internationalen Lesestudie teil. Alle Grundschulen, deren Kinder der vierten Jahrgangsstufe in der Lage waren, den Test zu bearbeiten (also auch Kinder an Sonderschulen), gingen in die Stichprobenziehung ein. Ausgeschlossen waren lediglich sehr kleine Schulen und diejenigen

Sonderschulen, deren Kindern aus körperlichen oder geistigen Gründen den Test nicht durchführen konnten. Die Ausschlussrate aus diesen beiden Gründen betrug in Deutschland 0,8 Prozent. Für die internationale Stichprobe wurden 151 Schulen aus allen Bundesländern proportional zur Einwohnerzahl des Landes gezogen. Weil einige Bundesländer ihre Stichprobe erweiterten (*Oversampling*), umfasste die den Zufallskriterien genügende Stichprobe in Deutschland 216 Schulen.[1] Von den 216 Schulen der internationalen Stichprobe waren drei Schulen nicht bereit, am Test teilzunehmen, für zwei Schulen konnten Ersatzschulen gezogen werden, die dritte konnte wegen der Kurzfristigkeit der Entscheidung nicht ersetzt werden. Eine Förderschule, die an sich unter die Ausschlusskriterien gefallen wäre, aber nicht als solche erkannt worden war, wurde nachträglich ausgeschlossen, da sich im Verlauf des Tests erwies, dass die Schülerinnen und Schüler nicht in der Lage waren, den Test zu bearbeiten.

Somit umfasste die zufällig gezogene Stichprobe inklusive der zwei Ersatzschulen 214 Schulen. In drei Schulen nahmen weniger als 50 Prozent der Kinder am Test teil, diese Schulen wurden aufgrund der internationalen Bestimmung nicht in die Auswertung aufgenommen, so dass letztendlich 211 Schulen (98 %) in der internationalen Auswertung des ersten Testtages berücksichtigt werden.

### 1.3 Internationale und nationale Beteiligungsquoten

Auch innerhalb der Schulen gab es genau definierte Möglichkeiten, einzelne Kinder vom Test auszuschließen: Schüler fremder Muttersprache, die weniger als ein Jahr in der Landessprache unterrichtet worden sind; körperlich und geistig behinderte Schüler, die nicht in der Lage waren, den Test auszuführen oder (z.B. in integrierten Klassen) nicht an den regulären Klassenarbeiten teilnehmen.

In Deutschland waren in den 211 Schulen insgesamt 8.997 Schülerinnen und Schüler in die Stichprobe einbezogen. 58 Kinder wurden auf Grund der bereits genannten Kriterien vom Test ausgeschlossen, 27 Kinder waren verzogen und wurden – um Doppelzählungen zu vermeiden – aus der Schülerstichprobe ausgeschlossen. Die Beteiligungsquote der Schülerinnen und Schüler beträgt ungewichtet 86,7 Prozent (gewichtet 88,1 %). Die gesamte Ausschöpfung über die Schulen und Schülerinnen

1 Einige Bundesländer nahmen darüber hinaus bestimmte, ausgewählte Schulen (insgesamt 32 Schulen) unter besonderen Kriterien (z.B. um in einem Schulversuch zwei Gruppen von Schulen miteinander zu vergleichen) mit in die Stichprobe auf, die dann allerdings nicht mehr dem Anspruch der Zufallsstichprobe genügten. Diese Schulen erhielten in der internationalen Auswertung ein Gewicht von 0 und bleiben somit unberücksichtigt. Insgesamt wurden in Deutschland 10.571 Schülerinnen und Schüler in 246 Schulen getestet.

und Schüler hinweg beträgt ungewichtet 85,1 Prozent (gewichtet 86,4 %) der zu erreichenden Zielpopulation und entspricht damit den internationalen Vorgaben von einer Mindestausschöpfung von 85 Prozent. Nach der Gewichtung sind im Datensatz 7.633 Schülerinnen und Schüler berücksichtigt.

Von den 16 Bundesländern entschieden sich zwölf Länder für einen zweiten Testtag: Die Länder Brandenburg[2], Mecklenburg-Vorpommern, Niedersachsen und Sachsen-Anhalt haben an der Erweiterung um Mathematik und Naturwissenschaften (IGLU-E) nicht teilgenommen. Aus diesem Grund verkleinerte sich die Stichprobe am zweiten Testtag, an dem die Tests in Mathematik, Naturwissenschaften, Rechtschreiben und Aufsatz durchgeführt wurden: 5.943 Schülerinnen und Schüler an 168 Schulen umfasste die den Zufallskriterien genügende Stichprobe für die nationale Erweiterung IGLU-E.

Tabelle II.2: IGLU-Teilnahmequoten in Deutschland (ungewichtet)

| | IGLU<br>1. Testtag<br>16 Bundesländer | IGLU-E<br>2. Testtag<br>12 Bundesländer |
|---|---|---|
| Test | 85% | 84% |
| Schülerfragebogen | 84% | 84% |
| Mathematiklehrerfragebogen | – | 93% |
| Sachunterrichtslehrerfragebogen | – | 88% |
| Deutschlehrerfragebogen | 92% | |
| Elternfragebogen | 76% | |
| Schulleiterfragebogen | 95% | |

IEA: Progress in International Reading Literacy Study © IGLU-Germany

Die Beteiligung an den einzelnen Testkomponenten in Deutschland war unterschiedlich (vgl. Tab. II.2).

2 Da das Land Brandenburg im Jahr 2000 bereits eine eigene umfangreiche Qualitätsuntersuchung zum Unterricht in Mathematik (QuaSUM) in der Jahrgangsstufe 5 durchgeführt hat, wurde es für wichtiger befunden, durch ein *Oversampling* der Grundschulstichprobe repräsentative Daten zum Stand der Lesekompetenz für Brandenburg zu erhalten. Als landesspezifische Besonderheit ist die Lesestudie mit einer Zusatzerhebung von Prof. Bittmann von der Universität Potsdam verbunden worden, bei der durch zusätzliche Fragen an die Eltern und eine körperliche Untersuchung die Ausprägung der Feinmotorik und Ganzkörperkoordination untersucht wurde. Ziel des Ansatzes ist die Untersuchung möglicher Zusammenhänge zwischen Lesekompetenz und individuellen internalen Voraussetzungen, um daraus Hinweise auf Förderkonzepte im Bereich der Bewegungserziehung ableiten zu können mit denen die schulische Arbeit im Unterricht unterstützt werden könnte.

Den Leseverständnis-Test am ersten Testtag bearbeiteten 85 Prozent der Kinder, am zweiten Tag bearbeiteten 84 Prozent der Kinder die mathematischen und naturwissenschaftlichen Aufgaben. Die Schülerteilnahmequote in Deutschland ist im internationalen Vergleich etwas niedriger als in den meisten anderen Ländern mit einer Teilnahmequote von weit über 90 Prozent. Ein Grund dafür kann die in den meisten Bundesländern erforderliche Elterngenehmigung sein, die für die Teilnahme am Test schriftlich eingeholt werden musste. Der Rücklauf der Elternfragebögen, die nur in deutscher Sprache verteilt worden waren, war erwartungsgemäß etwas geringer. Die Bereitschaft der Lehrkräfte, die Fragebögen auszufüllen, war sehr hoch.

## 2. Test- und Fragebogenentwicklung

### 2.1 Literacy als Rahmenkonzept für die Testentwicklung

Die Entwicklung der Tests in IGLU und IGLU-E orientiert sich an einem Rahmenkonzept, das sich auf die internationale Diskussion über Grundbildung oder grundlegende Lese- und Schreibkompetenz bezieht. In pragmatischer Absicht werden grundlegende Kompetenzen definiert, die über den unterrichtlichen Rahmen hinaus für die Lebensbewältigung in konkreten Anwendungssituationen nützlich sind. Dieses Konzept kommt dem sehr nahe, was in den letzten Jahren in der grundschuldidaktischen Diskussion um den Bildungsauftrag von Grundschule erörtert wird. Damit werden zwei Aspekte betont: Der Stellenwert der grundlegenden Bildung für die Beteiligung und Verkehrsfähigkeit in aktuellen Lebenssituationen und die Anschlussfähigkeit für zukünftiges Lernen in der Schule, in Ausbildung und Beruf. Auf die Grundschule bezogen beinhaltet diese Sichtweise sowohl einen eigenständigen Auftrag von grundlegender Bildung, der sich auf das Verständnis für Situationen und den kompetenten Umgang mit den Anforderungen im Leben eines Grundschulkindes bezieht, als auch einen vorbereitenden Auftrag auf in der Zukunft liegende Lern- und Lebenssituationen, die das Verfügen über ein bestimmtes Repertoire an Basisqualifikationen erfordern. Dabei spielt die Lesekompetenz eine zentrale Rolle (vgl. Kap. IV).

IGLU und IGLU-E versuchen, belastbare und repräsentative Aussagen über den Stand an relevanten Kompetenzen in bestimmten Bereichen zu beschreiben. Über diese Bereiche hat IGLU auch eine Verbindung zum Unterricht der Grundschule als einer generellen Einrichtung, die bestimmte Ziele erreichen will. Auch wenn im Gegensatz zu weiterführenden Schulen in der Grundschule größere Freiräume in der Verknüpfung von Inhalten und Zielen verschiedener Fächer bestehen, die zu einer gegenseitigen Durchdringung und zu mehrperspektivischen Ansätzen führen, zielt der Unterricht doch, auf welche Weise und mit welcher Methode auch immer, auch auf den Aufbau von fachspezifischen Kompetenzen ab. Aus diesem Grund macht es Sinn, die Ergebnisse in Zusammenhang mit Merkmalen des Unterrichts zu betrachten und in Bezug auf die Ziele der Grundschule zu diskutieren (vgl. Kap. IV–VII).

Bei der Bewertung der Ergebnisse ist im Auge zu behalten, dass IGLU nicht als Evaluation der Grundschule angelegt ist. IGLU erfasst das Können und Wissen unserer Kinder am Ende der vierten Jahrgangsstufe. Neben dem Leseverständnis als einer zentralen und als Voraussetzung für das Lernen in allen Fächern unerlässlichen Kompetenz werden am zweiten Testtag die Rechtschreibkompetenz und die Fähigkeit im Textschreiben erhoben. In der Erweiterung am zweiten Testtag wird grundlegendes mathematisches Wissen und Können in inner- und außermathematischen Anwendungsfeldern getestet. Ein weiterer Bereich des zweiten Testtages nimmt Kenntnisse und Kompetenzen über Naturphänomene und erste naturwissenschaftliche Konzepte in den Blick. Kompetenzen, die bei IGLU erhoben werden, sind auch zu einem bedeutsamen Teil Gegenstand der Grundschul-Lehrpläne. Damit liefern die IGLU-Befunde Aussagen, die für die Weiterentwicklung von Unterrichtskonzepten und Lehrplänen der Grundschule eine wichtige Rolle spielen können.

## 2.2 Theoretisches Rahmenmodell für den Zusammenhang zwischen schulischen Leistungen und deren Bedingungen

Das für Deutschland auf der Basis der aktuellen Schulleistungsforschung entwickelte und von IGLU erweiterte Rahmenmodell (vgl. Abb. II.2) dient der Einordnung des unterrichtlichen Geschehens in einen breiten Rahmen, der auch außerunterrichtliche Bedingungen einbezieht und der auf die multidimensionale Verflechtung von Ursachen und Wirkungen verweist (Baumert & Weiß, 2002; Prenzel & Doll, 2002; Haertel, Walberg & Weinstein, 1983; Helmke & Weinert, 1997; Wang, Haertel & Walberg, 1993).

Die Leistungen der Schülerinnen und Schüler werden als Ergebnis eines Lernprozesses betrachtet, der nicht nur durch den Unterricht, sondern auch durch außerschulische und familiäre Merkmale und Bedingungen beeinflusst wird. Mit dieser Studie ist es nicht möglich und auch nicht beabsichtigt, das hier vorgelegte Modell zu prüfen. Es dient lediglich als Ordnungsrahmen für die verschiedenen Ebenen von Bedingungen, die einen Einfluss auf die Qualität der Leistungen ausüben können. Im

Abbildung II.2: Rahmenmodell für den Zusammenhang zwischen Schülerleistungen und deren Bedingungen

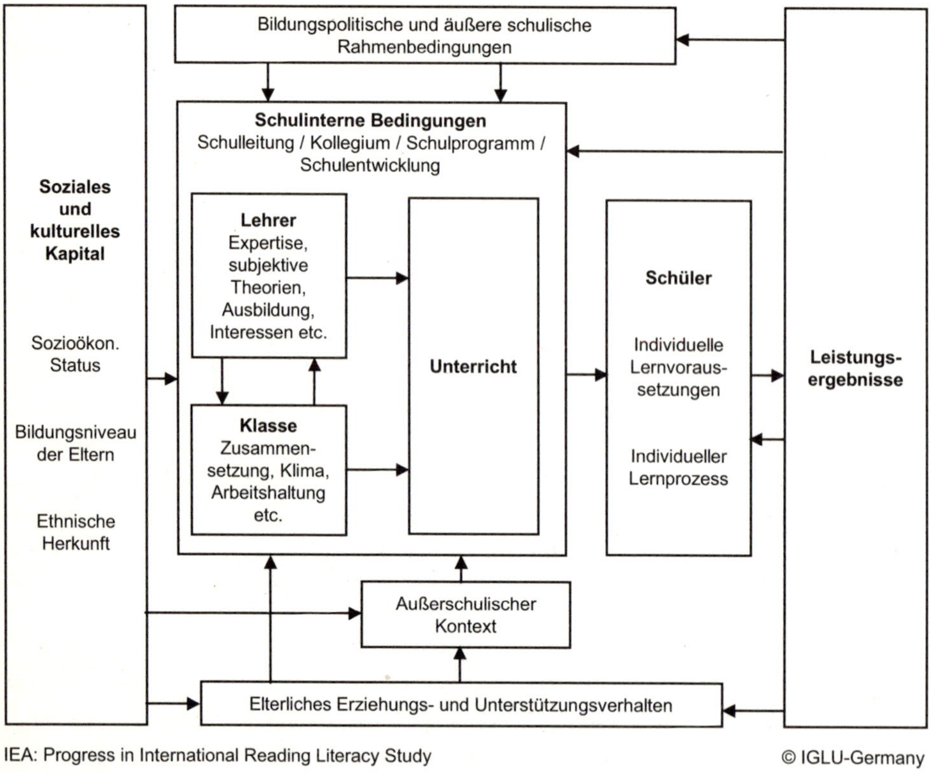


Zentrum des Modells stehen der Lernprozess der Schülerin, des Schülers im Unterricht und die proximalen Bedingungsfaktoren, die in diesem Kerngeschehen zusammenwirken. Als weiter entfernt liegende Bedingungsfaktoren fließen außerschulische, familiäre und institutionelle Merkmale in die Lernergebnisse ein. Das Modell enthält auch Hinweise auf wechselwirkende Faktoren: So werden die Ergebnisse dieser Studie genauso auf bildungspolitische und schulinterne Bedingungen zurückwirken wie individuelle Schülerleistungen auf das individuelle Lernverhalten und das elterliche Erziehungsverhalten. In den Teilkapiteln wird genauer auf die theoretischen Konzepte eingegangen, die hinter diesen Zusammenhängen stehen.

## 2.3 Internationale und nationale Fragebögen

Um das Geschehen im Unterricht und die vielfältigen Bedingungen, die die Schülerleistungen beeinflussen, möglichst mehrdimensional und mehrperspektivisch in den Blick nehmen zu können, wurden alle der im oben beschriebenen Modell genannten

Gruppen befragt (vgl. Abb. II.3). Eltern und Kinder gaben Auskunft über die familiären Hintergründe der Schülerinnen und Schüler und über lern- und leistungsrelevante Merkmale des Kindes. Schüler, Lehrkräfte und Schulleitungen wurden nach ihrer jeweiligen Einschätzung und Wahrnehmung des Unterrichtsgeschehens befragt. Lehrkräfte und Schulleitungen lieferten Informationen über leistungsrelevante Rahmenbedingungen an der Schule.

Abbildung II.3: IGLU-Kontextfragebögen und damit erhobene Merkmale

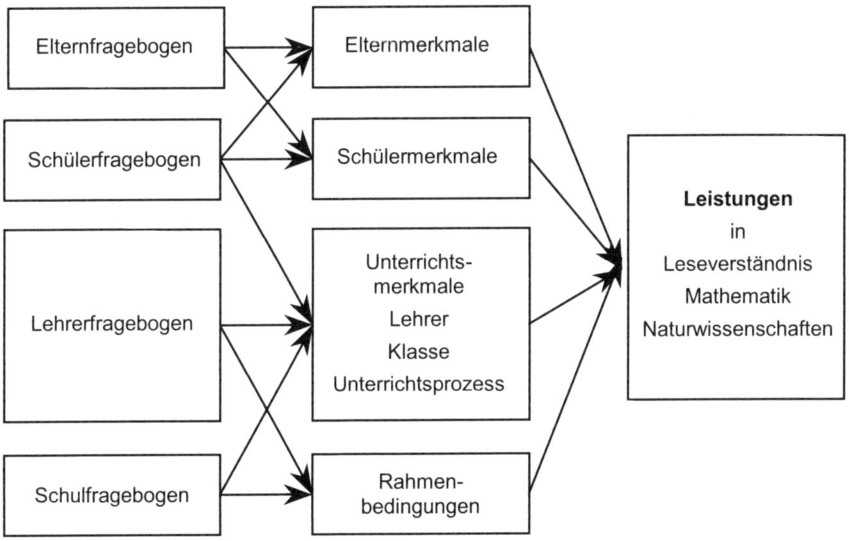


IEA: Progress in International Reading Literacy Study © IGLU-Germany

Die Bedingungen sollen in einem späteren Band gemeinsam mit den Leistungen betrachtet werden, um, so weit durch Bedingungsanalysen mit den geeigneten statistischen Verfahren möglich, Hinweise auf Bedingungen zu erhalten, die einzeln oder in Kombination Leistungserfolge unterstützen oder beeinträchtigen. Der folgende Absatz liefert einen kurzen Überblick über die eingesetzten Instrumente und die damit erhobenen Merkmale. Weitere Einzelheiten und theoretische Konzepte zu diesen Merkmalen finden sich in den Ergebniskapiteln.

Die internationalen Fragebögen der Lesestudie basieren auf einem Modell, das die Ergebnisse des Leseunterrichts (Leseleistungen und Einstellungen zum Lesen) im Zusammenhang mit familiären und schulischen Kontexten, aber auch mit kommunalen und nationalen Besonderheiten betrachtet, in die die schulischen und familiären Bedingungen eingebettet sind. Als Faktoren wurden u.a. erhoben

- zum familiären Kontext: leseunterstützende Aktivitäten der Eltern, Sprache in der Familie, familiäre Ressourcen, Beziehungen zwischen Elternhaus und Schule, außerschulische Leseaktivitäten der Kinder;
- zum schulischen Kontext: Schulstandort und schulische Ressourcen, Lehrerausbildung, Lernumgebung und Unterrichtsorganisation in der Klasse, Unterrichtsmethoden und -maßnahmen, Unterrichtsmaterial und -medien;
- zum nationalen und kommunalen Kontext: demographische Besonderheiten, Führung und Organisation des Bildungssystems, Lehrplanbesonderheiten und -schwerpunkte.

Die internationalen Fragebögen fokussieren vor allem die für Leistungen im Lesen relevanten Merkmale. Sie wurden deshalb national um einige Perspektiven erweitert, die über das Lesen hinausgehend einen weiteren Rahmen des Lernens in der Grundschule abdecken.

Der internationale *Schülerfragebogen* erfragte Aspekte der familiären und schulischen Erfahrungen des Kindes, darunter auch Unterrichtserfahrungen und Umgang mit Hausaufgaben, Selbstkonzept und Einstellungen zum Lesen, außerschulische Lesegewohnheiten, PC-Nutzung, familiäre leseunterstützende Ressourcen und grundlegende demographische Informationen. Am zweiten Testtag wurde den Kindern ein nationaler Fragebogen vorgelegt, der über das Lesen hinausgehende Merkmale zum Elternhaus, zu den Hausaufgaben, zum Schulklima und zu den Fächern Deutsch, Mathematik und Sachunterricht ermittelt. Um eine größere Menge von Aspekten erfragen zu können, wurde der nationale Schülerfragebogen in sechs Rotationen aufgeteilt, die auf verschiedenen Ebenen interpretiert werden können. Ein Teil der Fragen zur Mitarbeit, zur Disziplin und zum Verhalten der Lehrkraft im Deutschunterricht sowie einige Fragen zu Schulklima, Hausaufgaben und Zeit mit den Eltern etc. wurden von allen Kindern beantwortet und können sowohl individuell als auch als Klassenkontext in Beziehung zu den Leistungen betrachtet werden. Jeweils die Hälfte der Klasse beantwortete Fragen zu den Fächern Mathematik und Sachunterricht (Selbstkonzept, Mitarbeit, Schulangst sowie Arbeitsformen, Disziplin und Verhalten der Lehrkraft im Fach), die in den meisten Klassen von ausreichend vielen Schülerinnen und Schülern beantwortet wurden, um sie neben der Auswertung als Individualfaktoren auch als Klassenkontextfaktoren betrachten zu können. Schließlich wurden noch eine Reihe von Fragen über alle sechs Hefte rotiert, so dass sie lediglich als Individualfaktoren ausgewertet werden können (z.B. Fachinteresse, Lernmotivation, Misserfolgsattribuierung, Nachhilfeunterricht, Schreibanlässe).

Der *Elternfragebogen* enthielt im internationalen Teil Fragen nach lesevorbereitenden und leseunterstützenden Aktivitäten der Eltern mit den Kindern, familiären Ressourcen, elterlichen Lesegewohnheiten und -einstellungen, und nach grundlegenden demographischen und sozioökonomischen Indikatoren. Dazu kamen im nationalen Teil allgemeinere Fragen nach der Zufriedenheit der Eltern mit der Arbeit der Schule und mit den Leistungen des Kindes, nach schulischen und beruflichen Erwartungen für das Kind, dem Lern- und Leistungsverhalten des Kindes, nach dem Elternengagement in der Schule und der Meinung der Eltern über den regelmäßigen Einsatz standardisierter Tests. Schließlich wurden die Eltern nach ihrer Einstellung zu den Fächern Mathematik und Naturwissenschaften (Weltbilder) befragt.

Der internationale *Lehrerfragebogen* richtete sich an die Deutschlehrkraft und diente dazu, Informationen über Merkmale des Klassenkontextes zu geben, die den Aufbau von Lesekompetenz unterstützen. Die Lehrkräfte wurden nach den Besonderheiten der Testklasse gefragt, wie z.B. nach Klassengröße, Lesefähigkeiten, sprachlichen Voraussetzungen der Schülerinnen und Schüler. Sie gaben Auskunft über Unterrichtszeit für Lesen, über den Einsatz von lesefördernden Materialien und Maßnahmen im Unterricht, über Gruppenbildung, Ausstattung der Klassenzimmer, Methoden der Leistungsmessung und Kontakte mit den Elternhäusern. Schließlich beantworteten die Lehrkräfte Fragen nach der Zusammenarbeit und professionellen Unterstützung an der Schule sowie Fragen nach der eigenen Ausbildung und Erfahrung.

In Deutschland wurde der internationale Fragebogen um einige Fragen zum Unterricht in Rechtschreiben und Aufsatz und dann um einen allgemeinen Teil erweitert, der auch Bestandteil des Fragebogens für die Lehrkräfte des Mathematik- und Sachunterrichts war. Dieser allgemeine Teil enthielt eine Reihe von Fragen zum Schulklima, zur Zusammenarbeit zwischen den Lehrkräften, zur Leistungsorientierung der Schule, zur Rolle und Funktion der Schulleitung und zur Meinung über zentrale Tests. Die Fragebögen für die Lehrkräfte in Mathematik und Sachunterricht enthielten neben diesem allgemeinen Teil fachspezifische Fragen, die sich auf den Lehrplan und das Schulbuch als Rahmenbedingungen des Unterrichts beziehen, Fragen zur Klasse, Fragen zur Durchführung des Unterrichts im Fach und schließlich einige Fragen zur Person und ihrer Aus- und Weiterbildung. Die Fragebögen enthielten außerdem dieselben Fragen nach der Einstellung zum Fach (Weltbilder) wie sie den Eltern vorgelegt worden waren.

Im internationalen *Schulleiterfragebogen* wurden die Schulleitungen der Testklassen befragt nach den besonderen Charakteristika ihrer Schule, wie z.B. Standort, Angebote innerhalb der Schule und in der näheren Umgebung, sozioökonomischer Hintergrund der Schülerschaft. Schulinterne Regelungen zum Leseunterricht, Unterrichtszeit und die Verfügbarkeit materieller und personeller Ressourcen wurden ebenso erhoben wie die Einschätzung der Schulleitung zur Zusammenarbeit mit den Elternhäusern und zum Schulklima. Den internationalen Fragebogen ergänzten einige nationale Fragen zur Einbettung der Schule in die Gemeinde, zur Qualität und Ausstattung des Schulgebäudes, zu den Unterricht ergänzenden Angeboten an der Schule, zu pädagogischen und organisatorischen Konzepten, zu Maßnahmen im Rahmen der Schulentwicklung, zur Einstellung gegenüber zentralen Leistungsvergleichen und zum Umgang mit den Ergebnissen.

## 3. Testdesign und Testdurchführung

### 3.1 Vorbereitung der Instrumente

Für die *Übersetzung* der internationalen Testaufgaben und Fragebögen zum Bereich Lesen wurde folgendes Verfahren gewählt: Die Testaufgaben und Fragebögen wurden in Deutschland aus dem Englischen in die deutsche Sprache übersetzt und dann von der IEA in den Niederlanden rückübersetzt. Die Übersetzungen wurden von unabhängigen Experten auf ihre Richtigkeit geprüft.

Um die *curriculare Validität* der Aufgaben für Deutschland zu überprüfen, wurden die Ministerien in den Bundesländern gebeten, Experten zu benennen, die sich an der Schnittstelle zwischen Schulaufsicht und Unterricht befinden und besonders vertraut sind sowohl mit den curricularen Vorgaben des Landes als auch mit der Praxis des Unterrichts im jeweiligen Land. Alle Ministerien benannten eine (für alle Fächer) oder mehrere Personen (für verschiedene Fächer), die sämtliche Aufgaben der Tests vertraulich auf ihre curriculare Validität und Angemessenheit beurteilten.

An den Lesetexten wurde die Angemessenheit von Sprache, Inhalt und Bearbeitungszeit sowie die Vertrautheit mit der Textsorte eingeschätzt. Bezüglich der Aufgaben zu den Texten wurde gefragt nach dem Grad der Vertrautheit mit der Art der Frage, nach der Jahrgangsstufe, in der im Allgemeinen die benötigte Kompetenz gelernt wird, und nach der Schwierigkeit der Frage. Zu den mathematischen und naturwissenschaftlichen Aufgaben bewerteten die Experten den Lehrplanbezug und die dazugehörige Jahrgangsstufe, den Grad der Vertrautheit mit dem Stoff und der Art der Aufgabenstellung, die Bedeutung des Stoffs für das Lernen in höheren Klassenstufen und die Schwierigkeit. Die Ergebnisse der curricularen Validierung werden in den Ergebniskapiteln zu den Fächern berichtet (Kap. IV, V, VI).

## 3.2 Aufbau der Untersuchung

Am ersten Testtag (vgl. Tab. II.3) wurde in allen Bundesländern der internationale Lesetest durchgeführt, am zweiten Testtag (vgl. Tab. II.4) nahmen Kinder in zwölf Bundesländern an Tests in Mathematik und Naturwissenschaft sowie an einem Diktat oder Aufsatz teil. Ziel der Testauswertung ist es, aus der Vielzahl der beantworteten Testfragen für jeden Schüler einen Kennwert für das jeweils getestete Lese-, Mathematik- und das Naturwissenschaftsverständnis sowie für seine Fähigkeiten in Orthografie und Aufsatz zu ermitteln, um später Aussagen über Leistungsunterschiede zwischen Gruppen von Schülerinnen und Schülern vornehmen zu können. Damit die Fachbereiche in genügender Breite abgebildet, die Schüler aber gleichzeitig nicht über Gebühr belastet werden, kommt ein multiples Matrixdesign zur Anwendung.

Tabelle II.3: Ablauf der Untersuchung und eingesetzte Instrumente in Deutschland am ersten Testtag (alle Bundesländer)

| | Testhefte | | | | | | | | | | | |
|---|---|---|---|---|---|---|---|---|---|---|---|---|
| Minuten | 1 | 2 | 3 | 4 | 5 | 6 | 7 | 8 | 9 | 10 | 11 | 12 |
| 40 | Li1 | Li2 | Li3 | Li(R) | In1 | In2 | In3 | Li(R) | Li1 | In2 | Li3 | Li(R) |
| 10 | Pause | | | | | | | | | | | |
| 40 | Li2 | Li3 | In1 | In(R) | In2 | In3 | Li1 | In(R) | In1 | Li2 | In3 | In(R) |
| 15 | Pause | | | | | | | | | | | |
| 10 | Test zu Analogien und Worterkennung | | | | | | | | | | | |
| 20 | Internationaler Schülerfragebogen | | | | | | | | | | | |

Li = Lesen mit literarischer Absicht; In = Lesen mit informierender Absicht; (R) = Reader[3].

IEA: Progress in International Reading Literacy Study © IGLU-Germany

Sowohl für den internationalen Lesetest am ersten Testtag als auch für die nationalen Ergänzungen am zweiten Testtag wurde ein Testdesign mit rotierten Aufgabenblöcken verwendet. Die Testhefte des zweiten Testtages enthalten in den Bereichen Mathematik und Naturwissenschaften überlappende Testaufgaben. Auch der Schülerfragebogen enthielt am zweiten Testtag rotierte Fragen. Alle Schülerinnen und Schüler bearbeiteten auf diese Weise Aufgabenblöcke zu den Fächern Lesen, Mathematik und Naturwissenschaft. Jede zweite Klasse erhielt am zweiten Testtag ein Wortdiktat, die anderen Klassen bearbeiteten je zur Hälfte eine Schreibaufgabe oder eine Aufgabe aus der IEA-Studie *International Reading Literacy Study* (Elley, 1992,

3 Die Testhefte 4, 8 und 12 bestanden im Gegensatz zu allen anderen Heften, in denen die Aufgaben direkt hinter dem Text angeordnet waren, aus zwei Teilen, einem bunt bebilderten Textheft (*Reader*) und einem Aufgabenheft.

1994; Lehmann, Peek, Pieper & Stritzky, 1995). Die Tests zu figuralen und verbalen Analogien und Worterkennung sowie der internationale Schülerfragebogen wurden von allen Schülerinnen und Schülern in derselben Form bearbeitet.

Tabelle II.4: Ablauf der Untersuchung und eingesetzte Instrumente in Deutschland am zweiten Testtag (12 Bundesländer)

| | Testhefte | | | | | | | | | | | |
|---|---|---|---|---|---|---|---|---|---|---|---|---|
| Minuten | 1 | 2 | 3 | 4 | 5 | 6 | 1 | 2 | 3 | 4 | 5 | 6 |
| 20 | N1 | M2 | N3 | M4 | N5 | M6 | N1 | M2 | N3 | M4 | N5 | M6 |
| 20 | M1 | N2 | M3 | N4 | M5 | N6 | M1 | N2 | M3 | N4 | M5 | N6 |
| 10 | Pause | | | | | | | | | | | |
| 20 | WO | WO | WO | WO | WO | WO | S | IRL | S | IRL | S | IRL |
| 15 | Pause | | | | | | | | | | | |
| 10 | Test zu Analogien | | | | | | | | | | | |
| 20 | Nationaler Schülerfragebogen | | | | | | | | | | | |

M = Aufgaben zur Mathematik; N = Aufgaben zur Naturwissenschaft; IRL = International Reading Literacy; S = Schreibaufgabe; WO = Wortdiktat.

IEA: Progress in International Reading Literacy Study © IGLU-Germany

Der gesamte Test dauerte am ersten Testtag inklusive Pausen etwas mehr als zwei Stunden, am zweiten Testtag etwa zwei Stunden. Das Testdesign war insgesamt so angelegt, dass die Kinder abwechslungsreiche Vorlagen pädagogisch sinnvoll sequenziert und von Pausen durchbrochen bearbeiten konnten. Auch wenn ein Kind an einer Stelle nicht mehr weiter kam, gab es immer die Möglichkeit an einer anderen Stelle erfolgreich wieder einzusteigen.

## 3.3 Skalierung

Im Rahmen des angewendeten probabilistischen Testmodells werden Schülerfähigkeiten und Fragenschwierigkeiten simultan bestimmt. Ein Vorteil des probabilistischen Modells besteht darin, dass sich Schülerfähigkeiten mit Aufgabenschwierigkeiten auf der gleichen Skala abbilden lassen. Personenfähigkeiten und Itemschwierigkeiten sind somit direkt aufeinander bezogen. Ist die Personenfähigkeit größer als die Fragenschwierigkeit, kann davon ausgegangen werden, dass die spezielle Schülerin, der spezielle Schüler die betrachtete Frage mit höherer Wahrscheinlichkeit richtig als falsch beantwortet. Dies eröffnet die Möglichkeit des sogenannten *Proficiency Scalings*. Ausgangspunkt sind theoretische Vorstellungen über Merkmale, auf denen die zu messende Kompetenz beruht. Die Aufgaben werden formal und inhaltlich nach Schwierigkeit und Anforderungen analysiert. Damit können auf der Fähigkeitsskala inhaltlich definierte Stufen der Kompetenz beschrieben und durch Itembeispiele illustriert werden. Im Rahmen der IGLU-Studie wurden sowohl für das Leseverständnis als auch für die mathematischen und naturwissenschaftlichen Fähigkeiten entsprechende Kompetenzstufen formuliert.

Das probabilistische Testmodell wurde maßgeblich von dem Dänen Georg Rasch entwickelt und trägt somit auch seinen Namen. Wenn von ‚dem Rasch-Modell' gesprochen wird, ist implizit immer das einparametrische Rasch-Modell gemeint. Die Bezeichnung einparametrisch rührt daher, dass die Frageneigenschaften anhand eines einzelnen Kennwertes – nämlich der Fragenschwierigkeit – charakterisiert werden. Neben den zuvor beschriebenen Modellen für Fragen, die entweder richtig oder falsch beantwortet werden können, gibt es in dem vorliegenden Leseverständnistest auch Fragen, die unter anderem auch nur als teilweise richtig beantwortet eingeschätzt werden (*Partial Credit Item*). Dies sind in der Regel Fragen mit offenem Antwortformat, bei denen Schüler Teilantworten geben können. Die jeweiligen Teilantworten können hierbei als unterschiedlich schwierige Einzelaufgaben angesehen werden. Das Besondere ist jedoch, dass sich bei diesen ‚Einzelaufgaben' die Antwortwahrscheinlichkeiten gegenseitig bedingen. Personen mit geringer Fähigkeit werden zum Beispiel bei einer 2-Punkt Aufgabe eine falsche Antwort mit hoher, eine teilweise richtige Antwort mit geringerer und eine vollständig richtige Antwort mit ganz geringer Wahrscheinlichkeit geben. Die mathematischen und naturwissenschaftlichen Tests wurden nach diesem (einparametrischen) Modell berechnet.

Eine differenziertere Möglichkeit, die im Test erfassten Informationen zu modellieren, bieten mehrparametrische probabilistische Testmodelle. Bei dem zweiparametrischen Modell wird neben der Itemschwierigkeit auch die Trennschärfe bestimmt. Der Vorteil dieses Modells gegenüber dem einfacheren einparametrischen ist, dass die beobachteten Daten angemessener beschrieben und die Personenfähigkeiten präziser bestimmt werden können. In dem dreiparametrischen Modell wird neben der Fragenschwierigkeit (erster Parameter) und der Trennschärfe (zweiter Parameter) auch die Ratewahrscheinlichkeit, also das ‚zufällig' richtige Ankreuzen bei Multiple-Choice-Aufgaben, als dritter Parameter berücksichtigt. Mit dem dreiparametrischen Modell können beobachtete Werte zunehmend differenzierter modelliert werden. Durch dieses Modell können auch Variablen berücksichtigt werden, die den Kriterien des Ein- oder Zweiparameter-Modells nicht genügen würden. Der Lesetest ist nach diesem Modell berechnet worden. Da bei dem dreiparametrischen Testmodell Annahmen über die stochastische Unabhängigkeit und spezifische Objektivität aus pragmatischen Überlegungen – hier auch zur besseren Modellierung des unteren Leistungsbereichs – in den Hintergrund rücken, wurde zur Überprüfung dieser Modellannahmen in Deutschland der Datensatz auch einparametrisch skaliert;

es zeigten sich keine für die Interpretation der Ergebnisse nennenswerten Abweichungen.

Um anhand der Testinstrumente valide Schätzer für die zu erfassenden Kompetenzen (Lesen, Mathematik oder Naturwissenschaften) zu erhalten, müssen Tests über eine ausreichende Länge und somit über genügend Leistungsfragen verfügen. Da aber gerade Grundschulkindern solch theoretisch geforderte Testdauer forschungspraktisch nicht zugemutet werden kann, bekommt jeder Schüler nur einen Teil der im Gesamttest enthaltenen Aufgaben. Aufgrund des angewendeten Skalierungsverfahrens ist sichergestellt, dass alle Testblöcke (Testhefte) die gleiche Kompetenz erfassen, zusammengenommen die geforderte Validität besitzen und die Kinder nicht über Gebühr belasten. Dieses in der empirischen Bildungsforschung etablierte Forschungsdesign wird als *Multi Matrix Design* bezeichnet.

Um unter Berücksichtigung der Fragenauswahl und der in der Stichprobe erfassten Probanden die Schülerfähigkeiten angemessen zu bestimmen, werden diese unter Berücksichtigung des Messfehlers abgeschätzt. Diese *Plausible Values* dienen nicht als bester Schätzer für eine spezifische Personenfähigkeit, sondern werden benötigt um angemessene Aussagen über die Population oder um Populationsvergleiche vornehmen zu können (Mislevy, 1984; Mislevy, Beaton, Kaplan & Sheehan, 1992; Rost, 1996; Wu, Adams & Wilson, 1998).

### 3.4 Durchführung der Erhebung

Die Durchführung der Erhebung wurde dem *IEA Data Processing Center* (DPC) in Hamburg übertragen, das in Zusammenarbeit mit der Projektleitung an der Universität Hamburg die internationalen Vorgaben und nationalen Besonderheiten umsetzte. Jede Schule benannte eine Schulkoordinatorin oder einen Schulkoordinator, der die Erhebung in den Schulen vorbereitete. Die Tests fanden in der Zeit von April bis Juni 2001 jeweils an zwei aufeinanderfolgenden Testtagen statt. Die Erhebungen dauerten am ersten Testtag inklusive Pausen etwas mehr als zwei Stunden und am zweiten Testtag ca. zwei Stunden. Vom DPC geschulte Testleiter und Testleiterinnen, in der Regel Studierende in höheren Semestern eines Lehramtsstudiums oder den Fächern Psychologie bzw. Erziehungswissenschaft, führten nach den international gültigen und in alle Landessprachen übersetzten Handreichungen die Tests durch. Um die Vergleichbarkeit der Durchführungsbedingungen sicherzustellen, folgten die Testleiterinnen und Testleiter dem in einem Skript festgelegten genauen Zeitablauf und lasen die Anweisungen wörtlich vor.

Am Ende des ersten Testtages erhielten die Kinder den Elternfragebogen, der von den Kindern am nächsten Tag in einem verschlossenen Umschlag wieder mitgebracht und von den Testleiterinnen und Testleitern zusammen mit den Testmaterialien an das DPC zurückgeschickt wurde. Auch die Schulleiter- und Lehrerfragebögen, die den Schulen bereits vorher zugeschickt worden waren, wurden von den Testleitern in verschlossenen Umschlägen an das DPC zurückgeschickt.

Die Verfahren der Datenerhebung und Datenverarbeitung wurden in enger Zusammenarbeit mit den Datenschutzbeauftragten der Länder den gesetzlichen Vorgaben entsprechend gestaltet.

## 3.5 Qualitätsmonitoring

Für die Qualitätskontrolle wurde ein Verfahren genutzt, das im IEA-Handbuch für die Überwachung von Qualitätskontrollen (*IEA Manual for International Quality Control Monitoring*) beschrieben ist. 30 Schulen in Deutschland wurden am Testtag teils durch Mitarbeiter des Instituts für Schulentwicklungsforschung (IFS) der Universität Dortmund, teils durch Projektmitarbeiter der Universität Hamburg besucht und kontrolliert. Für jede der 30 Schulen wurde der Klassenraum-Beobachtungsbogen genutzt, um die Überwachung der Testsitzungen aufzunehmen und die anschließende Besprechung mit dem Schulkoordinator zu strukturieren. Die Schulkoordinatoren waren, ebenso wie die Testleiter, sehr kooperativ. Es sind keine Probleme bei der Leitung der Testsitzungen festgestellt und keine größeren Veränderungen des Testvorgangs beobachtet worden, die Zeitlimits für die Testteile, die Pausen und den Schülerfragebogen wurden eingehalten.

## 3.6 Kodierung und Dateneingabe

Neben Aufgaben im Multiple-Choice-Format enthielten alle Testteile offene Antwortformate, die von erfahrenen, speziell geschulten Kodiererinnen und Kodierern des DPC kodiert wurden. Für Lesen wurde nach den internationalen Kodieranweisungen (*International Scoring Guides*) verfahren, für die nationalen Erweiterungen (Mathematik, Naturwissenschaft, Aufsatz) nach Kodieranweisungen, die von den Fachwissenschaftlern der beteiligten Institute ausgearbeitet worden waren. Ein Teil der Hefte wurde doppelt kodiert, um die Übereinstimmung zu prüfen. Die Übereinstimmung von 89 Prozent entsprach zufriedenstellend den internationalen Vorgaben.

Die Dateneingabe für IGLU wurde in Deutschland auf zwei Wegen verwirklicht: Lehrerfragebögen, Schulfragebögen, Schülerfragebögen und Elternfragebögen wurden mittels Scan-Technologie eingelesen. Die Dateneingabe und die Verwertungsschritte können wie folgt beschrieben werden: Scannen – Interpretieren – Verifizieren – Übertragen. Die Verifizierung der Fragebögen-Daten wurde von erfahrenen Mitarbeitern durchgeführt.

Für jedes Ergebnisheft (*Achievement Booklet*) wurden durch die Kodierer die Antworten im Multiple-Choice-Format und die Kodes für die *Constructed Response Items* auf die Kodierblätter übertragen. Diese Kodierblätter wurden gescannt und Antworten, die von der Scan-Software nicht erkannt werden konnten, wurden von ausgebildeten Mitarbeitern verifiziert. Die Vorteile des scangestützten Ansatzes sind eine niedrige Fehlerquote und ein schneller Zugriff auf die Antworten einzelner Schüler, für den Fall, dass individuelle Antworten überprüft und geklärt werden müssen.

### 3.7 Testmotivation

Die Teilnahme an IGLU war freiwillig. Selbst wenn Eltern der Teilnahme zugestimmt hatten, konnte ein Kind jederzeit die Bearbeitung der Tests ablehnen oder abbrechen. Ein solcher Fall ist allerdings nicht bekannt. Trotzdem kann nicht ausgeschlossen werden, dass Kinder sich – im Bewusstsein der Anonymität und der fehlenden Konsequenzen – nur wenig anstrengen und ihre wirklichen Fähigkeiten nicht zeigen. Eine Zusatzuntersuchung zur Kontrolle der Testmotivation (Baumert, Stanat & Demmrich, 2001) wurde in IGLU nicht durchgeführt und die Fragebögen enthielten keine Frage nach der Testmotivation. Allerdings gibt es zwei Hinweise, die als Indikatoren für die Testmotivation der Kinder dieses Alters ernst genommen werden können:

- Im Wortdiktat wurden den Kindern am zweiten Testtag 45 Wörter diktiert, die sie in einen Lückentext einfügen mussten. Insgesamt haben fast alle Kinder (97 %) alle 45 Wörter geschrieben, 2,1 Prozent haben ein Wort und nur 0,9 Prozent mehrere Wörter ausgelassen (vgl. auch Kap. VII).
- In der Schreibaufgabe sollten die Kinder einen Brief schreiben. Sie hatten dafür 20 Minuten Zeit. Man könnte vermuten, dass Aufsätze bei manchen Kindern wenig beliebt sind und die Hemmschwelle zur Verweigerung unter den vorliegenden Umständen relativ niedrig ist. Bei der Auswertung zeigt sich, dass nur drei von knapp 1.800 Kindern (0,16 %) kein einziges Wort, nur acht Kinder (0,44 %) weniger als 20 Wörter geschrieben haben.[4]

4 Die Befunde zum Aufsatz werden in einem späteren Band berichtet.

Diese beiden Befunde sind ein Hinweis darauf, wie anstrengungs- und leistungsbereit die Kinder in diesem Alter selbst in einer Testsituation sind. Berichte des *Quality Control Monitoring* bestätigen ein hohes Engagement und Interesse bei den Kindern.

## Literatur


Baumert, J., Bos, W. & Lehmann, R. H. (Hrsg.). (2000). *TIMSS/III. Dritte Internationale Mathematik- und Naturwissenschaftsstudie – Mathematische und naturwissenschaftliche Bildung am Ende der Schullaufbahn, Bd. 2: Mathematische und physikalische Kompetenzen am Ende der gymnasialen Oberstufe.* Opladen: Leske + Budrich.

Baumert, J., Stanat, P. & Demmrich, A. (2001). PISA 2000: Untersuchungsgegenstand, theoretische Grundlagen und Durchführungen der Studie. In J. Baumert, E. Klieme, M. Neubrand, M. Prenzel, U. Schiefele, W. Schneider, P. Stanat, K.-J. Tillmann & M. Weiß (Hrsg.), *PISA 2000. Basiskompetenzen von Schülerinnen und Schülern im internationalen Vergleich* (S. 15–68). Opladen: Leske + Budrich.

Baumert, J. & Weiß, M. (2002). Föderalismus und Gleichwertigkeit der Lebensverhältnisse. In J. Baumert, C. Artelt, E. Klieme, M. Neubrand, M. Prenzel, U. Schiefele, W. Schneider, K.-J. Tillmann & M. Weiß (Hrsg.), *PISA 2000 – Die Länder der Bundesrepublik Deutschland im Vergleich* (S. 39–53). Opladen: Leske + Budrich.

Campbell, J. R., Kelly, D. L., Mullis, I. V. S., Martin, M. O. & Sainsbury, M. (2001). *Framework and specifications for PIRLS assessment 2001* (2. Aufl.). Chestnut Hill, MA: Boston College.

Elley, W. B. (1992). *How in the world do students read? IEA study of reading literacy* (2. Aufl.). The Hague: International Association for the Evaluation of Educational Achievement.

Elley, W. B. (1994). *The IEA study of reading literacy: achievement and instruction in thirty-two school systems.* Oxford: Pergamon. (International studies in educational achievement, 11).

Gonzalez, E. J. & Foy, P. (2000). Estimation of sampling variance. In M. O. Martin, K. D. Gregory & S. E. Stemler (Hrsg.), *TIMSS 1999 technical report. IEA's repeat of the third international mathematics and science study at the eigth grade* (S. 203–222). Chestnut Hill, MA: Boston College.

Haertel, G. D., Walberg, H. J. & Weinstein, T. (1983). Psychological models of education performance: A theoretical synthesis of constructs. *Review of Educational Research, 53*, 75–91.

Helmke, A. & Weinert, F. E. (1997). Bedingungsfaktoren schulischer Leistungen. In F. E. Weinert (Hrsg.), *Psychologie des Unterrichts und der Schule (Bd. 3)* (S. 71–176). Göttingen: Hogrefe.

Johnson, E. G. & Rust, K. F. (1992). Population references and variance estimation for NAEP data. *Journal of Educational Statistics, 17*, 175–190.
Lehmann, R. H., Peek, R., Pieper, I. & Stritzky, R. v. (1995). *Leseverständnis und Lesegewohnheiten deutscher Schüler und Schülerinnen*. Weinheim: Beltz.
Mislevy, R. J. (1984). Estimating latent distributions. *Psychometrika, 49* (3), 359–381.
Mislevy, R. J., Beaton, A. E., Kaplan, B. & Sheehan, K. M. (1992). Estimation population characteristics from sparse matrix of item responses. *Journal of Educational Measurement, 29* (2), 133–161.
Prenzel, M. & Doll, J. (2002). Bildungsqualität von Schulen: Schulische und außerschulische Bedingungen mathematischer, naturwissenschaftlicher und überfachlicher Kompetenzen. Weinheim: Beltz. (Zeitschrift für Pädagogik, 45. Beiheft).
Rost, J. (1996). *Lehrbuch Testtheorie, Testkonstruktion*. Bern: Huber.
Wang, M. C., Haertel, G. D. & Walberg, H. J. (1993). Toward a knowledge base for school learning. *Review of Educational Research, 63*, 249–294.
Wolter, K. M. (1985). *Introduction to variance estimation*. New York: Springer.
Wu, M. L., Adams, R. J. & Wilson, M. R. (1998). *ACER ConQuest. Generalised item response modelling software*. Melbourne: Acer Press.

# III. Lehr- und Lernbedingungen in den Teilnehmerländern

*Eva-Maria Lankes, Wilfried Bos, Ingola Mohr, Nike Plaßmeier, Knut Schwippert*

Kinder wachsen – so wünschen wir uns das – über die Jahre zu selbstbewussten und kompetenten Persönlichkeiten heran, die sicher über kognitive Kompetenzen wie Lesen und Schreiben verfügen und dem Leben mit einem mathematischen und naturwissenschaftlichen Grundverständnis begegnen. Sie entwickeln ein Bewusstsein für eigene Stärken, Schwächen, Interessen und Begabungen, sie werden bereit und fähig zu lebenslangem Lernen und sie lernen, mit anderen zu kooperieren, zusammenzuleben und am gesellschaftlichen und kulturellen Leben teilzuhaben.

Das Erreichen solcher Bildungsziele hängt von der Verfügbarkeit schulischer oder schulähnlicher Einrichtungen ab, auch wenn es auf differentieller Ebene schwer fällt, die Wirkung einzelner Maßnahmen und Bedingungen und ihre Bedeutung für die Ergebnisse des Lernens eindeutig nachzuweisen (Helmke & Weinert, 1997). Die generelle Verfügbarkeit derartiger Einrichtungen für alle ist aber eine erste und unverzichtbare Voraussetzung für das Erreichen der Kompetenzen, die man braucht, um in der Gesellschaft handlungsfähig zu sein (Bund-Länder-Kommission für Bildungsplanung und Forschungsförderung, 1997).

Alle Länder, die an IGLU teilgenommen haben, bieten den Kindern diese Voraussetzung mit Beginn der Primarstufe und sie bemühen sich, die Lernprozesse der Schülerinnen und Schüler zu steuern, zu unterstützen und zu fördern. Besondere Aufmerksamkeit wird dabei dem Unterricht gewidmet. Vom Unterricht hängen, zumindest was die Möglichkeiten auf Seiten der Schule angeht, entscheidend die Leistungen der Schülerinnen und Schüler als Ergebnis oder ‚Output' der schulischen Bemühungen ab. Gleichzeitig werden mit dem Erwerb von Fertigkeiten, Wissen und kognitiven Kompetenzen auch motivationale, soziale und emotionale Einstellungen, Haltungen und Fähigkeiten gelernt, die in Hinblick auf nachfolgendes Lernen von Bedeutung sind (Wild, Hofer & Pekrun, 2001). Der Lernprozess ist eingebettet in eine Fülle von Bedingungen und Merkmalen, die in der aktuellen Lernsituation wirken und den Erfolg des Lernens beeinflussen.

Die Qualität von Schule ist also nicht nur in Hinblick auf leistungsmäßige Ergebnisse zu bewerten, sondern auch in Hinblick auf Kriterien, die den Prozess des Lernens selbst betreffen. Empirische Studien zum Unterricht in der Grundschule und seinen Ergebnissen sind vor allem im deutschsprachigen Raum selten. Angesichts der Aufgabe der ‚Basisqualifizierung durch die Grundschule' hält Einsiedler (1997) regelmäßige Erhebungen zur Ist-Lage der Grundschule als Entscheidungsgrundlage im gesamten Bildungsbereich für dringend erforderlich. Mit IGLU liegen nun erstmals an einer für Deutschland repräsentativen Stichprobe solche Daten vor. Neben den Leistungsbefunden wird diese Studie auch Hinweise dazu liefern, welche schulischen Bedingungen Leistungen eher fördern oder behindern. Zu diesem Zweck wurden alle in engem Kontakt zum Lerngeschehen im Unterricht stehenden Personen wie Lehrkräfte, Schülerinnen und Schüler, Schulleitungen und Eltern, ausführlich mittels Fragebögen befragt. Diese Hintergrundinformationen werden in einem späteren Band differenziert auf ihren Zusammenhang mit Leistung untersucht werden.

An dieser Stelle wollen wir einen ersten deskriptiven Bericht von der Verschiedenartigkeit der Lehr- und Lernbedingungen in den Teilnehmerländern der Studie geben, der dazu beitragen kann, die Leistungsbefunde in den folgenden Kapiteln einzuordnen und zu interpretieren.

Im Rahmen der internationalen Vorarbeiten wurde ein Modell entwickelt, das die Ergebnisse des Leseunterrichts auf familiäre und schulische Gegebenheiten sowie auf den regionalen und landesspezifischen Kontext bezieht (Campbell, Kelly, Mullis, Martin & Sainsbury, 2001). Das für Deutschland auf der Basis der aktuellen Schulleistungsforschung entwickelte IGLU-Rahmenmodell (vgl. Kap. II) dient demgegenüber der Einordnung des Geschehens in einen sehr breiten gesamtgesellschaftlichen Rahmen und weist auf die multidimensionale Verflechtung von Ursachen und Wirkungen hin (Baumert & Weiß, 2002; Haertel, Walberg & Weinstein, 1983; Helmke & Weinert, 1997; Prenzel & Doll, 2002; Wang, Haertel & Walberg, 1993). Zur Auswahl an dieser Stelle berichtenswerter Befunde aus der Fülle der erhobenen Merkmale und Bedingungen lassen wir uns von einem empirisch fundierten Modell der Schuleffektivitätsforschung leiten, das relevante Faktoren für die Wirkung von Unterricht identifizieren konnte (Scheerens & Bosker, 1997). Interne Bedingungen auf der Schul- und Klassenebene werden in diesem Modell gemeinsam betrachtet und aufeinander bezogen. Eine Reihe von Voraussetzungen, die ihren Ursprung außerhalb der Schule haben, spielen auf den verschiedenen Ebenen mit Prozessmerkmalen und strukturellen Merkmalen zusammen und beeinflussen ebenso das Ergebnis schulischen Lernens auf vielfache Weise (Prenzel & Doll, 2002).

Folgende zwei Hauptbereiche werden in diesem Kapitel dargestellt:

- Systemabhängige Merkmale von Bildungsinstitutionen im Primarbereich, die auf Ebenen außerhalb der Schule entstehen oder entschieden werden;
- Merkmale, die innerhalb der Grundschule beeinflusst und gestaltet werden.

In beiden Hauptabschnitten werden verschiedene Befunde näher beschrieben, die sich, wenn sie nicht generell für den Unterricht in der Grundschule gelten, überwiegend auf den Unterricht im Lesen und den Aufbau von Lesekompetenz beziehen, weil nur zum Lesen auf internationaler Ebene Daten erhoben worden sind. Da internationale Vergleiche zwischen Ländern mit sehr unterschiedlichem kulturellen oder ökonomischen Hintergrund ohne umfangreiche historische und landeskundliche Analysen nur schwer zu interpretieren sind, beziehen sich die Vergleiche in diesem Abschnitt auf die Länder in den Vergleichsgruppen 1 und 2 (vgl. Kap. II und Kap. IV).

Tabelle III.1: IGLU-Ländervergleichsgruppen 1 und 2

| VG 1 | VG 2 | |
|---|---|---|
| Deutschland | Bulgarien | Niederlande |
| England | Deutschland | Norwegen |
| Frankreich | England | Rumänien |
| Griechenland | Frankreich | Schottland |
| Italien | Griechenland | Schweden |
| Niederlande | Island | Slowakei |
| Schottland | Italien | Slowenien |
| Schweden | Kanada | Tschechische Republik |
| | Lettland | Ungarn |
| | Litauen | USA |
| | Neuseeland | Zypern |

IEA: Progress in International Reading Literacy Study © IGLU-Germany

# 1. Systembedingte Merkmale von Bildungsinstitutionen im Primarbereich

Die Grundschule ist in Deutschland die erste Institution, die verpflichtend für alle Kinder ein an Zielen ausgerichtetes, systematisch aufbauendes Lernen in Form von Unterricht anbietet (Horn, 1993; Lankes, 1991). Der Unterricht ist durch eine Reihe von Voraussetzungen bestimmt, die außerhalb der Institution Schule entschieden werden. In allen teilnehmenden Ländern stellt die Regierung einen Teil ihres Haushalts für Bildung zur Verfügung. Die Lehrkräfte verfügen über eine fundierte Ausbildung und in den meisten Fällen über langjährige Berufserfahrung. Alle Kinder bringen zum Zeitpunkt der Einschulung Vorerfahrungen mit, die weitgehend von den Eltern und deren Entscheidungen und Voraussetzungen abhängen. Zu folgenden Sachverhalten werden vorliegende Befunde berichtet:

- Schulische Ressourcen und ihre Verwendung;
- Lehrkräfte an Grundschulen;
- Vorschulische Erfahrungen der Schülerinnen und Schüler.

### 1.1 Schulische Ressourcen und ihre Verwendung

Im internationalen Vergleich unterscheiden sich die Länder sowohl im Umfang der für Bildung bereitgestellten Mittel als auch in der Art ihrer Verwendung. Die Schul- und Klassengrößen, die Verfügbarkeit zusätzlicher Lehrkräfte für differenzierende Maßnahmen, die Ausstattung der Schulen und die Menge an Unterricht, das alles sind Positionen im Landeshaushalt, auf die von Land zu Land unterschiedliches Gewicht gelegt wird.

#### 1.1.1 Ausgaben je Schüler

Die Informationen über die Ausgaben für Bildung sind für eine Reihe der teilnehmenden Länder uneinheitlich, auf unterschiedlichen Voraussetzungen basierend und darum schwer zu vergleichen. Es wird deshalb hier ein Vergleich innerhalb der OECD vorgenommen, über die mit den jährlichen Berichten ausreichende Informationen vorliegen.

Die OECD-Mitgliedsstaaten wenden durchschnittlich 5,5 Prozent des Bruttoinlandsprodukts für ihre Bildungssysteme auf (OECD, 2002, S. 172). Deutschland liegt mit 5,6 Prozent im Bereich des OECD-Mittels. Länder, die deutlich mehr ausgeben, sind z.B. Schweden (6,7 %), Kanada (6,6 %), Norwegen (6,6 %), die Vereinigten Staaten (6,5 %) oder Frankreich (6,2 %).

Um die in den Mitgliedsstaaten der OECD unterschiedliche Bevölkerungsstruktur und die sich hieraus ergebende unterschiedliche Anzahl an Schülern und Studierenden zu berücksichtigen, wird außerdem der Anteil am Bruttoinlandsprodukt (BIP) je Kopf verglichen, d.h. der Anteil am Wert aller innerhalb der Landesgrenzen geschaffenen Güter und Dienstleistungen je Einwohner. Hier liegen auch genauere Werte für die Primarstufe vor (vgl. Abb. III.1). Im internationalen Durchschnitt werden in den OECD-Ländern für jeden Grundschüler im Mittel 19 Prozent des Pro-Kopf-BIP ausgegeben, das entspricht etwa 4.148 US$. Deutschland liegt im Primarbereich mit 16 Prozent (3.818 US$) unter dem OECD-Durchschnitt. Einige Länder geben größere Anteile für die Schülerinnen und Schüler im Primarbereich aus, z.B. Schweden (24 %, 5.736 US$ ), Italien (22 %, 5.354 US$) Norwegen (20 %, 5.920 US$) und die USA (20 %, 6.582 US$). Die Niederlande (16 %, 4.162 US$), Frankreich (18 %, 4.139 US$) und das Vereinigte Königreich (England/Schottland, 16 %, 3.627 US$) liegen in ihren Ausgaben etwa auf der Höhe Deutschlands (OECD, 2002, S. 158f).

Abbildung III.1: Jährliche Bildungsausgaben je Grundschüler im Verhältnis zum Bruttoinlandsprodukt in der Vergleichsgruppe 1 (OECD, 2002)

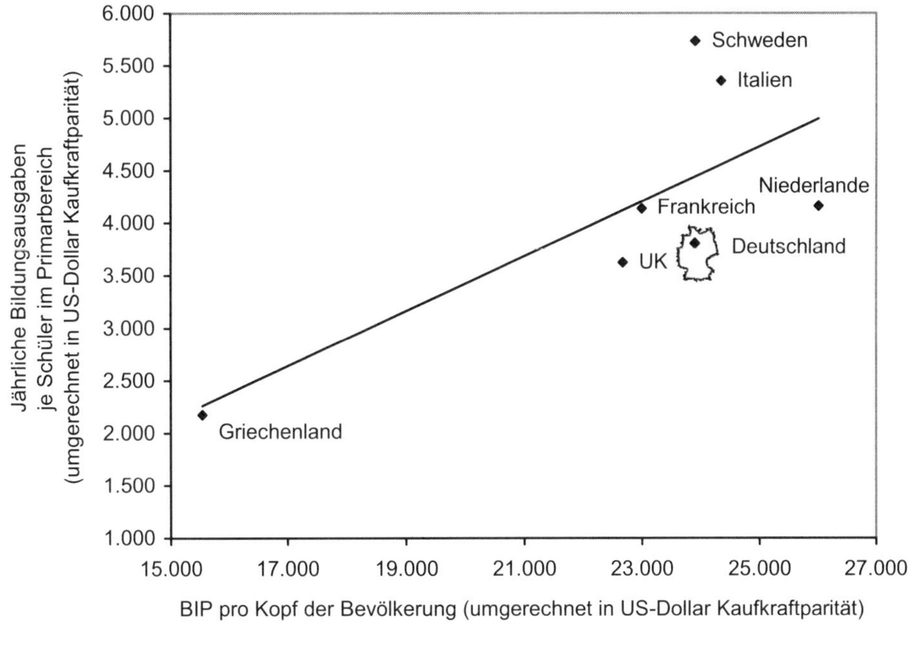


Die Angaben beziehen sich auf das Jahr 1999.

IEA: Progress in International Reading Literacy Study © IGLU-Germany

## 1.1.2 Schulgröße und Personelle Ressourcen

Die Organisation von Schulen beschäftigt Personen und kostet Geld. Kleine Schulen sind im Verhältnis teurer als große. Die Größe von Schulen und Klassen zählt zu den institutionellen Bedingungen, die von Land zu Land variieren und gerne unter dem Aspekt diskutiert werden, ob sie einen Beitrag zu Aufklärung von Leistungsunterschieden zwischen Ländern liefern können. Die Schulgröße muss allerdings in Relation zur Anzahl an Jahrgängen betrachtet werden, die in einer Schule unterrichtet werden. Die IGLU-Studie liefert dazu nur einen Indikator über die Menge an Schülerinnen und Schülern in der vierten Jahrgangsstufe (vgl. Tab. III.2). Aus diesen beiden Werten kann nicht die Anzahl an Jahrgängen errechnet werden, da in den oberen Klassenstufen in vielen Ländern zunehmend Schülerinnen und Schüler in andere Schulen abwandern, die Jahrgänge also kleiner werden.

Tabelle III.2: Klassengröße, Schulgröße, Anzahl der Kinder im vierten Jahrgang und zusätzlich verfügbare Lehrkräfte in den Ländern der Vergleichsgruppen 1 und 2

| | Klassengröße[2] | Schulgröße[3] | Anzahl der Schüler in der 4. Jahrgangsstufe[3] | keine zusätzlichen Lehrkräfte verfügbar[2] (Schüler in Prozent)[4] |
|---|---|---|---|---|
| Bulgarien | 21,5 | 577 | 82 | 54 |
| Deutschland | 22,5 | 281 | 67 | 62 |
| England | 29,0 | 316 | 55 | 16 |
| Frankreich | 23,9 | 216 | 45 | 48 |
| Griechenland | 19,9 | 192 | 34 | 58 |
| Island | 19,6 | 427[1] | 50 | 10 |
| Italien | 20,5 | 552 | 112 | 85 |
| Kanada | 26,2 | 429 | 54 | 13 |
| Lettland | 23,1 | 635 | 71 | 21 |
| Litauen | 21,5 | 739 | 78 | - |
| Neuseeland | 27,8 | 353 | 52 | 19 |
| Niederlande | 26,4 | 302[1] | 35 | 7 |
| Norwegen | 20,2 | 261 | 38 | 21 |
| Rumänien | 22,2 | 622 | 82 | 78 |
| Schottland | 25,9 | 292[1] | 42 | 6 |
| Schweden | 24,3 | 362 | 52 | 15 |
| Slowakei | 23,6 | 510 | 62 | 46 |
| Slowenien | 20,9 | 512 | 58 | 12 |
| Tschechien | 23,3 | 461 | 56 | 21 |
| Ungarn | 23,9 | 452 | 60 | 56 |
| USA | 23,7 | 550 | 91 | 7 |
| Zypern | 24,9 | 266 | 56 | 37 |
| **VG 1** | **24,1** | **314** | **55** | **37** |
| **VG 2** | **23,4** | **423** | **61** | **33** |
| **International** | **25,7** | **545** | **80** | **46** |

[1] Antwortrate zwischen 70 und 84 Prozent.
[2] Die Angaben stammen aus dem Lehrerfragebogen.
[3] Die Angaben stammen aus dem Schulleiterfragebogen.
[4] Die Angaben zu Schülerprozenten werden folgendermaßen gelesen: ‚54 Prozent der Schüler besuchen Schulen, an denen keine zusätzlichen Lehrkräfte verfügbar sind'.

IEA: Progress in International Reading Literacy Study © IGLU-Germany

Die im Mittel kleinsten Schulen (vgl. Tab. III.2) findet man in Griechenland (M = 192 Schüler), die größten in der Türkei (M = 1059) und Singapur (M = 1815). Das Prinzip der flächendeckend guten Erreichbarkeit führt in Deutschland im Mittel zu kleinen Grundschulen (281 Schüler, int. M = 545, VG 1 M = 314, VG 2 M = 423), die für die meisten Kinder zu Fuß erreichbar sind. Etwas kleinere Schulen finden sich im ländlichen Raum (M = 253 Schüler), etwas größere in Großstädten mit mehr als 500.000 Einwohnern (M = 331 Schüler).

Die Höhe der Personalkosten hängt zum einen von der Höhe der Lehrergehälter ab, zum anderen von der Menge an Schülerinnen und Schülern, die von einer Lehrkraft unterrichtet werden, also der *Klassengröße*. Informationen über die Gehälter von Grundschullehrkräften finden sich in den jährlichen Berichten der OECD (2002, S. 339). Grundschullehrkräfte in Deutschland verdienen vor allem zu Beginn ihrer Laufbahn mehr Geld als in anderen Ländern. Das relativiert sich zumindest im Vergleich zu Frankreich und den Niederlanden mit zunehmendem Dienstalter.

Der Klassengröße wird in der öffentlichen und auch in der wissenschaftlichen Diskussion immer wieder besondere Aufmerksamkeit gewidmet, weil sie als ein Indikator für die Betreuungsintensität für den einzelnen Schüler angesehen wird – je kleiner die Klasse, umso mehr könnten sich danach die Lehrkräfte dem einzelnen Kind zuwenden (Helmke, 1997; Hosenfeld, Helmke, Ridder & Schrader, 2002). In den Ländern der Vergleichsgruppe 2 liegt die Klassengröße im Mittel bei 24 Schülern (vgl. Tab. III.2). Klassen mit über 30 Schülerinnen und Schülern gibt es in größerem Umfang (für mehr als 40 % der Kinder) nur in England.

Deutschland liegt mit im Mittel 23 Schülerinnen und Schülern je Klasse im durchschnittlichen Bereich der Vergleichsgruppen 1 und 2. Das gilt auch, wenn man diese Zahl mit den Klassenstärken der 15-Jährigen aus der PISA-Studie vergleicht (24) und unabhängig vom Schulstandort (städtisch 23, Vorstadt 22, Land 23). 80 Prozent der Kinder besuchen Klassen mit maximal 25 Schülerinnen und Schülern, nur 2,6 Prozent lernen in Klassen mit einer Größe über 30 Schülerinnen und Schüler.

In einigen Ländern (z.B. Schweden, Niederlande) werden über die Klassenlehrkräfte hinaus besonders häufig *zusätzliche Lehrkräfte* und Spezialisten eingesetzt, um Kindern mit Problemen beim Lesenlernen zu helfen (vgl. Tab. III.2). In Deutschland wird dies z.B. in Hamburg mit dem PLUS-Programm praktiziert (May, 2001a, 2001b). In Schweden ist dieser zusätzliche Leseunterricht durch Spezialisten als Einzel- oder Gruppenunterricht mit mehreren Stunden in der Woche zusätzlich zum regulären Unterricht organisiert oder als individuelle Unterstützung im Klassenzimmer und während des Unterrichts (Lansfjord, 2002). In den Niederlanden gibt es keine ausgewiesenen Lesespezialisten, jedoch werden Kinder mit Leseschwierigkeiten häufig von Hilfslehrern oder von den Schulen zugeordneten Sprachtherapeuten unterstützt. Darüber hinaus wird aus den Niederlanden von der Einführung von ‚Koordinatoren' für verschiedenste Inhalte (Jahrgangsgruppen und Fächer) berichtet. Ein Koordinator für Sprache etwa verfügt nach einer besonderen Schulung über spezialisiertes Wissen zu Methoden des Sprachunterrichts, er begutachtet die Maßnahmen und Einrichtungen zum Sprachunterricht an einer Grundschule, er unterstützt Schulleitungen und Kollegien bei der Implementation und Evaluation von Maßnahmen und übernimmt bei Bedarf auch die Fortbildung des Kollegiums (Diepen, Aarnoutse & Verhoeven, 2002).

### 1.1.3 Materielle Ausstattung

Die meisten Schulen in den Teilnehmerländern der Studie sind mit Büchern in *Schul- oder Klassenbibliotheken* gut versorgt (vgl. Tab. III.3). In Schweden, Tschechien und Norwegen können fast alle Schülerinnen und Schüler eine Schulbibliothek nutzen, Klassenbibliotheken sind dagegen seltener. In Deutschland und den Niederlanden haben sehr viele Schülerinnen und Schüler Zugang zu einer Klassenbibliothek, dementsprechend seltener verfügen Schulen über Schulbibliotheken. Es gibt aber auch Länder wie England, Kanada, die USA und Neuseeland, in denen gleichzeitig Schul- und Klassenbibliotheken weit verbreitet sind. Klassen- und Schulbibliotheken werden nach Aussagen der Lehrkräfte auch häufig im Unterricht genutzt. In den Ländern der Vergleichsgruppe 1 nutzen nach Angaben der Lehrkräfte zwischen knapp 54 Prozent (Italien) und fast 96 Prozent (Schottland) der Schülerinnen und Schüler die Schul- oder Klassenbibliothek mindestens wöchentlich, große Teile sogar täglich. In Deutschland nutzen 86 Prozent der Schülerinnen und Schüler die Bibliothek mindestens wöchentlich, die Hälfte davon sogar täglich.

Größere Unterschiede zeigen sich bei der Versorgung der Schulen mit *Computern*. In allen osteuropäischen Ländern sind die Schulen noch deutlich weniger mit Computern ausgestattet als in den westeuropäischen und angloamerikanischen Teilnehmerländern. Deutschland bildet in dieser Gruppe eher eine Ausnahme, nur 45 Prozent der Schülerinnen und Schüler können nach Auskunft der Lehrkräfte im Klassenzimmer einen Computer benutzen, der zudem noch deutlich seltener (28 %) einen Zugang zum Internet hat, als das in vergleichbaren Ländern der Fall ist. Während sich in der Vergleichsgruppe 2 im Mittel neun Grundschüler einen PC teilen, sind es in Deutschland elf Schüler. Die Nutzung der Computer im Unterricht steht im Verhältnis zur Verfügbarkeit von Computern an der Schule. In Ländern wie England, Schottland oder den Niederlanden, wo sehr viele Schüler innerhalb der Schule einen PC benutzen können, ist die Nutzung wesentlich höher (50–70 % der Kinder benutzen einen PC mindestens wöchentlich nach Angabe der Schülerinnen und Schüler). In Deutschland sind es nur 17 Prozent, die den PC an der Schule mindestens wöchentlich benutzen.

Tabelle III.3: Zugang zu Schul- und Klassenbibliotheken und zu einem Computer an der Schule in den Ländern der Vergleichsgruppen 1 und 2 (Schüler in Prozent)

| | Schulbibliothek[3] (Schüler in Prozent)[4] | Klassenbibliothek[5] (Schüler in Prozent)[4] | Anzahl der Schüler (4. Kl.) pro PC[6] | Verfügbare Computer[5] (Schüler in Prozent)[4] | | |
|---|---|---|---|---|---|---|
| | | | | Im Klassenraum | Innerhalb der Schule | Mit Internetzugang |
| Bulgarien | 83 | 34 | 25,8 [1] | 0 | 18 | 7 |
| Deutschland | 53 | 82 | 10,9 | 45 | 45 [1] | 28 |
| England | 91 | 82 | 3,9 | 88 [1] | 95 | 86 |
| Frankreich | 79 | 92 | 7,7 | 41 [1] | 76 [1] | 51 |
| Griechenland | 88 | 61 | 12,7 [2] | 0 | 17 | 9 |
| Island | 96 [1] | 46 | 3,2 [1] | 63 | 90 | 87 |
| Italien | 91 | 76 | 10,0 | 5 [1] | 60 | 37 |
| Kanada | 96 | 88 | 2,5 | 81 | 92 | 93 |
| Lettland | 99 | 67 | 11,9 | 2 [1] | 34 | 26 |
| Litauen | 98 | 82 | 10,3 | 1 | 20 | 14 |
| Neuseeland | 99 | 96 | 4,8 | 94 | 85 [1] | 91 |
| Niederlande | 63 | 84 | 4,1 | 90 [1] | 92 [2] | 47 |
| Norwegen | 98 | 54 | 3,9 | 58 | 83 | 71 |
| Rumänien | 96 | 49 | 20,4 [2] | 1 [1] | 17 | 5 |
| Schottland | 84 | 91 | 4,8 | 96 | 81 [1] | 60 |
| Schweden | 89 | 47 | 5,5 | 89 | 91 [1] | 93 |
| Slowakei | 95 | 64 | 28,3 [1] | 0 | 15 | 5 |
| Slowenien | 100 | 66 | 5,7 | 7 | 66 | 64 |
| Tschechien | 92 | 57 | 6,1 | 11 [1] | 59 | 43 |
| Ungarn | 95 | 64 | 6,6 | 3 | 36 | 26 |
| USA | 99 | 96 | 3,4 | 92 | 93 | 92 |
| Zypern | 62 | 98 | 16,5 [1] | 6 | 28 | 28 |
| **VG 1** | **80** | **77** | **7,4** | **57** | **70** | **51** |
| **VG 2** | **88** | **72** | **9,5** | **40** | **59** | **48** |
| **International** | **85** | **69** | **7,4** | **29** | **45** | **36** |

[1] Antwortrate zwischen 70 und 84 Prozent.
[2] Antwortrate zwischen 50 und 69 Prozent.
[3] Die Angaben stammen aus dem Schulleiterfragebogen.
[4] Die Angaben zu Schülerprozenten werden folgendermaßen gelesen: ‚83 Prozent der Schüler besuchen Schulen, an denen eine Schulbibliothek vorhanden ist'.
[5] Die Angaben stammen auf dem Lehrerfragebogen.
[6] Summe der Mädchen und Jungen in der vierten Klasse geteilt durch die Anzahl an PCs für die vierte Klasse.

IEA: Progress in International Reading Literacy Study © IGLU-Germany

Der Ausstattung mit Computern kommt von Seiten der Schulleitungen in Deutschland besondere Aufmerksamkeit zu: Auf die Frage, inwieweit der Leseunterricht durch den Mangel in verschiedenen Bereichen negativ beeinflusst wird, nennen die Schulleiter an erster Stelle fehlende Computerfachleute (für 69 % der Schüler wird hier ein Mangel erlebt), an zweiter Stelle den Mangel an Computerprogrammen (51 %) und an dritter Stelle den Mangel an Computern für Unterrichtszwecke (44 %). Erst mit großem Abstand folgen Bücher in der Bibliothek (25 %), audiovisuelle Mittel (22 %) und Lehrpersonal (20 %).

#### 1.1.4 Einschulungsalter, Unterrichtszeit und Hausaufgaben

Die meisten Kinder in den Teilnehmerländern wurden, wie es das internationale Design vorsah (vgl. Kap II), am Ende ihres vierten Schuljahres getestet, in England, Neuseeland und Schottland am Ende des fünften Jahres. Sowohl im Alter als auch in der Gestaltung der Einschulungsphase zeigen sich Unterschiede zwischen den Ländern (Döbert, Hörner, Kopp & Mitter, 2002). Die Pflichtschulzeit beginnt in den teilnehmenden Ländern zwischen fünf und sieben Jahren. Mit fünf Jahren schulen England, Schottland und die Niederlande ein, mit sieben die meisten osteuropäischen Länder wie Bulgarien, Ungarn, die Türkei, aber auch Schweden. Die meisten westeuropäischen Länder schulen mit sechs Jahren ein. Angaben aus dem Elternfragebogen nach dem tatsächlichen Schuleintrittsalter des Kindes zeigen allerdings, dass dieses Alter in den Ländern zum Teil erheblich schwankt.

Am striktesten wird die Einschulung in den Ländern mit dem Pflichtschulalter von fünf Jahren befolgt (England 93 %, Schottland 98 %). In den Niederlanden können Kinder ab vier Jahren eingeschult werden (*basisschool*), Schulpflicht besteht ab dem ersten Schultag des Monats nach dem fünften Geburtstag (van de Ven, 2002). In Neuseeland beginnt zwar die Schulpflicht offiziell mit sechs Jahren, 97 Prozent der Kinder werden jedoch an dem Tag, an dem sie das fünfte Lebensjahr vollenden, also auch während des laufenden Schuljahres, in eine *‚new entrants class‘* eingeschult (Chamberlain, 2002). In Kanada beginnt die Schulpflicht mit sechs Jahren, 34 Prozent der Kinder werden aber vorzeitig mit fünf Jahren eingeschult. In Schweden und Ungarn beginnt die Schulpflicht mit sieben Jahren, ein Drittel der Kinder wurde jedoch nach Angaben der Eltern bereits mit sechs Jahren eingeschult.

Für Kinder in Deutschland stellt der Schulanfang im Gegensatz zu manchen anderen Ländern und trotz aller Bemühungen, den Übergang kindgemäß zu gestalten, immer noch eine spürbare Zäsur dar (Horn, 1996). Für die Einschulung gilt die von der Kultusministerkonferenz 1964 beschlossene Regelung, nach der alle Kinder zum 1. August des Jahres schulpflichtig werden, die bis zum 30. Juni das sechste Lebensjahr vollendet haben (Bellenberg, 1999). Gemessen an dieser Regelung sind 79 Prozent der Kinder in der vierten Klasse in dem Zeitraum geboren, der dem Pflichteinschulungsalter entspricht, 17 Prozent der Kinder sind älter (verzögerte Schullaufbahn), 4 Prozent sind jünger (verkürzte Schullaufbahn). In der Gruppe der Kinder mit verzögerter Schullaufbahn wurde nach Angabe der Eltern gut die Hälfte mit sieben Jahren eingeschult (8,6 %), Klassenwiederholungen liegen dann – aus diesen Angaben abgeleitet – bei etwa 8 Prozent (genaue Aussagen zur Wiederholung von Klassen liegen nicht vor).

In der Menge an Schuljahren gibt es zwischen den Ländern kaum Unterschiede. Das Bild ändert sich, wenn man die nominale Unterrichtszeit betrachtet, also die im Stundenplan vorgeschriebene Anzahl von Unterrichtsstunden pro Schuljahr (Helmke & Weinert, 1997). Hier finden sich, wie auch schon in der Sekundarstufe I nicht unerhebliche Unterschiede (OECD, 2002; Schümer, 2001).

Deutschland liegt mit einem Mittelwert von 812 Stunden (Aussagen aus dem Schulleiterfragebogen in Zeitstunden) im vierten Schuljahr mit 17 Stunden nur unwesentlich unter dem Mittelwert der Vergleichsgruppe 2, aber um 115 Stunden unter dem Mittelwert der Vergleichsgruppe 1 (vgl. Tab. III.4). Andere Länder weichen zum Teil noch stärker vom Mittelwert ab. Die durchschnittliche Anzahl an Schulstunden in der vierten Klasse schwankt zwischen 602 (Slowenien) und 1082 (Niederlande) Stunden Unterricht (à 60 Min.). In Deutschland wäre diese Differenz von 480 Stunden gleichbedeutend mit 26 Wochen Unterricht, fast zwei Drittel eines Schuljahres. Gemessen an den insgesamt noch wenigen Jahren, die ein Grundschüler beschult wurde, sind diese Unterschiede beträchtlich.

Für *Sprachunterricht* und sprachbezogene Unterrichtsaktivitäten wenden die Länder der Vergleichsgruppe 2 (OECD) zwischen 27 Prozent und 46 Prozent ihres gesamten Stundenbudgets in der Grundschule auf, für Leseunterricht und lesebezogene Aktivitäten sind es zwischen 14 Prozent und 40 Prozent. Diese Angaben gehen über die reine, für Fachunterricht vorgesehene Zeit hinaus und beziehen ausdrücklich auch fachübergreifende Sprach- und Leseaktivitäten mit ein. In Deutschland werden nach Aussagen der Lehrkräfte 34 Prozent der gesamten Stundenzahl für *Sprachunterricht* und für sprachbezogene Unterrichtsaktivitäten, davon 18 Prozent für Leseaktivitäten verwendet.

Die Schulleiter machten im nationalen Teil des Fragebogens auch Angaben zu den *Unterrichtszeiten für die Fächer Mathematik und Sachunterricht.* Als Vergleich können hier nur Werte aus dem OECD-Bericht (2002) herangezogen werden. Tendenziell liegen die Angaben für den Mathematikunterricht in Deutschland (18 %)

Tabelle III.4: Jahresunterrichtszeit in der getesteten Jahrgangsstufe, Anteile für Sprach- und Leseunterricht und Hausaufgabendichte in den Ländern der Vergleichsgruppen 1 und 2

| | Gesamtstundenanzahl[4] | Anteil des Sprachunterrichts in Prozent[5] | Anteil des Lese-Unterrichts in Prozent[5] | Index Lese-Hausaufgaben[6] hoch (Schüler in Prozent)[7] | Index Lese-Hausaufgaben[6] niedrig (Schüler in Prozent)[7] | tägliche Stundenzahl für Lese-Hausaufgaben[8] |
|---|---|---|---|---|---|---|
| Bulgarien | 614 | 39 | 31 | 75 | 3 | 0,7 |
| Deutschland | 812[1] | 34[2] | 18[1] | 6 | 12 | 0,4 |
| England | 958[1] | 29[1] | 15[1] | 25 | 13 | 0,5 |
| Frankreich | 910 | -[3] | -[3] | 13 | 24 | 0,5 |
| Griechenland | 795[1] | 37[1] | 26[1] | 79 | 0 | 0,9 |
| Island | 749[1] | 27[2] | 17[2] | 29 | 3 | 0,4 |
| Italien | 1038 | 27 | 17 | 47 | 4 | 0,5 |
| Kanada | 931 | 36[1] | 26[1] | 19 | 15 | 0,5 |
| Lettland | 666[1] | 36[1] | 28[1] | 50 | 1 | 0,6 |
| Litauen | 689[1] | 36[1] | 35[1] | 50 | 3 | 0,6 |
| Neuseeland | 941 | 39[1] | 24[1] | 15 | 17 | 0,5 |
| Niederlande | 1082[1] | 30[2] | 14[2] | 5[1] | 71[1] | 0,3 |
| Norwegen | 682 | 46[1] | 32[1] | 21 | 1 | 0,3 |
| Rumänien | 634 | 35[1] | 40[1] | 72 | 3 | 0,8 |
| Schottland | 962[1] | 27[2] | 17[1] | 14 | 10 | 0,4 |
| Schweden | 860[1] | 31[2] | 19[1] | 52 | 11 | 0,5 |
| Slowakei | 782[1] | 38[2] | 29[1] | 31 | 1 | 0,5 |
| Slowenien | 602 | 37[1] | 22[1] | 32 | 5 | 0,4 |
| Tschechien | 809[1] | 35[1] | 22[1] | 15 | 10 | 0,5 |
| Ungarn | - | - | - | 90 | 1 | 0,6 |
| USA | 1041 | 32[2] | 31[1] | 33 | 13 | 0,5 |
| Zypern | 851[1] | 38[2] | 25[2] | 17 | 2 | 0,5 |
| **VG 1** | **927** | **31** | **18** | **30** | **18** | **0,5** |
| **VG 2** | **829** | **34** | **24** | **36** | **10** | **0,5** |
| **International** | **827** | **32** | **24** | **44** | **10** | **0,6** |

[1] Antwortrate zwischen 70 und 84 Prozent.
[2] Antwortrate zwischen 50 und 69 Prozent.
[3] Antwortrate unter 50 Prozent.
[4] Anzahl der Stunden an einem normalen Schultag multipliziert mit den Schultagen pro Jahr (die Angaben stammen aus dem Schulleiter-Fragebogen).
[5] Die Angaben stammen aus dem Lehrerfragebogen.
[6] Der Index wird aus den Antworten der Lehrer auf folgende Fragen gebildet: Wie oft geben Sie Lesen als Teil der Hausaufgaben (in allen möglichen Fächern) auf? Wie lange beschäftigen sich Ihrer Einschätzung nach die Schüler im Allgemeinen mit ihren Lesehausaufgaben (in allen möglichen Fächern), wenn Sie welche aufgeben? Ein hoher Index bedeutet, das die Lehrkraft mindestens einmal pro Woche Lese-Hausaufgaben im Umfang von mehr als 30 Minuten aufgibt. Ein niedriger Index bedeutet, dass die Lehrkraft seltener als wöchentlich Hausaufgaben im Umfang von weniger als 30 Minuten aufgibt. Bei jeglichen anderen Kombinationen von Angaben der Lehrer wurde der Index als mittel eingestuft.
[7] Die Angaben zu Schülerprozenten werden folgendermaßen gelesen: ‚75 Prozent der Schüler werden von Lehrkräften unterrichtet, die viele Lese-Hausaufgaben aufgeben (hoher Index)'.
[8] Die Angaben stammen aus dem Schülerfragebogen.

IEA: Progress in International Reading Literacy Study 

etwas über dem OECD-Wert von 17 Prozent, für Sachunterricht (14 %) etwas unter dem OECD-Wert von 15 Prozent. Das Fach Sachunterricht fasst in Deutschland naturwissenschaftliche und sozialwissenschaftliche Inhalte zusammen, deren Anteil in IGLU nicht separat erhoben wurde. Nach Angaben der OECD entfallen auf den naturwissenschaftlichen Bereich des Sachunterrichts in Deutschland 7 Prozent, auf den sozialwissenschaftlichen Bereich 8 Prozent der Zeit. Die Werte für Mathematik und Sachunterricht liegen im OECD-Mittel, die für den Unterricht in der Landessprache allerdings deutlich darunter (OECD M: 24 %). Auch in Mathematik und Naturwissenschaften zeigen sich im internationalen Vergleich große Unterschiede (OECD, 2002, S. 284).

Schulisches Lernen beschränkt sich nicht allein auf die Schule: Einen Teil der Freizeit müssen Schülerinnen und Schüler außerhalb der Schule für Hausaufgaben aufwenden (Spiel & Wagner, 2002). In allen teilnehmenden Staaten werden zusätzlich zum Unterricht und unabhängig von der Menge an Unterrichtsstunden Hausaufgaben vergeben (vgl. Tab. III.4).

International wurden die Angaben der Lehrkräfte zu Häufigkeit und Umfang der Lesehausaufgaben zu einem Index zusammengefasst. In der Vergleichsgruppe 2 werden 36 Prozent der Schülerinnen und Schüler von Lehrkräften unterrichtet, die mindestens 1–2 mal wöchentlich Lesehausaufgaben im Umfang von mehr als 30 Minuten (hoher Index) aufgeben. Auch in vielen Ländern mit einer deutlich höheren Anzahl an Jahresunterrichtsstunden und in Ländern, in denen die Kinder insgesamt mehr Zeit in der Schule verbringen, gehören umfangreiche Hausaufgaben zum Alltag (z.B. Italien). Die Angaben der Schülerinnen und Schüler zur Zeit, die sie für Hausaufgaben im Lesen aufwenden, bestätigen in etwa das Bild, das der Index wiedergibt. Die wenigsten Hausaufgaben werden in den Niederlanden und Norwegen erteilt, die meisten in den osteuropäischen Ländern. In Deutschland sind die meisten Lehrkräfte nach ihren Angaben zur Hausaufgabenpraxis als ‚mittel' einzustufen.

### 1.2 Die Lehrkräfte an Grundschulen

Der Beruf der Lehrerin, des Lehrers an einer Grundschule verbindet eine Reihe von sehr unterschiedlichen Aufgaben und Erwartungen (Bromme, 1997; Terhart, 2000). Informationen über die Lehrkräfte der getesteten Klassen und ihren Unterricht liegen aus den Lehrer- und Schülerfragebogen vor. Im Folgenden werden einige ausgewählte Merkmale der Lehrerinnen und Lehrer beschrieben, die die getesteten Klassen unterrichtet haben. Für die Interpretation der Ergebnisse ist es wichtig zu beachten, dass das IGLU-Stichprobendesign (vgl. Kap. II) zwar repräsentative Daten über die Schülerinnen und Schüler der vierten Jahrgangsstufe in den teilnehmenden Ländern liefert, dass sich daraus aber keine repräsentativen Aussagen über die Lehrkräfte ableiten lassen, da es sich bei den Lehrkräften um eine *convenience* Stichprobe handelt.

### 1.2.1 Geschlecht, Alter, Berufserfahrung

Wie in den meisten teilnehmenden Ländern werden auch in Deutschland die meisten Schülerinnen und Schüler an Grundschulen von Frauen unterrichtet (vgl. Tab. III.5).

Abbildung III.2: Altersverteilung der Lehrkräfte innerhalb der Vergleichsgruppe 1 (Schüler in Prozent)

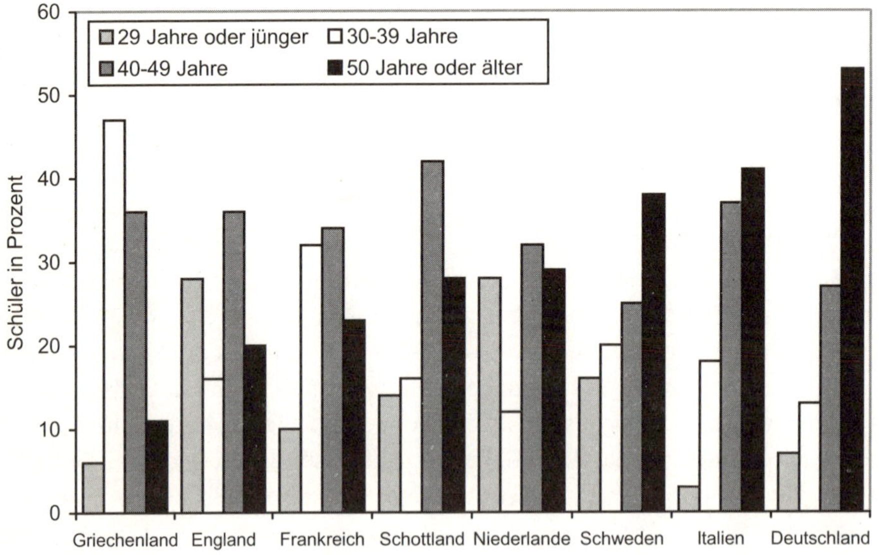


Die Angaben stammen aus dem Lehrerfragebogen.

IEA: Progress in International Reading Literacy Study © IGLU-Germany

Viele der Lehrerinnen in Deutschland arbeiten in Teilzeit (54,8 %), bei den Lehrern ist dieser Anteil gering (5,4 %). Unter allen Ländern, die an der Studie teilgenommen haben, unterrichten in Deutschland die ältesten Lehrkräfte (im Mittel 48 Jahre). Mehr als die Hälfte aller Schülerinnen und Schüler (53 %) werden von Lehrkräften unterrichtet, die 50 Jahre und älter sind (vgl. Abb. III.2). Dementsprechend verfügen deutsche Lehrkräfte auch über die im Vergleich längste Berufserfahrung von durchschnittlich 23 Jahren.

### 1.2.2 Ausbildung

*Voraussetzungen, Phasen und Dauer*

Um in den europäischen Mitgliedsstaaten eine Lehramtsausbildung zu beginnen, wird heute in der Regel ein qualifizierter Abschluss einer Sekundarstufe II nach mindestens zwölf Schuljahren vorausgesetzt (Buchberger & Buchberger, 2000; Döbert et al., 2002). In den letzten Jahren ist in Europa eine Verlagerung der Ausbildung an die Universitäten mit gleichzeitiger Verlängerung der ersten Ausbildungsphase zu beobachten (Buchberger & Buchberger, 2000). Im Allgemeinen besteht die Lehrerausbildung aus einem fachwissenschaftlichen und einem berufsbezogenen Teil. Die fachwissenschaftliche Ausbildung umfasst allgemeinbildende Lehrveranstaltungen und das fachwissenschaftliche Studium in dem oder den künftigen Unterrichtsfächern. Die berufsbezogene oder pädagogische Ausbildung in Theorie und Praxis beinhaltet Lehrveranstaltungen zum Erwerb der für den Lehrberuf benötigten spezifischen Kompetenzen sowie Schulpraktika. Diese theoretische und praktische berufsbezogene Ausbildung setzt entweder gleichzeitig mit dem fachwissenschaftlichen Hochschulstudium ein und wird gleichzeitig mit diesem absolviert (simultanes Modell), oder aber sie wird im Anschluss an ein fachwissenschaftliches Studium in einer zweiten Ausbildungsphase – zum Teil parallel zu dem Unterricht in bestimmten allgemeinbildenden Fächern – absolviert (konsekutives Modell) (EURYDICE, 2002). In England, Schottland, Italien und Bulgarien ist das konsekutive Modell weiter verbreitet, Frankreich ist eher als eine Mischform anzusehen, in den meisten skandinavischen Ländern wird überwiegend, in Schweden ausschließlich nach dem simultanen Modell ausgebildet (EURYDICE, 2002). Auch Deutschland zählt zu den Ländern mit simultaner Ausbildung, wobei innerhalb Deutschlands sowohl regionale als auch schulartspezifische Unterschiede bestehen. Die Ausbildungszeiten im Primarbereich liegen innerhalb der OECD zwischen drei und fünf Jahren, Deutschland und Frankreich haben mit fünf Jahren die längsten Ausbildungszeiten (OECD, 2000).

*Akademischer Status*

Wie in Deutschland verfügen auch international die meisten Lehrkräfte in der Grundschule über ein abgeschlossenes Universitäts- oder Hochschulstudium. Kleine Unterschiede zeigen sich lediglich darin, dass je nach Land eine mehr oder weniger große Gruppe von Lehrkräften (noch) mit anderen Voraussetzungen ihren Beruf ausübt. So wie es in Deutschland eine kleine Anzahl von eher älteren und überwiegend aus den neuen Bundesländern stammenden Lehrkräften gibt, die ohne spezi-

Tabelle III.5 Bildungsabschlüsse, Berufserfahrung und Geschlecht der Lehrkräfte in den Ländern der Vergleichsgruppen 1 und 2 (Schüler in Prozent)

| | Anteil der Schüler, die von Lehrern mit folgendem höchsten Bildungsabschluss unterrichtet werden | | | Anteil der Schüler, die von zertifizierten Lehrkräften unterrichtet werden | Berufserfahrung der Lehrkräfte in Jahren | Anteil der Schüler, die von weiblichen Lehrkräften unterrichtet werden |
|---|---|---|---|---|---|---|
| | Hochschul- oder Fachhochschulabschluss (Magister, Diplom, Staatsexamen) | Abschluss an einer Berufsschule oder Fachschule | mittlere Reife oder Hochschulreife Sek(II) | | | |
| Bulgarien | 76 | 24 | 1 | 100 | 17 | 92 |
| Deutschland | 92 | 1 | 5 | 92 | 23 | 82 |
| England | 100 | 0 | 0 | 98 | 14 | 80 |
| Frankreich | 34 | 23 | 41 | 93 | 18 | 64 |
| Griechenland | 21 | 79 | 0 | - | 16 | 68 |
| Island | 76 | 10 | 11 | 91 | 13 | 93 |
| Italien | 26 | 7 | 68 | 78 | 22 | 98 |
| Kanada | 92 | 6 | 1 | 100 | 17 | 82 |
| Lettland | 87 | 8 | 5 | 92 | 20 | 97 |
| Litauen | 87 | 12 | 1 | 85 | 20 | 97 |
| Neuseeland | 100 | 0 | 0 | 100 | 14 | 70 |
| Niederlande | 99 | 0 | 1 | 99 | 17 | 50 |
| Norwegen | 99 | 1 | 1 | 97 | 17 | 84 |
| Rumänien | 5 | 24 | 71 | 82 | 19 | 84 |
| Schottland | 94 | 0 | 6 | 99 | 18 | 89 |
| Schweden | 93 | 0 | 7 | 93 | 16 | 81 |
| Slowakei | 83 | 0 | 17 | 94 | 17 | 93 |
| Slowenien | 25 | 75 | 1 | 95 | 16 | 95 |
| Tschechien | 77 | 10 | 12 | - | 19 | 94 |
| Ungarn | 99 | 1 | 0 | 73 | 19 | 96 |
| USA | 100 | 0 | 0 | 95 | 15 | 88 |
| Zypern | 94 | 0 | 6 | 94 | 10 | 83 |
| **VG 1** | **70** | **14** | **16** | **93** | **18** | **77** |
| **VG 2** | **75** | **13** | **12** | **93** | **17** | **85** |
| **International** | **65** | **22** | **13** | **89** | **16** | **81** |

Die Angaben stammen aus dem Lehrerfragebogen.

IEA: Progress in International Reading Literacy Study 

fische Lehrerausbildung und damit auch ohne Staatsexamen ihren Beruf ausüben, so gibt es auch in Schweden oder Island einige wenige Lehrkräfte ohne beruflichen Abschluss. In den Niederlanden und der Slowakei wird die Ausbildung an einer

Berufs- oder Fachschule absolviert, in Italien und Frankreich gibt es noch viele Lehrkräfte, die nach älteren Ausbildungsregelungen nach einigen Kursen im Rahmen der Sekundarstufe II ihren Beruf aufnahmen (Universitätsstudium in Italien seit 1995, in Frankreich seit 1992). Aber auch in diesen Ländern erwarb ein hoher Anteil der Lehrkräfte vor der Berufstätigkeit ein Zertifikat für den Lehrberuf (in Deutschland das zweite Staatsexamen).

*Studieninhalte*

Die in den europäischen Ländern vorfindbaren Curricula für die Lehrerbildung beinhalten in der Regel erziehungswissenschaftliche, fachdidaktische und pädagogisch / psychologische Studien, fachwissenschaftliche Studien in meist zwei akademischen Disziplinen und schul- bzw. berufspraktische Studien. In der Ausbildung für die Primarstufen-Lehrkräfte ist ein Anstieg von fachwissenschaftlichen und erziehungswissenschaftlichen Anteilen festzustellen, während gleichzeitig der Ausbildung der Sekundarstufen-Lehrkräfte einige professionelle (erziehungswissenschaftliche und fachdidaktische) Komponenten zugefügt wurden (Buchberger & Buchberger, 2000).

In Deutschland belegen die zukünftigen Grundschullehrkräfte meistens ein oder zwei fachwissenschaftlich vertiefte Fächer, oft Deutsch und / oder Mathematik, seltener naturwissenschaftliche Fächer. Das Fach Grundschuldidaktik kann als eigenständiges zweites Fach gewählt werden (Einsiedler, Wolfgang, 2000). Daneben studieren die angehenden Lehrkräfte erziehungswissenschaftliche, psychologische und fachdidaktische Inhalte und absolvieren in der Regel zwei Schulpraktika. In einigen Bundesländern gibt es studienbegleitende Schulpraktika, in denen die Studierenden auch während des Semesters regelmäßig in Schulen hospitieren und gelegentlich auch selbst Unterricht erproben. Die erste Phase der Ausbildung endet mit dem ersten Staatsexamen. Daran schließt sich die stärker praxisorientierte Ausbildung in der Grundschule an, begleitet durch Unterricht in Seminaren, die mit dem zweiten Staatsexamen abschließt.

In allen teilnehmenden Ländern haben Lehrkräfte, die die Landessprache unterrichten, nach eigenen Angaben schwerpunktmäßig Landessprache, Pädagogik / Lesedidaktik und Psychologie studiert. Weniger vertieft studiert wurden Leseförderung (19 %), Lesetheorien (28 %) und Sprachentwicklung bei Kindern (35 %). Während im internationalen Mittel 71 Prozent der Kinder von Lehrkräften unterrichtet werden, die angeben, die Landessprache vertieft studiert zu haben, sind es in Deutschland nur 51 Prozent. Die Schwerpunkte in Pädagogik / Lesedidaktik und Psychologie (Drechsel, 2001) entsprechen dem internationalen Durchschnitt, in den Gebieten

Leseförderung, Lesetheorien und Sprachentwicklung bei Kindern liegen die Werte unter dem internationalen Mittel.

Neben dem Unterricht durch Fachlehrer für verschiedene Fächer findet sich häufig das reine Klassenlehrerprinzip – im internationalen Mittel werden 54 Prozent der Schülerinnen und Schüler die meiste Zeit von einer Lehrkraft für alle Fächer unterrichtet. In manchen Ländern ist dieses Prinzip weiter verbreitet (Russland 98 %, Island 80 %), in anderen Ländern überwiegt das Fachlehrerprinzip (Hong Kong 89 %, Italien 85 %). In Deutschland werden 38 Prozent der Schülerinnen und Schüler die meiste Zeit von einer Klassenlehrkraft für alle Fächer unterrichtet, 50 Prozent erhalten Unterricht nach dem Fachlehrerprinzip. In einigen Ländern gibt es auch die Möglichkeit, den Unterricht in gemeinsamer Verantwortung mit einer anderen Lehrkraft zu erteilen, z.B. im Team (Schweden 30 %, Niederlande 25 %).

### 1.2.3 Fortbildungen

Die berufliche Fort- und Weiterbildung ist in Deutschland im Allgemeinen verpflichtender Bestandteil der beruflichen Tätigkeit. In allen Bundesländern werden meist durch die Landesinstitute Angebote zu unterschiedlichen Inhalten gemacht, die Lehrkräfte entscheiden jedoch in der Regel selbst über Inhalte und Häufigkeit der Fortbildung (Priebe, 2000).

Die Teilnahme an Fortbildungen ist in Deutschland verglichen mit den anderen Teilnehmerländern eher zurückhaltend, immerhin werden 41 Prozent der Schülerinnen und Schüler von Lehrkräften unterrichtet, die angeben, in den vergangenen zwei Jahren an keiner Fortbildung zum Leseunterricht teilgenommen zu haben (int. M = 28 %, VG 1 M = 35 %, VG 2 M = 29 %) und nur 6 Prozent der Schülerinnen und Schüler haben Lehrkräfte, die angeben, Fortbildungen von mehr als 16 Stunden in den letzten beiden Jahren besucht zu haben (int. M = 25 %, VG 1 M = 18 %, VG 2 M = 22 %). Im Fach Mathematik (IGLU-E, nationale Fragebögen) haben 40 Prozent, im Sachunterricht 57 Prozent der Lehrkräfte in den vergangenen zwei Jahren nach eigenen Aussagen an keiner Fortbildung teilgenommen. Demgegenüber ist allerdings das Interesse an Fortbildungen, das nur national zum Sachunterricht erfragt wurde, groß: 66 Prozent der Lehrkräfte wünschen sich ein breiteres Angebot von Fortbildungen im Sachunterricht, 75 Prozent ein besseres Angebot von praxisrelevanten Konzeptionen, 54 Prozent sachunterrichtsbezogene Fortbildungen zu naturwissenschaftlichen Inhalten und 72 Prozent Fortbildungen zum naturwissenschaftlichen Experimentieren.

### 1.3 Vorschulische Erfahrungen

Die ersten Lebensjahre verbringt ein Kind in seiner Familie, mit einer überschaubaren Anzahl von meist konstanten Bezugspersonen (Tietze, 2001). Für die meisten Kinder in den industrialisierten Ländern ist der Kindergarten die erste Gelegenheit, sich aus dem Kreis der Familie zu lösen, Erfahrungen mit neuen Gruppen und neuen Bezugspersonen zu machen und eine andere Form des Zusammenlebens in einer größeren Gruppe mit den dafür nötigen Regeln und Abmachungen zu erleben. Daneben bleibt aber die Familie der Haupteinfluss und die wichtigste Lernumgebung im vorschulischen Alter.

#### 1.3.1 Kindergarten / Vorschule

In allen Ländern gibt es ausgebaute Institutionen zur Betreuung der Kinder vor der Schule. Diesen Angeboten liegen unterschiedliche Konzepte der Vorschulbetreuung und -erziehung zu Grunde (Döbert et al., 2002). In Deutschland besuchen die meisten Kinder im Vorschulalter einen Kindergarten, in Schweden gibt es ab vier Jahren, in Italien ab drei Jahren ein Vorschulangebot, in England sind nebeneinander sehr unterschiedliche Formen der Erziehung und Betreuung zu beobachten, in den Niederlanden nehmen die meisten Eltern das Kindergartenangebot wahr, bevor die Kinder mit vier oder fünf Jahren in die Basisschule aufgenommen werden, in deren erstem Jahr im Sinne einer Vorschule ein allmählicher Übergang vom spielerischen zum systematischeren Lernen erfolgt (Diepen et al., 2002).

In fast allen teilnehmenden Ländern hat der größte Teil der Kinder vorschulische Einrichtungen besucht (vgl. Abb. III.3), die Hälfte der Kinder im Mittel sogar mehr als zwei Jahre. Wenn Kinder früher eingeschult werden, ist die Dauer der Kindergartenzeit entsprechend kürzer (vgl. England, Schottland, Niederlande).

Die Unterschiedlichkeit der vorschulischen Konzepte lässt vermuten, dass auch die Inhalte und Ziele der vorschulischen Erziehung verschiedene Schwerpunkte aufweisen. Einen vorsichtigen Hinweis darauf kann eine Frage aus dem Elternfragebogen nach den schriftsprachlichen Vorkenntnissen des Kindes bei Schulbeginn liefern, auch wenn aus diesen Angaben nicht identifiziert werden kann, welche Anteile das Elternhaus und die vorschulische Einrichtung an diesen Vorkenntnissen hat. Die Abbildung III.4 zeigt, dass in manchen Ländern beim Eintritt in die Schule weit mehr als die Hälfte der Kinder bereits über sehr gute bis gute schriftsprachliche Vorkenntnisse verfügt (für Deutschland: Skala $\alpha = .88$, 5 Items: Wie gut konnte Ihr

Abbildung III.3: Dauer des Besuchs von Vorschule oder Kindergarten in der Vergleichsgruppe 1 (Schüler in Prozent)

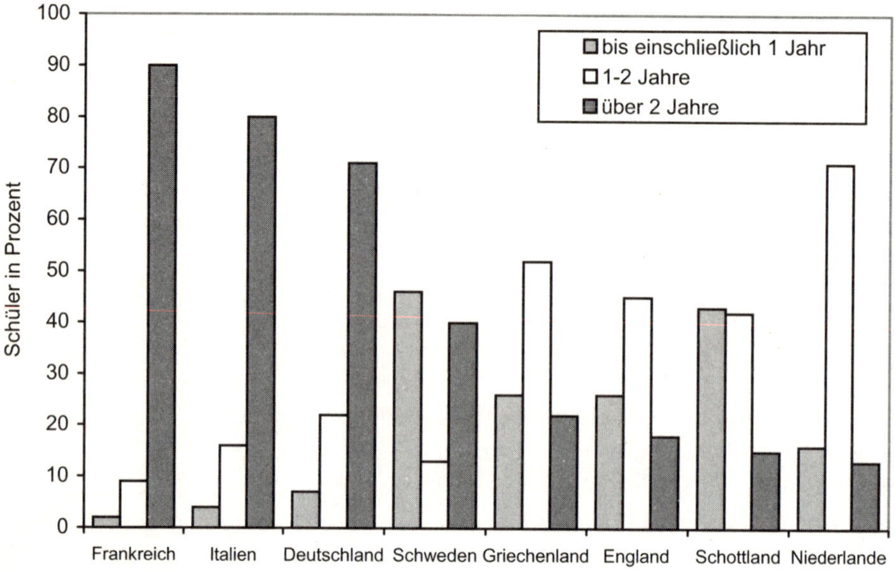


Die Angaben stammen aus dem Elternfragebogen.

Abweichungen von 100 Prozent sind Kinder, die den Kindergarten gar nicht besucht haben.

IEA: Progress in International Reading Literacy Study © IGLU-Germany

Kind, als es zur Schule kam die meisten Buchstaben des Alphabets erkennen, einige Wörter lesen, Sätze lesen, Buchstaben schreiben, einige Wörter schreiben.).

In einigen Ländern scheint also bereits im vorschulischen Alter mehr Wert auf die Hinführung zum Lesen und Schreiben gelegt zu werden, als das in Deutschland, aber auch in den Niederlanden oder Schottland der Fall ist. Wie sich solche Vorkenntnisse bei Schulbeginn auf die späteren Leseleistungen auswirken, wird an anderer Stelle zu prüfen sein (vgl. Kap. IV).

Abbildung III.4: Schriftsprachliche Vorkenntnisse des Kindes bei Schuleintritt nach Einschätzung der Eltern in den Ländern der Vergleichsgruppe 1 (Schüler in Prozent)

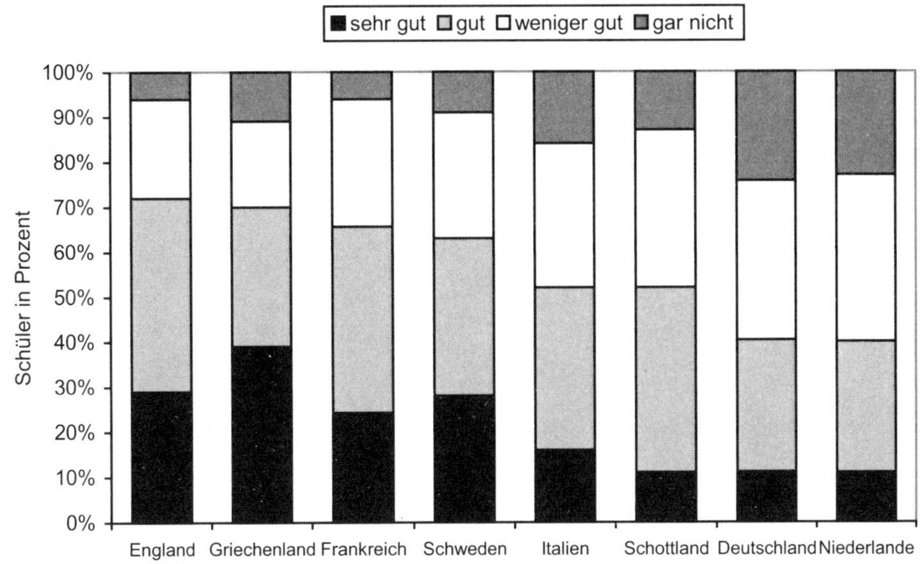


Die Angaben stammen aus dem Elternfragebogen.

IEA: Progress in International Reading Literacy Study © IGLU-Germany

## 1.3.2 Familie und Elternhaus

Neben dem Besuch von vorschulischen Einrichtungen verbringen die Kinder im vorschulischen Alter die meiste Zeit in der Familie. Die Eltern beeinflussen die Entwicklung des Kindes, sie gestalten die materielle und soziale Umgebung, sie steuern Aktivitäten und Beschäftigungen und sind auf vielfältige Weise Vorbild (Minsel, 2001).

In der internationalen Studie wurde ein Index für lernunterstützende Ressourcen in der Familie gebildet, der sich auf Aussagen aus dem Schüler- und Elternfragebogen stützt (Anzahl der Bücher und Kinderbücher im Haushalt, PC, eigener Schreibtisch, eigene Bücher, Tageszeitung, höchster Bildungsabschluss der Eltern). Obwohl Deutschland zu den wohlhabenderen Ländern der Erde zählt, leben nur 17 Prozent der Schülerinnen und Schüler in Deutschland in Familien mit einem hohen Index (int. M = 13 %, VG 2 M = 17 %). Die Werte mehrerer Länder liegen deutlich darüber (USA 37 %, Norwegen 33 %, Schweden 26 %). Dieser Index gibt allerdings nur ein grobes Bild der Lebensumstände in den Ländern, weil er keine genaueren

Auskünfte über die Lebensumstände der großen Gruppe der Schülerinnen und Schüler (im int. Mittel etwa drei Viertel) zulässt, die in Familien mit einem mittleren Niveau an bildungsförderlichen Ressourcen leben.

Eine genauere Betrachtung lässt die Menge an Büchern im Haushalt (Elternangabe) zu, die als Indikator für die Bildungsnähe des Elternhauses angesehen wird. Die folgenden Überlegungen stützen sich auf die Angaben der Eltern zu der Menge an Kinderbüchern im Haushalt, weil diese mehr noch als die Bücher der Erwachsenen als eine das Lesen unterstützende Ressource anzusehen sind.

In England, Schweden und Schottland ist der Anteil an Kindern besonders groß, die mehr als 100 Kinderbücher besitzen. In Italien und Griechenland geben eine größere Anzahl Eltern an, nicht mehr als 10 Kinderbücher im Haus zu haben. In Deutschland ist der Besitz an Kinderbüchern in den Familien im internationalen Vergleich durchschnittlich.

Abbildung III.5: Kinderbücher in den Haushalten nach Angaben der Eltern in den Ländern der Vergleichsgruppe 1 (Schüler in Prozent)

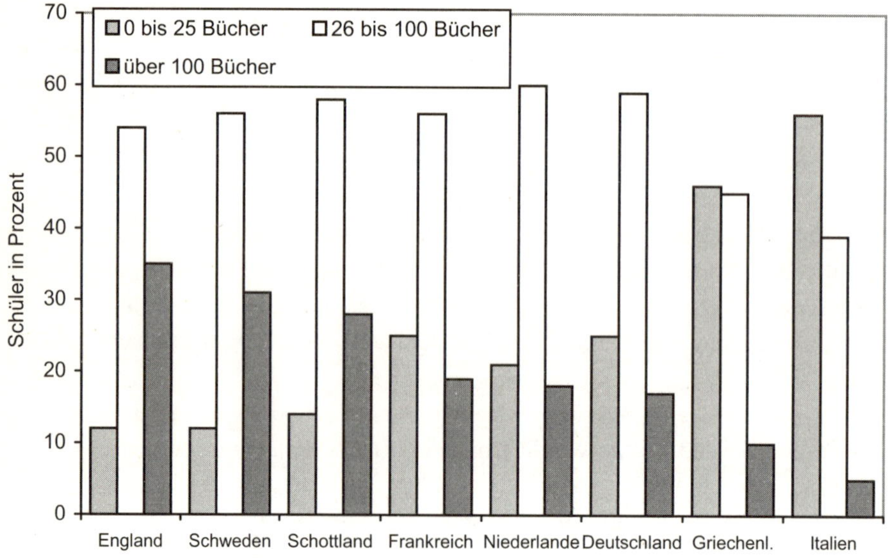


Die Angaben stammen aus dem Elternfragebogen.

IEA: Progress in International Reading Literacy Study © IGLU-Germany

Die Haltung der Eltern gegenüber dem Lesen und ihr eigenes Leseverhalten, das auch als Vorbild auf die Lesemotivation der Kinder wirkt, ist ein zweiter Indikator für eine leseunterstützende familiäre Umgebung (für Deutschland: Skala $\alpha$ = .83, 5 Items; Itembeispiele: ‚Ich lese nur, wenn ich muss.' – ‚Lesen ist bei mir zu Hause eine wichtige Aktivität.'). Der Anteil an Schülern mit einer hohen Wertschätzung der Eltern gegenüber dem Lesen ist in Deutschland im internationalen Vergleich durchschnittlich (55 %, international 53 %), gegenüber der Vergleichsgruppe 1 eher niedrig (vgl. Abb. III.6). Besonders viele Eltern in England, Schottland und Schweden bringen dem Lesen eine hohe Wertschätzung entgegen.

Abbildung III.6: Einstellung der Eltern und Kinder gegenüber dem Lesen in den Ländern der Vergleichsgruppe 1 (Schüler in Prozent)

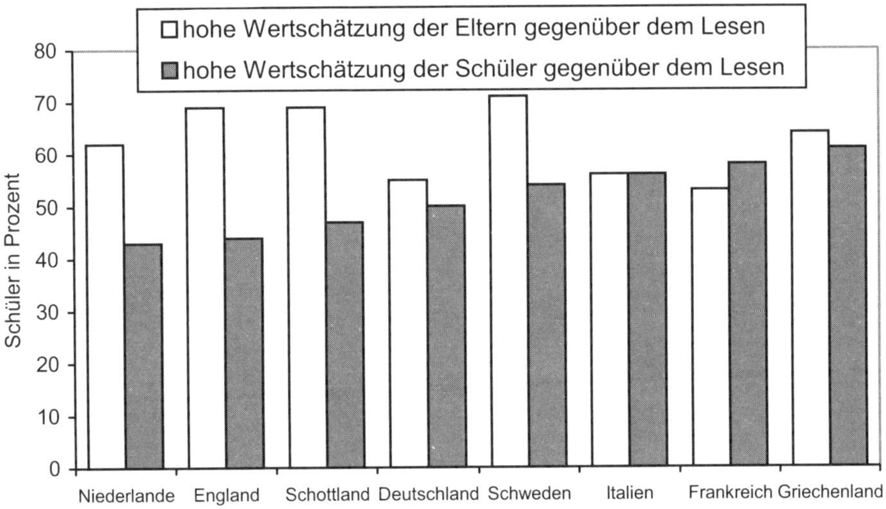


Die Angaben stammen aus dem Elternfragebogen (Wertschätzung der Eltern gegenüber dem Lesen) bzw. aus dem Schülerfragebogen (Wertschätzung der Schüler gegenüber dem Lesen).

IEA: Progress in International Reading Literacy Study © IGLU-Germany

Die Wertschätzung der Kinder liegt in den meisten Ländern im Mittel etwas unter der ihrer Eltern, Deutschland liegt hier im Mittel der Länder der Vergleichsgruppe 1. Etwa die Hälfte der Kinder in Deutschland (50,2 %) hat eine hoch positive Einstellung gegenüber dem Lesen (für Deutschland: Skala $\alpha$ = .74, 5 Items; Itembeispiele: ‚Ich unterhalte mich gern mit anderen Leuten über Bücher.' – ‚Ich lese gern.'). Nur etwa 10 Prozent der Kinder haben eine negative Einstellung gegenüber dem Lesen, der Aussage ‚Ich lese nicht zum Vergnügen' stimmen nur 18 Prozent zu. Die Lesefreude in der Grundschule ist demnach noch deutlich höher als am Ende der Sekundarstufe I, wo über 40 Prozent der Schüler angeben, sie würden nicht zum Vergnügen lesen (Artelt, Stanat, Schneider & Schiefele, 2001).

## 2. Entscheidungen und Merkmale auf der Schul- und Klassenebene

Schulen sind Organisationen, in denen verschiedene Personen mit dem Ziel miteinander arbeiten, Schülerinnen und Schüler in ihrer Persönlichkeitsentwicklung und in ihrem Aufbau von Kompetenzen, Wissen und Fertigkeiten zu unterstützen. Die Lern- und Arbeitsbedingungen in der Schule sind bestimmt durch externe Vorgaben und Voraussetzungen, von denen einige im ersten Teil des Kapitels erläutert wurden. Gleichzeitig sind sie aber auch das Ergebnis schulinterner Entscheidungen, der Nutzung von Handlungsspielräumen und der aktiven Gestaltung des schulischen Lebens und Arbeitens (Bund-Länder-Kommission für Bildungsplanung und Forschungsförderung, 1997).

Als lern- und leistungsunterstützende Komponenten auf der Ebene der Schule nennt die Schuleffektivitätsforschung eine Reihe von Faktoren, die die Form des Umgangs und Kontaktes zwischen den beteiligten Gruppen betreffen, etwa die Führungsqualitäten der Schulleitung, den Informationsfluss, die Mitbestimmungsmöglichkeiten, die Zusammenarbeit innerhalb der Schule und zwischen den Lehrkräften und die Einbeziehung der Eltern in die schulische Arbeit (Scheerens & Bosker, 1997). Der breite Bereich des Schulklimas, der von der Schulqualitätsforschung als eigenständige Qualitätsdimension, aber auch als Bedingungsvariable für Leistung in den Blick genommen wird (zusammenfassend z.B. Eder, 1998; Fend, 1998) und der auch in IGLU international und national facettenreich erhoben wurde, wird in einem späteren Band differenziert und gründlich untersucht werden.

Eine Reihe von Entscheidungen und Merkmalen werden im Folgenden auf Schul- und Klassenebene beschrieben:

- Rolle und Funktion der Schulleitung und schulinterne Entscheidungen, die den Unterricht im Lesen betreffen;
- Kooperation der Lehrkräfte;
- Fördermaßnahmen und -angebote an der Schule und Differenzierung im Unterricht;
- Schulinterne Einbeziehung des Elternhauses und Zusammenarbeit der Lehrkraft mit den Eltern.

## 2.1 Die Rolle der Schulleitung

In der Schuleffektivitätsforschung wird der Schulleitung eine zentrale Rolle für die Qualität schulischer Arbeit beigemessen, die sich in den Führungsfähigkeiten, der Koordination von Zusammenarbeit und Austausch an der Schule und nicht zuletzt auch in der fachlichen Kompetenz der Schulleitung niederschlägt (Scheerens & Bosker, 1997). Rolle und Funktion von Schulleitungen sind zwar mit beeinflusst durch außerhalb der Schule liegende Entscheidungen (Anzahl der Entlastungsstunden, Übertragung von Aufsichts- und Kontrollfunktionen), zur Wirkung kommen diese Entscheidungen allerdings erst auf Ebene der Schule.

Abbildung III.7: Von der Schulleitung für verschiedene Aufgaben aufgewendete Zeit innerhalb der Vergleichsgruppe 1 (Zeitanteile in Prozent)

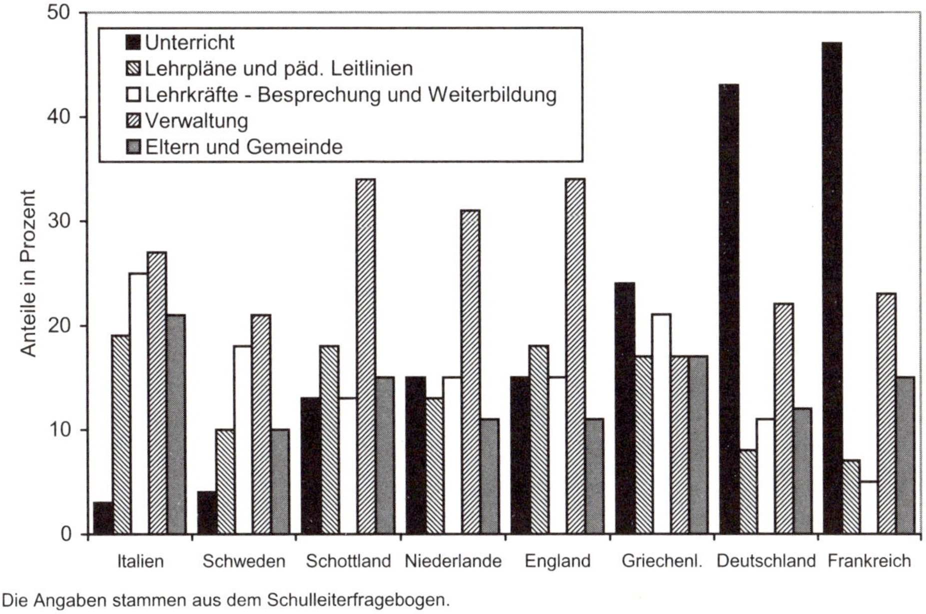


Die Angaben stammen aus dem Schulleiterfragebogen.

Abweichungen von 100 Prozent enthalten die Kategorie ‚Anderes'.

IEA: Progress in International Reading Literacy Study © IGLU-Germany

Während in den meisten Ländern die Schulleitungen hauptsächlich mit Leitungsfunktionen, wie etwa der Erstellung von Plänen, dem Personalmanagement, Außenkontakten und Verwaltungsarbeiten, beschäftigt sind (vgl. Abb. III.8) und nur nebenbei unterrichten, sind die Schulleitungen in Deutschland und Frankreich in erster Linie Lehrkräfte, die überwiegend mit Unterricht beschäftigt sind und daneben vor allem Verwaltungsarbeiten erledigen und Außenkontakte pflegen (beides im Umfang des internationalen Durchschnitts). Den Unterricht und pädagogische Fragen betreffende Planungs- und Beratungsaufgaben gehören in diesen beiden Ländern nur am Rande zu den Aufgaben der Schulleitung. Der Anteil an Unterricht im Rahmen der Aufgaben der Schulleitung steht nicht erkennbar in einem Zusammenhang zur Schulgröße (vgl. Abb. III.7). Vielmehr steht dahinter wohl eher eine unterschiedliche Auffassung von der Rolle der Schulleitung – als ‚primus inter pares' an Grundschulen in Deutschland, als vorgesetzte, leitende und beaufsichtigende Instanz in vielen anderen Ländern. Die Schulleitungen in Schweden widmen zusätzlich zu den angegebenen Aufgaben 10 Prozent ihrer Zeit den Kontakten mit Schülerinnen und Schülern und 22 Prozent den Arbeitstreffen und Konferenzen (nationale Besonderheit des schwedischen Fragebogens, zusammengefasst in der Antwortkategorie ‚Anderes'). Die Ausbildung und Qualifizierung von Schulleiterinnen und Schulleitern ist in den Ländern auf sehr unterschiedliche Weise geregelt (Döbert et al., 2002).

Abbildung III.8: Schulinterne Maßnahmen zum Leseunterricht (Schüler in Prozent) und Unterrichtszeit des Schulleiters (Zeitanteil in Prozent)

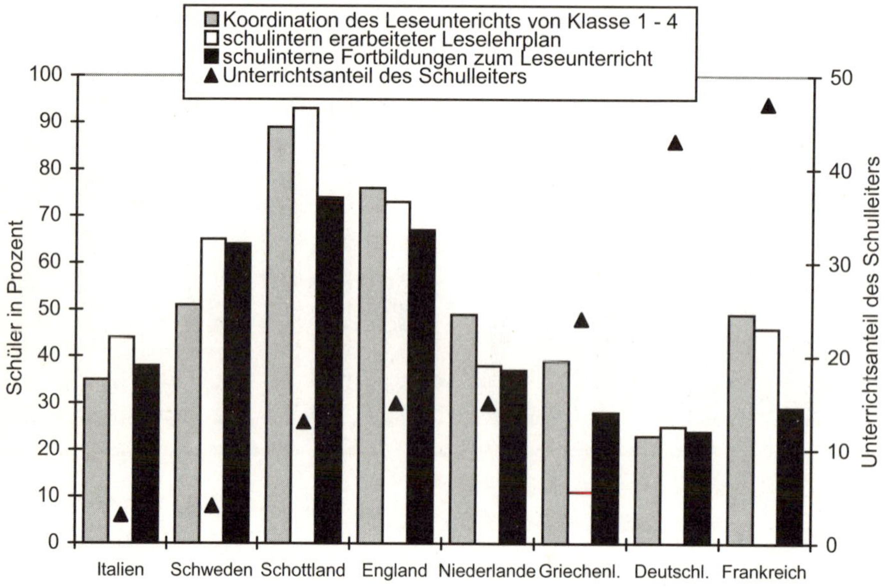


Die Angaben stammen aus dem Schulleiterfragebogen.

IEA: Progress in International Reading Literacy Study © IGLU-Germany

Wenn Schulleitungen von ihrer Arbeit als Klassenlehrkräfte weitgehend entbunden sind, können sie mehr Zeit für Aufgaben im Bereich des Schulmanagements aufwenden, z.B. im Bereich der Personalführung und -weiterbildung, sie haben aber auch mehr Zeit, um inhaltliche, didaktische und methodische Fragen des Unterrichts auf einer schulgemeinschaftlichen Ebene zu beraten, zu diskutieren und anzuregen.

Diese Vermutung scheinen die Angaben der Schulleitungen zu drei Aspekten zu bestätigen, die sich auf schulinterne Maßnahmen zum Unterricht in Lesen beziehen. In Schulen, in denen die Schulleitungen weniger unterrichten, gibt es häufiger

- offizielle Regelungen, um den Leseunterricht zwischen den Klassenstufen 1 bis 4 zu koordinieren;
- einen eigenen schulinternen Leselehrplan und
- von der Schule organisierte Fortbildungsprogramme für Lehrerinnen und Lehrer zum Lesen.

In Deutschland variiert die Unterrichtszeit der Schulleiterinnen und Schulleiter (51 % der getesteten Schulen werden von Schulleiterinnen geführt) zwischen 3 und 27 Unterrichtswochenstunden (M = 16). Schulleitungen, die mit weniger Unterricht belastet sind, nutzen die dadurch freigewordene Zeit zu einem größeren Teil für Verwaltungsarbeiten, aber auch für die anderen Aufgabenbereiche wird etwas mehr Zeit verwendet.

## 2.2 Kooperation im Kollegium

Sowohl die empirische Forschung zur Wirksamkeit ‚guter Schulen' als auch die empirischen Studien zur individuellen Entwicklung einer professionellen Handlungskompetenz zeigen, dass berufsbezogene Kooperation zwischen Lehrkräften von zentraler Bedeutung ist (Bund-Länder-Kommission für Bildungsplanung und Forschungsförderung, 1997). Demgegenüber ist die Berufskultur der Lehrerschaft, besonders in Deutschland von einem starken Individualismus, von einem schon sprichwörtlichen ‚Einzelkämpfertum' bestimmt. Wenn Schulen aber beginnen, sich nicht nur als Nebeneinanderher von Klassen, sondern als eigenständige, selbstorganisierte Arbeitseinheiten zu verstehen, die mit zunehmender Autonomie auch mehr und mehr die eigene Entwicklung, eigene Standards und Schwerpunkte in die Hand nehmen, dann rückt neben dem Unterricht die Kooperation zwischen allen Beteiligten in den Vordergrund des schulischen Geschehens. Ohne Kooperation ist eine erfolgreiche schulinterne Entwicklung undenkbar (Horster & Rolff, 2001).

Abbildung III.9: Konzept zur Förderung der Zusammenarbeit im Kollegium, feste Zeiten zur Zusammenarbeit vorgesehen und mindestens wöchentliche Besprechung nach Aussage der Lehrkräfte (Schüler in Prozent)

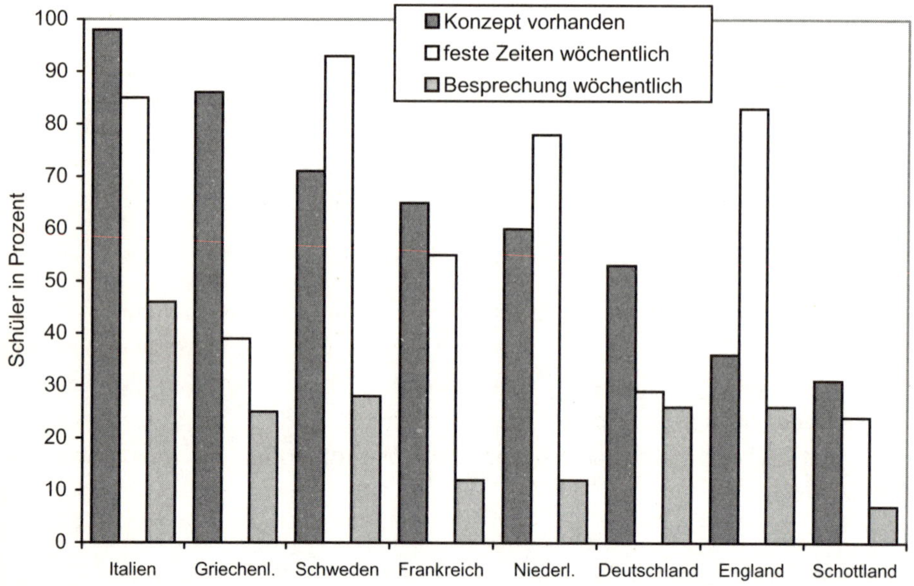


Die Angaben zum Konzept zur Förderung der Zusammenarbeit im Kollegium stammen aus dem Schulleiterfragebogen, Angaben zu den festen Zeiten zur Zusammenarbeit und Besprechungen stammen aus dem Lehrerfragebogen.

IEA: Progress in International Reading Literacy Study © IGLU-Germany

In vielen Ländern gibt es nach Aussage der Schulleiter an den Schulen Konzepte, um die Zusammenarbeit der Lehrkräfte untereinander zu fördern, und fest vorgesehene Zeiten für die gemeinsame Arbeit an Unterrichtsmaterial und Unterrichtsmethoden (vgl. Abb. III.9). Auch in Deutschland berichten die Schulleiter für 53 Prozent der Schülerinnen und Schüler von Konzepten zur Förderung von Kooperation zwischen Lehrkräften, was im Verhältnis zum internationalen Mittel von 72 Prozent allerdings eher wenig ist. 29 Prozent der Schülerinnen und Schüler werden an Schulen unterrichtet, in denen nach Angaben der Schulleiter mindestens wöchentlich feste Zeiten für die Zusammenarbeit der Lehrkräfte vorgesehen sind (int. M = 54 %, VG 2 M = 59 %) und ein Viertel der Schülerinnen und Schüler (26 %, int. M = 34 %, VG 2 M = 33 %) wird von Lehrkräften unterrichtet, die sich nach eigenen Angaben mindestens wöchentlich zu gemeinsamen Besprechungen über den Leseunterricht treffen.

## 2.3 Förderangebote an der Schule und Differenzierung im Unterricht

Die Grundschule als eine allgemeinbildende Schule für (fast) alle Kinder hat es prinzipiell mit einer unausgelesenen Schülerpopulation und damit mit der vollen Variabilität von Schülerleistungen, Schülervoraussetzungen und familialen Hintergrundmerkmalen zu tun, wie sie in der entsprechenden Grundgesamtheit vorkommt (Roßbach, 2001). In der akademischen pädagogischen Diskussion wird gegenwärtig diese Heterogenität weniger als Problem angesehen, sondern als eine Lernchance für ein erfolgreiches Lernen aller Schülerinnen und Schüler. Sowohl auf der Ebene der Schule als auch im Klassenverband können unterschiedliche Maßnahmen eingesetzt werden, um für alle Kinder die optimale Unterstützung und Förderung zu gewährleisten (Helmke & Jäger, 2002).

Abbildung III.10: Versorgung der Schüler mit Förderangeboten an der Schule (Schüler in Prozent)

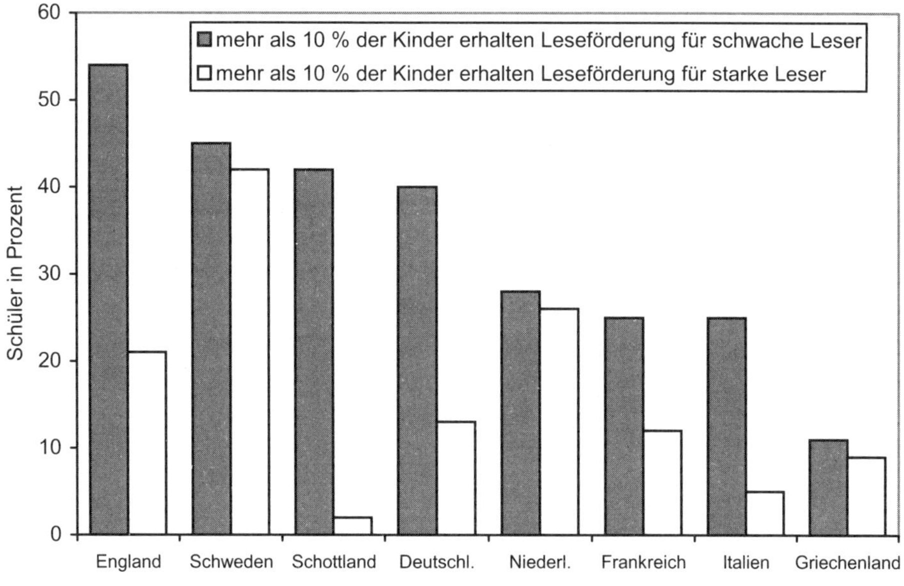


Die Angaben stammen aus dem Schulleiterfragebogen.

IEA: Progress in International Reading Literacy Study © IGLU-Germany

Fördermaßnahmen auf Schulebene (vgl. Abb. III.10) sind meistens von der Verfügbarkeit zusätzlicher Lehrkräfte abhängig (vgl. Abschnitt 1.1.2). In England und Schweden, Ländern, in denen häufig zusätzliche Lehrkräfte zur Verfügung stehen (vgl. Tab. III.2), besuchen besonders viele Schülerinnen und Schüler Schulen, an denen nach Auskunft der Schulleiter mehr als 10 Prozent der Kinder Leseförderunterricht in den Klassenstufen 1–4 erhalten. In Deutschland besuchen 40 Prozent der Schülerinnen und Schüler Schulen, in denen leseschwache Schüler dementsprechend mit Förderangeboten versorgt sind.

Nach Angaben der Eltern haben 14 Prozent der Kinder in Deutschland in den letzten drei Jahren regelmäßig, 17 Prozent gelegentlich Förderunterricht im Fach Deutsch erhalten. Im Fach Mathematik haben nach Elternangaben 9 Prozent aller Kinder in den letzten drei Jahren regelmäßig, 15 Prozent gelegentlich an einem Förderunterricht teilgenommen und 22 Prozent der Kinder erhalten nach eigenen Angaben wöchentlich Nachhilfe in Mathematik.

Abbildung III.11: Der Einsatz sozialer Arbeitsformen im Unterricht (Schüler in Prozent)

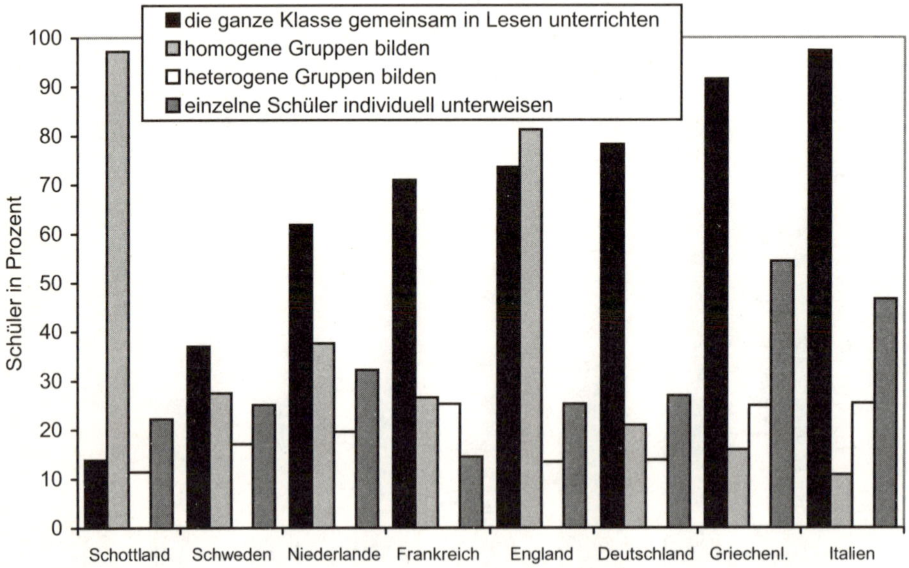


Die Angaben stammen aus dem Lehrerfragebogen (Immer oder fast immer / Oft).

IEA: Progress in International Reading Literacy Study © IGLU-Germany

Zusätzlich zu einer Unterstützung außerhalb des Unterrichts werden in den meisten Ländern und Klassen binnendifferenzierende Unterrichtsformen eingesetzt. Hier ist zuerst eine Form der Differenzierung zu berichten, die wieder eng an die Verfügbarkeit zusätzlicher Lehrkräfte gebunden ist: In einigen Ländern (England, Niederlande, Schottland und Schweden) werden diese auch dafür eingesetzt, um mit Schülerinnen und Schülern, die im Lesen zurückfallen, innerhalb des Unterrichts zu arbeiten. Diese Möglichkeit besteht in Italien, Frankreich oder Deutschland nur selten.

In Deutschland, Griechenland, Frankreich und Italien (Abb. III.11) ist dagegen der Anteil der Schülerinnen und Schüler relativ hoch, die nach Angabe der Lehrkräfte immer oder oft als ganze Klasse gemeinsam im Lesen unterrichtet werden, wobei in Italien und Griechenland gleichzeitig die individuelle Unterweisung etwas höher ausgeprägt ist als in anderen Ländern. In England und Schottland wird neben dem Unterricht im Klassenverband auch oft in homogenen Gruppen gearbeitet. In Schweden werden alle verschiedenen Formen gleichermaßen verwendet, die Lehrkräfte geben über alle Items gleich häufig (zu ca. 60 %) an, alle Formen ‚manchmal' anzuwenden. Nur ein verschwindend geringer Anteil an Schülerinnen und Schülern lernt in Klassen, in denen alle Kinder immer auf die gleiche Weise arbeiten, unabhängig davon, ob sie auf gleichem Niveau sind oder nicht.

Abbildung III.12: Maßnahmen zur Differenzierung im Unterricht (Schüler in Prozent)

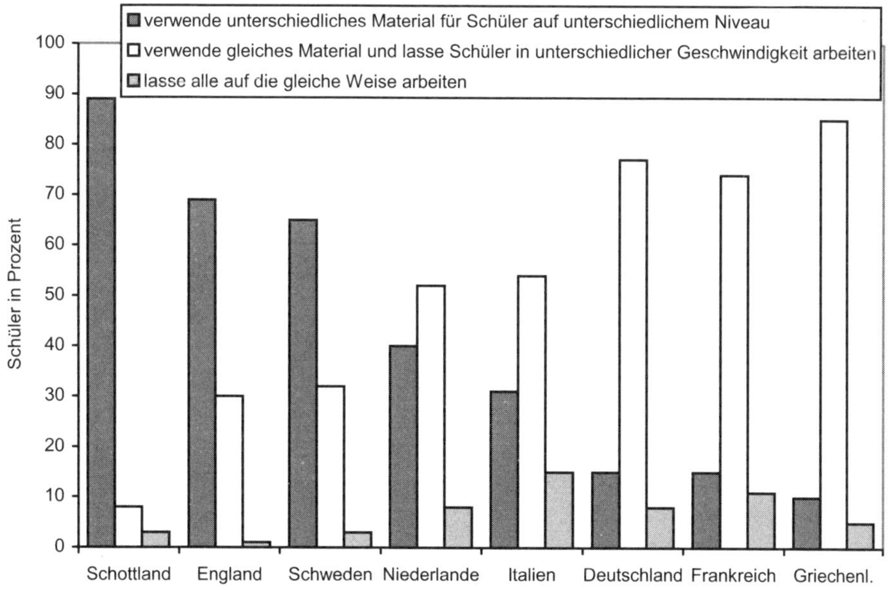


Die Angaben stammen aus dem Lehrerfragebogen.

IEA: Progress in International Reading Literacy Study © IGLU-Germany

Wenn Kinder unter Differenzierungsgesichtspunkten in Gruppen zusammengefasst werden oder individuell arbeiten, dann stellt sich die Frage nach der Verschiedenartigkeit der Arbeitsaufträge (vgl. Abb. III.12). Die Lehrkräfte in Schottland, England und Schweden lassen die Schüler mit unterschiedlichem Material arbeiten, in Deutschland, Frankreich und Griechenland arbeiten die Kinder die meiste Zeit mit dem gleichen Material, haben dafür aber unterschiedlich Zeit (Meyer-Willner, 2001).

Die Förderung von Hochbegabten im Bereich der Grundschule ist in Deutschland nur gering ausgeprägt. Zusätzliche Lernangebote (*Enrichment*) sind wie in den anderen Ländern der Vergleichsgruppe 1 mit Ausnahme von Schweden eher selten zu beobachten (Henze, Sandfuchs & Zumhasch, 2001). Eine vorzeitige Einschulung oder das Überspringen von Klassen kommen kaum vor (vgl. Abschnitt 1.1.4).

## 2.4 Zusammenarbeit mit den Elternhäusern

Ein großer Teil der Lernvoraussetzungen eines Kindes ist auf die Lernbedingungen in der Familie zurückzuführen. Auch im Grundschulalter ist das ‚Gewicht' der Lernumwelt Familie größer als das der Schule. Familie und Schule haben zum Teil getrennt zu bewältigende, zum Teil gemeinsam zu verantwortende Aufgaben oder Probleme (Krumm, 2001). Wenn eine optimale Förderung des Kindes das Ziel aller erzieherischen Bemühungen ist, dann ist eine Kooperation mit dem Elternhaus unumgänglich. Auch in der Schuleffektivitätsforschung stellt die Zusammenarbeit mit dem Elternhaus ein wichtige Größe dar (Scheerens & Bosker, 1997).

In den meisten Ländern nehmen nach Angaben der Schulleitungen zwischen einem Viertel und der Hälfte der Eltern an Gesprächen mit Lehrkräften teil (vgl. Abb. III.13). In Schweden erhalten die Kinder in den ersten fünf Jahren keine benoteten Zeugnisse. Stattdessen besprechen die Lehrkräfte zwei Mal im Jahr mit den Eltern und dem Kind gemeinsam die Lernfortschritte des Kindes (Lansfjord, 2002). So ist das besonders hohe Interesse der schwedischen Eltern an Gesprächen mit den Lehrkräften zu erklären.

Die Bereitschaft der Eltern, in der Schule mitzuhelfen, Veranstaltungen zu besuchen und sich bei der Beschaffung finanzieller Mittel oder anderweitiger Unterstützung der Schule zu beteiligen, ist demgegenüber geringer und unterscheidet sich mehr: In den Niederlanden sind die Eltern am stärksten in die Mitarbeit an der Schule eingebunden, das Interesse an kulturellen, sportlichen oder gesellschaftlichen Veranstaltungen an der Schule ist in Schottland und den Niederlanden am größten, in diesen beiden Ländern unterstützen die Eltern die Schule auch in finanzieller Hinsicht. Das Engagement der Eltern von Grundschulkindern in Deutschland zeigt sich vor allem in den Gesprächen mit Lehrkräften und dem Besuch von Veranstaltungen.

Abbildung III.13: Kontakte zwischen Schule und Elternhaus nach Angaben der Schulleiter in den Ländern der Vergleichsgruppe 1

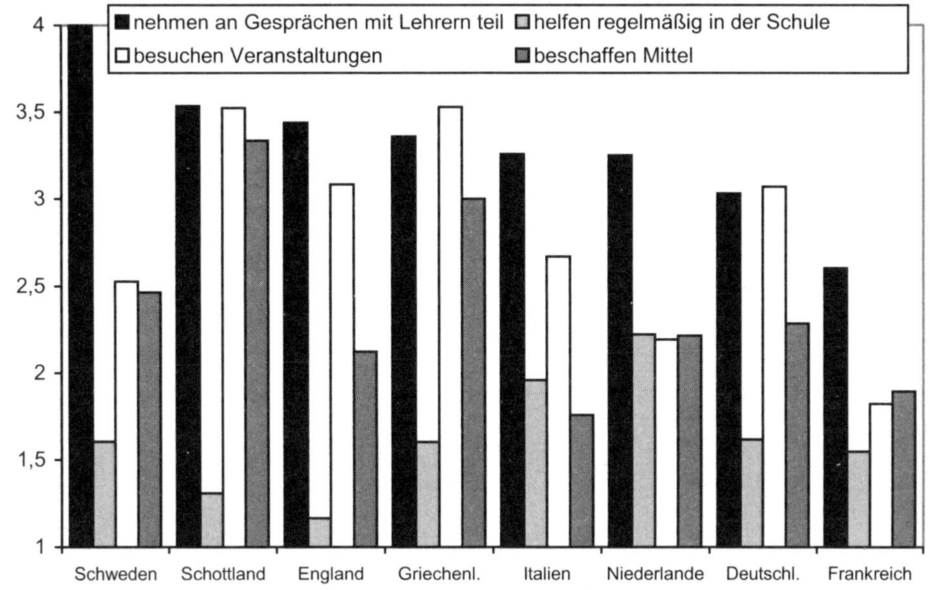


Die Angaben stammen aus dem Schulleiterfragebogen (1: fast keine Eltern; 4: mehr als die Hälfte der Eltern).

IEA: Progress in International Reading Literacy Study © IGLU-Germany

Eine andere Form der Information besteht in der regelmäßigen Zusendung von Produkten und Arbeitsergebnissen des Kindes an die Eltern. In einigen Ländern, in denen die Schulleitungen eine hohe Teilnahme der Eltern an Gesprächen mit Lehrkräften berichten (Schweden, Schottland, England), in denen die Eltern also regelmäßig über die Lernfortschritte des Kindes informiert werden, senden die Lehrkräfte dementsprechend seltener Arbeitsergebnisse des Kindes an die Eltern, die den Leistungsstand des Kindes dokumentieren (vgl. Abb. III.14). In Deutschland, wo die Teilnahme an Gesprächen etwas niedriger ist, werden die Eltern häufiger durch die Zusendung von Arbeitsbeispielen informiert.

Die Eltern nehmen die Informationspolitik der Schule zum Teil etwas anders wahr. Am besten informiert über die Leistungen ihrer Kinder fühlen sich die Eltern in Schottland, 52 Prozent der Eltern sagen, dass sie ‚oft' informiert werden, in Schweden sind es 47 Prozent. Etwas geringer bewerten die Eltern in Griechenland (33 %) und den Niederlanden (24 %) die Informationen durch die Schule, obwohl in Griechenland von Seiten der Schule eine hohe Informationsdichte berichtet wird. Mit Abstand am wenigsten informiert fühlen sich Eltern in Deutschland, nur 13 Prozent geben an, dass sie oft Informationen erhalten, 11 Prozent manchmal.

Abbildung III.14: Zusendung von Arbeitsbeispielen des Kindes aus dem Unterricht in der Landessprache an die Eltern nach Angabe der Deutschlehrkraft (Schüler in Prozent)

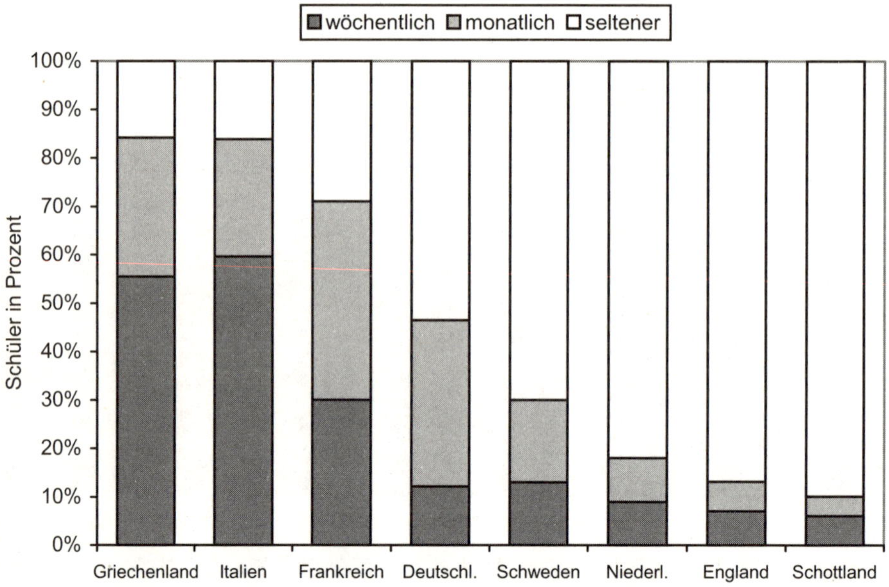


Die Angaben stammen aus dem Lehrerfragebogen.

IEA: Progress in International Reading Literacy Study © IGLU-Germany

## 3. Zusammenschau

Ziel des vorangegangenen Kapitels war es, einen Eindruck von Unterschieden und Gemeinsamkeiten zwischen den Teilnehmerländern dieser Studie zu vermitteln. In den Blick genommen wurde eine Reihe von Aspekten, die nach dem aktuellen Stand der Schuleffektivitätsforschung als leistungsrelevant angesehen werden und die deshalb einen Hintergrund für die in den folgenden Kapiteln berichteten Leistungsbefunde darstellen können. Einige Befunde werden im Folgenden zusammengefasst.

*Personelle Ressourcen.* Die mittleren Klassengrößen in den Ländern der Vergleichsgruppe 2 liegen alle im Bereich zwischen 20 und 30 Schülerinnen und Schülern. In einigen Ländern werden an den Schulen zusätzliche Lehrkräfte oder Spezialisten außerhalb oder innerhalb des Unterrichts für differenzierende Maßnahmen eingesetzt. In Deutschland werden Grundschulkinder in im internationalen Vergleich durchschnittlich großen Klassen unterrichtet, dafür stehen in den Schulen weniger zusätzliche Lehrkräfte bzw. ‚Spezialisten' zur Verfügung als in Ländern mit geringfügig größeren Klassen. Grundschullehrkräfte in Deutschland sind im Mittel älter und verdienen im internationalen Vergleich besonders gut (OECD, 2002).

*Materielle Ressourcen.* In allen Ländern der Vergleichsgruppe 2 und auch in Deutschland sind die Schulen gut mit Schul- oder Klassenbibliotheken ausgestattet, die auch regelmäßig im Unterricht genutzt werden. In vielen Ländern der Vergleichsgruppe 2 sind die Schulen jedoch besser mit Computern ausgestattet als die Schulen in Deutschland. Dementsprechend werden in Deutschland PCs als Arbeitsmittel im Unterricht eher zurückhaltend herangezogen.

*Vorschulische Erfahrungen.* In den meisten Ländern werden anders als in Deutschland bereits im Kindergarten oder den vorschulischen Einrichtungen erste Erfahrungen mit Sprache und Schrift angebahnt, so dass die Kinder bei der Einschulung bereits über erste Lesevorkenntnisse verfügen.

*Schulleitungen.* Schulleiterinnen und Schulleiter an Grundschulen in Deutschland sind im Vergleich mit den anderen Ländern vor allem Lehrkräfte und erledigen die mit der Schulleitung verbundenen Aufgaben nebenbei. In anderen Ländern haben Schulleiterinnen oder Schulleiter verstärkt Leitungsfunktionen und sind daneben auch inhaltlich für die Qualität der Schule (z.B. Ausarbeitung von schulinternen Konzepten) und des Unterrichts (Fortbildungsaufgabe) verantwortlich. In diesen Ländern nimmt Unterricht nur einen vergleichsweise geringen Anteil der Aufgaben ein.

*Kooperation.* Einige Länder forcieren die Zusammenarbeit unter den Lehrkräften, indem an den Schulen Konzepte zur Zusammenarbeit beschlossen werden und feste regelmäßige Zeiten für die gemeinsamen Arbeitsbesprechungen vorgesehen sind. In Deutschland liegt die Initiative zur Zusammenarbeit eher in den Händen der einzelnen Lehrkräfte, kommt aber nicht seltener vor als im Mittel der anderen Länder der Vergleichsgruppe 1.

*Differenzierung.* Das Angebot an Differenzierung ist in Deutschland wie in den meisten Ländern überwiegend an den schwachen Schülerinnen und Schülern ausgerichtet, Zusatzangebote für leistungsstarke Schülerinnen und Schüler kommen selten vor. In einer Reihe von Ländern, dazu gehört auch Deutschland, werden viele Schüler die meiste Zeit gemeinsam mit der ganzen Klasse unterrichtet. Zur Differenzierung wird mehr Zeit für die Bearbeitung des ansonsten gleichen Materials zugebilligt. Das ist auch in Deutschland die gängige Differenzierungsmaßnahme.

*Ausblick.* Dieses Kapitel bietet einen Überblick über einige Merkmale von Grundschulen in den teilnehmenden Ländern. Die auf Länderebene zusammengefassten Mittelwerte sind jedoch keine geeignete Basis, um Zusammenhänge mit Leistungen zu prüfen, zu vielfältig und unterschiedlich sind die tatsächlichen Bedingungen in den Schulen. Zusammenhänge zwischen Leistungen und Lehr- und Lernbedingungen, z.B. Merkmalen des Unterrichts, individuellen Voraussetzungen der Schülerinnen und Schüler, dem Schulklima, außerschulischen Aktivitäten und anderem werden in einem späteren Band differenziert und ausführlich untersucht.

## Literatur

Artelt, C., Stanat, P., Schneider, W. & Schiefele, U. (2001). Lesekompetenz: Testkonzeption und Ergebnisse. In J. Baumert, E. Klieme, M. Neubrand, M. Prenzel, U. Schiefele, W. Schneider, P. Stanat, K.-J. Tillmann & M. Weiß (Hrsg.), *PISA 2000. Basiskompetenzen von Schülerinnen und Schülern im internationalen Vergleich* (S. 69–137). Opladen: Leske + Budrich.

Baumert, J. & Weiß, M. (2002). Föderalismus und Gleichwertigkeit der Lebensverhältnisse. In J. Baumert, C. Artelt, E. Klieme, M. Neubrand, M. Prenzel, U. Schiefele, W. Schneider, K.-J. Tillmann & M. Weiß (Hrsg.), *PISA 2000 – Die Länder der Bundesrepublik Deutschland im Vergleich* (S. 39–53). Opladen: Leske + Budrich.

Bellenberg, G. (1999). *Individuelle Schullaufbahnen.* Weinheim: Juventa.

Bromme, R. (1997). Kompetenzen, Funktionen und unterrichtliches Handeln des Lehrers. In F. E. Weinert (Hrsg.), *Enzyklopädie der Psychologie. Psychologie des Unterrichts und der Schule (Bd. 3)* (S. 177–212). Göttingen: Hogrefe.

Buchberger, F. & Buchberger, I. (2000). Europa – Kompatibilität der Lehrerausbildung in Deutschland. In E. Terhart (Hrsg.), *Perspektiven der Lehrerbildung in Deutschland: Materialband zum Abschlussbericht der von der Kultusministerkonferenz eingesetzten Kommission* (S. 5–22). Weinheim: Beltz.

Bund-Länder-Kommission für Bildungsplanung und Forschungsförderung. (1997). *Gutachten zur Vorbereitung des Programms „Steigerung der Effizienz des mathematisch-naturwissenschaftlichen Unterrichts“*. Bonn: Bund-Länder-Kommission. (Materialien zur Bildungsplanung und zur Forschungsförderung, 60).

Campbell, J. R., Kelly, D. L., Mullis, I. V. S., Martin, M. O. & Sainsbury, M. (2001). *Framework and specifications for PIRLS assessment 2001* (2. Aufl.). Chestnut Hill, MA: Boston College.

Chamberlain, G. (2002). New Zealand. In I. V. S. Mullis, M. O. Martin, K. A. M. & C. Flaherty, L. (Hrsg.), *PIRLS 2001 Encyclopedia. A reference guide to reading education in the countries participating in IEA's Progress in Inter-*

*national Reading Literacy Study (PIRLS)* (S. 209–218). Chestnut Hill, MA.: Boston College.

Diepen, M. v., Aarnoutse, C. & Verhoeven, L. (2002). The Netherlands. In I. V. S. Mullis, M. O. Martin, K. A. M. & C. Flaherty, L. (Hrsg.), *PIRLS 2001 Encyclopedia. A reference guide to reading education in the countries participating in IEA's Progress in International Reading Literacy Study (PIRLS)* (S. 199–208). Chestnut Hill, MA.: Boston College.

Döbert, H., Hörner, W., Kopp, B. v. & Mitter, W. (2002). *Die Schulsysteme Europas*. Hohengehren: Schneider. (Grundlagen der Schulpädagogik, 46).

Drechsel, B. (2001). *Subjektive Lernbegriffe und Interesse am Thema Lernen bei angehenden Lehrpersonen*. Münster: Waxmann. (Internationale Hochschulschriften, 363).

Eder, F. (1998). Schul- und Klassenklima. In D. H. Rost (Hrsg.), *Handwörterbuch der Pädagogischen Psychologie* (S. 424–430). Weinheim: Beltz.

Einsiedler, W. (1997). Empirische Grundschulforschung im deutschsprachigen Raum – Trends und Defizite. *Unterrichtswissenschaft*, *25*, 291–315.

Einsiedler, W. (2000). Fachlichkeit und Forschungsbasiertheit der Grundschularbeit und der Grundschullehrerausbildung. In E. Terhart (Hrsg.), *Perspektiven der Lehrerbildung in Deutschland: Materialband zum Abschlussbericht der von der Kultusministerkonferenz eingesetzten Kommission* (S. 23–35). Weinheim: Beltz.

EURYDICE (Hrsg.). (2002). *Der Lehrerberuf in Europa: Profil, Tendenzen und Anliegen. Bericht I Lehrerausbildung und Maßnahmen für den Übergang in das Berufsleben. Allgemein bildender Sekundarbereich I.* Brüssel: EURYDICE. (Schlüsselthemen im Bildungsbereich in Europa, 3).

Fend, H. (1998). *Qualität im Bildungswesen. Schulforschung zu Systembedingungen, Schulprofilen und Lehrerleistung*. Weinheim: Juventa.

Haertel, G. D., Walberg, H. J. & Weinstein, T. (1983). Psychological models of education performance: A theoretical synthesis of constructs. *Review of Educational Research*, *53*, 75–91.

Helmke, A. (1997). Individuelle Bedingungsfaktoren der Schulleistungen: Ergebnisse aus dem SCHOLASTIK-Projekt. In F. E. Weinert & A. Helmke (Hrsg.), *Entwicklung im Grundschulalter* (S. 203–216). Weinheim: Beltz.

Helmke, A. & Jäger, R. S. (Hrsg.). (2002). *Das Projekt MARKUS. Mathematik-Gesamterhebung Rheinland-Pfalz: Kompetenzen, Unterrichtsmerkmale, Schulkontext*. Landau: Verlag Empirische Pädagogik.

Helmke, A. & Weinert, F. E. (1997). Bedingungsfaktoren schulischer Leistungen. In F. E. Weinert (Hrsg.), *Psychologie des Unterrichts und der Schule (Bd. 3)* (S. 71–176). Göttingen: Hogrefe.

Henze, G., Sandfuchs, U. & Zumhasch, C. (2001). Hochbegabte in der Grundschule. In W. Einsiedler, M. Götz, H. Hacker, J. Kahlert, R. W. Keck & U. Sandfuchs (Hrsg.), *Handbuch Grundschulpädagogik und Grundschuldidaktik* (S. 172–183). Bad Heilbrunn: Klinkhardt.

Horn, H. A. (1993). Die Lehrpläne der Grundschule.Darstellung der Entwicklung von den ersten Ansätzen bis zur Gegenwart. In D. Haarmann (Hrsg.), *Handbuch Grundschule (Bd. 2)* (S. 14–28). Weinheim: Beltz.

Horn, H. A. (1996). Brücken zum Schulanfang. In D. Haarmann (Hrsg.), *Handbuch Grundschule (Bd. 1)* (S. 76–87). Weinheim: Beltz.

Horster, L. & Rolff, H. G. (2001). *Unterrichtsentwicklung, Grundlagen, Praxis, Steuerungsprozesse*. Weinheim: Beltz.

Hosenfeld, I., Helmke, A., Ridder, A. & Schrader, F.-W. (2002). Die Rolle des Kontextes. In A. Helmke & R. S. Jäger (Hrsg.), *Das Projekt MARKUS. Mathematik-Gesamterhebung Rheinland-Pfalz: Kompetenzen, Unterrichtsmerkmale, Schulkontext*. Landau: Verlag Empirische Pädagogik.

Krumm, V. (2001). Das Verhältnis von Elternhaus und Schule. In L. Roth (Hrsg.), *Pädagogik* (2. überarbeitete und erweiterte. Aufl., S. 1016–1029). München: Oldenbourg.

Lankes, E.-M. (1991). *Vom Amtlichen Lehrplan zum Klassenlehrplan: eine empirische Untersuchung im Praxisfeld*. München: ars una. (Deutsche Hochschuledition, 19).

Lansfjord, M. (2002). Sweden. In I. V. S. Mullis, M. O. Martin, K. A. M. & C. Flaherty, L. (Hrsg.), *PIRLS 2001 encyclopedia. A reference guide to reading education in the countries participating in IEA's progress in international reading literacy study (PIRLS)* (S. 279–288). Chestnut Hill, MA: Boston College.

May, P. (2001a). *Lernförderlicher Unterricht. Teil 1: Untersuchung zur Wirksamkeit von Unterricht und Förderunterricht für den schriftsprachlichen Lernerfolg. Ergebnisse der Evaluation des Projekts „Lesen und Schreiben für alle" (Plus); Teil 2: Wege zum Lernerfolg in der Grundschule. Porträts von Klassen mit hohem Lernerfolg*. Frankfurt a.M.: Lang.

May, P. (2001b). Prozessbegleitende Evaluation: Lesen und Schreiben in der Grundschule. In K.-J. Tillmann & W. Vollstädt (Hrsg.), *Politikberatung durch Bildungsforschung. Das Beispiel: Schulentwicklung in Hamburg* (S. 115–130). Opladen: Leske + Budrich.

Meyer-Willner, G. (2001). Differenzierung und Individualisierung. In W. Einsiedler, M. Götz, H. Hacker, J. Kahlert, R. W. Keck & U. Sandfuchs (Hrsg.), *Handbuch Grundschulpädagogik und Grundschuldidaktik* (S. 367–376). Bad Heilbrunn: Klinkhardt.

Minsel, B. (2001). Eltern als Erzieher. In A. Krapp & B. Weidenmann (Hrsg.), *Pädagogische Psychologie* (S. 275–295). Weinheim: Beltz.

OECD (Organisation for Economic Co-Operation and Development). (2000). *Bildung auf einem Blick – OECD-Indikatoren*. Paris: OECD.

OECD (Organisation for Economic Co-Operation and Development). (2002). *Education at glance*. Paris: OECD.

Prenzel, M. & Doll, J. (Hrsg.). (2002). *Bildungsqualität von Schulen: Schulische und außerschulische Bedingungen mathematischer, naturwissenschaftlicher und überfachlicher Kompetenzen*. Weinheim: Beltz. (Zeitschrift für Pädagogik, 45. Beiheft).

Priebe, B. (2000). Situation und Perspektiven der Lehrerfortbildung. In E. Terhart (Hrsg.), *Materialband zum Abschlussbericht der von der Kultusministerkonferenz eingesetzten Kommission: Perspektiven der Lehrerbildung in Deutschland* (S. 23–35). Weinheim: Beltz.

Roßbach, H.-G. (2001). Heterogene Lerngruppen in der Grundschule. In W. Einsiedler, M. Götz, H. Hacker, J. Kahlert, R. W. Keck & U. Sandfuchs (Hrsg.), *Handbuch Grundschulpädagogik und Grundschuldidaktik* (S. 143–148). Bad Heilbrunn: Klinkhardt.

Scheerens, J. & Bosker, R. J. (1997). *The foundations of educational effectiveness*. Oxford: Pergamon.

Schümer, G. (2001). Institutionelle Bedingungen schulischen Lernens im internationalen Vergleich. In J. Baumert, E. Klieme, M. Neubrand, M. Prenzel, U. Schiefele, W. Schneider, P. Stanat, K.-J. Tillmann & M. Weiß (Hrsg.), *PISA 2000: Basiskompetenzen von Schülerinnen und Schülern im internationalen Vergleich* (S. 411–427). Opladen: Leske + Budrich.

Spiel, C. & Wagner, P. (2002). Wie lange und wofür lernen Schülerinnen und Schüler? *Empirische Pädagogik, 16* (3), 329–355.

Terhart, E. (2000). *Perspektiven der Lehrerbildung in Deutschland: Abschlussbericht der von der Kultusministerkonferenz eingesetzten Kommission*. Weinheim: Beltz.

Tietze, W. (2001). Familienerziehung und Kleinkindpädagogik. In L. Roth (Hrsg.), *Pädagogik* (S. 655–681). München: Oldenbourg.

van de Ven, B. (2002). Niederlande. In H. Döbert, W. Hörner, B. v. Kopp & W. Mitter (Hrsg.), *Die Schulsysteme Europas. Grundlagen der Schulpädagogik* (S. 329–346). Hohengehren: Schneider.

Wang, M. C., Haertel, G. D. & Walberg, H. J. (1993). Toward a knowledge base for school learning. *Review of Educational Research, 63*, 249–294.

Wild, E., Hofer, M. & Pekrun, R. (2001). Psychologie des Lernens. In B. Weidenmann (Hrsg.), *Pädagogische Psychologie* (S. 207–270). Weinheim: Beltz.

# IV. Lesekompetenzen deutscher Grundschülerinnen und Grundschüler am Ende der vierten Jahrgangsstufe im internationalen Vergleich

*Wilfried Bos, Eva-Maria Lankes, Knut Schwippert, Renate Valtin, Andreas Voss, Isolde Badel, Nike Plaßmeier*

## 1. Einleitung

Sprache macht uns menschlich – Schriftsprache macht uns kultiviert. Mit dieser Feststellung verweist Olson (1977) auf den besonderen Beitrag der Sprache und der Erfindung von Schriftsprache für die kulturelle Entwicklung der Menschheit. Sprache als System von konventionellen Zeichen ermöglicht Kommunikation und Reflexion und die Loslösung vom ‚Ich-hier-jetzt'-Ursprung. Sie eröffnet dem Menschen Vergangenheit und Zukunft. Schriftsprache erfordert durch die Abstraktion von Situation und Kommunikationspartner eine maximal entfaltete Sprachform (Wygotski & Helm, 1974) und potenziert dadurch die Möglichkeiten der Sprache als Werkzeug der Welt- und Selbsterkenntnis und des Problemlösens. Erst mit der graphischen Fixierung von Gedanken, begrifflichen Zusammenhängen und Argumenten werden vertieftes Problembewusstsein, gründliche Reflexion und Kritik (eigene und fremde) ermöglicht. Schrift konstituiert Geschichtlichkeit und Tradition, denn sie erlaubt die Tradierung religiöser, philosophischer, literarischer und wissenschaftlicher Texte und die Kodifizierung des Rechts. Schriftsprache als besondere Sprachform (elaboriert, kontextunabhängig, explizit und kohärent) erfordert und beeinflusst das Denken und die Reflexionsfähigkeit des Menschen.

Für den schulischen und beruflichen Erfolg ebenso wie für die Teilhabe am kulturellen, politischen und gesellschaftlichen Leben ist die Beherrschung der Schriftsprache von grundlegender Bedeutung. Gerade in den Zeiten des Internets behindern eine sorglose oder fehlerhafte Rechtschreibung und ein vermindertes Lesetempo das Auffinden, Sichten und Verarbeiten relevanter Informationen. Ein Versagen im Lesen und Schreiben bedeutet für die Betroffenen eine entscheidende (Lern-)Behinderung, die nicht selten aufgrund der damit verbundenen Misserfolgserlebnisse auch Störungen im Bereich der Persönlichkeit und des Verhaltens nach sich zieht. Aus diesem Grund gelten Personen mit schwerwiegenden Störungen beim Schriftspracherwerb auch im Sinne des Kinder- und Jugendhilfegesetzes als behindert oder von Behinderung bedroht. In den Grundsätzen zur Förderung von Schülerinnen und

Schülern mit besonderen Schwierigkeiten beim Erlernen des Lesens und des Rechtschreibens stellt die KMK 1978 fest: „Das Lesen und Schreiben zu lehren gehört zu den Hauptaufgaben der Grundschule, und es ist ihre pädagogische Aufgabe, dafür zu sorgen, daß möglichst wenige Schüler gegenüber diesen Grundanforderungen versagen“ (zitiert nach Naegele & Valtin, 2003, S. 14). Lesekompetenz ist eine wichtige Schlüsselqualifikation, die schon in der Grundschule für den Wissenserwerb unabdingbar ist und ohne die lebenslanges Lernen gerade auch im Zeitalter von Computer und Internet undenkbar wäre.

Angesichts der großen Bedeutung, die dem Erwerb des Lesens als wichtiger Kulturtechnik in der Grundschule zukommt, erstaunt es, dass es bislang im Primarbereich nur wenige internationale bzw. größere nationale Erhebungen (z.B. Schneider, Stefanek & Dotzler, 1997) gibt. Die vorliegenden Studien befassen sich vorrangig mit älteren Schülerinnen und Schülern. So die ‚International Study of Reading‘, die von der *International Association for the Evaluation of Educational Achievement* (IEA) Anfang der 70er Jahre durchgeführt wurde (Thorndike, 1973), die 1991 durchgeführte IGLU-Vorläuferstudie ‚Reading Literacy‘ (Elley, 1992, 1994; Lehmann, Peek, Pieper & Stritzky, 1995) – ebenfalls eine IEA-Studie – sowie die von der *Organisation für wirtschaftliche Zusammenarbeit* (OECD) organisierte PISA-Erhebung (Baumert et al., 2001). Auf nationaler Ebene wurde in der 1991 durchgeführten ‚Hamburger Lesestudie‘ als Teilstudie der ‚Reading Literacy‘ Studie (Lehmann et al., 1995) und der ab 1996 in regelmäßigen Abständen wiederholten Hamburger ‚Lern-Ausgangslagen-Untersuchung‘ (LAU) (Lehmann, Gänsfuß & Peek, 1999; Lehmann, Peek & Gänsfuß, 1997; Lehmann, Peek, Gänsfuß & Husfeldt, 2002) neben anderen Leistungen auch die Lesekompetenz erfasst.

## 2. Zum Konstrukt und zur Erfassung von Lesekompetenz

Die Erfassung bzw. Messung dessen, was allgemein als ‚kompetentes Lesen‘ verstanden wird, kann innerhalb der empirisch ausgerichteten Erziehungswissenschaft auf eine lange Tradition zurückblicken. Noch älter sind die psychologischen Lesetheorien, die im Laufe ihrer mehr als hundertjährigen Geschichte unterschiedliche Modellvorstellungen vom Lesen entwickelt haben. Einigkeit besteht in der Auffassung, dass – sobald die basale Lesefähigkeit (das Dekodieren) erworben ist – die Prozesse der Verarbeitung geschriebener Sätze und Texte beim Lesen den Prozessen der Verarbeitung der gesprochenen Sprache entsprechen. Beim geübten Leser verläuft das Lesen als Verstehen graphisch fixierter Sprache also analog dem Hören der gesprochenen Sprache. Für den Leseanfänger ist zunächst die Fähigkeit des Worterkennens für die Leseleistung entscheidend. Mangelnde Sicherheit und Schnelligkeit des Worterkennens behindern das Verständnis auf Wort-, Satz- und Textebene (Scheerer-Neumann, 1997). Seit dem Beginn der Lesepsychologie Ende des 19. Jahrhunderts bis heute wurden zahlreiche Theorien und Modelle zur Beschreibung und Erklärung der Leseprozesse und des Leseerwerbs entwickelt. In einer Übersichtsdarstellung von Geyer (1972) werden nicht weniger als 48 verschiedene Lesemodelle genannt (vgl. auch Ruddell, Ruddell & Singer, 1994).

In der ersten Zeit untersuchten vor allem Experimentalpsychologen aufmerksamkeits- und wahrnehmungspsychologische Phänomene bei tachistoskopischer Darbietung von Wörtern. Lesen wurde als Übersetzung graphischer Symbole in einen sprachlichen Code betrachtet, d.h. Leseverständnis lediglich als das Verstehen der vom Leser ‚gesprochenen' Worte erklärt. Diese Vorstellung des Lesevorgangs ist stark an der seriellen Verarbeitung und an den sequentiellen Schritten der Informationsverarbeitung orientiert, wie sie nur in der frühen Phase des Schriftspracherwerbs für das Erlesen charakteristisch ist. Da diesem Ansatz zufolge die unteren perzeptiven Verarbeitungsstufen den höheren kognitiven Stufen vorgelagert sind, wird er auch als ‚bottom-up' Prozess bzw. ‚datengesteuerter' Prozess bezeichnet (vgl. Gough, 1972).

Ende der 60er Jahre wurde diese Betrachtungsweise des Leseprozesses erweitert, als sich Wissenschaftler unterschiedlicher Disziplinen, allen voran die Linguisten, an der Leseforschung beteiligten. Bedeutende Vertreter sind Goodman (1976) und Smith (1988), die mit ihrer Theorie vom Lesen als psycholinguistischem Ratespiel großen Einfluss auch auf die Erstlesedidaktik in den USA hatten und als Väter des inzwischen stark in die Kritik geratenen Spracherfahrungsansatzes gelten (vgl. Marx, 1997; Valtin, 1998). Ihrer Meinung nach nutzt der Leser selektiv verschiedene Merkmale: orthographische, syntaktische, semantische und visuelle Informationen, und bildet Hypothesen über die Wörter und die Bedeutung des Textes. Smith entwickelte auch den Gedanken, dass Lesen beständiges Aufstellen von Hypothesen bedeutet: Gute Leser sind diejenigen, die über ausreichendes Merkmalswissen für Vorhersagen verfügen. Seine Annahmen, dass Lesen ein konstruktiver Prozess ist und Leser auf der Grundlage ihres Vorwissens dem Gelesenen Bedeutung geben, waren entscheidende Beiträge zur Lesetheorie.

In der aktuellen Diskussion verliert der von Smith vorgeschlagene ‚selektive' Leseansatz zunehmend an Bedeutung. Er weicht dem u.a. von Rumelhart (1994) begründeten ‚interaktiven' Ansatz von Leseverständnis (vgl. Abb. IV.1). Lesekompetenz wird danach als ein konstruktiver, interaktiver Prozess aufgefasst. Leser, die effektive Lesestrategien kennen und das Gelesene verarbeiten können, konstruieren Bedeutung aktiv. Die Bedeutung entsteht durch die Interaktion von Leser und Text im Kontext einer bestimmten Leseerfahrung. Dabei werden nicht nur die beim Lesen ablaufenden Verstehensprozesse berücksichtigt, sondern auch die Umweltfaktoren Lesekontext und Lesetext mit einbezogen.

Abbildung IV.1: Interaktives Modell des Leseverständnisses

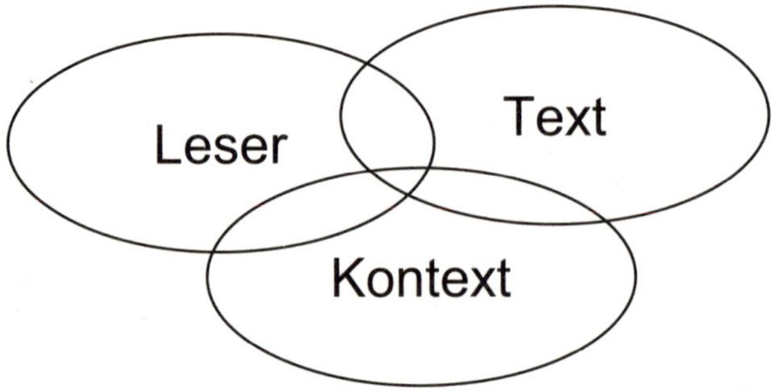


IEA: Progress in International Reading Literacy Study © IGLU-Germany

- Der Leser bringt eine Reihe von Voraussetzungen mit, die das Niveau des Leseverständnisses beeinflussen. Hierzu zählen neben der basalen Dekodierfähigkeit (Sicherheit und Schnelligkeit der Wortidentifikation) die kognitiven Voraussetzungen des Lesers (Aufmerksamkeit, Gedächtnis, Wortschatz, analytische Kompetenz), motivationale Aspekte (Leseabsicht, Interesse am Lesestoff, Selbstwirksamkeit als Leser), sein Wissen (allgemeines Weltwissen, textspezifisches Vorwissen und metakognitive Strategien) sowie Leseerfahrungen.

- Der Text bezieht sich auf ein bestimmtes Thema und beinhaltet spezifische Sprach- und Strukturelemente, welche die Lesbarkeit beeinflussen. Bedeutsam sind auch die Textsorten bzw. das vom Verfasser verfolgte Ziel – will der Verfasser unterhalten, überzeugen oder informieren?

- Der Kontext der Lesesituation fördert das Engagement und die Motivation zu lesen und stellt oft spezifische Anforderungen an das Leseverständnis. Dabei handelt es sich einerseits um situative Kontextfaktoren, z.B. soziale (Eingreifen der Lehrkraft und der Mitschüler) und raum-zeitliche Bedingungen (verfügbare Zeit, Lärm). Bei der Erfassung der Lesekompetenz mithilfe von Tests wird diese Art der Kontextfaktoren durch die Standardisierung der Erhebungssituation für alle vergleichbar gehalten. Weitere Kontextfaktoren, welche die Schulleistung allgemein beeinflussen, sind Klassen- und Schulmerkmale, wie sie im IGLU-Kontextmodell (vgl. Kap. II) beschrieben werden.

## 2.1 Das IGLU-Lesekompetenzmodell

Das Konzept von Lesekompetenz, an dem sich PISA und IGLU orientieren, stammt aus der angelsächsischen *literacy*-Tradition, in der in pragmatischer Absicht grundlegende Kompetenzen definiert werden, die in der Wissensgesellschaft bedeutsam sind. Mit *reading literacy* wird die Fähigkeit bezeichnet, Lesen in unterschiedlichen, für die Lebensbewältigung praktisch bedeutsamen Verwendungssituationen einsetzen zu können. Als funktionalistisches Konzept lässt sich *literacy* nicht gleichsetzen mit dem, was in deutscher Tradition als (Allgemein-)Bildung verstanden wird, zumal der Begriff ‚Bildung' mit seinen höchst unterschiedlich gefassten normativen Ansprüchen auf die deutsche Sprache beschränkt ist. Allerdings kommt dieses pragmatische Konzept von *literacy* dem sehr nahe, was in den letzten Jahren in der grundschuldidaktischen Diskussion um den Bildungsauftrag von Grundschule erörtert wird. Dabei geht es um die Frage, ob die Grundschule eine Grundlegung der Bildung – im Sinne der Vorbereitung auf die ‚eigentliche' Bildung der weiterführenden Schulen – oder einen eigenständigen Auftrag der grundlegenden Bildung habe. Letzteres wird zunehmend bejaht und beantwortet mit Konzepten von Schlüsselqualifikationen und Kernkompetenzen, wobei die Lesekompetenz eine bedeutsame Rolle spielt.

Bedeutsam sowohl für die Entwicklung der PISA- als auch der IGLU-Rahmenkonzeption zur Erfassung des Leseverständnisses sind die Vorarbeiten des amerikanischen *National Assessment of Educational Progress* (NAEP) und des *Educational Testing Service* (ETS) (U. S. Department of Education & National Center for Educational Statistics, 1994). Verantwortlich für die Entwicklung der internationalen PISA-Testinstrumente war eine international zusammengesetzte Expertengruppe unter Leitung von Irwin Kirsch, *Educational Testing Service* (ETS) (Baumert et al., 2001). Für die IGLU-Rahmenkonzeption war eine international zusammengesetzte Expertengruppe unter Leitung von Jay Campbell, ETS, zuständig (Campbell, Kelly, Mullis, Martin & Sainsbury, 2001). Die Modelle der Lesekompetenz von PISA und IGLU basieren auf dem kognitionspsychologischen Forschungsansatz von van Dijk und Kintsch (Dijk & Kintsch, 1983) und dem psychometrischen Ansatz von Kirsch und Mosenthal (1989–1991). Textverständnis kann hiernach als ein informationsverarbeitender Prozess verstanden werden, in dem der Leser die im Text enthaltene Information unter Einsatz verschiedener Lesestrategien aktiv mit seinem Vor- und Weltwissen verbindet (vgl. auch Groeben & Hurrelmann, 2002) und eine mentale

Repräsentation des Gelesenen konstruiert. Van Dijk und Kintsch (1983) unterscheiden drei Ebenen der Textrepräsentation: eine eher ‚oberflächliche' Repräsentation der Wörter und Sätze, eine Repräsentation der semantischen Struktur eines Textes (die Textbasis) und ein Situationsmodell, das von der Struktur des dem Text zugrunde liegenden Wissens bestimmt wird und zu dessen Aufbau der Leser das im Text enthaltene Wissen mit seinem Vorwissen verknüpfen muss.

Aufgrund dieser Betrachtungsweise von Lesekompetenz berücksichtigt IGLU die folgenden drei Bereiche:

- das Verständnis der Informationen von Texten bzw. die Verstehensprozesse;
- die Leseintention, mit der der Text gelesen wird, sowie
- die Einstellung zum Lesen und die Lesegewohnheiten des Lesers.

Abbildung IV.2: Dimensionen der IGLU-Lesekompetenz

| | | Aspekte der Verstehensleistung | | | |
|---|---|---|---|---|---|
| | | Erkennen und Wiedergeben explizit angegebener Informationen | Einfache Schlussfolgerungen ziehen | Komplexe Schlussfolgerungen ziehen und Begründungen; Interpretieren des Gelesenen | Prüfen und Bewerten von Inhalt und Sprache |
| Leseintention | Lesen literarischer Texte | Was macht die Hauptfigur am Anfang der Geschichte? | Wie haben die Handlungsträger die Probleme bewältigt? | Was würde in der Geschichte geschehen, wenn ...? | Wie gelang dem Autor dieses überraschende Ende? |
| | Erwerb und Gebrauch von Informationen | Was für Konsequenzen werden in diesem Text genannt? | Warum hat die in diesem Artikel beschriebene Person ...? | Was würde nach diesen Informationen passieren, wenn ...? | Was kannst Du mit den Informationen anfangen? |

IEA: Progress in International Reading Literacy Study © IGLU-Germany

Zur Erfassung der Verstehensleistungen und der Leseabsicht wurden verschiedene Lesetexte eingesetzt. Es handelt sich um authentische Texte unterschiedlicher Textgattungen, die typische Leseintentionen für Kinder dieser Altersgruppe berücksichtigen mit dem Ziel, möglichst alle relevanten Leseanlässe, denen Kinder dieser Altersgruppe in schulischen wie außerschulischen Situationen begegnen, zu erfassen. Abbildung IV.2 stellt die Verschränkung dieser beiden Dimensionen dar. Die Testaufgaben, mit denen die vier Aspekte des Leseverständnisses und die beiden Leseintentionen erhoben wurden, sind in etwa gleich verteilt. Je 50 Prozent der Aufgaben dienen der Erfassung der beiden Leseintentionen, 20 bzw. 30 Prozent der Aufgaben beziehen sich auf die Aspekte ‚Erkennen und Wiedergeben explizit angegebener Informationen' und ‚Einfache Schlussfolgerungen ziehen'. Weitere 20 bzw. 30 Prozent der Aufgaben erfassen die Aspekte ‚Komplexe Schlussfolgerungen ziehen und begründen; das Gelesene interpretieren' sowie ‚Prüfen und Bewerten von Sprache und Inhalt' (vgl. Campbell et al., 2001).

Zur Erfassung des dritten Bereichs – Einstellung und Leseverhalten – wurde ein Schülerfragebogen eingesetzt, mit dem die Lesegewohnheiten und Einstellungen der Schülerinnen und Schüler zum Lesen erhoben wurden. Weitere Daten zum schulischen und außerschulischen Umfeld wurden ebenfalls mithilfe von Fragebögen erfasst, die vom Klassenlehrer, vom Schulleiter und von den Eltern ausgefüllt wurden.

## 2.2 Verstehensprozesse

Beim Lesen eines Textes können vom Leser unterschiedliche Verständnisniveaus erreicht werden (Dijk & Kintsch, 1983). Leser bedienen sich unterschiedlicher Strategien, um der im Text enthaltenen Information Bedeutung zu verleihen. Sie konzentrieren sich auf bestimmte Inhalte, setzen das Gelesene miteinander in Beziehung, ziehen einfache und komplexe Schlussfolgerungen, vergleichen das Gelesene mit ihrem Vorwissen und ihren Erwartungen und entwickeln sogar neue Begriffe, wenn das Gelesene nicht in vorhandene Wissensstrukturen eingeordnet werden kann. Alle diese Prozesse hängen mit dem sprachlichen Vermögen, dem Niveau der kognitiven Differenziertheit, dem Wissen und den Lebenserfahrungen zusammen und können von unterschiedlicher Qualität sein, und zwar sowohl bei Lesern, die identische Texte lesen (inter-individuelle Differenzen) wie auch beim wiederholten Lesen desselben Textes (intra-individuelle Differenzen). Bedeutsam sind auch metakognitive Prozesse und Strategien, die vom Lesenden eingesetzt werden können, um Verständnisprobleme zu bewältigen und den Ertrag des Gelesenen einzuschätzen. Die Beantwortung der Frage, ob sich die individuellen Unterschiede bei der Entwicklung des Textverständnisses allein durch ein kognitives Fähigkeitskonstrukt erklären lassen, oder ob diese Unterschiede nicht auch auf unterschiedliche kognitive Stile der Leser (Seel, 2000; Snow, Corno & Jackson III, 1996; Tiedemann, 1996) zurückzuführen sind, bleibt nachfolgenden Untersuchungen vorbehalten. Ein Einfluss von individuenspezifisch geprägten Strategien bei der Verarbeitung von Texten ist vor allem beim Verständnis literarischer Texte wahrscheinlich, da bei dieser Textsorte vermutlich eine gewisse ‚Flexibilität' des Lesers beim Aufbau des mehrschichtigen literarischen Situationsmodells (Kintsch, 1994) hilfreich ist.

Im Folgenden werden die in der IGLU-Erhebung unterschiedenen vier Aspekte des Leseverständnisses dargestellt, zu denen jeweils Aufgabentypen entwickelt wurden. Jede Frage lässt sich einem Leseaspekt zuordnen. Die Schülerinnen und Schüler hatten jeweils zwei Kurzgeschichten zu lesen und im Anschluss an jede Kurzgeschichte im Durchschnitt 12 Fragen zu beantworten.

### 2.2.1 Erkennen und Wiedergeben explizit angegebener Informationen

Schülerinnen und Schüler müssen bei Aufgaben dieses Typus zeigen, dass sie in der Lage sind, im Text genannte Sachverhalte und Informationen wiederzufinden. Die Schwierigkeit dieser Aufgaben variiert dadurch, dass in unterschiedlichem Ausmaß vom Kontext Gebrauch zu machen ist. Diese Prozesse können als eindimensional bezeichnet werden.

Anforderungsprofil dieser Aufgaben:

- eine einzige passende wörtliche Information im Text finden;
- aus mehreren ähnlichen Angaben unter Einbeziehung des Satz- oder des Textzusammenhangs die richtige auswählen;
- zeitliche und / oder örtliche Angaben nennen.

### 2.2.2 Einfache Schlussfolgerungen ziehen

Bei diesem Aspekt des Lesens geht es darum, die Bedeutung eines im Text nicht enthaltenen Sachverhalts durch eine einfache Schlussfolgerung zu erschließen, also etwas im Text Angesprochenes ‚weiterzudenken'. Dies kann durch die Verknüpfung von verschiedenen Textaussagen geschehen. Da es sich dabei um Schlussfolgerungen handelt, die auf der Grundlage von Textaussagen und nicht auf dem Vorwissen des Lesers basieren, handelt es sich um ‚einfache Schlussfolgerungen'. Diese Prozesse können als zweidimensional bezeichnet werden.

Anforderungsprofil dieser Aufgaben:

- ein Wort aus dem Kontext heraus verstehen und erklären können;
- Beispiel(e) für eine allgemeine Aussage im Text finden;
- sich in die (im Text beschriebene) Situation eines anderen hineinversetzen und stellvertretend für diese Person denken, handeln oder sprechen;
- mit einer Aussage aus dem Text eine Frage beantworten.

### 2.2.3 Komplexe Schlussfolgerungen ziehen und begründen, Interpretieren des Gelesenen

Bei Aufgaben dieser Art müssen komplexe Schlüsse gezogen und diese mit Aussagen aus dem Text begründet werden, die nicht mehr in einzelnen Sätzen, sondern in Textabschnitten zu finden sind. Im Gegensatz zu den ersten beiden Verständnisaspekten kann der Leser diese Aufgaben nicht ohne Rückgriff auf sein Vorwissen lösen, da sich die zur Lösung der Aufgabe benötigte Information nicht direkt im Text befindet. Diese Prozesse können als mehrdimensional bezeichnet werden.

Anforderungsprofil dieser Aufgaben:

- den tieferen Sinn, die übertragene oder symbolische Bedeutung einer Handlung oder Aussage erklären;
- Handlungen in Hinblick auf mögliche Konsequenzen bewerten;
- Gefühle (auch widersprüchliche) reflektieren und auf allgemeinere Merkmale von Situationen zurückführen;
- eine eigene Meinung äußern und begründen.

### 2.2.4 Prüfen und Bewerten von Sprache, Inhalt und Textelementen

Wenn Leser Inhalt, Sprache und Textelemente untersuchen und bewerten, lenken sie ihre Aufmerksamkeit von der Konstruktion der Bedeutung weg und gelangen zu einem kritischen Nachdenken über den Text selbst. Bei diesem Aspekt geht es darum, aus einer kritischen Distanz über Textelemente, sprachliche Gestaltungsmittel und Absichten des Autors nachzudenken. Diese Prozesse liegen auf einer Meta-Ebene und können ebenfalls als mehrdimensional bezeichnet werden.

Anforderungsprofil dieser Aufgaben:

- die Absicht des Autors bzw. die Funktion eines Textes erkennen und bewerten;
- Gestaltungsmerkmale erkennen;
- eine Geschichte auf Wahrheitsgehalt und Glaubwürdigkeit prüfen;
- die zentrale Aussage eines Textes erkennen.

## 2.3 Die Leseintention des Lesers

Der Verstehensprozess beim Lesen ist eng mit der Leseabsicht verbunden, wobei die Leseanlässe vielfältig sein können: Lesen um bestimmte Informationen zu erhalten, um zu lernen, um am gesellschaftlichen Leben teilzunehmen oder einfach Lesen aus Vergnügen und aus Interesse am Inhalt. Auch 10-jährige Kinder lesen mit unterschiedlichen Intentionen. Wenn im IGLU-Modell zwei Leseintentionen unterschieden werden, bedeutet dies nicht, dass sich die Leseprozesse und Strategien unterscheiden. Jedoch gibt es für die einzelnen Leseintentionen typische Textsorten, die zum Teil spezifische Prozesse der Informationsverarbeitung vom Leser verlangen. Folgende Leseintentionen werden unterschieden.

### 2.3.1 Lesen literarischer Texte

Literarische Texte sprechen die Kinder auf eine ganzheitliche Weise, sowohl kognitiv als auch affektiv, an. Durch die Lektüre können Kinder fremde Welten kennen lernen, Erfahrungen anderer Personen nachvollziehen, verschiedene Perspektiven aufeinander beziehen, und der Text kann sie anregen, über Gründe und Folgen verschiedener Handlungs- und Sichtweisen nachzudenken. Um diese Art Literatur verstehen und schätzen zu können, muss sich der Leser auf den Text einlassen und seine persönlichen Erfahrungen in den Leseprozess mit einbringen. Von der Lektüre literarischer Texte gehen unter Umständen sogar verhaltensleitende Anregungen aus, die das Denken, die Einstellungen und das Verhalten der Kinder beeinflussen (Dehn, Payrhuber, Schulz & Spinner, 1999).

### 2.3.2 Ermittlung und Gebrauch von Informationen

Im Gegensatz zu literarischen Texten, in denen der Leser vom Autor dazu angehalten wird, mehrschichtige Situationsmodelle zu konstruieren, gibt es bei Sachtexten in der Regel genau ein Situationsmodell, das der Verfasser dem Leser vermitteln will. Wie erfolgreich ein Sachtext, eine Anleitung oder auch eine Beschreibung sind, hängt davon ab, wie präzise dem Verfasser diese Mitteilung gelingt. Ist ein kompetenter Leser nicht in der Lage, die vom Verfasser beschriebenen Situationen so zu deuten, dass sich der Leser ein richtiges Bild von der Situation machen kann, z.B. beim Lesen von Gebrauchsanweisungen, so hat nicht unbedingt der Leser, sondern unter Umständen der Verfasser versagt (Kintsch, 1994). Bei Sachtexten geht es also um eine möglichst eindeutige und präzise Beschreibung der Situation. Ein weiteres Merkmal dieser Textsorte ist, dass der Leser evtl. nur bestimme Teile des Textes nutzt.

Abbildung IV.3 veranschaulicht die theoretische Struktur der Lesekompetenz, wie sie im Rahmenmodell von IGLU konzipiert wird (vgl. auch Artelt, Stanat, Schneider & Schiefele, 2001). Der obere Teil zeigt die beiden Dimensionen der Lesekompetenz, die theoretisch unterschieden werden, nämlich textimmanente und wissensbasierte Verstehensleistungen. Diese lassen sich jeweils nach unterschiedlichen kognitiven Anforderungen in weitere Aspekte differenzieren.

Abbildung IV.3: Theoretische Struktur der Lesekompetenz in IGLU

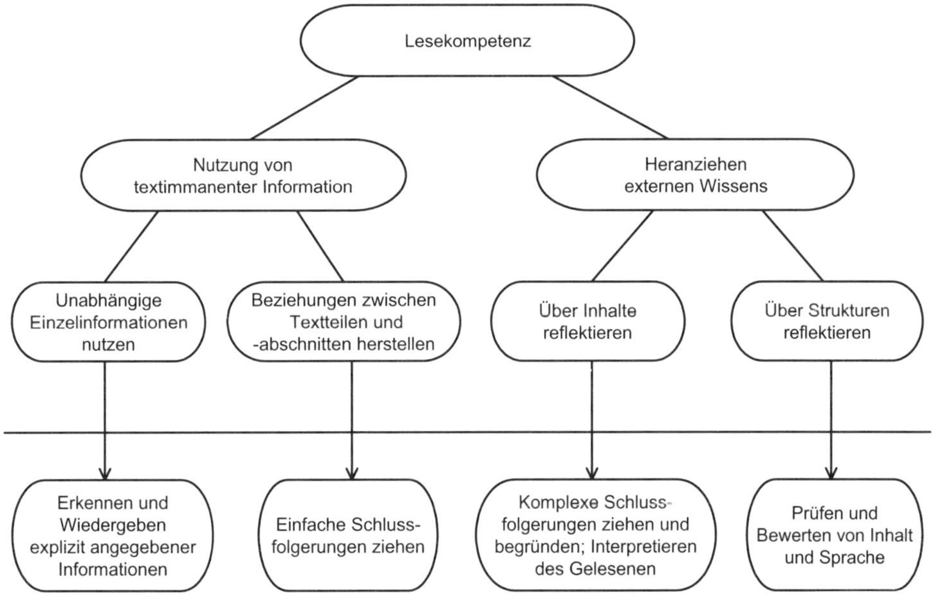


IEA: Progress in International Reading Literacy Study © IGLU-Germany

In ähnlicher Weise unterscheidet die Rahmenkonzeption von PISA zwei Arten von Verstehensleistungen – textimmanent bzw. wissensbasiert – und differenziert diese in fünf Aspekte der Lesekompetenz: ein allgemeines Verständnis des Textes entwickeln, Informationen ermitteln, eine textbezogene Interpretation entwickeln sowie über den Inhalt und über die Form des Textes reflektieren.

## 2.4 Zur Modellierung der Lesekompetenz in IGLU

Die Datenmodellierung orientierte sich an der in Abbildung IV.3 aufgezeigten Struktur. Jeder Schülerin, jedem Schüler können auf Grundlage seiner Testleistungen acht Personenfähigkeitsschätzungen – je Leseintention vier Aspekte der Verstehensleistungen – zugewiesen werden, mit denen er seiner Leistung entsprechend eindeutig hinsichtlich der acht Aspekte der Lesekompetenz positioniert werden kann. In der nationalen Stichprobe zeigten sich hohe Korrelationen zwischen diesen

Aspekten (vgl. Tab. IV.1).[1] Da die acht Personenfähigkeitsschätzungen hochgradig redundante Informationen liefern, wird in der internationalen Berichterstattung zu PIRLS diese ausführliche Differenzierung nicht weiter verfolgt. Stattdessen wird die Lesekompetenz auf eine Gesamtskala (allgemeine Lesekompetenz) und zwei textspezifische Skalen (Lesen literarischer Texte und Lesen von Informationstexten) bezogen, damit verschiedene Facetten des Konstrukts Lesekompetenz dargestellt werden können.

Tabelle IV.1: Messfehlerkorrigierte Interkorrelationen der unterschiedlichen Aspekte von Lesekompetenz

| Untertests: Lesekompetenzaspekte | (1) | (2) | (3) | (4) |
|---|---|---|---|---|
| Erkennen und Wiedergeben explizit angegebener Informationen (1) | 1.00 | | | |
| Einfache Schlussfolgerungen ziehen (2) | .893 | 1.00 | | |
| Komplexe Schlussfolgerungen ziehen und begründen; Interpretieren des Gelesenen (3) | .877 | .900 | 1.00 | |
| Prüfen und Bewerten von Inhalt und Sprache (4) | .837 | .870 | .870 | 1.00 |

IEA: Progress in International Reading Literacy Study © IGLU-Germany

Die im internationalen Bericht vorgenommene Zusammenfassung von Testaufgaben zu bestimmten Aufgabenbereichen, die die Grundlage für die Skalenbildung darstellen, erfolgte dabei empirisch mithilfe von Skalierungsverfahren der *Item Response Theorie* (IRT). National wurde eine ähnliche Strategie verfolgt. Zunächst wurden Personenfähigkeiten für die nach dem IGLU-Rahmenmodell unterschiedenen acht Kompetenzaspekte berechnet. Diese bildeten die Basis für die anschließenden Dimensionalitätsanalysen. Dieses Vorgehen bietet den entscheidenden Vorteil, dass sich die Eigenschaften der berechneten Modellvarianten graphisch visualisieren lassen (vgl. Klieme, Baumert, Köller & Bos, 2000) und die strukturellen Annahmen der Modellvarianten auch ohne statistische Detailkenntnis nachvollziehbar sind.

Abbildung IV.4 gibt ein eindimensionales Modell wieder, das einen komplexen Lesekompetenzfaktor zugrunde legt. Die von den Schülern erbrachten Testleistun-

1 Entsprechende Modellierungen basieren allein auf dem nationalen Datensatz, da die internationalen Daten zu dieser Phase der Berichtslegung noch nicht vorlagen. Eine transkulturelle Prüfung (zu Iglu vgl. auch Lindig, 1972) dieser Modelle muss späteren Analysen vorbehalten bleiben.

gen werden hier auf einen allgemeinen Faktor der Lesekompetenz zurückgeführt, der die Leistungsfähigkeit der Schüler sowohl in Bezug auf die beiden Leseintentionen als auch in Bezug auf die Verstehensaspekte zu erklären vermag. Dieses Modell wird aufgrund seiner einfachen Struktur auch als Generalfaktormodell bezeichnet.

Abbildung IV.4: Modell zur Erklärung der Testleistung in den acht Aufgabenbereichen mit einem Generalfaktor (standardisierte Koeffizienten)

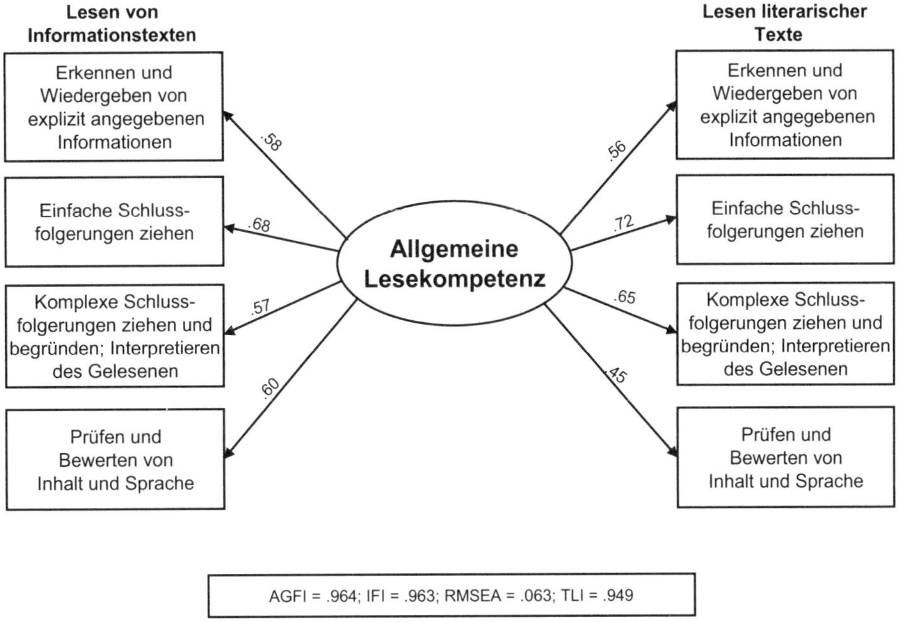


IEA: Progress in International Reading Literacy Study © IGLU-Germany

Die Vorstellung, dass ein Generalfaktor einer derart komplexen Fähigkeit wie der Lesekompetenz zugrunde liegt, entspricht nicht den oben dargelegten differenzierteren theoretischen Ansätzen. Dennoch gelingt es mithilfe dieses Modells erstaunlich gut, einen Teil der in den Daten enthaltenen Variation zu erklären.[2] Eine Darstellung der Ergebnisse in Bezug auf eine Gesamtskala der Lesekompetenz – wie sie im internationalen Bericht durchgeführt wird – ist daher vertretbar und auch sinnvoll.

Abbildung IV.5 verdeutlicht eine Modellstruktur, in der die von den Schülern erzielten Testleistungen auf zwei (textsorten-)spezifische Fähigkeitsdimensionen zurückzuführen sind, das Lesen literarischer Texte und das Lesen von Informationstexten.

2 Eine explorative Hauptkomponentenanalyse ergab ebenfalls eine einfaktorielle Lösung mit einem erklärbaren Varianzanteil von 45 Prozent.

Abbildung IV.5: Modell zur Erklärung der Testleistung in den vier Aspekten der Verstehensleistungen mit zwei korrelierten textspezifischen Faktoren

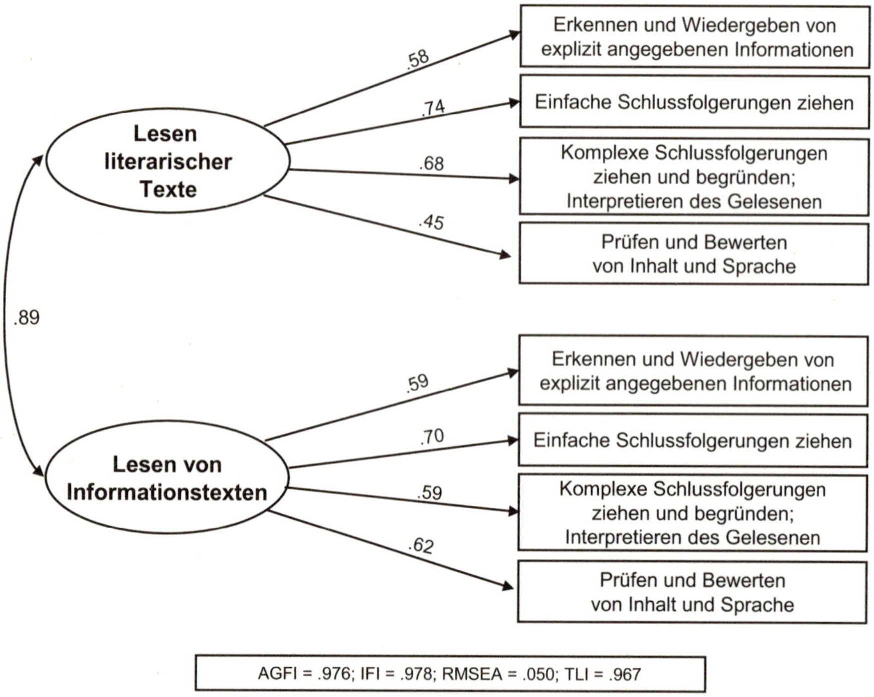


IEA: Progress in International Reading Literacy Study © IGLU-Germany

Der Doppelpfeil verweist darauf, dass die beiden Fähigkeitskonstrukte verwandte Eigenschaften messen und daher auch miteinander kovariieren, was auch die hohe Korrelation von .89 anzeigt. Das heißt, Schülerinnen und Schüler, die eine hohe Kompetenz aufweisen, Informationen aus literarischen Texten zu verstehen, können auch besser Informationstexte verarbeiten und umgekehrt. Im internationalen Report wird dieser Vorstellung ebenfalls Rechnung getragen und neben der Gesamtskala werden getrennte Daten zur Messung des Leseverständnisses von literarischen bzw. Informationstexten verwendet.

Abbildung IV.6 stellt einen ergänzenden Modellierungsansatz dar. Hier wird versucht, die vier Verstehensaspekte des Lesens optimal zusammenzufassen. Dabei wurden die Aspekte ‚Erkennen und Wiedergeben von explizit angegebenen Informationen' und ‚Einfache Schlussfolgerungen ziehen' zusammengezogen zu ‚Aufgaben, die mithilfe von textimmanenten Informationen zu lösen sind'. Ferner wurden die Aspekte ‚Komplexe Schlussfolgerungen ziehen und begründen; Interpretieren des

Gelesenen‘ und ‚Prüfen und Bewerten von Inhalt und Sprache‘ zusammengefasst zu ‚Aufgaben, die nur mithilfe des eigenen Vorwissens zu lösen sind‘. Dies entspricht den beiden theoretischen Dimensionen der textimmanenten und wissensbasierten Verstehensleistungen, wie sie im Modell der Struktur der Lesekompetenz angenommen werden. Die Analysen wurden getrennt für die beiden Textgattungen berechnet und ergaben jeweils ein sehr gut angepasstes Modell. Da die Korrelation der Faktoren bei den Informationstexten nahe 1 lag, wurde für diese Textart die Unterscheidung nach unterschiedlichen Verstehensleistungen hier nicht weiter verfolgt.

Abbildung IV.6: Modell zur Erklärung der Testleistung beim Lesen literarischer Texte durch zwei generalisierende Faktoren der Verstehensleistungen

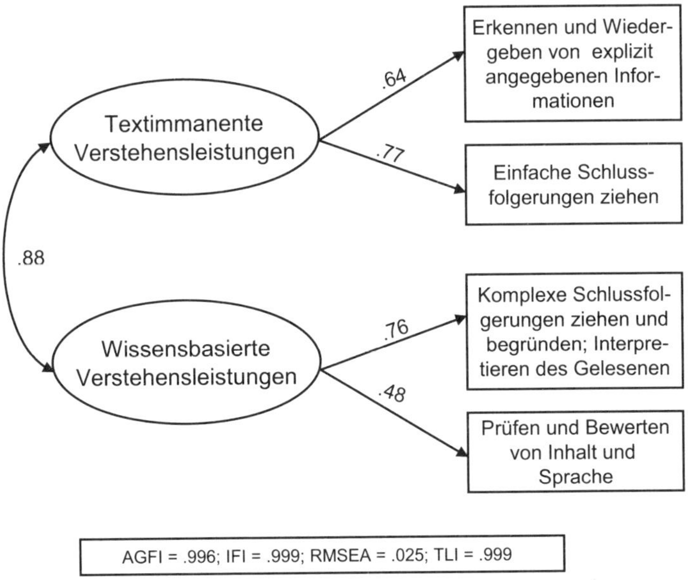


IEA: Progress in International Reading Literacy Study © IGLU-Germany

Alle hier dargestellten Modelle zeichnen sich durch akzeptable bis sehr gute Fitstatistiken aus.[3] Für die Interpretation und weitergehende Analyse heißt dies, dass das

3 Die Fitstatistik zeigt an, wie gut modellimplizite Annahmen mit empirischen Daten korrespondieren (vgl. King, 1998). Eine zufriedenstellende Passung zwischen Modell und empirischen Daten liegt vor, wenn der TLI (Tucker & Lewis Index) und der IFI (*Incremental Fit Index*) größer als .90 – der RMSEA (*Root Mean Square Error of Approximation*) kleiner gleich .05 und der AGFI (*Adjusted Goodnes of Fit Index*) größer gleich .90 ist (Backhaus, Erichson, Plinke & Weiber, 2000; Bollen, 1989). Alternative Modelle, die sich aufgrund schlechter Fitstatistiken aber als nicht belastbar erwiesen, werden aus Raumgründen hier nicht abgebildet und diskutiert.

etwas gröbere Maß der allgemeinen Lesekompetenz verwendet werden kann, dass es für Detailanalysen aber zweckmäßig ist, zwischen Textgattungen und unterschiedlichen Verstehensaspekten des Lesens zu differenzieren.

Abbildung IV.7: Zum Konstrukt des Leseverständnisses bei PISA

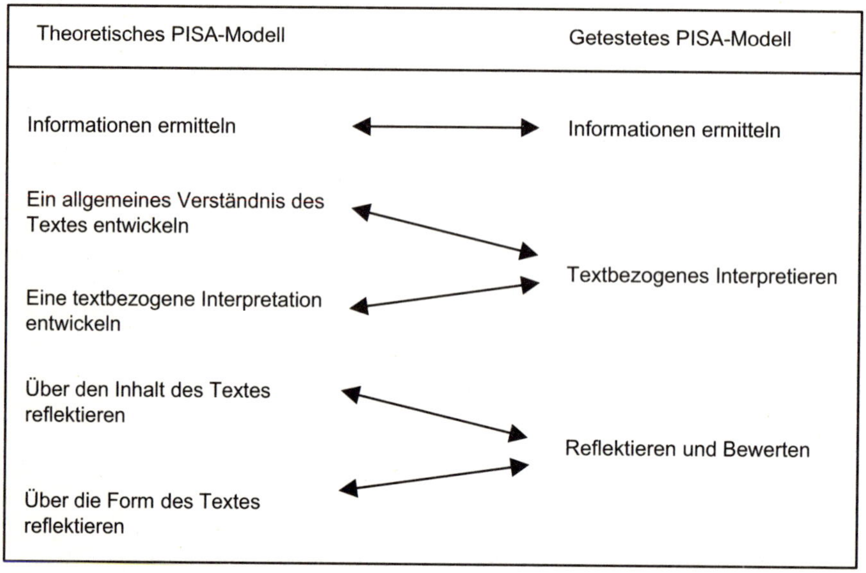


IEA: Progress in International Reading Literacy Study © IGLU-Germany

In der Konstruktfassung der Lesekompetenz in PISA wurden – wie oben erwähnt – fünf Aspekte differenziert, jedoch nach empirischer Prüfung des Modells zu drei Subskalen zusammengefasst (Artelt et al., 2001), die aus Abbildung IV.7 ersichtlich werden.

Wie man aus der Abbildung IV.8 ersehen kann, besteht eine weitgehende Übereinstimmung zwischen den Subskalen zum Leseverständnis von PISA und IGLU. Dass die Subskalen ‚Information ermitteln' und ‚Textbezogenes Interpretieren' bei PISA getrennt ausgewiesen werden und bei IGLU zusammenfallen, kann daran liegen, dass die IGLU-Instrumente für diese Feinunterscheidung nicht sensibel genug sind, Ursache kann aber auch sein, dass die Kompetenzen bei 10-Jährigen noch nicht so differenziert ausgebildet sind wie bei 15-Jährigen. Dies zu klären bleibt späteren Analysen und Untersuchungen vorbehalten.

Abbildung IV.8: Zum Konstrukt des Leseverständnisses bei IGLU

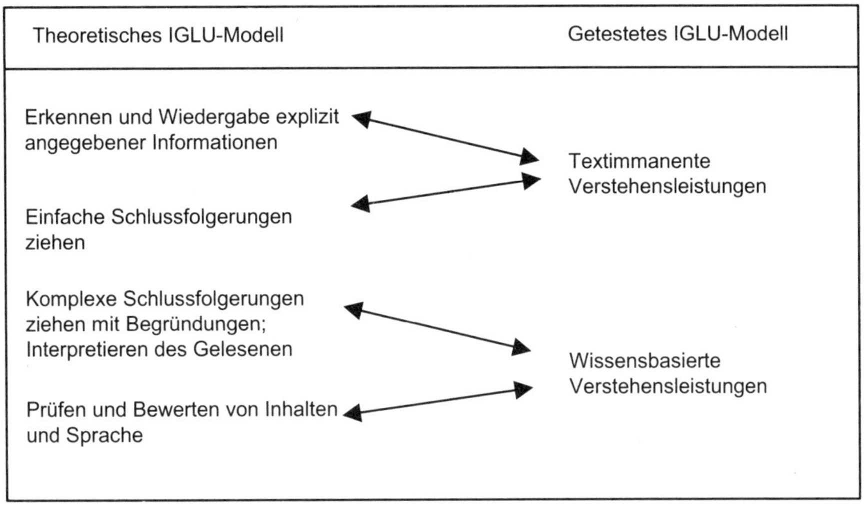


IEA: Progress in International Reading Literacy Study © IGLU-Germany

Mit den Abbildungen IV.9 und IV.10 wird je ein Beispiel für einen Informationstext und einen literarischen Text gegeben. In den Originaltestheften wurden diese Texte in aufgelockerter Form und kindgemäß gestaltet auf mehreren Seiten präsentiert. Aus Raumgründen wird hier nur der reine Fließtext wiedergegeben.

Abbildung IV.9: Beispiel für einen Informationstext

Die Nächte der jungen Papageientaucher von Bruce McMillan

Jedes Jahr besuchen schwarz-weiße Vögel mit orangefarbenen Schnäbeln die isländische Insel Heimaey. Diese Vögel heißen Papageientaucher. Wegen ihrer bunten Schnäbel und schwerfälligen Bewegungen sind sie als die „Clowns der Meere" bekannt. Besonders beim Starten und Landen fliegen die Papageientaucher sehr ungeschickt, weil sie untersetzte Körper und kurze Flügel haben.

Hella wohnt auf der Insel Heimaey. Jeden Tag sucht sie den Himmel ab. Während sie von einer Klippe über dem Meer aus den Himmel beobachtet, entdeckt sie den ersten Papageientaucher der Saison. Sie flüstert leise: „Lundi", das heißt auf Isländisch ‚Papageientaucher'. Bald ist der ganze Himmel von ihnen bedeckt – Papageientaucher, überall Papageientaucher. Sie kommen gerade von hoher See zurück, wo sie den Winter verbracht haben. Nun kehren sie zurück zu Hellas Insel und zu den benachbarten unbewohnten Inseln, um Eier zu legen und ihre Küken aufzuziehen. Die „Clowns der Meere" suchen jedes Jahr dieselben Nisthöhlen auf. Sonst kommen sie überhaupt nicht an Land.

Hella und ihre Freunde klettern über die Klippen, um die Vögel zu beobachten. Sie sehen, wie Männchen und Weibchen ihre Schnäbel aneinander tip-tip-tippen. Jedes Pärchen wird bald ein Ei tief in den Klippen ausbrüten. Wenn die Küken geschlüpft sind, werden die Eltern Fisch nach Hause bringen, um sie damit zu füttern. Jedes Küken wird zu einem Jungvogel heranwachsen. Wenn die Jungen ihre ersten Flugversuche unternehmen, sind die Nächte der jungen Papageientaucher gekommen. Obwohl bis dahin noch viele Wochen vergehen werden, denkt Hella schon jetzt daran, ein paar Pappkartons vorzubereiten.

Den ganzen Sommer über fischen die erwachsenen Papageientaucher und sorgen für ihre Küken. Im August sind die Nisthöhlen von Blumen bedeckt. Wenn die Blumen in voller Blüte stehen, weiß Hella, dass das Warten auf die Nächte der jungen Papageientaucher nun ein Ende hat. Die Küken sind in ihren versteckten Nestern zu Jungvögeln herangewachsen. Jetzt ist es Zeit für Hella und ihre Freunde, ihre Pappkartons und Taschenlampen für die Nächte der jungen Papageientaucher bereit zu halten. Heute Nacht geht es los. Während der nächsten beiden Wochen werden die Jungvögel die Inseln verlassen, um den Winter auf hoher See zu verbringen. Im Dunkel der Nacht verlassen die Jungvögel ihre Nisthöhlen und versuchen zum ersten Mal zu fliegen. Von den hohen Klippen aus flattern sie los, aber sie kommen noch nicht weit. Die meisten plumpsen unversehrt ins Meer. Aber einige lassen sich vom Lichtschein des Dorfes verwirren – vielleicht halten sie ihn für Mondlicht, das sich auf dem Wasser spiegelt. Jede Nacht machen Hunderte von jungen Papageientauchern eine Bruchlandung im Dorf. Vom Boden aus können sie nicht losfliegen, und so laufen sie umher und versuchen sich zu verstecken. Hella und ihre Freunde verbringen nun jede Nacht damit, nach den gestrandeten Jungvögeln zu suchen. Aber die Hunde und Katzen des Dorfes sind ebenfalls auf der Suche. Selbst wenn die Katzen und Hunde sie nicht zu fassen kriegen, können die jungen Papageientaucher von Autos oder Lastwagen überfahren werden. Die Kinder müssen die verirrten jungen Papageientaucher unbedingt als erste finden! Um zehn Uhr abends sind alle Kinder auf den Straßen von Heimaey unterwegs. Hella und ihre Freunde beeilen sich, die Jungvögel zu retten. Mit Taschenlampen bewaffnet, ziehen sie durchs Dorf und schauen in alle dunklen Ecken. Hella entdeckt einen Jungvogel. Sie rennt hinter ihm her, schnappt ihn und setzt ihn sicher in einen Pappkarton. Zwei Wochen lang schlafen die Kinder von Heimaey morgens lange aus, damit sie nachts noch unterwegs sein können. Sie retten tausende von jungen Papageientauchern. Sie nehmen die geretteten Jungvögel für die Nacht mit nach Hause. Am nächsten Tag gehen sie mit Kisten voller junger Papageientaucher hinunter zum Strand. Nun ist es Zeit, die Vögel frei zu lassen. Hella lässt als erstes einen frei. Sie hält ihn ganz hoch, damit er sich daran gewöhnen kann, mit den Flügeln zu schlagen. Sie hält ihn vorsichtig in beiden Händen, holt dann ein wenig Schwung und wirft ihn weit über das Wasser. Der junge Papageientaucher flattert ein Stück weit und plumpst dann unversehrt ins Wasser. Tag für Tag paddeln Hellas Jungvögel davon, bis die Nächte der jungen Papageientaucher für dieses Jahr vorbei sind. Hella sieht den letzten kleinen und großen Papageientauchern nach, wie sie sich aufmachen, um den Winter auf See zu verbringen, und verabschiedet sich von ihnen bis zum nächsten Frühling. Sie wünscht ihnen eine gute Reise und ruft ihnen hinterher: „Auf Wiedersehen!"

IEA: Progress in International Reading Literacy Study

Abbildung IV.10: Beispiel für einen literarischen Text

Der Hase kündigt das Erdbeben an — von Rosalind Kerven

Es war einmal ein Hase, der sich ständig Sorgen machte. „Oh je", murmelte er den ganzen Tag, „oh je, oh je, oh jemine." Seine größte Sorge war, dass es eines Tages ein Erdbeben geben könnte. „Denn wenn es eines gäbe", sagte er sich, „was würde dann nur aus mir werden?"

Eines Morgens war er darüber besonders beunruhigt, und genau da fiel plötzlich eine riesige Frucht von einem nahen Baum – *RUMS*! – so dass die Erde erzitterte. Der Hase sprang auf. „Ein Erdbeben!", schrie er. Und er raste über das Feld, um seine Cousins zu warnen. „Ein Erdbeben! Rennt um euer Leben!"

Alle Hasen verließen die Felder und liefen wie verrückt hinter ihm her. Sie rasten über die Ebene, durch Wälder und Flüsse und in die Berge und warnten unterwegs all ihre Cousins. „Ein Erdbeben! Rennt um euer Leben!" Alle Hasen verließen die Flüsse und Ebenen, die Hügel und Wälder, und liefen wie verrückt hinterher. Als sie schließlich die Berge erreichten, donnerten zehntausend Hasen die Hänge hinauf.

Bald erreichten sie den höchsten Gipfel. Der erste Hase schaute sich um, um festzustellen, ob das Erdbeben schon näher kam, aber alles, was er sehen konnte, war eine riesige Horde von flitzenden Hasen. Dann schaute er nach vorn, aber er sah nur noch mehr Berge und Täler und dahinter, ganz weit weg, das glänzende blaue Meer. Während er da stand und keuchte, kam ein Löwe. „Was ist denn los?", wollte er wissen. „Ein Erdbeben, ein Erdbeben!", plapperten alle Hasen durcheinander. „Ein Erdbeben?", fragte der Löwe. „Wer hat es gesehen? Wer hat es gehört?" „Frag ihn, frag ihn!", riefen all die Hasen und zeigten auf den ersten. Der Löwe drehte sich zu dem Hasen um. „Bitte, werter Herr", sagte der Hase schüchtern, „ich saß gerade ganz ruhig zu Hause, da hörte ich plötzlich ein lautes Krachen, und die Erde erzitterte. Da wusste ich, dass es ein Erdbeben sein musste, werter Herr, also bin ich gerannt, so schnell ich nur konnte, um alle anderen zu warnen, damit sie ihr Leben retten." Der Löwe sah den Hasen mit seinen tiefgründigen, weisen Augen an. „Mein Bruder, hättest du wohl genug Mut, mir zu zeigen, wo sich dieses schreckliche Unglück zugetragen hat?" Der Hase fühlte sich eigentlich überhaupt nicht mutig genug dafür, aber er hatte das Gefühl, dass er dem Löwen vertrauen konnte.

Also führte er den Löwen ängstlich die Berge und die Hügel hinunter, über die Flüsse, Ebenen, Wälder und Felder, bis sie schließlich wieder bei ihm zu Hause ankamen. „Hier habe ich es gehört, werter Herr." Der Löwe sah sich um – und entdeckte sofort die riesige Frucht, die mit solchem Lärm vom Baum gefallen war. Er nahm sie in den Mund, kletterte auf einen Felsen und warf sie wieder auf den Boden. RUMS! Der Hase sprang in die Luft. „Ein Erdbeben! Schnell – renn weg – gerade ist es wieder passiert!" Aber da merkte er plötzlich, dass der Löwe laut lachte. Und dann sah er die Frucht, die bis zu seinen Füßen gerollt war. „Oh", flüsterte er, „dann war es also überhaupt kein Erdbeben, oder?" „Nein", sagte der Löwe, „war es nicht, und es gab eigentlich überhaupt keinen Grund, sich zu fürchten." „Was war ich bloß für ein *dummer* Hase!" Der Löwe lächelte freundlich. „Mach dir nichts daraus, kleiner Bruder. Wir alle – sogar ich – fürchten uns manchmal vor Dingen, die wir nicht verstehen." Und damit trottete er zurück zu den anderen zehntausend Hasen, die immer noch auf dem Berg saßen, um ihnen zu sagen, dass es jetzt völlig ungefährlich war, wieder nach Hause zu gehen.

IEA: Progress in International Reading Literacy Study — © IGLU-Germany

## 2.5 Kompetenzstufen des Leseverständnisses

Der in IGLU verwendete Test zum Leseverständnis wurde im Rahmen der probabilistischen Testtheorie (IRT-Skalierung) konstruiert. Dies hat unter anderem den Vorteil, dass unterschiedliche Kompetenzniveaus inhaltlich definiert und bestimmten Positionen auf der Skala der Testwerte zugeordnet werden können (vgl. Artelt et al., 2001; Beaton & Allen, 1992; Klieme et al., 2000; Sheehan, 1997). Auf der Testskala der Personenfähigkeit wurden bestimmte Bereiche – hier die Werte 375–450, 451–525, 526–600, > 600 – anhand inhaltlicher Kriterien ausgewählt, welche den Kompetenzstufen I, II, III und IV entsprechen (vgl. Tab. IV.2). Die Einteilung der Gesamtskala in einzelne Kompetenzstufen beruht auf der Feststellung, dass Schülerinnen und Schüler, die schwere Aufgaben lösen, mit großer Wahrscheinlichkeit auch leichtere Aufgaben lösen. Die Kompetenzstufen sind so konzipiert, dass eine durchschnittliche Schülerin, ein durchschnittlicher Schüler beispielsweise der Kompetenzstufe III eine durchschnittlich schwere Aufgabe dieser Kompetenzstufe mit 65-prozentiger Wahrscheinlichkeit und leichtere Aufgaben mit noch größerer Wahrscheinlichkeit lösen wird. Entsprechend wird diese Schülerin, dieser Schüler mit geringerer Wahrscheinlichkeit schwierigere Aufgaben seiner und höherer Kompetenzstufen lösen. Um die Kompetenzstufen inhaltlich charakterisieren zu können, werden Testaufgaben der einzelnen Kompetenzstufen auf ihr gemeinsames Anforderungsprofil hin untersucht und beschrieben und von den Aufgaben der anderen Kompetenzstufen unterschieden. Diese Aufgabenklassen bilden die Grundlagen der vier Kompetenzstufen, die mit den Abbildungen IV.11 und IV.12 für ‚Textimmanente Verstehensleistungen' – aus Raumgründen nur für einen Informationstext – und für ‚Wissensbasierte Verstehensleistungen' – ebenfalls aus Raumgründen nur für einen literarischen Text – illustriert werden.

Tabelle IV.2: Kompetenzstufen und Skalenwerte – Leseverständnis

| | Kompetenzstufe | Skalenbereich der Fähigkeit |
|---|---|---|
| I | Gesuchte Wörter in einem Text erkennen | 375–450 |
| II | Angegebene Sachverhalte aus einer Textpassage erschließen | 451–525 |
| III | Implizit im Text enthaltene Sachverhalte aufgrund des Kontextes erschließen | 526–600 |
| IV | Mehrere Textpassagen sinnvoll miteinander in Beziehung setzen | > 600 |

IEA: Progress in International Reading Literacy Study © IGLU-Germany

Kompetenzstufe I (375–450) erreicht, wer *gesuchte Wörter in einem Text erkennen* kann. Dazu reicht es in der Regel aus, wörtlich genannte Informationen, die in einer angesprochenen Textstelle enthalten sind und nach denen explizit gefragt wird, erkennen zu können. Dazu muss die basale Fähigkeit des Dekodierens und Wiedererkennens ausgebildet sein. In dem Beispiel der Subskala ‚Textimmanente Verstehensleistungen' des Informationstextes findet sich die Antwort auf die Frage wörtlich angegeben und muss aus vier Antwortalternativen herausgefunden werden. Bei unserem Beispiel aus der Subskala ‚Wissensbasierte Verstehensleistungen' bei dem literarischen Text gelingt die Lösung, wenn man die emotionale Situation nachvollziehen kann und entsprechend das im Text hervorgehobene Wort ‚dumm' erkennt.

Kompetenzstufe II (451–525) erreicht, wer in einem Text *angegebene Sachverhalte aus einer Textpassage erschließen* kann. Die Textpassage kann im Umfang auch über einen Satz hinausgehen. In dem Beispiel der Subskala ‚Textimmanente Verstehensleistungen' des Informationstextes müssen die Leser diese Information aus einem Satz erschließen. In dem Beispiel der Subskala ‚Wissensbasierte Verstehensleistungen' bei dem literarischen Text muss die Antwort aus dem entsprechenden Satz erschlossen und mit einem eigenen Werturteil verbunden werden, um die Frage richtig zu beantworten.

Kompetenzstufe III (526–600) erreicht, wer *implizit im Text enthaltene Sachverhalte aufgrund des Kontextes erschließen* kann. Dies ist die Stufe, die erreicht sein muss, um so gut lesen zu können, dass ein relativ selbständiges Lernen aus und mit Texten möglich ist. Um Aufgaben dicser Kompetenzstufe lösen zu können, müssen Beziehungen zwischen verschiedenen Textteilen hergestellt werden. In dem Beispiel der Subskala ‚Textimmanente Verstehensleistungen' des Informationstextes muss aus zwei Textpassagen generalisierend erschlossen werden, wo die Vögel den Winter verbringen. In dem Beispiel der Subskala ‚Wissensbasierte Verstehensleistungen' bei dem literarischen Text muss zur Beantwortung der Frage das Verhalten der Akteure erschlossen werden, um hier einen Punkt zu erreichen. Als Antwort wurde dafür die Beschreibung einer Handlungsweise oder die Verallgemeinerung eines Charakterzuges zu einer der beiden Figuren verlangt.

Kompetenzstufe IV (> 600) erreicht, wer *mehrere Textpassagen sinnvoll miteinander in Beziehung setzen* kann. Um Aufgaben dieser Kompetenzstufe lösen zu können, müssen Sachverhalte verschiedener Textpassagen und / oder unterschiedlicher Oberflächen- und Tiefenstrukturen eines Textes erschlossen und miteinander kombiniert werden. In dem Beispiel der Subskala ‚Textimmanente Verstehensleistungen' des Informationstextes muss der Zusammenhang von Nacht, Licht und Verirrensrisiko erschlossen und kombiniert werden, um die Frage richtig beantworten zu können. Als richtige Antworten gelten hier zutreffende Schlussfolgerungen darüber, weshalb die jungen Vögel am Tag freigelassen werden müssen. In dem Beispiel der Subskala ‚Wissensbasierte Verstehensleistungen' bei dem literarischen Text müssen

Abbildung IV.11: Kompetenzstufen und Beispielaufgaben auf der Subskala ‚Textimmanente Verstehensleistungen' für einen Informationstext

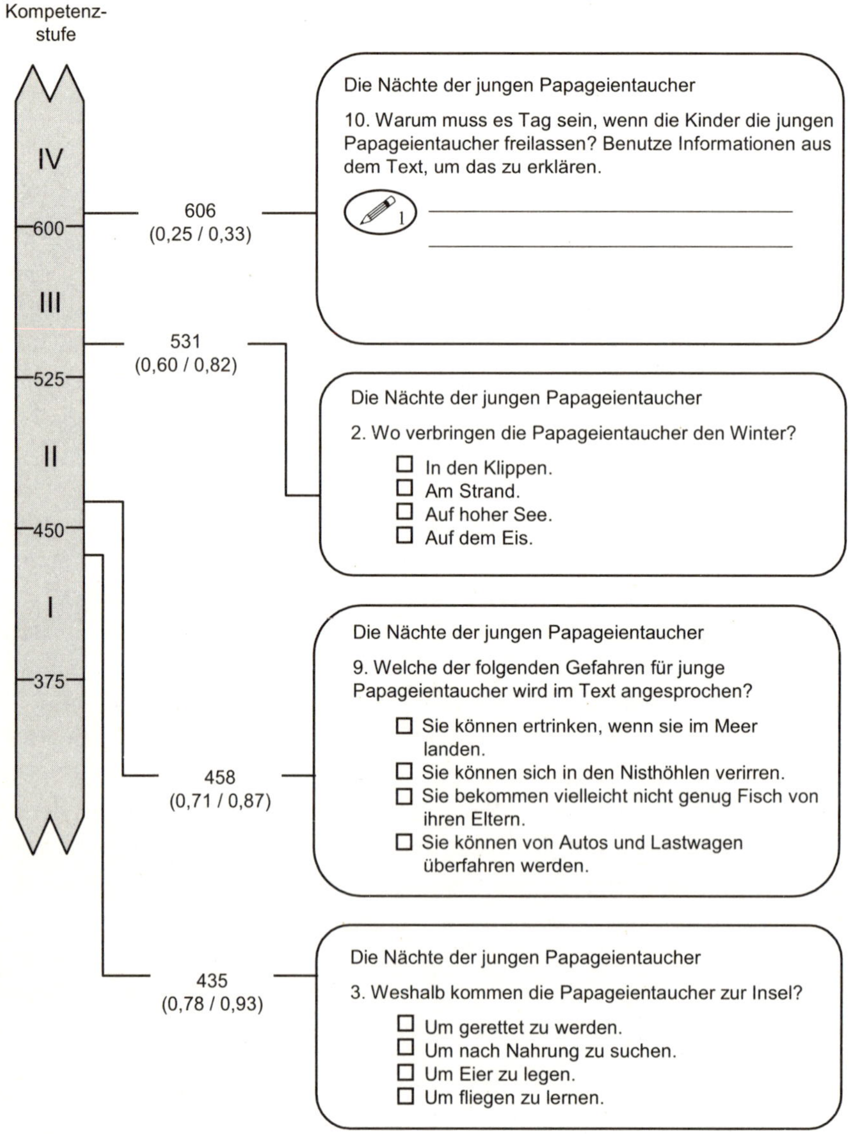


Die Werte an den Verbindungslinien zwischen den Beispielen und der Fähigkeitssäule geben das für eine 65-prozentige Lösungswahrscheinlichkeit erforderliche Fähigkeitsniveau und die Werte in Klammern die relativen internationalen und nationalen Lösungshäufigkeiten an.

IEA: Progress in International Reading Literacy Study

Abbildung IV.12: Kompetenzstufen und Beispielaufgaben auf der Subskala ‚Wissensbasierte Verstehensleistungen' für einen literarischen Text

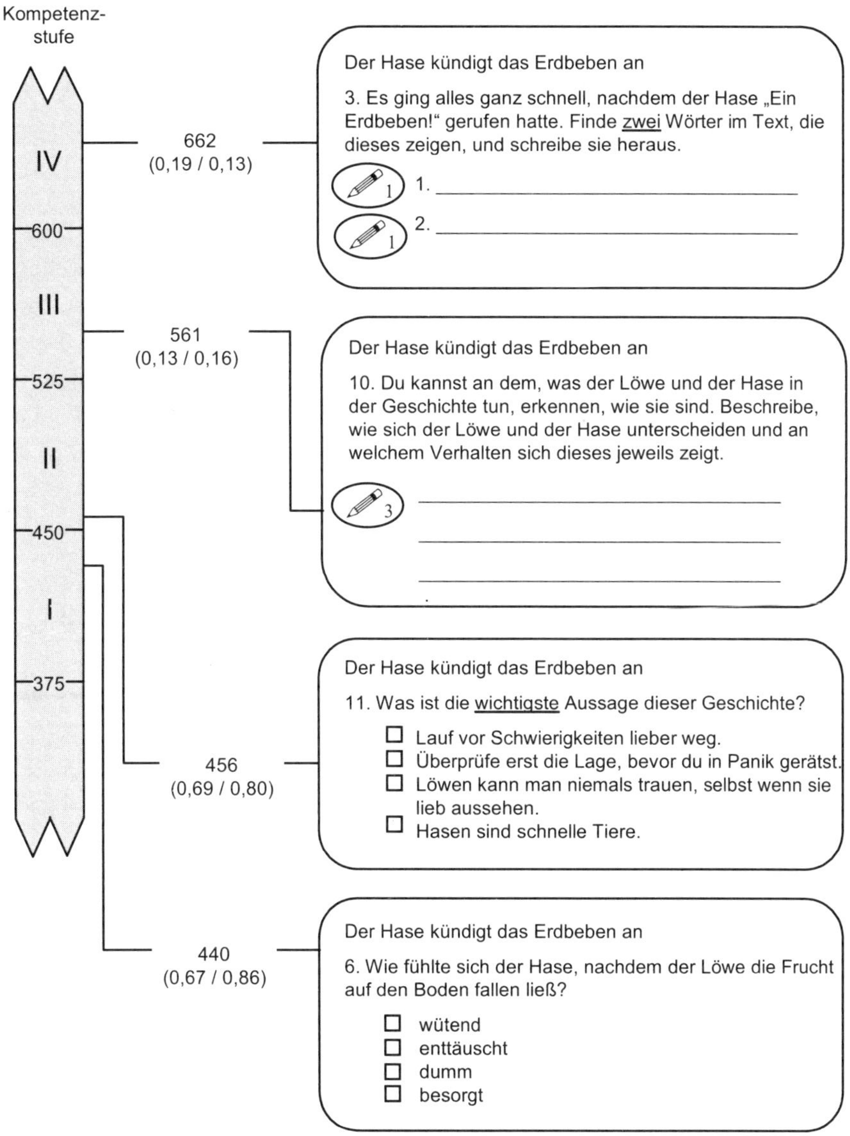


Die Werte an den Verbindungslinien zwischen den Beispielen und der Fähigkeitssäule geben das für eine 65-prozentige Lösungswahrscheinlichkeit erforderliche Fähigkeitsniveau und die Werte in Klammern die relativen internationalen und nationalen Lösungshäufigkeiten an.

IEA: Progress in International Reading Literacy Study © IGLU-Germany

das richtige Verständnis und der adäquate Gebrauch vermeintlich ähnlicher Verben und deren Konnotationen richtig eingeschätzt werden, um diese Aufgabe lösen zu können. Das Verständnis der sprachlichen Mittel, die das Tempo der Ereignisse charakterisieren, muss durch zwei entsprechende Begriffe ausgedrückt werden.

## 2.6 Curriculare Validität der Lesetexte und Aufgaben

Aus den entsprechenden Landesministerien wurden insgesamt zwanzig Curriculumexperten für den Bereich Leseverständnis benannt, die die Lesetexte sowie die Aufgaben zum Leseverständnis nach vorgegebenen Kriterien beurteilen sollten. Die Experten sind mit den Schaltstellen zwischen Schulaufsicht und Unterrichtspraxis vertraut und verfügen über einen fundierten Einblick in die staatlichen Vorgaben und die Richtlinien des jeweiligen Landes sowie in die Praxis des Leseunterrichts. Die Lehrplanexperten schätzten die Lesetexte und auch die Fragen zum Leseverständnis nach vorgegebenen Kriterien ein:

Lesetexte:

- Angemessenheit von Sprache und Inhalt für Viertklässler;
- Vertrautheit der Viertklässler mit derartigen Texten bzw. Textarten;
- Angemessenheit der Bearbeitungszeit für den Text und die Fragen.

Fragen zum Verständnis:

- Vertrautheit der Viertklässler mit der Art und Weise der Fragestellung;
- Klassenstufe, in welcher das notwendige Leseverständnis überwiegend erworben wird;
- Schätzung, welcher prozentuale Anteil der getesteten Grundschulkinder die jeweilige Frage richtig beantworten kann.

Die Texte wurden in Inhalt und Sprache zu 80,3 Prozent als sehr oder überwiegend angemessen für Viertklässler eingeschätzt, zu 19,8 Prozent als eher nicht bzw. nicht angemessen (vgl. Abb. IV.13). Zudem erhielten die Experten die Möglichkeit, den Schwierigkeitsgrad der Texte einzuschätzen: Insgesamt wurden 18,7 Prozent der Texte als zu schwierig und 3,1 Prozent der Texte als zu leicht eingeschätzt.

Die Experten waren der Meinung, dass mehr als zwei Drittel der verwendeten Texte bzw. Textarten den Viertklässlern sehr oder überwiegend vertraut seien, knapp ein Drittel hingegen eher nicht bzw. überhaupt nicht (vgl. Abb. IV.14).

Abbildung IV.13: Angemessenheit der Lesetexte nach Inhalt und Sprache (Angaben in Prozent der Experteneinschätzungen)

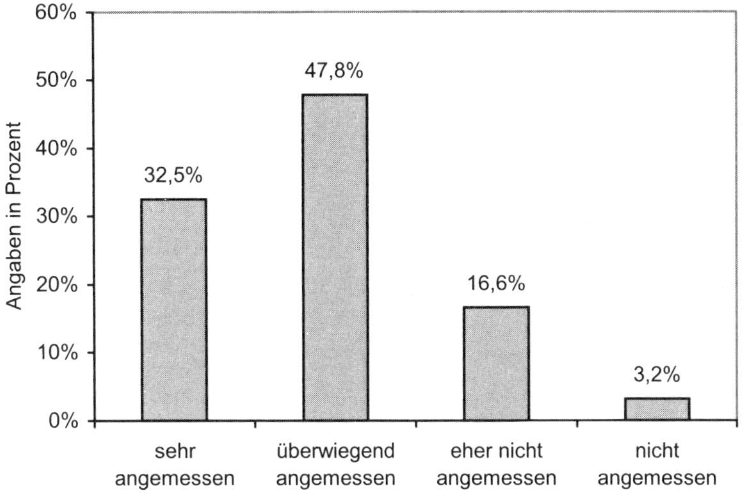


IEA: Progress in International Reading Literacy Study © IGLU-Germany

Abbildung IV.14: Vertrautheit der Viertklässler mit derartigen Texten bzw. Textarten (Angaben in Prozent der Experteneinschätzungen)

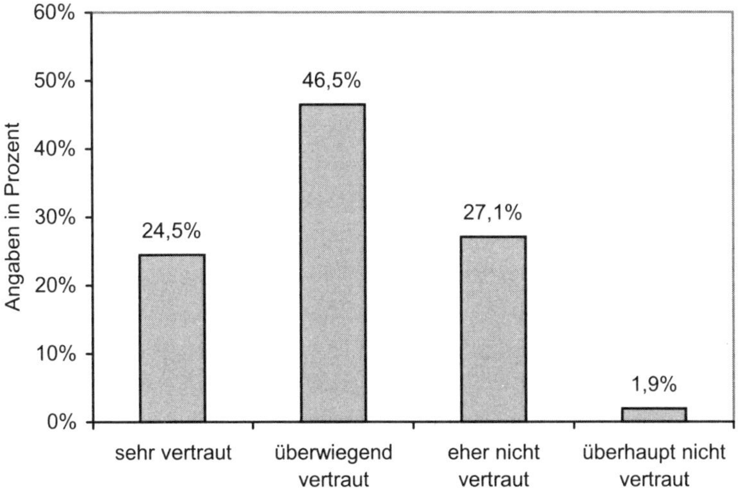


IEA: Progress in International Reading Literacy Study © IGLU-Germany

Ähnlich hoch lagen die Einschätzungen in Bezug auf die Fragen zum Leseverständnis. Die Experten waren der Meinung, dass 69,2 Prozent der Fragestellungen den Viertklässlern sehr oder überwiegend vertraut seien, knapp ein Drittel wurde als eher nicht bzw. überhaupt nicht vertraut eingeschätzt (vgl. Abb. IV.15).

Abbildung IV.15: Der Grad der Vertrautheit von Viertklässlern mit den Fragen zum Leseverständnis (Angaben in Prozent der Experteneinschätzungen)

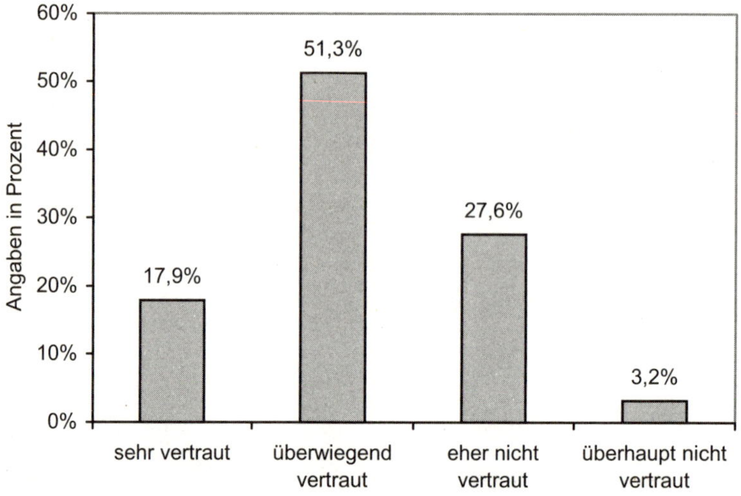


IEA: Progress in International Reading Literacy Study © IGLU-Germany

Des Weiteren wurden die Lehrplanexperten der Bundesländer nach der ‚Klassenstufe' gefragt, ‚in welcher die notwendige Fähigkeit bzw. Lesestrategie erlernt wird'. Dabei konnten sie zwischen den Klassenstufen 1 bis 6 oder der Alternative ‚in weiterführenden Schulen' wählen. Aufgrund der wenigen Nennungen wurden die Klassenstufen 5 und 6 sowie weiterführende Schulen zur Kategorie ‚später' zusammengefasst. Bei Mehrfachantworten wurde jeweils die früheste angegebene Jahrgangsstufe gewertet (vgl. Abb. IV.16).

Nach Einschätzung der Lehrplanexperten werden die für den IGLU-Test erforderlichen Fähigkeiten bzw. Lesestrategien vor allem in Klasse 3 und 4 erlernt. Der größte Teil der Textarten und Fragen sei den Schülerinnen und Schülern vertraut und entspreche dem Leseverständnis, das in den ersten vier Grundschuljahren erworben werde. Allerdings meinten knapp 40 Prozent der Experten, die Bearbeitungszeit von 40 Minuten je Text sei zu kurz.

Abbildung IV.16: Klassenstufe, in der das notwendige Leseverständnis erworben wird (Angaben in Prozent der Experteneinschätzungen)

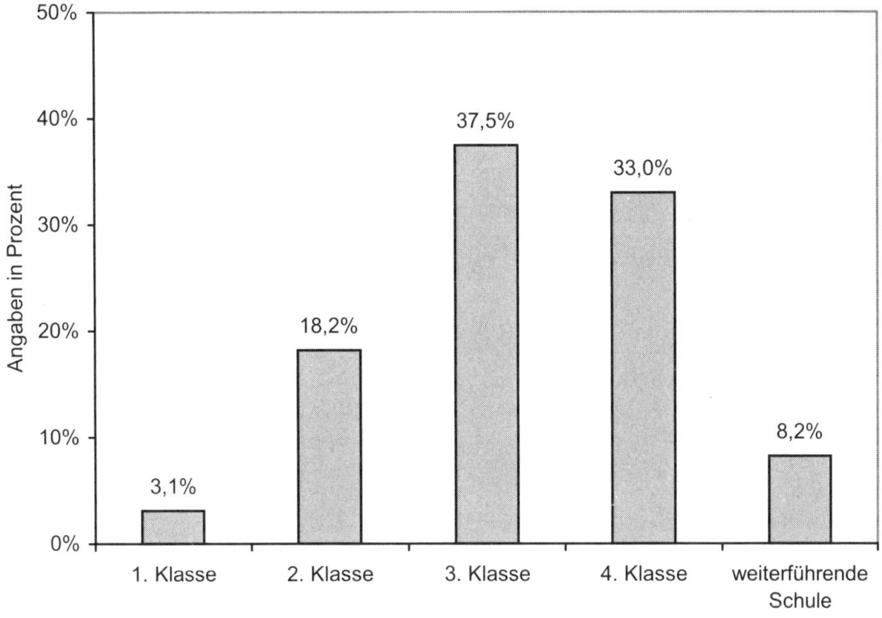


IEA: Progress in International Reading Literacy Study © IGLU-Germany

Aus den entsprechenden Landesministerien wurden darüber hinaus weitere sechzehn[4] Experten für die Sekundarstufe I benannt, die die Lesetexte und die entsprechenden Aufgaben in Bezug auf die Relevanz für die weiterführenden Schulen beurteilen sollten. Ihrer Meinung nach sei zu erwarten, dass 22,4 Prozent der Texte von den Schülerinnen und Schülern zu Beginn der fünften Klasse nicht verstanden werden, bei 70,4 Prozent der Texte sei dies jedoch der Fall. Die Experten schätzten, dass aber nur 60 Prozent der Fünftklässler diese Texte tatsächlich verstehen können. Weiterhin erwarteten 75,5 Prozent der Experten, dass Schülerinnen und Schüler beim Eintritt in die fünfte Jahrgangsstufe in der Lage sein müssten, Fragen dieser Art und Schwierigkeit lösen zu können. Den Anteil, der diese Aufgaben tatsächlich lösen würde, schätzten die Experten der Sekundarstufe I aber nur mit 54 Prozent ein. Die Experten für die Grundschule scheinen tendenziell eine höhere Meinung von der Kompetenz der Grundschüler zu haben, da sie 62,7 Prozent der Grundschüler für befähigt halten, die Fragen richtig zu beantworten.

4 Nicht alle Landesministerien benannten entsprechende Experten. Die hier einschätzenden Fachkräfte kamen aus neun Bundesländern.

Die Experten wurden weiterhin gefragt, wie wichtig die Lesekompetenz, die mit IGLU-Texten und -Aufgaben erfasst wird, für den Umgang mit Texten ab der Jahrgangsstufe fünf sei. Die fast einhellige Auffassung war, dass diese Art der Lesekompetenz sehr wichtig (61,5 %) bzw. wichtig (35,6 %) sei. Auch waren die Experten einhellig (zu 95,9 %) der Meinung, dass der mit IGLU erfasste Umgang mit Texten auch in der Sekundarstufe I verlangt wird, und zwar laut Lehrplan (89,9 %).

Über die Hälfte der Experten der Sekundarstufe I (58,8 %) hielten die vorgesehene Bearbeitungszeit von 40 Minuten je Text für zu kurz. Auch hier waren die Experten der Grundschule mit nur 40 Prozent optimistischer.

## 2.7 Durchführung der Tests zum Leseverständnis

Die Tests wurden von externen, in regionalen Testzentren geschulten Testleitern durchgeführt. Das Vorgehen der Testleiter – Begrüßung, Verteilen der Testhefte, Erklären der Antwortformate, Einhalten der Zeiten, Einsammeln der Testhefte etc. – war standardisiert und wurde von ihnen protokolliert. Mit der Durchführung der Feldarbeit wurde in Deutschland von der nationalen Studienleitung das Data Processing Center der IEA in Hamburg beauftragt. Die Einhaltung der Standards wurde in 30 Schulen durch externe, unangemeldete Beobachter überprüft und von diesen protokolliert (vgl. auch Kap. II). Die Hälfte der Beobachter war von der internationalen Studienleitung bestimmt worden, die andere Hälfte von der nationalen Studienleitung, die mit der Durchführung dieser Kontrolle das Institut für Schulentwicklungsforschung (IFS) an der Universität Dortmund beauftragte. Die Durchsicht der Protokolle ergab in allen Fällen, dass die Tests unter vergleichbaren Testbedingungen ordnungsgemäß durchgeführt worden waren.

Die Tests zum Leseverständnis wurden an einem Testtag durchgeführt. Insgesamt wurden acht verschiedene Lesetexte – vier literarische Texte und vier Informationstexte – eingesetzt. Je die Hälfte der insgesamt 98 Aufgaben lässt sich den ‚Textimmanenten Verstehensleistungen' bzw. den ‚Wissensbasierten Verstehensleistungen' zuordnen.

Pro Text waren zwischen elf und vierzehn Fragen zu beantworten, wobei das Antwortformat je zur Hälfte aus Multiple-Choice-Aufgaben (MC, 46 Items) bzw. einem freien Antwortformat (FA, 52 Items) bestand. Die ungefähr gleich langen Lesetexte waren kindgerecht aufbereitet und in aufgelockerter Form – je nach Einsatz gestalterischer Elemente – auf zwei bis vier Seiten dargestellt. Jedes Kind bearbeitete insgesamt zwei Texte. Für jeden Text stand eine Bearbeitungszeit von 40 Minuten zur

Verfügung. Zwischen der Bearbeitung der beiden Texte gab es eine zehnminütige Pause.

Insgesamt wurden zwölf Testhefte eingesetzt. Neun der Testhefte bestanden aus zwei Lesetexten mit den dazugehörigen Fragen und Erklärungen, die jeweils unmittelbar an den betreffenden Lesetext angehängt waren. Drei Testheftversionen, so genannte Reader, bestanden aus jeweils zwei Heften, einem Leseheft mit den beiden Lesetexten und einem getrennten Aufgabenheft zu den beiden Lesetexten.

Tabelle IV.3: Rotationsschema der zwölf Testhefte zum Leseverständnis

| Testhefte | Textsorte | Anzahl der Fragen | Textsorte | Anzahl der Fragen |
|---|---|---|---|---|
| 1 | Li 1 | 14 | Li 2 | 13 |
| 2 | Li 2 | 13 | Li 3 | 11 |
| 3 | Li 3 | 11 | In 1 | 12 |
| 4 (R) | Li 4 | 11 | In 4 | 13 |
| 5 | Li 1 | 12 | In 2 | 11 |
| 6 | In 2 | 11 | In 3 | 13 |
| 7 | In 3 | 13 | Li 1 | 14 |
| 8 (R) | Li 4 | 11 | In 4 | 13 |
| 9 | Li 1 | 14 | In 1 | 12 |
| 10 | In 2 | 11 | Li 2 | 13 |
| 11 | In 3 | 13 | Li 3 | 11 |
| 12 (R) | Li 4 | 11 | In 4 | 13 |

Li = literarischer Text; In = Informationstext; R = Reader.

IEA: Progress in International Reading Literacy Study © IGLU-Germany

Die zwölf Testhefte wurden in einem multiplen Matrixdesign in rotierter Form (vgl. Tab. IV.3) in den Klassen ausgegeben. Dies hat neben einer Minimierung der Abschreibmöglichkeit in der jeweiligen Klasse weitere Vorteile: Auf Populationsebene kann eine größere Menge von Lesetexten und Aufgaben eingesetzt werden und ferner kann die Bearbeitungszeit je Kind gering gehalten werden.

Insgesamt hatten die Kinder in der Testsituation viel Freude. Zahlreiche Testhefte waren mit Kommentaren versehen wie: ‚Kannst Du uns nicht noch mehr solcher spannender Hefte schicken?' oder ‚Schick doch unserer Lehrerin auch mal solche schönen Hefte'. Die Bearbeitungszeit von 40 Minuten je Test erwies sich als ausreichend, besondere Speedeffekte, d.h. dass Kinder aus Zeitgründen den Test nicht lösen konnten und deshalb schlechter abschnitten, ließen sich für Deutschland nicht nachweisen.

## 3. Ergebnisse

### 3.1 Zur Interpretation der Testwerte

Der IGLU-Test zum Leseverständnis wurde im Rahmen der *Item Response Theorie* (IRT) bzw. der *probabilistischen Testtheorie* (PTT) dem multiplen Matrixdesign Rechnung tragend skaliert. Dies hat den Vorteil, dass Leistungswerte für eine Person zuverlässig bestimmt werden können, obwohl diese Person nur eine Teilmenge der eingesetzten Testaufgaben bearbeitet hat. Darüber hinaus erlaubt diese Skalierung die Abbildung der Itemschwierigkeit und der Personenfähigkeit auf einem Maßstab. Die Bestimmung der Aufgabenschwierigkeiten und Personenfähigkeiten erfolgte auf der Basis des internationalen Datensatzes. Die internationale Studienleitung favorisierte ein dreiparametrisches Testmodell,[5] bei dem in die Skalierung neben den Aufgabenschwierigkeiten der Rateparameter bei Multiple-Choice-Aufgaben und die unterschiedlichen Itemtrennschärfen in die Modellierung mit einfließen. Zur Schätzung der Personenfähigkeit wurden darüber hinaus noch relevante Hintergrundvariablen zur Konditionierung der im Rahmen der *Plausible Value Technique* generierten Personenparameter genutzt (Mislevy, 1984; Mislevy, Beaton, Kaplan & Sheehan, 1992; Rost, 1996; Wu, Adams & Wilson, 1998).

Die Testleistungen wurden so transformiert, dass der internationale Mittelwert (M, arithmetisches Mittel) 500 Punkte und eine Standardabweichung (SD) 100 Punkte beträgt. Zwischen 400 und 600 Punkten – also dem Mittelwert plus / minus einer Standardabweichung – liegen rund zwei Drittel aller Testwerte der internationalen Testpopulation, zwischen zwei Standardabweichungen oberhalb und unterhalb des Mittelwertes liegen rund 95 Prozent (vgl. Abb. IV.17). Da es sich bei dieser Untersuchung um eine Stichprobenuntersuchung handelt, kann der jeweilige wahre Mittelwert – wenn auch relativ genau – nur geschätzt werden. Der wahre Mittelwert

5 Da bei dem dreiparametrischen Testmodell Annahmen über die stochastische Unabhängigkeit und spezifische Objektivität aus pragmatischen Überlegungen – hier auch zur besseren Modellierung des unteren Leistungsbereiches – in den Hintergrund rücken, wurde zur Überprüfung dieser Modellannahmen in Deutschland der vollständige internationale Datensatz auch einparametrisch skaliert. Hierbei zeigten sich keine für die Interpretation der Ergebnisse nennenswerten Abweichungen.

liegt jeweils mit 95-prozentiger Wahrscheinlichkeit in dem Konfidenzintervall des angegebenen Mittelwertes und plus / minus zwei Standardmessfehlern (SE).

Abbildung IV.17: Zusammenhang von Testwerten und Prozenträngen unter der Voraussetzung von Normalverteilung

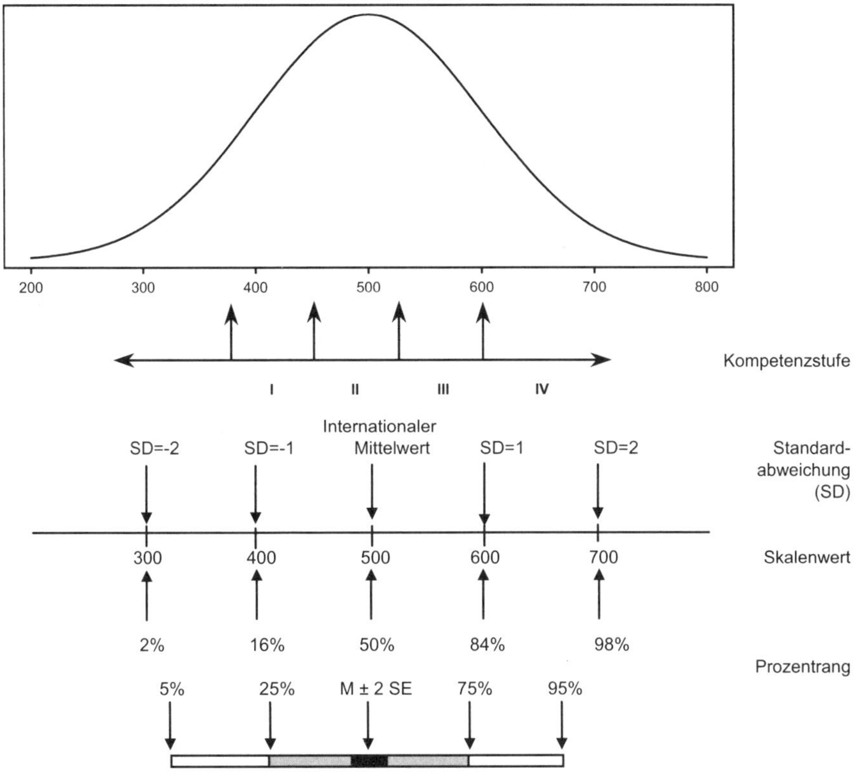


IEA: Progress in International Reading Literacy Study © IGLU-Germany

In Deutschland wurden die Tests nicht nur am Ende der vierten Jahrgangsstufe eingesetzt, sondern in einer ausreichend großen Substichprobe auch am Ende der dritten Jahrgangsstufe. Diese in Deutschland zusätzlich durchgeführte Untersuchung sollte einen ersten Eindruck über einen erreichbaren Lernfortschritt zwischen zwei Jahrgangsstufen erlauben. Der Leistungsunterschied betrug 43 Punkte. Zwar basiert dieser Unterschied auf dem Vergleich von zwei Querschnitten, trotzdem gibt er einen Anhaltspunkt dazu, was in einem Schuljahr an Lernzuwachs zu erwarten bzw. zu erreichen ist. Dieser Punktwert liegt wie in anderen Untersuchungen gleicher Metrik (Baumert & Artelt, 2002; Baumert, Bos & Lehmann, 2000a, 2000b; Baumert, Bos & Watermann, 1999; Baumert et al., 1997; Lehmann et al., 2002; Mullis et al., 1997) je nach Fach- und Jahrgangsstufe zwischen einem Viertel und etwas mehr als einer halben Standardabweichung. In unteren Jahrgangsstufen ist dieser Punktwert eher etwas größer, in höheren Jahrgangsstufen eher etwas geringer.

### 3.2 Ländervergleiche der Lesekompetenz am Ende der vierten Jahrgangsstufe

Im Folgenden soll dargestellt werden, welches Niveau der Lesekompetenz die Schülerinnen und Schüler der IGLU-Länder im internationalen Vergleich erreicht haben. Neben dem internationalen Mittelwert werden zwei weitere Kennwerte angegeben, die für Deutschland relevante Vergleichsmaßstäbe sein können (vgl. auch Kap. II). Vergleichsgruppe 1 (VG 1) besteht aus den acht an IGLU teilnehmenden Ländern der Europäischen Union. Für die Kinder am Ende der vierten Jahrgangsstufe kann nicht festgestellt werden, inwieweit diese acht Länder das Kompetenzniveau der Europäischen Union insgesamt repräsentieren. Bei der PISA-Studie lag der Mittelwert der Gesamtskala Lesen aller 14 dort teilnehmenden EU-Länder bei 498 Punkten. Von diesen 14 Ländern fehlen in IGLU sechs Länder. Dazu gehören leistungsstarke wie Finnland, aber auch leistungsschwache wie Portugal. Der Mittelwert der acht EU-Länder, die sowohl an PISA als auch an IGLU teilnahmen, liegt in der PISA-Studie ebenfalls genau bei 498 Punkten. Zumindest für 15-Jährige scheinen diese acht Länder eine gute Vergleichsgruppe für die Europäische Union insgesamt zu sein.

Eine zusätzliche Vergleichsgruppe 2 (VG 2) besteht zum einen aus den an IGLU teilnehmenden Ländern der OECD (ohne die Türkei), zum anderen aus den IGLU-Ländern, die bis zum Jahre 2007 Mitgliedsländer der Europäischen Union werden (Bulgarien, Lettland, Litauen, Rumänien, Slowenien, Tschechien, Ungarn und Zypern). Da der Mittelwert auf der Gesamtskala Lesen dieser Beitrittsländer und auch deren Leistungsstreuung ($M = 528$, $SD = 76$) recht gut dem der an IGLU teilnehmenden OECD-Länder ($M = 529$, $SD = 79$) entspricht, lassen sich diese beiden Ländergruppen gut zu einer zweiten Vergleichsgruppe (VG 2) zusammenfassen.

Für die Kinder am Ende der vierten Jahrgangsstufe kann ebenfalls nicht gesagt werden, inwieweit die an IGLU teilnehmenden Länder der OECD die OECD-Länder insgesamt repräsentieren. Die 28 OECD-Länder, die bei der PISA-Studie mitmachten, haben dort auf der Gesamtskala Lesen den Mittelwert von 500 Punkten. Bei der IGLU-Studie fehlen auch hier leistungsstarke Länder wie Australien oder Korea, aber auch leistungsschwache Länder wie Luxemburg und Polen. Die OECD-Länder die sowohl an IGLU als auch an PISA teilnahmen, erreichen auf der Gesamtskala Lesen bei PISA 503 Punkte. Für 15-Jährige scheinen die an IGLU teilnehmenden

OECD-Länder damit ebenfalls eine gute Vergleichsgruppe zu sein. Vergleichsgruppe 3 (VG 3) besteht aus den acht Ländern, deren nationale Mittelwerte mehr als eine halbe Standardabweichung unterhalb des internationalen Mittelwertes liegen. Zu dieser Gruppe gehören Argentinien, Belize, der Iran, Kolumbien, Kuwait, Mazedonien, Marokko und die Türkei.

Betrachten wir nach diesen Vorbemerkungen Abbildung IV.18, dann können wir ihr entnehmen, dass der für Deutschland angegebene Mittelwert von 539 Punkten mit 95-prozentiger Wahrscheinlichkeit im Bereich zwischen 535,2 und 542,8 Punkten liegt. Rund zwei Drittel der Kinder erreichen Testwerte zwischen 472 Punkten und 606 Punkten, die mittleren 50 Prozent der getesteten Jahrgangsstufe liegen überwiegend im Bereich der Kompetenzstufe III.

Unter allen 35 teilnehmenden Ländern erreichen deutsche Grundschülerinnen und Grundschüler einen Rangplatz im oberen Leistungsdrittel und liegen im Durchschnitt auf der Höhe der teilnehmenden Länder aus der Europäischen Union (VG 1). Die Leistungen der deutschen Schülerinnen und Schüler entsprechen in etwa denen aus Bulgarien, Lettland, Kanada[6], Litauen, Ungarn, der USA, Italien, Tschechien, Neuseeland, Singapur und der Russischen Föderation. Die signifikant[7] höheren mittleren Leistungen der drei Länder der Spitzengruppe – Schweden, den Niederlanden und England – werden von deutschen Schülerinnen und Schülern allerdings nicht erreicht. Der Abstand zum Spitzenland Schweden beträgt mehr als ein Fünftel Standardabweichung, das ist rund die Hälfte eines beobachteten Leistungsunterschiedes zwischen zwei Schuljahren. Auffällig ist auch, dass z.B. Länder wie Frankreich oder Norwegen, die in der PISA-Studie signifikant besser als Deutschland abgeschnitten hatten, mit ihren Ergebnissen auf der Gesamtskala Lesen in IGLU signifikant unter denen in Deutschland erreichten liegen.

---

6 In Kanada haben in dieser Vergleichsuntersuchung nur die Provinzen Ontario und Quebec teilgenommen. In der PISA-Studie repräsentieren diese beiden Provinzen recht gut den kanadischen Gesamtmittelwert der Gesamtskala Lesen.

7 Zur Ermittlung signifikanter Unterschiede wurden die Standardfehler anhand des *Jackknifing* Verfahrens ermittelt. Die Werte wurden dann als signifikant unterschieden, wenn sich die jeweiligen Konfidenzintervalle nicht überschnitten. Dies ist ein konservativeres Verfahren als bei der Schätzung von Standardfehlern über t-Werte.

Abbildung IV.18: Testleistungen der Schülerinnen und Schüler in den Teilnehmerstaaten – Gesamtskala Lesen

| Teilnehmerstaat | M | (SE) | SD |
|---|---|---|---|
| Schweden | 561 | (2,2) | 66 |
| Niederlande* | 554 | (2,4) | 57 |
| England* | 553 | (3,5) | 87 |
| Bulgarien | 550 | (3,8) | 83 |
| Lettland | 545 | (2,3) | 62 |
| Kanada (O, Q)* | 544 | (2,4) | 72 |
| Litauen | 543 | (2,6) | 64 |
| Ungarn | 543 | (2,2) | 66 |
| USA* | 542 | (3,8) | 83 |
| Italien | 541 | (2,4) | 71 |
| **VG 1** | **541** | **(1,0)** | **74** |
| Deutschland | 539 | (1,9) | 67 |
| Tschechien | 537 | (2,3) | 65 |
| Neuseeland | 529 | (3,7) | 94 |
| Singapur | 528 | (5,2) | 92 |
| Russ. Föderation* | 528 | (4,3) | 66 |
| **VG 2** | **532** | **(0,6)** | **77** |
| Schottland* | 528 | (3,5) | 84 |
| Hong Kong | 528 | (3,1) | 63 |
| Frankreich | 525 | (2,4) | 71 |
| Griechenland* | 524 | (3,6) | 73 |
| Slowakei | 518 | (2,8) | 70 |
| Island | 512 | (1,2) | 75 |
| Rumänien | 512 | (4,7) | 90 |
| Slowenien | 502 | (1,9) | 72 |
| **International** | **500** | **(0,6)** | **100** |
| Norwegen | 499 | (2,9) | 81 |
| Zypern | 494 | (2,9) | 81 |
| Moldavien | 492 | (4,1) | 75 |
| Türkei | 449 | (3,5) | 86 |
| Mazedonien | 442 | (4,8) | 103 |
| Kolumbien | 422 | (4,3) | 81 |
| Argentinien | 420 | (5,9) | 96 |
| Iran | 414 | (4,3) | 92 |
| **VG 3** | **402** | **(2,0)** | **105** |
| Kuwait | 396 | (4,3) | 89 |
| Marokko* | 350 | (9,9) | 115 |
| Belize | 327 | (5,1) | 106 |

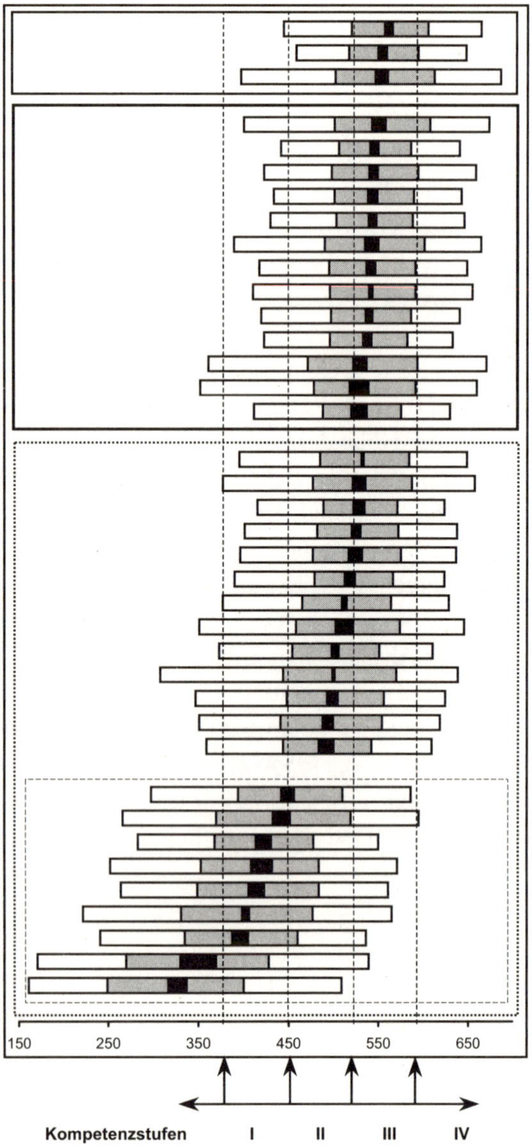


- Signifikant (p < .05) über dem deutschen Mittelwert liegende Länder.
- Nicht signifikant vom deutschen Mittelwert abweichende Länder.
- Signifikant (p < .05) unter dem deutschen Mittelwert liegende Länder.
- Deutlich unter dem internationalen Mittelwert liegende Länder.

* Zu Besonderheiten der Stichproben vgl. Kapitel II.

IEA: Progress in International Reading Literacy Study

Der Abstand zu der Vergleichsgruppe 2 ist mit sieben Punkten relativ gering. Schottland, Hong Kong, Frankreich, Griechenland, die Slowakei, Island, Rumänien und Slowenien liegen signifikant unter diesem Vergleichswert, ebenso Norwegen, Zypern und Moldawien, die darüber hinaus noch unter dem internationalen Mittelwert von 500 Punkten liegen.

Mit großem Abstand liegen im untersten Bereich der Skala die Türkei, Mazedonien, Kolumbien, Argentinien, der Iran, Kuwait, Marokko und Belize. In diesen Ländern erreichen mehr als die Hälfte der Schülerinnen und Schüler nicht die Grenze zur Kompetenzstufe II. Das Gros der Kinder aus diesen Ländern ist kaum in der Lage, angegebene Sachverhalte aus Textpassagen zu erschließen. Die mittleren Lesekompetenzen der Schülerinnen und Schüler aus dieser Ländergruppe weichen damit deutlich von dem Niveau aller übrigen Länder ab. Bei weiteren Vergleichen und Analysen ist jedes Mal zu prüfen, ob diese acht Länder mit hinzugezogen werden sollen oder ob sie für die jeweilige Fragestellung unberücksichtigt bleiben.

Abbildung IV.19: Testleistungen der Schülerinnen und Schüler in der Vergleichsgruppe 1 – Gesamtskala Lesen

| Teilnehmerstaat | M | (SE) | SD |
|---|---|---|---|
| Schweden | 561 | (2,2) | 66 |
| Niederlande* | 554 | (2,4) | 57 |
| England* | 553 | (3,5) | 87 |
| Italien | 541 | (2,4) | 71 |
| **VG 1** | **541** | **(1,0)** | **74** |
| Deutschland | 539 | (1,9) | 67 |
| Schottland* | 528 | (3,5) | 84 |
| Frankreich | 525 | (2,4) | 71 |
| Griechenland* | 524 | (3,6) | 73 |

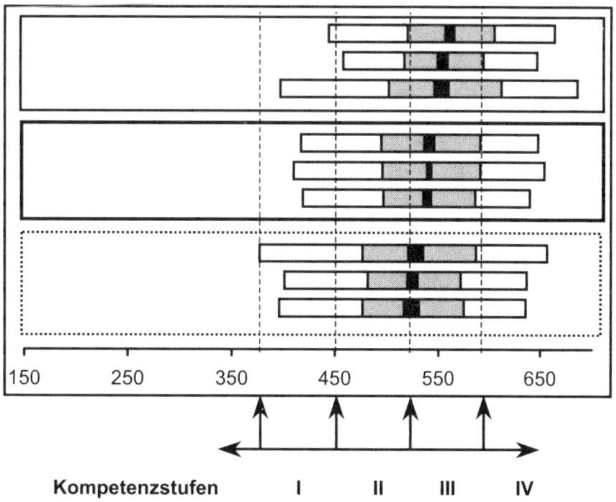


☐ Signifikant (p < .05) über dem deutschen Mittelwert liegende Länder.
☐ Nicht signifikant vom deutschen Mittelwert abweichende Länder.
⬚ Signifikant (p < .05) unter dem deutschen Mittelwert liegende Länder.
* Zu Besonderheiten der Stichproben vgl. Kapitel II.

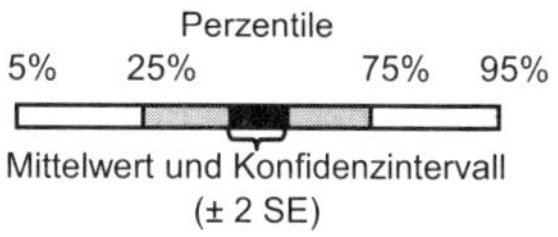


IEA: Progress in International Reading Literacy Study © IGLU-Germany

Abbildung IV.19 zeigt die deutsche Position noch einmal nur im Vergleich der teilnehmenden Länder der Europäischen Union (VG 1). Deutschland liegt hier im mittleren Bereich mit Italien, signifikant besser schneiden Schweden, die Niederlande und England ab, signifikant unterhalb des deutschen Mittelwertes liegen Schottland, Frankreich und Griechenland.

Abbildung IV.20: Testleistungen der Schülerinnen und Schüler in der Vergleichsgruppe 2 – Gesamtskala Lesen

| Teilnehmerstaat | M | (SE) | SD |
|---|---|---|---|
| Schweden | 561 | (2,2) | 66 |
| Niederlande* | 554 | (2,4) | 57 |
| England* | 553 | (3,5) | 87 |
| Bulgarien | 550 | (3,8) | 83 |
| Lettland | 545 | (2,3) | 62 |
| Kanada (O, Q)* | 544 | (2,4) | 72 |
| Litauen | 543 | (2,6) | 64 |
| Ungarn | 543 | (2,2) | 66 |
| USA* | 542 | (3,8) | 83 |
| Italien | 541 | (2,4) | 71 |
| Deutschland | 539 | (1,9) | 67 |
| Tschechien | 537 | (2,3) | 65 |
| Neuseeland | 529 | (3,7) | 94 |
| **VG 2** | **532** | **(0,6)** | **77** |
| Schottland* | 528 | (3,5) | 84 |
| Frankreich | 525 | (2,4) | 71 |
| Griechenland* | 524 | (3,6) | 73 |
| Slowakei | 518 | (2,8) | 70 |
| Island | 512 | (1,2) | 75 |
| Rumänien | 512 | (4,7) | 90 |
| Slowenien | 502 | (1,9) | 72 |
| Norwegen | 499 | (2,9) | 81 |
| Zypern | 494 | (2,9) | 81 |

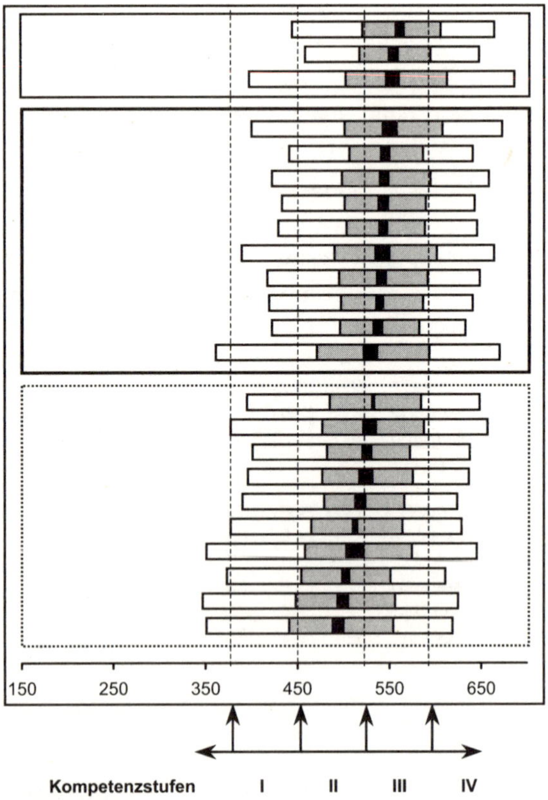


□ Signifikant (p < .05) über dem deutschen Mittelwert liegende Länder.
□ Nicht signifikant vom deutschen Mittelwert abweichende Länder.
⬚ Signifikant (p < .05) unter dem deutschen Mittelwert liegende Länder.
* Zu Besonderheiten der Stichproben vgl. Kapitel II.

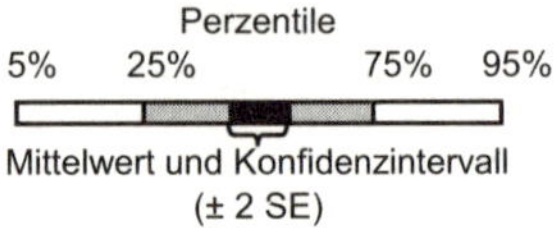


IEA: Progress in International Reading Literacy Study © IGLU-Germany

Betrachten wir Abbildung IV.20, so sehen wir die Position Deutschlands im Vergleich der teilnehmenden Länder der OECD und der Beitrittskandidaten zur Europäischen Union (VG 2). Auch hier liegt Deutschland in einem breiten mittleren Bereich, aber signifikant über dem Mittelwert der in dieser Abbildung aufgeführten Länder. Signifikant besser schneiden nur die drei Spitzenländer der Vergleichsgruppe 1 Schweden, die Niederlande und England ab. Neun Länder der Vergleichsgruppe 2 schneiden signifikant schlechter als Deutschland ab.

In fast allen Ländern sind die teilnehmenden Schülerinnen und Schüler am Ende der vierten Jahrgangsstufe getestet worden. In England, Schottland und Neuseeland wurde die fünfte Jahrgangsstufe getestet, da in diesen Ländern bereits mit fünf Jahren eingeschult wird und sich die vergleichbare Altersgruppe somit schon in der Klasse fünf befindet. In Slowenien wurde am Ende der dritten Klasse getestet. Dort werden zwar, wie in den meisten Ländern, die Kinder mit sechs Jahren eingeschult, aber die Primarstufe gliedert sich in eine erste Phase – Klasse eins bis drei – und eine zweite Phase – Klasse vier bis sechs (vgl. Döbert, Hörner, Kopp & Mitter, 2002).

Für einen weiteren Vergleich des Einflusses von Jahrgangsstufe und Lebensalter werden die IGLU-Länder ohne die Länder der Vergleichsgruppe 3 herangezogen, da diese acht Länder mit besonders niedriger Testleistung und auffällig höherem Lebensalter der Schülerinnen und Schüler die Vergleiche einseitig verzerren würden. In den aufgeführten 26 Vergleichsländern besteht ein nur geringfügiger korrelativer Zusammenhang zwischen Schuljahr und mittlerer Testleistung von .26, der zwar insgesamt vernachlässigt werden kann, für Einzelvergleiche zwischen Ländern jedoch von Interesse ist (vgl. Tab. IV.4).

Das Alter variiert in den teilnehmenden Ländern zwischen 9,7 Jahren und 11,2 Jahren. Das durchschnittliche Testalter liegt bei 10,3 Jahren. Der korrelative Zusammenhang zwischen Lebensalter und mittlerer Testleistung im Lesen von .23 ist nicht hoch, für Einzelvergleiche jedoch ebenfalls relevant. Werden getestete Jahrgangsstufe und Lebensalter kontrolliert, ändert sich am Mittelwert und der Position auf der Gesamtskala Lesen der Kinder in Deutschland wenig. Die Spitzengruppe der signifikant besser abschneidenden Länder beschränkt sich dann auf Schweden und die Niederlande, Kanada und Italien.

Betrachtet man nicht nur die Mittelwerte, sondern auch die Streuung der Testwerte – hier die Standardabweichung und die Perzentile – so fällt auf, dass insgesamt nur acht Länder eine geringere Standardabweichung (vgl. Tab. IV.5) und einen geringeren Perzentilabstand von 5 zu 95 aufweisen als Deutschland (vgl. auch Abb. IV.21). Beachtlicherweise ist die Streuung zwischen dem 5. und 95. Perzentil nur in Hong Kong, Lettland, Litauen und den Niederlanden um mehr als zehn Punkte geringer als in Deutschland. In einigen Ländern der Vergleichsgruppe 1 und in vielen Ländern der Vergleichsgruppe 2 ist der Unterschied zwischen schlechten und guten Lesern deutlich größer, einige liegen nahe dem (aus deutscher Sicht ungünstigeren) internationalen Wert.

Tabelle IV.4: Mittlere Leseleistung nach Kontrolle von Jahrgangsstufe und Lebensalter – Gesamtskala Lesen[1]

| Teilnehmerstaat | M | SE | Klasse | Alter | Kontrolle von Jahrgangsstufe und Lebensalter[1] | |
|---|---|---|---|---|---|---|
| Schweden | 561 | (2,2) | 4 | 10,8 | 554 | -7 |
| Niederlande* | 554 | (2,4) | 4 | 10,3 | 555 | 1 |
| England* | 553 | (3,5) | 5 | 10,2 | 542 | -11 |
| Bulgarien | 550 | (3,8) | 4 | 10,9 | 541 | -9 |
| Lettland | 545 | (2,3) | 4 | 11,0 | 535 | -10 |
| Kanada* | 544 | (2,4) | 4 | 10,0 | 549 | 5 |
| Litauen | 543 | (2,6) | 4 | 10,9 | 534 | -9 |
| Ungarn | 543 | (2,2) | 4 | 10,7 | 537 | -6 |
| USA* | 542 | (3,8) | 4 | 10,2 | 544 | 2 |
| Italien | 541 | (2,4) | 4 | 9,8 | 550 | 9 |
| Deutschland | 539 | (1,9) | 4 | 10,5 | 537 | -2 |
| Tschechien | 537 | (2,3) | 4 | 10,5 | 535 | -2 |
| Neuseeland | 529 | (3,7) | 5 | 10,1 | 520 | -9 |
| Schottland* | 528 | (3,5) | 5 | 9,8 | 524 | -4 |
| Singapur | 528 | (5,2) | 4 | 10,1 | 532 | 4 |
| Russische Föderation* | 528 | (4,3) | 4 | 10,3 | 535 | 7 |
| Hong Kong | 528 | (3,1) | 4 | 10,2 | 530 | 2 |
| Frankreich | 525 | (2,4) | 4 | 10,1 | 529 | 4 |
| Griechenland* | 524 | (3,6) | 4 | 9,9 | 531 | 7 |
| Slowakei | 518 | (2,8) | 4 | 10,3 | 519 | 1 |
| Island | 512 | (1,2) | 4 | 9,7 | 522 | 10 |
| Rumänien | 512 | (4,7) | 4 | 11,1 | 500 | -12 |
| Slowenien | 502 | (1,9) | 3 | 9,8 | 524 | 22 |
| Norwegen | 499 | (2,9) | 4 | 10,0 | 504 | 5 |
| Zypern | 494 | (2,9) | 4 | 9,7 | 504 | 10 |
| Moldavien | 492 | (4,1) | 4 | 10,8 | 485 | -7 |

* Zu Besonderheiten der Stichproben vgl. Kapitel II.

1 Die Länder der Vergleichsgruppe 3 werden nicht berücksichtigt.

IEA: Progress in International Reading Literacy Study © IGLU-Germany

Deutschland gehört also am Ende der vierten Jahrgangsstufe zu dem oberen Viertel der Länder, in denen es gelingt, das Gros der Schülerinnen und Schüler auf ein adäquates Leseniveau zu bringen. Besonders in den beiden untersten der hier angegebenen Perzentile (also unterhalb von PR 5 bzw. 25) schneiden deutsche Kinder innerhalb der Länder der oberen Leistungsgruppe überproportional gut ab, erst bei der

Gruppe der Spitzenleser, also in den beiden oberen Perzentilgruppen, fallen sie etwas ab.

Tabelle IV.5: Mittelwert und Streuung der Testwerte – Gesamtskala Lesen

| Teilnehmerstaat | M | (SE) | SD | Perzentile 5 | 25 | 75 | 95 |
|---|---|---|---|---|---|---|---|
| Schweden | 561 | (2,2) | 66 | 445 | 521 | 605 | 663 |
| Niederlande* | 554 | (2,4) | 57 | 458 | 517 | 593 | 645 |
| England* | 553 | (3,5) | 87 | 394 | 501 | 612 | 685 |
| Bulgarien | 550 | (3,8) | 83 | 400 | 502 | 607 | 672 |
| Lettland | 545 | (2,3) | 62 | 440 | 505 | 587 | 640 |
| Kanada (O, Q)* | 544 | (2,4) | 72 | 419 | 498 | 594 | 658 |
| Litauen | 543 | (2,6) | 64 | 433 | 502 | 589 | 642 |
| Ungarn | 543 | (2,2) | 66 | 428 | 502 | 589 | 643 |
| USA* | 542 | (3,8) | 83 | 389 | 492 | 601 | 663 |
| Italien | 541 | (2,4) | 71 | 415 | 496 | 590 | 649 |
| **VG 1** | **541** | **(1,0)** | **74** | **410** | **496** | **591** | **654** |
| Deutschland | 539 | (1,9) | 67 | 419 | 497 | 586 | 640 |
| Tschechien | 537 | (2,3) | 65 | 421 | 496 | 582 | 635 |
| **VG 2** | **532** | **(0,6)** | **77** | **394** | **485** | **584** | **648** |
| Neuseeland | 529 | (3,7) | 94 | 360 | 472 | 593 | 669 |
| Schottland* | 528 | (3,5) | 84 | 378 | 476 | 586 | 658 |
| Singapur | 528 | (5,2) | 92 | 348 | 479 | 592 | 658 |
| Russische Föderation* | 528 | (4,3) | 66 | 412 | 488 | 574 | 627 |
| Hong Kong | 528 | (3,1) | 63 | 415 | 491 | 571 | 622 |
| Frankreich | 525 | (2,4) | 70 | 402 | 481 | 573 | 636 |
| Griechenland* | 524 | (3,6) | 73 | 396 | 477 | 576 | 637 |
| Slowakei | 518 | (2,8) | 70 | 389 | 477 | 566 | 623 |
| Island | 512 | (1,2) | 75 | 380 | 466 | 564 | 629 |
| Rumänien | 512 | (4,7) | 90 | 351 | 456 | 574 | 647 |
| Slowenien | 502 | (1,9) | 72 | 373 | 456 | 551 | 611 |
| **International** | **500** | **(0,6)** | **100** | **309** | **445** | **570** | **638** |
| Norwegen | 499 | (2,9) | 81 | 350 | 450 | 556 | 620 |
| Zypern | 494 | (2,9) | 81 | 352 | 441 | 551 | 619 |
| Moldavien | 492 | (4,1) | 75 | 359 | 445 | 544 | 609 |
| Türkei | 449 | (3,5) | 86 | 302 | 392 | 510 | 586 |
| Mazedonien | 442 | (4,8) | 103 | 262 | 368 | 520 | 595 |
| Kolumbien | 422 | (4,3) | 81 | 287 | 368 | 479 | 551 |
| Argentinien | 418 | (5,9) | 96 | 257 | 353 | 487 | 571 |
| Iran | 414 | (4,3) | 92 | 260 | 349 | 482 | 560 |
| **VG 3** | **402** | **(2,0)** | **105** | **222** | **331** | **478** | **564** |
| Kuwait | 396 | (4,3) | 89 | 244 | 335 | 461 | 535 |
| Marokko* | 350 | (9,9) | 115 | 168 | 266 | 428 | 540 |
| Belize | 327 | (5,1) | 106 | 161 | 251 | 401 | 507 |

* Zu Besonderheiten der Stichprobe vgl. Kapitel II.

IEA: Progress in International Reading Literacy Study © IGLU-Germany

Abbildung IV.21: Streuung der Verteilungen für die Gesamtskala Lesen – Differenz zwischen dem 5. und dem 95. Perzentil

| Teilnehmerstaat | Perzentil-abstand 5-95 |
|---|---|
| Niederlande* | 188 |
| Lettland | 201 |
| Hong Kong | 208 |
| Litauen | 209 |
| Tschechien | 213 |
| Russ. Föderation* | 215 |
| Ungarn | 215 |
| Schweden | 219 |
| Deutschland | 221 |
| Frankreich | 234 |
| Slowakei | 234 |
| Italien | 235 |
| Slowenien | 238 |
| Kanada* | 239 |
| Griechenland* | 241 |
| **VG 1** | **244** |
| Island | 249 |
| Moldavien | 250 |
| **VG 2** | **254** |
| Kolumbien | 263 |
| Zypern | 267 |
| Norwegen | 269 |
| Bulgarien | 272 |
| USA* | 274 |
| Schottland* | 281 |
| Türkei | 284 |
| England* | 291 |
| Kuwait | 291 |
| Rumänien | 296 |
| Iran | 300 |
| Neuseeland | 309 |
| Singapur | 310 |
| Argentinien | 314 |
| **International** | **329** |
| Mazedonien | 333 |
| **VG 3** | **342** |
| Belize | 346 |
| Marokko* | 372 |

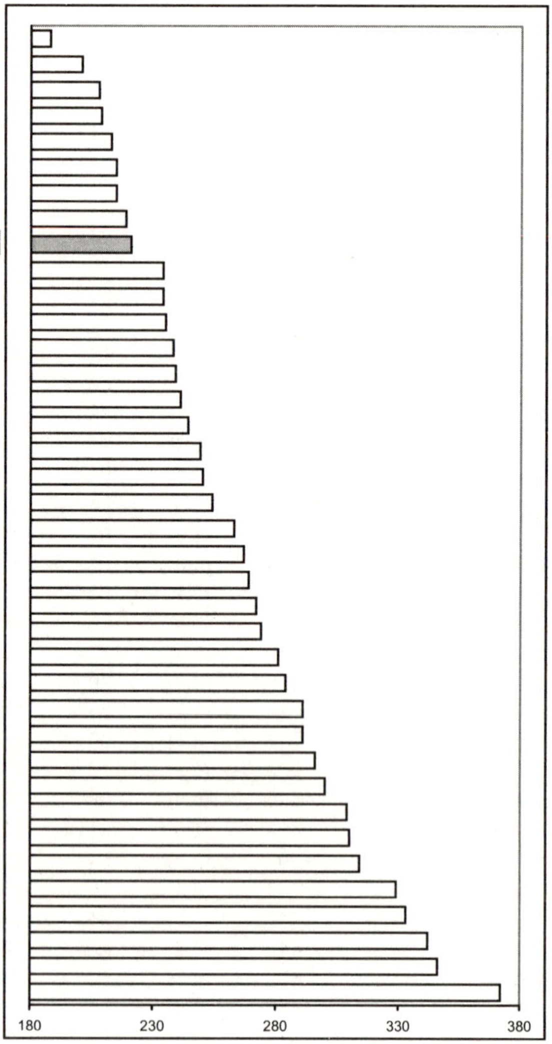


* Zu Besonderheiten der Stichproben vgl. Kapitel II.

IEA: Progress in International Reading Literacy Study

Schülerinnen und Schüler in Deutschland verfügen am Ende der vierten Jahrgangsstufe also nicht nur über vergleichsweise hohe Kompetenzen im Leseverständnis, sondern im internationalen Vergleich auch über eine in ihren Leistungen sehr homogene Schülerschaft.

Betrachtet man die Ergebnisse zum Leseverständnis getrennt nach Informationstexten und literarischen Texten (vgl. Abb. IV.22 und IV.23), so ändert sich an der deutschen Position praktisch nichts.[8] Bei beiden Textgattungen liegen die Leistungen deutscher Schülerinnen und Schüler im oberen Viertel bzw. oberen Drittel der teilnehmenden Länder, jeweils über dem Durchschnitt der Vergleichsgruppe 2 und ungefähr auf Höhe der Vergleichsgruppe 1. Ferner gibt es bei beiden Textsorten eine Spitzengruppe von Ländern, deren Viertklässler signifikant bessere Leseleistungen erbringen als die in Deutschland. Der Abstand zum Spitzenland Schweden mit rund einem Fünftel einer Standardabweichung ist nicht zu vernachlässigen. Bei einigen Ländern verändert sich, je nach Textsorte, der Rangplatz nicht unerheblich, wie z.B. bei den USA oder Hong Kong, die sich je nach Textsorte auf Rangplatz dreizehn bzw. vier (USA) oder zehn bzw. 20 (Hong Kong) befinden.

Betrachtet man Abbildung IV.24, so gehört Deutschland zu den zwei Dritteln der an IGLU teilnehmenden Staaten, in denen sich die Kinder sowohl bei den mittleren Leseleistungen von Informationstexten als auch bei literarischen Texten nicht nennenswert unterscheiden. In einigen Ländern ist die Differenz der Lesekompetenz bei unterschiedlichen Textsorten aber nicht unerheblich. Rund ein Sechstel der Länder verzeichnet signifikant bessere mittlere Leseleistungen bei literarischen Texten. Dazu gehören mit mehr als ein Zehntel Standardabweichung Ungarn, der Iran, England, Norwegen, Island und die USA. In rund einem Sechstel der IGLU-Länder sind die mittleren Leseleistungen beim Lesen von Informationstexten deutlich besser. Dazu gehören mit mehr als ein Zehntel Standardabweichung Lettland, die Slowakei, Marokko, Frankreich, Hong Kong und Moldawien. Die einseitige große Lesekompetenz je Textart variiert nahezu unabhängig von der Höhe der mittleren Leseleistung auf der Gesamtskala Lesen.

---

8 Geringfügige und nicht signifikante Abweichungen der Mittelwerte (Gesamtskala Lesen M = 539, Informationstexte M = 538, literarische Texte M = 537) sind auf separate Skalierungsläufe bzw. die Nutzung der *Plausible Value*-Technik zurückzuführen.

Abbildung IV.22: Testleistungen der Schülerinnen und Schüler in den Teilnehmerstaaten – Informationstexte

| Teilnehmerstaat | M | (SE) | SD |
|---|---|---|---|
| Schweden | 559 | (2,2) | 68 |
| Niederlande* | 553 | (2,6) | 58 |
| Bulgarien | 551 | (3,6) | 81 |
| Lettland | 547 | (2,3) | 64 |
| England* | 546 | (3,5) | 82 |
| Kanada (O, Q)* | 541 | (2,4) | 71 |
| Litauen | 540 | (2,7) | 64 |
| **VG 1** | **539** | **(1,1)** | **72** |
| Deutschland | 538 | (1,9) | 68 |
| Ungarn | 537 | (2,1) | 68 |
| Hong Kong | 537 | (2,9) | 59 |
| Tschechien | 536 | (2,4) | 68 |
| Italien | 536 | (2,6) | 69 |
| USA* | 533 | (3,7) | 79 |
| Frankreich | 533 | (2,5) | 71 |
| Russ. Föderation* | 531 | (4,5) | 68 |
| Singapur | 527 | (4,8) | 83 |
| **VG 2** | **529** | **(0,6)** | **76** |
| Schottland* | 527 | (3,5) | 82 |
| Neuseeland | 525 | (3,8) | 89 |
| Slowakei | 522 | (2,7) | 71 |
| Griechenland* | 521 | (4,0) | 75 |
| Rumänien | 512 | (4,7) | 90 |
| Moldavien | 505 | (4,6) | 81 |
| Island | 504 | (1,5) | 84 |
| Slowenien | 503 | (2,0) | 75 |
| **International** | **500** | **(0,8)** | **100** |
| Norwegen | 492 | (2,8) | 81 |
| Zypern | 490 | (2,9) | 83 |
| Türkei | 452 | (3,7) | 90 |
| Mazedonien | 445 | (5,2) | 108 |
| Kolumbien | 424 | (4,4) | 83 |
| Argentinien | 422 | (5,7) | 99 |
| Iran | 408 | (4,5) | 97 |
| **VG 3** | **406** | **(2,1)** | **105** |
| Kuwait | 403 | (4,6) | 97 |
| Marokko* | 358 | (10,7) | 125 |
| Belize | 332 | (5,2) | 109 |

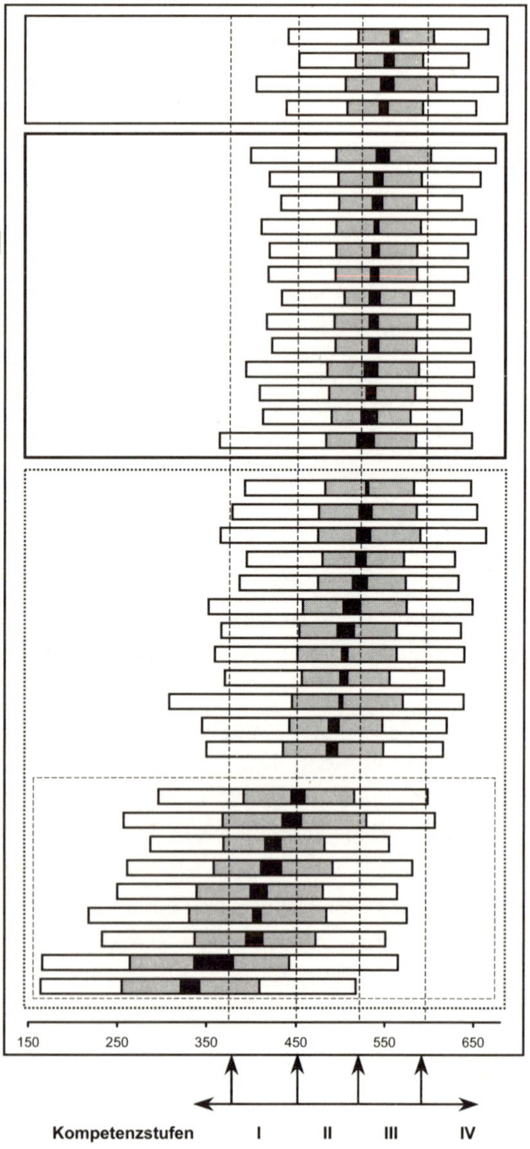


□ Signifikant (p < .05) über dem deutschen Mittelwert liegende Länder.
□ Nicht signifikant vom deutschen Mittelwert abweichende Länder.
⬚ Signifikant (p < .05) unter dem deutschen Mittelwert liegende Länder.
⬚ Deutlich unter dem internationalen Mittelwert liegende Länder.
* Zu Besonderheiten der Stichproben vgl. Kapitel II.

Perzentile
5% 25% 75% 95%
Mittelwert und Konfidenzintervall (± 2 SE)

IEA: Progress in International Reading Literacy Study

Abbildung IV.23: Testleistungen der Schülerinnen und Schüler in den Teilnehmerstaaten – literarische Texte

| Teilnehmerstaat | M | (SE) | SD |
|---|---|---|---|
| Schweden | 559 | (2,4) | 65 |
| England* | 559 | (3,8) | 94 |
| Niederlande* | 552 | (2,5) | 58 |
| USA* | 550 | (3,9) | 88 |
| Bulgarien | 550 | (3,8) | 86 |
| Ungarn | 548 | (2,1) | 65 |
| Litauen | 546 | (3,1) | 68 |
| Kanada (O, Q)* | 545 | (2,5) | 75 |
| Italien | 543 | (2,7) | 76 |
| **VG 1** | **541** | **(1,0)** | **76** |
| Lettland | 537 | (2,3) | 59 |
| Deutschland | 537 | (1,9) | 66 |
| Tschechien | 535 | (2,3) | 63 |
| **VG 2** | **532** | **(0,6)** | **78** |
| Neuseeland | 531 | (4,0) | 96 |
| Schottland* | 529 | (3,5) | 88 |
| Singapur | 528 | (5,5) | 98 |
| Griechenland* | 528 | (3,5) | 74 |
| Russ. Föderation* | 523 | (4,1) | 68 |
| Island | 520 | (1,3) | 69 |
| Frankreich | 518 | (2,6) | 71 |
| Hong Kong | 518 | (3,1) | 66 |
| Slowakei | 512 | (2,7) | 68 |
| Rumänien | 512 | (4,7) | 88 |
| Norwegen | 506 | (2,9) | 84 |
| **International** | **500** | **(0,7)** | **100** |
| Slowenien | 499 | (1,8) | 68 |
| Zypern | 498 | (2,5) | 80 |
| Moldavien | 480 | (3,6) | 72 |
| Türkei | 448 | (3,5) | 86 |
| Mazedonien | 441 | (4,5) | 97 |
| Kolumbien | 425 | (4,4) | 79 |
| Iran | 421 | (4,5) | 91 |
| Argentinien | 419 | (5,8) | 97 |
| **VG 3** | **403** | **(1,9)** | **102** |
| Kuwait | 394 | (3,9) | 85 |
| Marokko* | 347 | (8,5) | 106 |
| Belize | 330 | (4,9) | 103 |

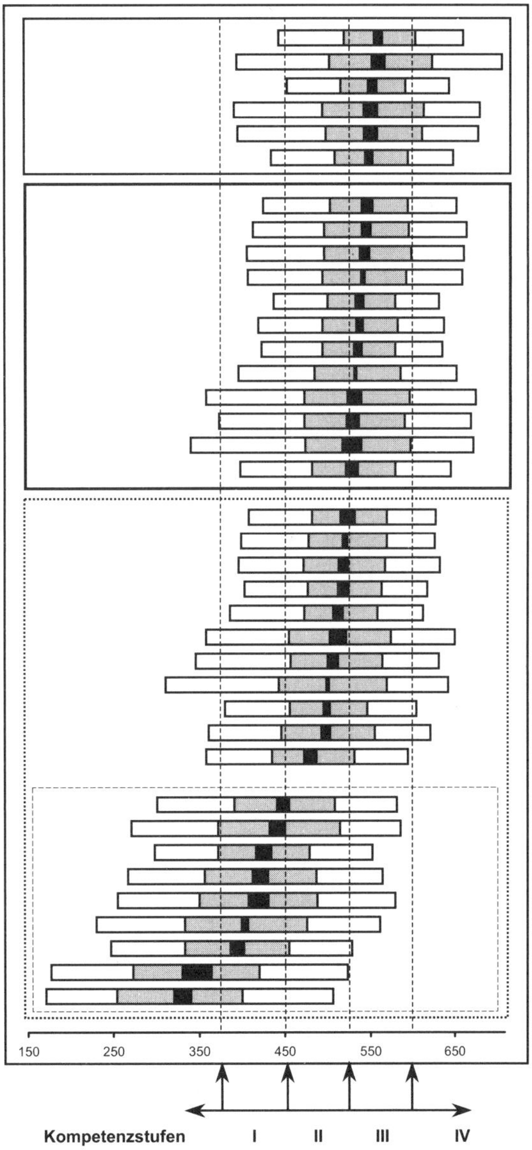


□ Signifikant (p < .05) über dem deutschen Mittelwert liegende Länder.
□ Nicht signifikant vom deutschen Mittelwert abweichende Länder.
⁝ Signifikant (p < .05) unter dem deutschen Mittelwert liegende Länder.
⁝ Deutlich unter dem internationalen Mittelwert liegende Länder.
* Zu Besonderheiten der Stichproben vgl. Kapitel II.

Perzentile

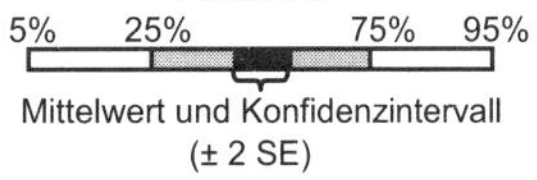


IEA: Progress in International Reading Literacy Study

Abbildung IV.24: Differenz zwischen der Leistung beim Lesen von literarischen und Informationstexten

| Teilnehmerstaat | Mittelwert literarisches Lesen | Mittelwert informatives Lesen | Differenz |
|---|---|---|---|
| USA* | 550 | 533 | 17 |
| Island | 520 | 504 | 16 |
| Norwegen | 506 | 492 | 14 |
| England* | 559 | 546 | 14 |
| Iran | 421 | 408 | 12 |
| Ungarn | 548 | 537 | 11 |
| Zypern | 498 | 490 | 8 |
| Italien | 543 | 536 | 7 |
| Griechenland* | 528 | 521 | 7 |
| Neuseeland | 531 | 525 | 7 |
| Litauen | 546 | 540 | 6 |
| Kanada (O, Q)* | 545 | 541 | 3 |
| **VG 2** | **532** | **529** | **3** |
| Schottland* | 529 | 527 | 2 |
| Kolumbien | 425 | 424 | 2 |
| **VG 1** | **541** | **539** | **2** |
| Singapur | 528 | 527 | 1 |
| Schweden | 559 | 559 | 1 |
| **International** | **500** | **500** | **0** |
| Niederlande* | 552 | 553 | -1 |
| Rumänien | 512 | 512 | -1 |
| Tschechien | 535 | 536 | -1 |
| Deutschland | 537 | 538 | -2 |
| Bulgarien | 550 | 551 | -2 |
| **VG 3** | **403** | **406** | **-2** |
| Belize | 330 | 332 | -3 |
| Argentinien | 419 | 422 | -3 |
| Türkei | 448 | 452 | -4 |
| Slowenien | 499 | 503 | -4 |
| Mazedonien | 441 | 445 | -4 |
| Russ. Föderation* | 523 | 531 | -8 |
| Kuwait | 394 | 403 | -9 |
| Lettland | 537 | 547 | -10 |
| Slowakei | 512 | 522 | -10 |
| Marokko* | 347 | 358 | -11 |
| Frankreich | 518 | 533 | -15 |
| Hong Kong | 518 | 537 | -20 |
| Moldavien | 480 | 505 | -25 |

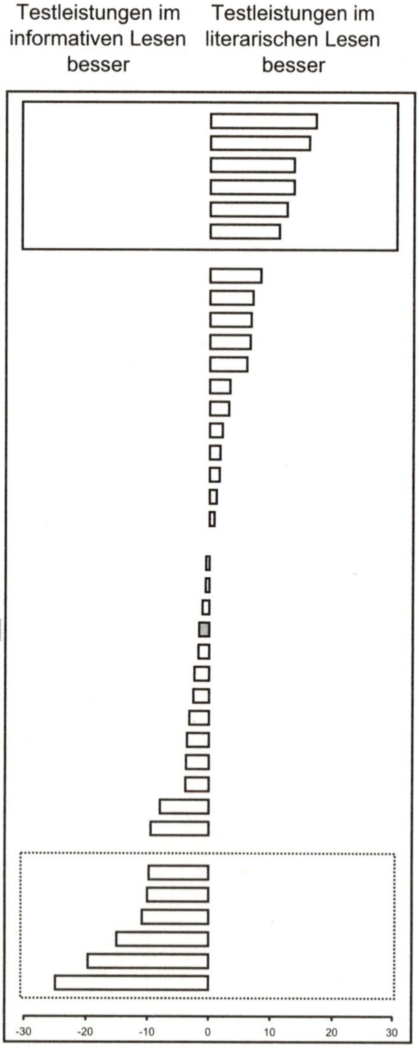


□ Länder mit Mittelwertabweichungen >.10 SD im literarischen Lesen.
⬚ Länder mit Mittelwertabweichungen >.10 SD im informativen Lesen.
* Zu Besonderheiten der Stichproben vgl. Kapitel II.

IEA: Progress in International Reading Literacy Study

Abbildung IV.25: Differenz zwischen ‚wissensbasierten Verstehensleistungen' und ‚textimmanenten Verstehensleistungen' bei literarischen Texten[1]

| Teilnehmerstaat | textimmanente Verstehensleistungen | wissensbasierte Verstehensleistungen | Differenz |
|---|---|---|---|
| Kolumbien | 438 | 422 | 15 |
| Norwegen | 505 | 492 | 12 |
| Iran | 432 | 421 | 11 |
| Tschechien | 540 | 530 | 10 |
| Slowakei | 519 | 509 | 10 |
| Kuwait | 412 | 404 | 9 |
| Argentinien | 433 | 425 | 8 |
| Russ. Föderation* | 529 | 522 | 8 |
| Frankreich | 528 | 521 | 7 |
| **VG 3** | **422** | **417** | **5** |
| Belize | 371 | 368 | 3 |
| Türkei | 457 | 454 | 3 |
| Ungarn | 543 | 541 | 3 |
| Island | 510 | 508 | 3 |
| Singapur | 528 | 526 | 2 |
| Deutschland | 533 | 532 | 2 |
| Italien | 539 | 538 | 1 |
| Niederlande* | 546 | 546 | 0 |
| Slowenien | 499 | 499 | 0 |
| **International** | **500** | **500** | **0** |
| **VG 2** | **527** | **529** | **-2** |
| Marokko* | 385 | 387 | -2 |
| Litauen | 536 | 538 | -2 |
| **VG 1** | **535** | **537** | **-2** |
| Schottland* | 522 | 524 | -3 |
| Schweden | 554 | 558 | -4 |
| Zypern | 490 | 494 | -4 |
| Lettland | 537 | 541 | -4 |
| Bulgarien | 542 | 546 | -5 |
| Rumänien | 509 | 514 | -5 |
| Mazedonien | 446 | 454 | -8 |
| Moldavien | 484 | 492 | -9 |
| Griechenland* | 517 | 525 | -9 |
| Hong Kong | 518 | 528 | -11 |
| Kanada (O, Q)* | 534 | 545 | -11 |
| USA* | 531 | 544 | -13 |
| Neuseeland | 518 | 531 | -13 |
| England* | 539 | 553 | -14 |

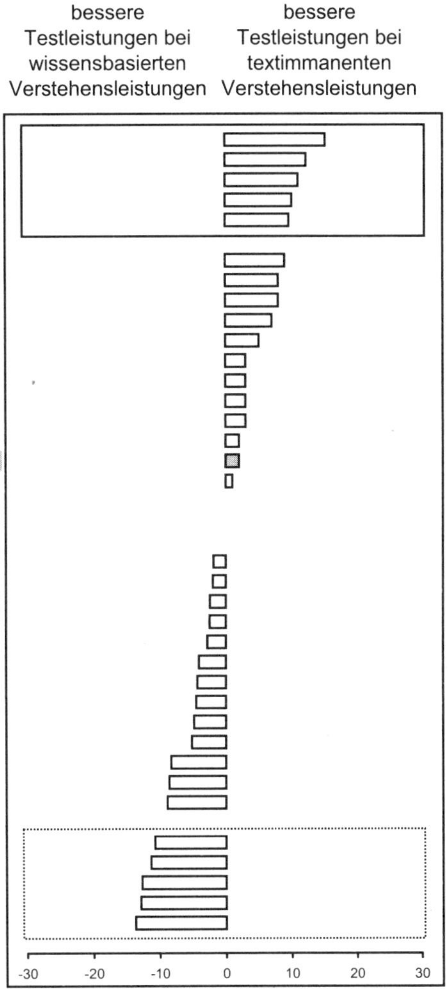


□ Länder mit Mittelwertabweichungen >.10 SD bei 'textimmanenten Verstehensleistungen'.
⬚ Länder mit Mittelwertabweichungen >.10 SD bei 'wissensbasierten Verstehensleistungen'.
[1] Die Werte basieren auf einem Maximum-Likelihood-Schätzer des parametrischen Rasch-Modells.
* Zu Besonderheiten der Stichproben vgl. Kapitel II.

IEA: Progress in International Reading Literacy Study



Aus Abbildung IV.25 lässt sich entnehmen, dass Deutschland auch zu den 24 der an IGLU teilnehmenden Staaten gehört, in denen sich die mittleren Leseleistungen bei ‚textbasierten' und ‚wissensbasierten Verstehensaspekten' bei literarischen Texten nicht auffällig unterscheiden. Bei je rund einem Siebtel der Länder ist die Differenz der mittleren Leseleistung bei den unterschiedlichen Verstehensaspekten aber nicht unerheblich. Dazu gehören mit einem Zehntel Standardabweichung besserer Leseleistung bei ‚textimmanenten Verstehensaspekten' die Slowakei, Tschechien, der Iran, Norwegen und Kolumbien. Bei rund einem Siebtel der Länder sind die ‚wissensbasierten Verstehensaspekte' stärker ausgeprägt. Mit mehr als einem Zehntel Standardabweichung bessere Leseleistungen in diesem Verstehensaspekt erreichen Kinder aus Hong Kong, Kanada, den USA, Neuseeland und England.

Die bisher geschilderten Ergebnisse verweisen auf eine große Ausgeglichenheit der Leistungen der deutschen Grundschulkinder in Bezug auf unterschiedliche Textsorten und Verstehensaspekte. Ebenfalls recht ausgeglichen sind in Deutschland die Leistungen von Jungen und Mädchen. In IGLU weisen die Mädchen im Leseverständnis – ebenso wie in anderen einschlägigen internationalen Studien – bessere Werte auf. Während im internationalen Vergleich und auch im Vergleich mit den teilnehmenden Ländern der Europäischen Union (VG 1) bzw. der Vergleichsgruppe 2 der Vorsprung der Mädchen in der Gesamtskala Lesen 20, 16 bzw. 18 Punkte ausmacht, beträgt diese Differenz in Deutschland nur 13 Punkte (vgl. Abb. IV.26). Nur Italien erreicht einen erwähnenswerten niedrigeren Wert. Auch in Bezug auf den Geschlechterunterschied in den Leistungen zwischen literarischen und Informationstexten hat Deutschland recht günstige Werte (vgl. Abb. IV.27). Mädchen erzielen, wie es auch international und in den beiden relevanten Vergleichsgruppen VG 1 und VG 2 der Fall ist, etwas bessere Werte beim Lesen literarischer Texte. Die Differenz zum Lesen von Informationstexten ist in Deutschland mit 4 Punkten jedoch recht gering. Es gelingt aber rund einem Drittel der teilnehmenden Länder, diese Differenz noch mehr zu minimieren. Dies entspricht vorliegenden Befunden aus der *International Reading Literacy Study* (Elley, 1992; Wagemaker, Taube, Munck, Kontgiannopoulou-Polydorides & Martin, 1996). Auffällig sind für Deutschland die deutlich größeren Abstände im Leseverständnis zwischen den Geschlechtern bei 15-Jährigen in der PISA-Studie (Stanat & Kunter, 2001).

Abbildung IV.26: Leistungsvorsprung der Mädchen – Gesamtskala Lesen (Differenz der mittleren Testwerte)[1]

| Teilnehmerstaat | Mittelwert Mädchen | Mittelwert Jungen | Differenz |
|---|---|---|---|
| Italien | 545 | 537 | 8 |
| Frankreich | 531 | 520 | 11 |
| Kolumbien | 428 | 416 | 12 |
| Russ. Föderation* | 534 | 522 | 12 |
| Tschechien | 543 | 531 | 12 |
| Deutschland | 545 | 533 | 13 |
| Rumänien | 519 | 504 | 14 |
| Ungarn | 550 | 536 | 14 |
| Niederlande* | 562 | 547 | 15 |
| **VG 1** | **549** | **533** | **16** |
| Slowakei | 526 | 510 | 16 |
| Litauen | 552 | 535 | 17 |
| Schottland* | 537 | 519 | 17 |
| Kanada (O, Q)* | 553 | 536 | 17 |
| USA* | 551 | 533 | 18 |
| Argentinien | 428 | 410 | 18 |
| **VG 2** | **541** | **523** | **18** |
| Hong Kong | 538 | 519 | 19 |
| Island | 522 | 503 | 19 |
| Türkei | 459 | 440 | 19 |
| **International** | **510** | **490** | **20** |
| Marokko* | 361 | 341 | 20 |
| Griechenland* | 535 | 514 | 21 |
| Mazedonien | 452 | 431 | 21 |
| Norwegen | 510 | 489 | 21 |
| Slowenien | 512 | 491 | 22 |
| Lettland | 556 | 534 | 22 |
| Schweden | 572 | 550 | 22 |
| England* | 564 | 541 | 22 |
| Zypern | 506 | 482 | 24 |
| Bulgarien | 562 | 538 | 24 |
| Singapur | 540 | 516 | 24 |
| Moldavien | 504 | 480 | 25 |
| **VG 3** | **416** | **390** | **25** |
| Neuseeland | 542 | 516 | 27 |
| Iran | 426 | 399 | 27 |
| Belize | 342 | 315 | 27 |

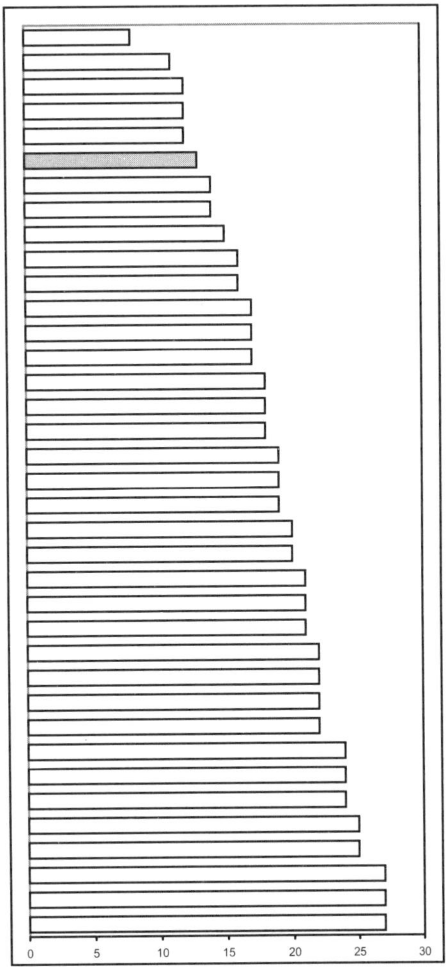


Alle Differenzen sind signifikant ($p < .05$).
* Zu Besonderheiten der Stichproben vgl. Kapitel II.
[1] Kuwait wurde wegen extremer Unterschiede (48 Punkte) aus der Abbildung herausgenommen.

IEA: Progress in International Reading Literacy Study

Abbildung IV.27: Leistungsvorsprung der Mädchen differenziert nach Textsorten[1]

| Teilnehmerstaat | literarisches Lesen | informatives Lesen |
|---|---|---|
| Italien | 11 | 6 |
| Frankreich | 11 | 12 |
| Kolumbien | 12 | 12 |
| Tschechien | 14 | 9 |
| Russ. Föderation* | 14 | 9 |
| Deutschland | 14 | 10 |
| Ungarn | 20 | 10 |
| Rumänien | 13 | 13 |
| Niederlande* | 17 | 11 |
| Slowakei | 14 | 16 |
| **VG 1** | **19** | **13** |
| Kanada (O, Q)* | 19 | 16 |
| Litauen | 18 | 16 |
| Schottland* | 19 | 14 |
| Argentinien | 21 | 15 |
| USA* | 16 | 16 |
| **VG 2** | **20** | **15** |
| Hong Kong | 21 | 17 |
| Island | 21 | 16 |
| Türkei | 22 | 16 |
| Marokko* | 19 | 20 |
| **International** | **22** | **18** |
| Griechenland* | 23 | 15 |
| Mazedonien | 22 | 17 |
| Norwegen | 24 | 14 |
| England* | 30 | 17 |
| Lettland | 21 | 22 |
| Slowenien | 19 | 21 |
| Schweden | 25 | 18 |
| Bulgarien | 28 | 20 |
| Zypern | 26 | 20 |
| Singapur | 25 | 21 |
| Moldavien | 23 | 23 |
| **VG 3** | **25** | **24** |
| Belize | 20 | 32 |
| Iran | 28 | 24 |
| Neuseeland | 30 | 21 |

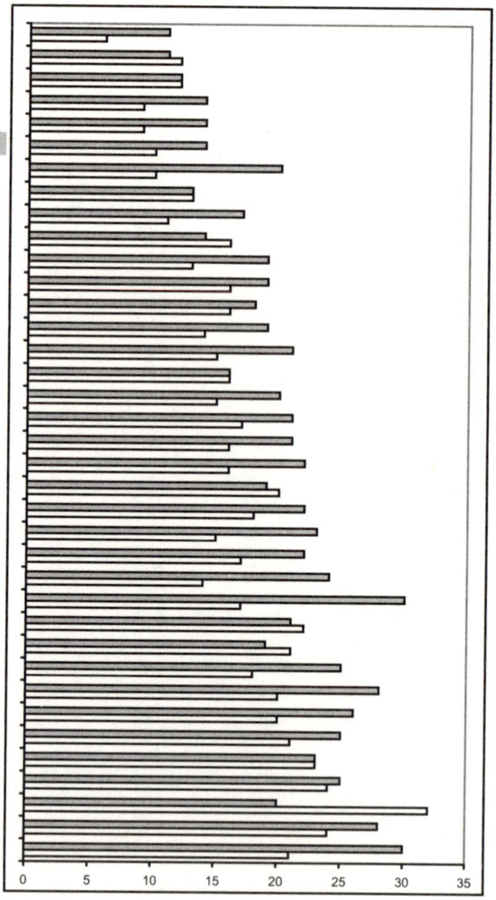


Vorsprung der Mädchen im literarischen Lesen.
Vorsprung der Mädchen im informativen Lesen.

* Zu Besonderheiten der Stichproben vgl. Kapitel II.

[1] Kuwait wurde wegen extremer Unterschiede (43 bzw. 52 Punkte) aus der Abbildung herausgenommen.

IEA: Progress in International Reading Literacy Study

## 3.3 Welche Kompetenzstufen erreichen die deutschen Schülerinnen und Schüler im internationalen Vergleich?

Aus Abbildung IV.28 ist zu ersehen, dass in Deutschland 98,7 Prozent der Schülerinnen und Schüler am Ende der vierten Jahrgangsstufe die Kompetenzstufe I erreicht haben, also in befriedigendem Maße Wörter dekodieren können. 1,3 Prozent haben diese Kompetenzstufe nicht erreicht. Da in IGLU-E auch ein Worterkennungstest eingesetzt wurde, lassen sich die Leistungen dieser Kinder differenzierter beschreiben. Es zeigte sich, dass diese Kinder zum größten Teil einzelne Wörter dekodieren können, aber – wie der Leseverständnistest zeigt – ein einzelnes Wort nicht oder nur schwer im Satzzusammenhang identifizieren können. In der internationalen Studie erreichen 11,6 Prozent der Kinder diese Stufe der basalen Alphabetisierung nicht, in der Vergleichsgruppe 2 sind dies 2,9 Prozent.

Abbildung IV.28: Prozentuale Anteile von Schülerinnen und Schülern auf den einzelnen Kompetenzstufen der Gesamtskala Lesen für Deutschland, die Vergleichsgruppe 2 und alle teilnehmenden Länder

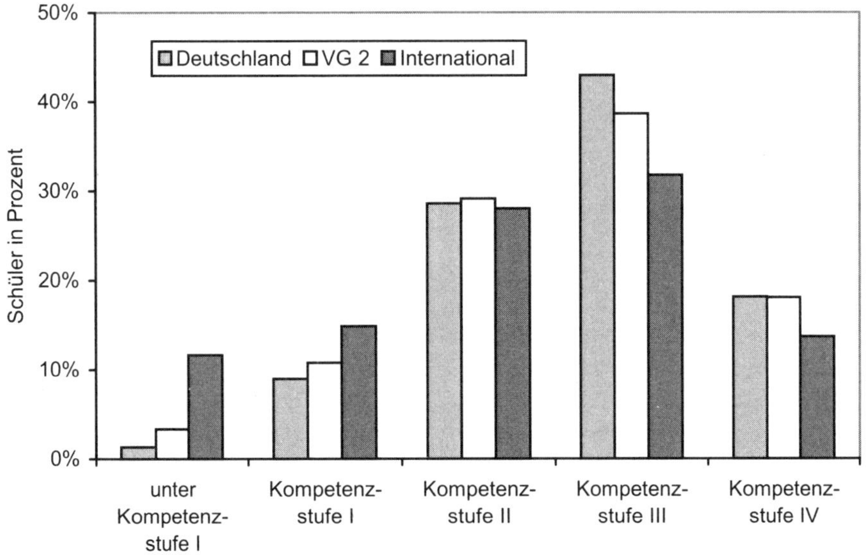


IEA: Progress in International Reading Literacy Study © IGLU-Germany

Von den Grundschülerinnen und -schülern erreichen in Deutschland 89,7 Prozent die Kompetenzstufe II, ab der man im engeren Sinne von ‚Lesefähigkeit' sprechen kann. Das heißt, der allergrößte Teil der Schülerschaft in Deutschland ist in der Lage, angegebene Sachverhalte aus Sätzen oder einer kleineren Textpassage zu erschließen. Nur 10,3 Prozent erreichen diese Schwelle nicht, international sind dies 26,5 Prozent, in der Vergleichsgruppe 2 sind dies rund 14,1 Prozent. Diese in Deutschland rund 10 Prozent ausmachende Schülergruppe wird vermutlich nur mit allergrößten Schwierigkeiten den Anforderungen der Sekundarstufe I gewachsen sein. Dies sind echte Risikokinder für beide Schulstufen. Deutlich mehr als die Hälfte unserer Grundschüler (61,1 %) erreichen Kompetenzstufe III, können also am Ende der vierten Jahrgangsstufe Beziehungen zwischen verschiedenen Textteilen herstellen und implizit im Text enthaltene Sachverhalte aufgrund des Kontexts erschließen. Ab dieser Stufe haben die Schülerinnen und Schüler so gut lesen gelernt, dass sie nunmehr lesen können um weiter zu lernen. International trifft dies auf deutlich weniger als die Hälfte der Schülerinnen und Schüler zu. Mehr als ein Drittel der Kinder in Deutschland erreichen aber nicht die Kompetenzstufe III. Das heißt, diese Kinder bedürfen auch in der Sekundarstufe I gezielten Unterrichts im Lesen. Der Anteil der sehr guten Leser, die mit der Kompetenzstufe IV ein vertieftes Verständnis des Gesamttextes erreichen, beträgt in Deutschland 18,1 Prozent, international erreichen 13,7 Prozent der Kinder diese Stufe, in der Vergleichsgruppe 2 sind dies 18 Prozent.

Die Experten, die für den Grundschulbereich und für die Sekundarstufe I einschätzten, ob die Viertklässler in Deutschland diese Aufgaben tatsächlich lösen können, haben, wie aus Tabelle IV.6 ersichtlich, die Schwierigkeitshierarchie der Testaufgaben insgesamt richtig und eindeutig erkannt. Für alle Schulformen wurden die Kompetenzen unserer Grundschülerinnen und Grundschüler aber insgesamt deutlich unterschätzt, nur bei den schwierigsten Aufgaben wurden sie überschätzt.

Tabelle IV.6: Experteneinschätzung des Anteils der Aufgaben, die gelöst werden nach Kompetenzstufe in Prozent – Gesamtskala Lesen

| | | unter Kompetenzstufe I | Kompetenzstufe I | Kompetenzstufe II | Kompetenzstufe III | Kompetenzstufe IV |
|---|---|---|---|---|---|---|
| Experten für die Grundschule | | 78 | 74 | 62 | 51 | 49 |
| Experten für die Sekundarstufe I | Hauptschule | 67 | 61 | 43 | 40 | 36 |
| | Realschule | 72 | 65 | 49 | 34 | 28 |
| | Gesamtschule | 63 | 63 | 52 | 45 | 40 |
| | Gymnasium | 91 | 86 | 77 | 64 | 60 |
| Tatsächlich erreichte Lesekompetenz | | 100,0 | 98,8 | 89,7 | 61,5 | 17,5 |

IEA: Progress in International Reading Literacy Study © IGLU-Germany

Betrachten wir im internationalen Vergleich die Anteile der Kinder auf Kompetenzstufe I, die zwar die basale Kompetenz des Dekodierens von Wörtern beherrschen, aber nur unzureichend in der Lage sind, angegebene Sachverhalte aus kleineren Textpassagen zu entnehmen, fällt auf, dass Deutschland auch hier zu dem oberen Viertel der Länder gehört, in denen es gelingt, diesen Anteil auf ca. 10 Prozent zu begrenzen (vgl. Abb. IV.29). In der Spitzengruppe, bestehend aus den Niederlanden, Schweden und Lettland, ist dieser Anteil im Vergleich zu Deutschland noch einmal deutlich verringert. In einer Reihe von Ländern der Vergleichsgruppe 2 ist dieser Anteil der Population jedoch doppelt so hoch und höher als in der Vergleichsgruppe 1 und in Deutschland. Dies trifft für Länder wie Neuseeland und Island, aber auch für Norwegen zu. Den acht Ländern am unteren Ende der Skala gelingt es nicht, rund 50 Prozent ihrer Kinder so zu alphabetisieren, dass sie die nächst höhere Kompetenzstufe II erreichen. In diesen Ländern ist ungefähr die Hälfte der Schülerinnen und Schüler am Ende der vierten Jahrgangsstufe nur unzureichend in der Lage, anhand von Texten zu lernen.

Mit einem Anteil von Lesern auf der obersten Kompetenzstufe von rund 18 Prozent liegt Deutschland im internationalen Vergleich im mittleren Bereich (vgl. Abb. IV.30). In diesem Feld liegen auch die Mittelwerte der Vergleichsgruppen. Deutlich und signifikant besser gelingt es den Ländern der Spitzengruppe wie England, Bulgarien, Schweden, den USA, Neuseeland und Kanada, rund ein Viertel und mehr seiner Kinder zu Leserinnen und Lesern auf diesem höchsten Niveau auszubilden.

Auffällig erscheint, dass Länder wie Frankreich, Island, Norwegen und die Slowakei bezüglich ihres Anteils an Spitzenleserinnen und -lesern signifikant unter dem deutschen Wert und teilweise unter dem internationalen Mittelwert liegen. In den acht Ländern des unteren Endes der Skala finden sich nur in wenigen Fällen – unter 5 Prozent – Kinder, die das Leseniveau der Kompetenzstufe IV erreichen.

Abbildung IV.29: Prozentualer Anteil von Schülerinnen und Schülern unter Kompetenzstufe II – Gesamtskala Lesen[1]

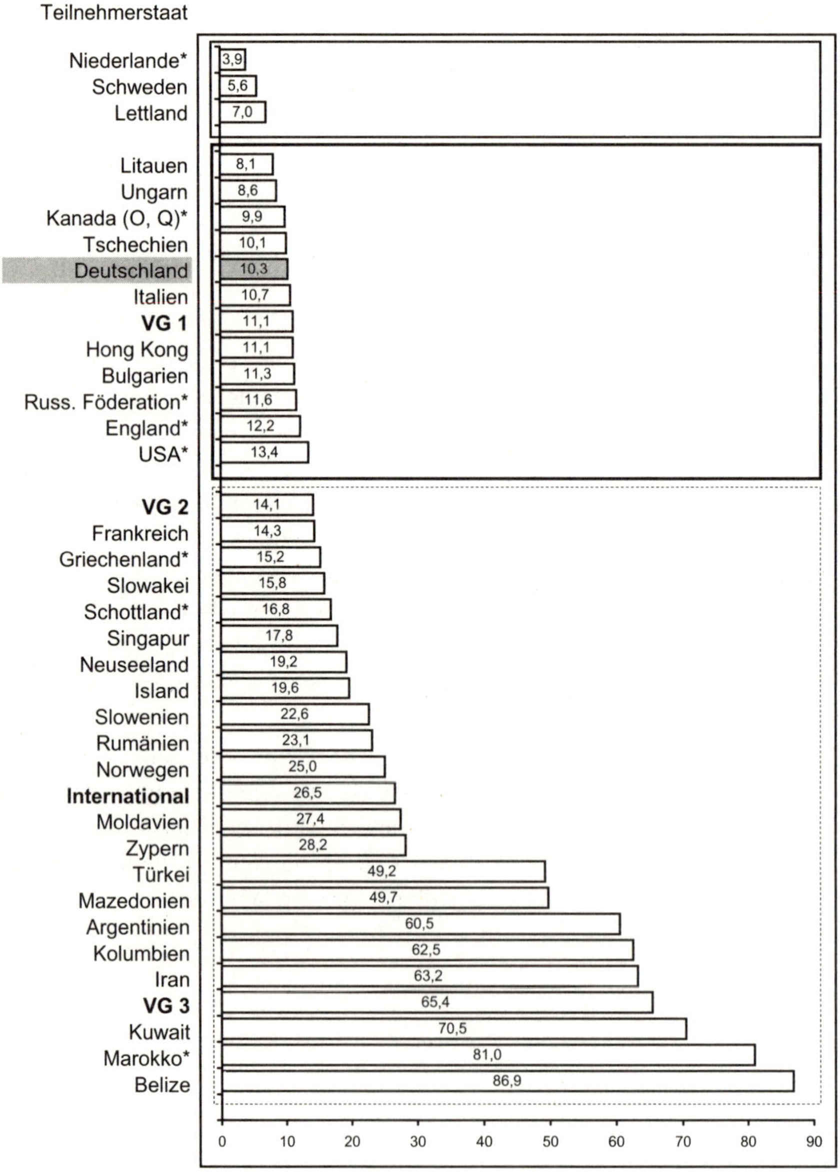


☐ Länder, in denen der Anteil signifikant (p < .05) unter dem deutschen Anteil liegt.
☐ Länder, in denen der Anteil nicht signifikant vom deutschen Anteil abweicht.
⬚ Länder, in denen der Anteil signifikant (p < .05) über dem deutschen Anteil liegt.
* Zu Besonderheiten der Stichproben vgl. Kapitel II.
1 Abweichungen zu Abbildung IV.18 resultieren aus der Differenz zwischen Median und arithmetischem Mittel.

IEA: Progress in International Reading Literacy Study © IGLU-Germany

Abbildung IV.30: Prozentualer Anteil von Schülerinnen und Schülern, die Kompetenzstufe IV erreicht haben – Gesamtskala Lesen[1]

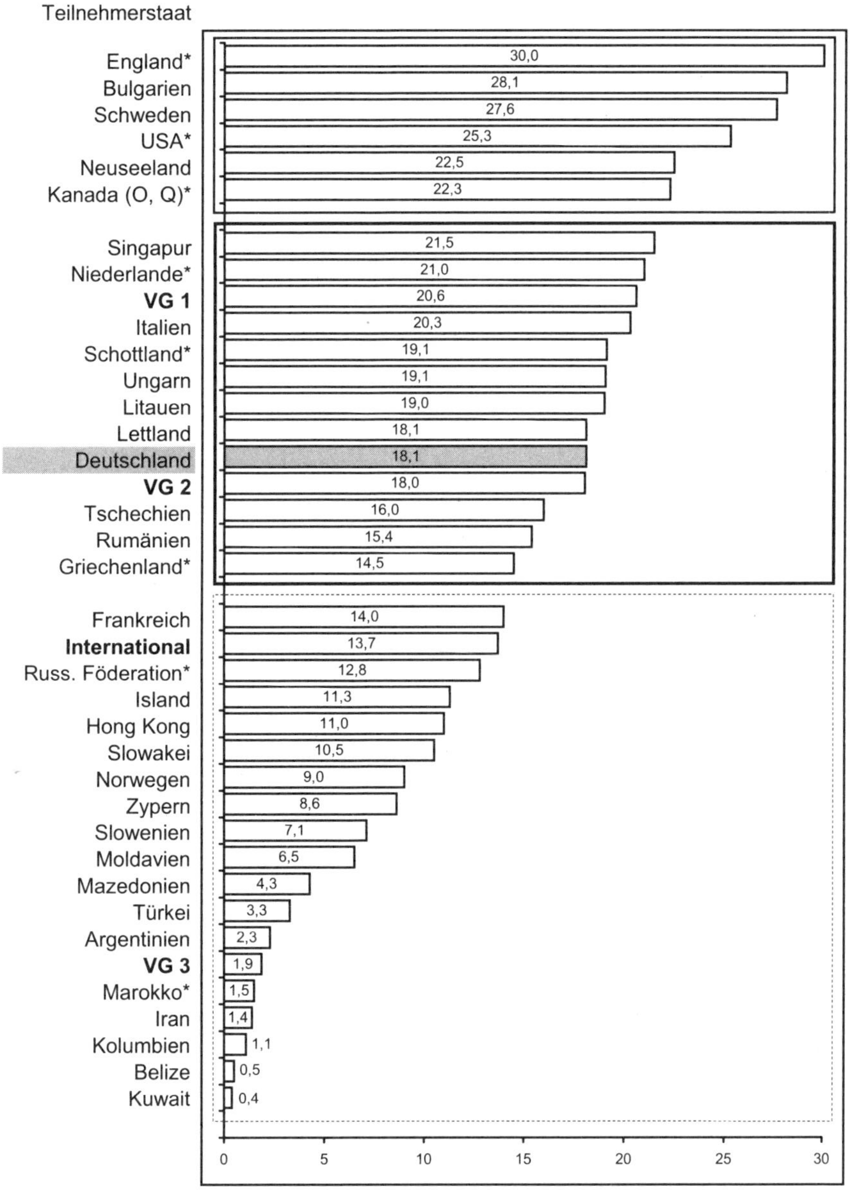


☐ Länder, in denen der Anteil signifikant (p < .05) über dem deutschen Anteil liegt.
☐ Länder, in denen der Anteil nicht signifikant vom deutschen Anteil abweicht.
⬚ Länder, in denen der Anteil signifikant (p < .05) unter dem deutschen Anteil liegt.
* Zu Besonderheiten der Stichproben vgl. Kapitel II.
1 Abweichungen zu Abbildung IV.18 resultieren aus der Differenz zwischen Median und arithmetischem Mittel.

IEA: Progress in International Reading Literacy Study © IGLU-Germany

Tabelle IV.7: Prozentualer Anteil von Schülerinnen und Schülern auf den Kompetenzstufen in der Vergleichsgruppe 1 – Gesamtskala Lesen[1]

| | Deutschland | England | Frankreich | Griechenland | Italien | Niederlande | Schottland | Schweden | VG 1 Gesamt |
|---|---|---|---|---|---|---|---|---|---|
| IV | 18,1% | 30,0% | 14,0% | 14,5% | 20,3% | 21,0% | 19,1% | 27,6% | 20,6% |
| | 18,1% | 30,0% | 14,0% | 14,5% | 20,3% | 21,0% | 19,1% | 27,6% | 20,6% |
| III | 43,0% | 35,9% | 38,1% | 37,3% | 41,5% | 49,5% | 35,4% | 45,5% | 40,8% |
| | 61,1% | 65,9% | 52,1% | 51,8% | 61,8% | 70,4% | 54,5% | 73,1% | 61,4% |
| II | 28,6% | 21,9% | 33,6% | 33,0% | 27,5% | 25,7% | 28,6% | 21,3% | 27,5% |
| | 89,7% | 87,8% | 85,7% | 84,8% | 89,3% | 96,1% | 83,2% | 94,4% | 88,9% |
| I | 9,0% | 9,0% | 11,9% | 12,0% | 8,9% | 3,6% | 12,2% | 4,9% | 8,9% |
| | 98,7% | 96,8% | 97,6% | 96,8% | 98,2% | 99,7% | 95,4% | 99,3% | 97,8% |
| | 1,3% | 3,2% | 2,4% | 3,2% | 1,8% | 0,3% | 4,6% | 0,7% | 2,2% |
| | 100,0% | 100,0% | 100,0% | 100,0% | 100,0% | 100,0% | 100,0% | 100,0% | 100,0% |

[1] In der ersten Zeile werden die prozentualen Anteile je Land und Kompetenzstufe wiedergegeben, in der zweiten Zeile die kumulierten Prozentwerte.

IEA: Progress in International Reading Literacy Study © IGLU-Germany

Betrachten wir die Verteilung der Schülerinnen und Schüler auf den Kompetenzstufen der Gesamtskala Lesen in der Vergleichsgruppe 1 (vgl. Tab. IV.7), so fällt auf, dass es insbesondere in den Niederlanden gelingt, die Schülerinnen und Schüler so zu fördern, dass der Anteil der Kinder, die sich unterhalb bzw. auf Kompetenzstufe I befinden, nahe bei Null bzw. auffallend gering ist. In Deutschland erreichen ebenso wie in den Niederlanden, Italien und Schweden mehr als 40 Prozent der Viertklässler die Kompetenzstufe III. In England und Schweden finden sich ein Viertel und mehr aller getesteten Kinder in der Kompetenzstufe IV. Insgesamt muss Deutschland hier den Vergleich mit den Ländern der Vergleichsgruppe 1 nicht scheuen, wenn auch der Anteil von Kindern auf der höchsten Kompetenzstufe noch steigerbar ist und der Anteil von Schülerinnen und Schülern unterhalb der Kompetenzstufe I weiter verringert werden muss.

## 3.4 Vergleich der Ergebnisse von IGLU und IRL

Die bisherigen Ergebnisse zur Lesekompetenz von 15-jährigen deutschen Schülerinnen und Schülern im internationalen Vergleich im Rahmen der PISA-Studie ließen das gute Abschneiden der deutschen Viertklässler in IGLU nicht unbedingt erwarten. Von Interesse ist deshalb noch einmal ein Blick auf die Ergebnisse der International Reading Literacy (IRL) Studie, die 1990/91 durchgeführt wurde und an der sich 31 Länder mit 32 Bildungssystemen (Deutschland Ost und Deutschland West) beteiligten (vgl. Elley, 1992, 1994). In den beteiligten Ländern wurden die Schuljahrgangsstufen getestet, in denen sich jeweils der größte Anteil der Zielpopulationen, nämlich die 9- und 14-Jährigen, befand. In Deutschland waren dies die dritte und die achte Klasse. Die Ergebnisse sind Tabelle IV.8 zu entnehmen. Betrachtet man die in Spalte 2 wiedergegebenen Mittelwerte, so befindet sich Deutschland auf dem 11. bzw. 13. Platz. Zu berücksichtigen ist aber, dass Unterschiede in den Jahrgangsstufen und dem Alter in den beteiligten Ländern bestanden. In einer Reihe von Ländern, die deutlich besser abschnitten, wurde in der vierten Jahrgangsstufe getestet wie z.B. in den USA, in Frankreich oder in Italien. Andere Länder, in denen wie in Deutschland ebenfalls die dritte Jahrgangsstufe getestet wurde, hatten in ihrer Population ältere Kinder, wie z.B. Schweden oder Norwegen. Berücksichtigt man diesen Alterseffekt, so wird der deutsche Testwert um einige Punkte nach oben korrigiert, wie eine Tabelle im Anhang des Berichtes zur IRL belegt (Elley, 1992, S. 108). Eine Korrektur der Testwerte nach dem Effekt der Jahrgangsstufe wurde dort

Tabelle IV.8: Mittlere Leseleistung der Teilnehmerländer an der IRL-Studie,[1] die auch an IGLU teilnehmen, nach Kontrolle von Jahrgangsstufe und Lebensalter – Gesamtskala Lesen

| Teilnehmerstaat | M (Reading Literacy) | (SE) | Klasse | Alter | Mittelwert nach der Kontrolle von Jahrgangsstufe und Lebensalter | |
|---|---|---|---|---|---|---|
| USA | 547 | (2,8) | 4 | 10,0 | 534 | -13 |
| Schweden | 539 | (2,8) | 3 | 9,8 | 535 | -4 |
| Frankreich | 531 | (4,0) | 4 | 10,1 | 514 | -17 |
| Italien | 529 | (4,3) | 4 | 9,9 | 519 | -10 |
| Neuseeland | 528 | (3,3) | 5 | 10,0 | 513 | -15 |
| Norwegen | 524 | (2,6) | 3 | 9,8 | 520 | -4 |
| Island | 518 | (0,0) | 3 | 9,8 | 514 | -4 |
| Hong Kong | 517 | (3,9) | 4 | 10,0 | 504 | -13 |
| Singapur | 515 | (1,0) | 3 | 9,3 | 529 | 14 |
| Griechenland | 504 | (3,7) | 4 | 9,3 | 515 | 11 |
| Deutschland (West) | 503 | (3,0) | 3 | 9,4 | 513 | 10 |
| Kanada (O, Q) | 500 | (3,0) | 3 | 8,9 | 528 | 28 |
| Deutschland (Ost) | 499 | (4,3) | 3 | 9,5 | 506 | 7 |
| Ungarn | 499 | (3,1) | 3 | 9,3 | 513 | 14 |
| Slowenien | 498 | (2,6) | 3 | 9,7 | 498 | 0 |
| Niederlande | 485 | (3,6) | 3 | 9,2 | 502 | 17 |

[1] Daten nach Elley (1992, S. 14) bzw. Elley & Schleicher (1994, S. 57).

IEA: Progress in International Reading Literacy Study

nicht vorgenommen. Berechnet man nachträglich diesen Effekt, so verschiebt sich der deutsche Mittelwert, aber auch der anderer Länder. Berücksichtigt man Jahrgangsstufen- und Alterseffekt, dann unterscheidet sich die deutsche Position in der IRL-Studie nur unerheblich von der deutschen Position in IGLU – Rang neun mit einer mittleren Testleistung im Lesen von 513 Punkten (West) bzw. Rang zehn mit einer mittleren Testleistung im Leseverständnis von 506 Punkten (Ost). Die Abstände zu den Spitzenländern vermindern sich teilweise deutlich. Bei entsprechenden Signifikanzprüfungen lassen sich noch vier Länder identifizieren (Singapur, Kanada, Schweden und die USA), die nach Kontrolle von Jahrgangsstufe und Lebensalter deutlich bessere Schülerleistungen im Leseverständnis aufweisen. Dies entspricht in etwa der Situation in Deutschland bei IGLU (vgl. Tab. IV.4), wo nach Kontrolle von Jahrgangsstufe und Lebensalter ebenfalls nur vier Länder (Italien, Kanada, die Niederlande, Schweden) signifikant höhere Ergebnisse als Deutschland aufweisen.

Die Schülerinnen und Schüler in Schweden und Kanada haben ihre Spitzenstellung bezüglich ihrer Lesekompetenz, die sie schon in der IRL-Studie nachgewiesen haben, auch in IGLU beibehalten. Die Schülerinnen und Schüler aus den Niederlanden haben sich deutlich verbessert. Die Kinder aus Norwegen haben dagegen in IGLU deutlich schlechter abgeschnitten.

Nach diesen Analysen erweist sich die relativ hohe Lesekompetenz der Kinder in Deutschland vor Eintritt in die fünfte Jahrgangsstufe über die letzten zwölf Jahre im internationalen Vergleich als stabil, mit einer leichten Tendenz der Verbesserung.

### 3.5 Vergleich der Ergebnisse von IGLU und PISA

Ein direkter Vergleich der Ergebnisse von IGLU und PISA ist schwierig. Zwar ist die Metrik (M = 500, SD = 100) die gleiche, dies darf aber nicht darüber hinwegtäuschen, dass zwei unterschiedliche Tests zur Erfassung des Leseverständnisses eingesetzt wurden. Ferner wurden bei IGLU Schülerinnen und Schülern am Ende der vierten Jahrgangsstufe in kompletten Klassen getestet, bei PISA jedoch 15-Jährige, die insbesondere in Deutschland aus verschiedenen Jahrgangsstufen stammten. Darüber hinaus basieren beide Untersuchungen auf Querschnitten. Dennoch können die Kennwerte aus Tabelle IV.9 herangezogen werden, um aufzuzeigen, welche Unterschiede am Ende der Sekundarstufe I gegenüber dem Ende der vierten Jahrgangsstufe bzw. zwischen 10-Jährigen und 15-Jährigen vorzufinden sind. Dabei ist auch hier noch einmal darauf hinzuweisen (vgl. Abschnitt IV. 3.2), dass einige besonders leistungsstarke Länder der PISA-Untersuchung in IGLU nicht vertreten sind, einige besonders leistungsschwache aber auch nicht.

Tabelle IV.9: Leseverständnis der Länder, die an IGLU und PISA teilgenommen haben – Abweichungen vom jeweiligen deutschen Mittelwert

| | IGLU (PISA-Länder) | | PISA | |
|---|---|---|---|---|
| Teilnehmerstaat | Mittelwert | Differenz zum deutschen Mittelwert (539) | Differenz zum deutschen Mittelwert (484) | Mittelwert |
| Schweden | 561 | 22 | 32 | 516 |
| Lettland | 545 | 6 | -26 | 458 |
| Kanada* | 544 | 5 | 50 | 534 |
| Ungarn | 543 | 4 | -4 | 480 |
| USA* | 542 | 3 | 20 | 504 |
| Italien | 541 | 2 | 3 | 487 |
| Deutschland | 539 | - | - | 484 |
| Tschechien | 537 | -2 | 8 | 492 |
| MaL** | 522 | -5 | 12 | 496 |
| Neuseeland | 529 | -10 | 45 | 529 |
| Russ. Föderation* | 528 | -11 | -22 | 462 |
| Frankreich | 525 | -14 | 21 | 505 |
| Griechenland* | 524 | -15 | -10 | 474 |
| Island | 512 | -27 | 23 | 507 |
| Norwegen | 499 | -40 | 21 | 505 |

* Zu Besonderheiten der Stichproben vgl. Kapitel II.

** Mittelwert der aufgeführten Länder.

IEA: Progress in International Reading Literacy Study © IGLU-Germany

Die Abweichungen vom deutschen Mittelwert sind bei den entsprechenden Vergleichsländern in beiden Untersuchungen groß. Die höchste positive Abweichung vom deutschen Mittelwert beträgt bei IGLU 22 Punkte (Schweden), die höchste negative Abweichung 40 Punkte (Norwegen). Bei PISA beträgt die höchste positive Abweichung 50 Punkte (Kanada) und die höchste negative Abweichung 26 Punkte (Lettland). Die Abstände vom deutschen Mittelwert nach unten sind gering, nach oben größer. Vom Mittelwert der aufgeführten Länder (MaL) weicht Deutschland bei IGLU positiv, bei PISA negativ ab.

Einige Länder verzeichnen deutliche Unterschiede, wie z.B. Norwegen. Die Schülerleistungen am Ende der vierten Jahrgangsstufe liegen 40 Punkte unterhalb des deutschen Mittelwertes, in der Population der 15-Jährigen liegen sie jedoch 21 Punkte darüber. Norwegische Schülerinnen und Schüler sind zwar auch bei den 15-Jährigen insgesamt in einem mittleren Bereich, deutlich wird aber, dass in der Sekundarstufe I erheblich dazugelernt werden kann. Dass sich auch Spitzenpositionen im Verhältnis zu deutschen Schülerleistungen beim Vergleich der Querschnitte im Lesen noch deutlicher unterscheiden können, zeigen Länder wie Schweden und Ka-

Abbildung IV.31: Schülerinnen und Schüler, die außerhalb der Schule nie zum Spaß lesen – Angaben in Prozent

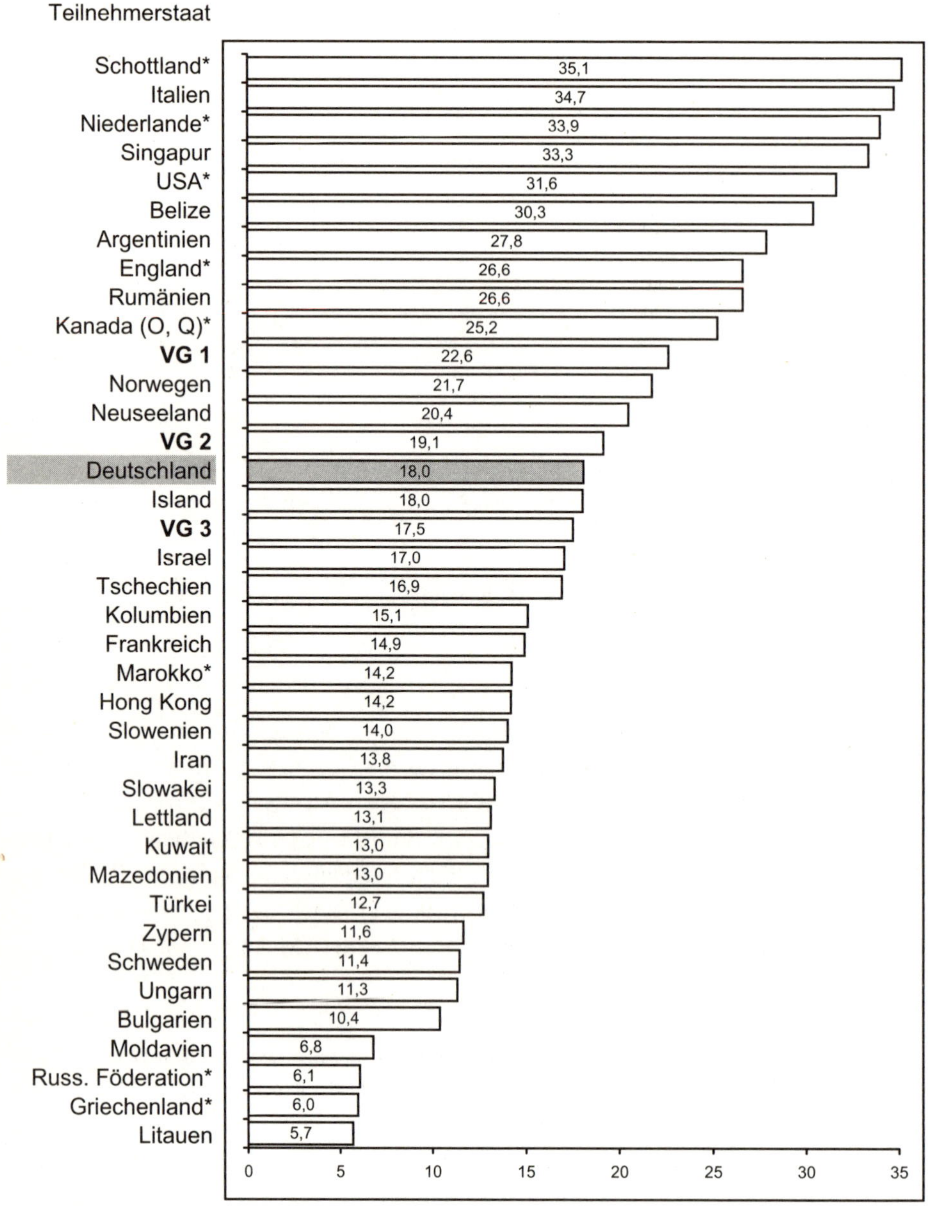


* Zu Besonderheiten der Stichproben vgl. Kapitel II.

IEA: Progress in International Reading Literacy Study

nada. Große Unterschiede im Verhältnis von Grundschule zur Sekundarstufe I finden sich in Deutschland, Lettland und der Russischen Föderation.

Das IGLU-Rahmenmodell der Lesekompetenz umfasst neben dem Leseverständnis auch die Einstellung zum Lesen, über die in einem Folgeband ausführlich berichtet wird. Hier soll nur auf die Lesefreude eingegangen werden. Lesefreude korreliert – wenn auch nicht besonders hoch – positiv mit Leseverständnis (r = .22). Darüber hinaus ist Freude am Lesen ein wichtiges Gut im Leben des Menschen, das nicht nur zum Lernen, sondern auch zu einem erfüllten Leben beitragen kann und deshalb entsprechend gefördert und erhalten werden sollte. Leseunlust ist deshalb ein Problem, das pädagogische Aufmerksamkeit erfordert. In IGLU wurde erfragt, wie viele Schülerinnen und Schüler außerhalb der Schule nie aus Spaß lesen. Wie Abbildung IV.31 verdeutlicht, sind dies in Deutschland, wie auch in den drei Vergleichsgruppen, rund 20 Prozent. Auffällig ist für Deutschland der große Unterschied zu den Schülerinnen und Schülern am Ende der Sekundarstufe I, denn bei PISA betrug der Anteil derjenigen, die angaben, nicht zum Vergnügen zu lesen, mehr als 40 Prozent.

## 3.6 Vorschulische Erfahrungen und schriftsprachliche Kenntnisse

Kindergärten verstehen sich heute nicht mehr nur als Stätten der Kinderaufbewahrung, sondern verfolgen eigene pädagogische Ziele und Inhalte. Der Kindergarten kann auch der Ort sein, an dem zum ersten Mal Ungleichheiten in den Voraussetzungen erkannt werden und erste Anstrengungen unternommen werden, diese zu beheben (Fried, 2001). In Deutschland orientieren sich Kindergärten heute zu weiten Teilen am ‚Situationsansatz'. Die Arbeit in den Kindertagesstätten richtet sich an der Lebenswirklichkeit von Kindern aus und gibt den Kindern in realen Situationen Gelegenheit, nötiges und nutzbares Wissen und Können zu erwerben (Fthenakis & Eirich, 1998). In Abgrenzung von einer in den 70er Jahren propagierten Früherziehung, wo bereits im Kindergarten das Lesenlernen und andere schulische Inhalte vorgesehen waren, verstehen die Kindergärten in Deutschland heute ihre Arbeit als eine ganzheitliche Förderung von allgemeinen sozialen und kognitiven Kompetenzen und somit nur mittelbar und nicht direkt als Vorbereitung auf die Schule. So ist zu erklären, dass die Kinder in Deutschland bei Schuleintritt noch nicht über ausgeprägte Vorkenntnisse im Lesen und Schreiben verfügen und nur 3 bis 5 Prozent der Kinder bereits bei Einschulung lesen können (Neuhaus-Siemon, 1994). Die Ablehnung solcher schulvorbereitender Maßnahmen bedeutet allerdings nicht gleichzeitig, dass die Qualität von vorschulischen Einrichtungen nicht noch deutlich verbessert werden könnte (Tietze, 1998).

Wie bereits in Kapitel III 1.3 ausgeführt, werden in allen Ländern der Vergleichsgruppe 1 institutionalisierte Formen der vorschulischen Betreuung in Form von Kindergarten oder Vorschule angeboten (Döbert et al., 2002). Der größte Teil der Kinder in diesen Ländern hat solche vorschulischen Einrichtungen besucht, die Hälfte von ihnen im Mittel sogar mehr als zwei Jahre.

Abbildung IV.32: Lesekompetenz nach Dauer des Besuchs von Vorschule oder Kindergarten in der Vergleichsgruppe 1 – Gesamtskala Lesen

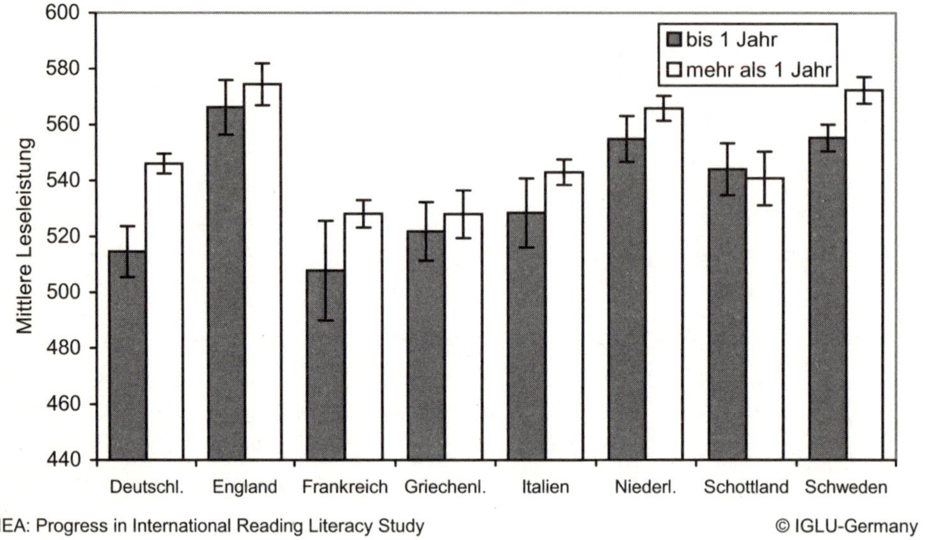


Wie aus Abbildung IV.32 zu ersehen ist, steigen in allen diesen Ländern die Leistungen der Kinder im Lesen mit der Dauer der Kindergartenzeit an. Alle Kinder scheinen also in ihrer Entwicklung vom Besuch eines Kindergartens oder einer vorschulischen Einrichtung zu profitieren.

Der signifikante Leistungszuwachs, der in Deutschland zu beobachten ist, gilt auch für die Leistungen in Mathematik, Naturwissenschaften und Orthographie. Dabei besteht ein leichter, aber statistisch signifikanter Zusammenhang zwischen dem Sozialstatus der Familie und der Dauer der Kindergartenzeit (r = -.12). Kinder, die gar nicht oder nur bis zu einem Jahr in den Kindergarten gehen, stammen überproportional aus den beiden untersten Dienstklassen (vgl. Kap. VIII). Eine mehrfaktorielle Varianzanalyse ergab allerdings keinen signifikanten und auch keinen tendenziellen Interaktionseffekt zwischen Dienstklassenzugehörigkeit und der Dauer des Besuchs von Vorschule oder Kindergarten auf die Leistung bei der Gesamtskala Lesen. Trotzdem bleiben, wenn man die Leistungen nach Dauer innerhalb der

Dienstklassen vergleicht, in einigen Gruppen deutliche Unterschiede sichtbar (vgl. Abb. IV.33): Kinder der unteren Dienstklasse und der beiden niedrigsten Dienstklassen (Facharbeiter und Arbeiter) erreichen signifikant bessere Leistungen, wenn sie mehr als ein Jahr den Kindergarten besucht haben.

Abbildung IV.33 Lesekompetenz in den Dienstklassen nach Dauer des Besuchs von Vorschule oder Kindergarten in der Vergleichsgruppe 1 – Gesamtskala Lesen

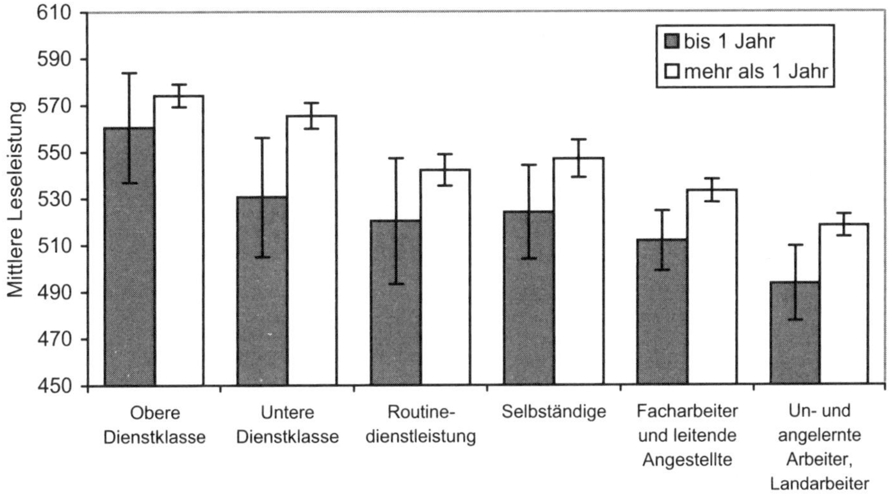


IEA: Progress in International Reading Literacy Study © IGLU-Germany

Die auch international zu beobachtenden Unterschiede in den Leistungen von Kindern, die nur kurz, und solchen, die länger als ein Jahr eine vorschulische Einrichtung besucht haben, richten den Blick auf die Inhalte und Ziele dieser Einrichtungen. Eine Frage aus dem Elternfragebogen gibt Auskunft über die schriftsprachlichen Kenntnisse des Kindes bei Schulbeginn. Diese Angaben lassen zwar keine Rückschlüsse auf die Anteile des Elternhauses an diesen Kenntnissen zu. Aber aus der Tatsache, dass in einigen Ländern nach Angaben der Eltern bereits 40 Prozent und mehr der Kinder bei Schulbeginn die meisten Buchstaben des Alphabets kennen, kann jedoch vermutet werden, dass in diesen Ländern auch in den vorschulischen Einrichtungen Wert auf lesevorbereitende Aktivitäten gelegt wird. In einigen dieser Länder erbringen Kinder am Ende der vierten Klasse bessere Leseleistungen als in Deutschland (z.B. Schweden, England, Bulgarien), in anderen Ländern aber auch schlechtere Leistungen (wie z.B. Griechenland). Auf der anderen Seite gibt es Länder wie Deutschland, in denen nur etwa 20 Prozent und weniger Kinder über solche

Kompetenzen verfügen, und auch hier sind Länder zu finden, die besser (z.B. Niederlande) und schlechter (z.B. Schottland) abschneiden.

Nun ist die Buchstabenkenntnis im Vorschulalter zwar ein wichtiger Prädiktor späterer Lese- und Rechtschreibleistungen (Schneider, 1997), aber entscheidend ist nicht nur das *Kennen* der Buchstaben, sondern das *Können*, d.h. die Einsicht in die Funktion der Buchstaben als Repräsentant eines Lautes und in den Zusammenhang von gesprochener und geschriebener Sprache. Studien in Deutschland belegen, dass auch Kinder ohne schriftsprachliche Vorkenntnisse in der ersten Klasse gute Lernerfolge aufweisen können (Richter & Brügelmann, 1992). Insbesondere Kinder aus bildungsferneren Elternhäusern benötigen eine kompensierende Leseförderung (Hurrelmann, 1994). Die meisten Erstleselehrgänge sind ohnehin so konzipiert, dass sie keinerlei Vorkenntnisse der Kinder voraussetzen, sondern systematisch die schriftsprachlichen Lernprozesse aufbauen. Das könnte aber auch einen unerwünschten Nebeneffekt haben: Potentielle Spitzenleser, die bereits bei Schuleintritt lesen können, werden in eine Warteschleife gestellt, bis die anderen Kinder ‚aufgeholt' haben. So erstaunt nicht, dass die Vorkenntnisse der Kinder in Deutschland keinen großen Einfluss auf die Lesekompetenz am Ende der vierten Jahrgangsstufe haben, die Leistungen in den beiden Gruppen (mit Vorkenntnissen vs. ohne Vorkenntnisse) unterscheiden sich im Gegensatz zu denen in anderen Ländern nur geringfügig. Das gilt vor allem für die Mädchen, denn Jungen nutzen Vorkenntnisse im Lesen zu Beginn der Schulzeit etwas mehr.

Allerdings bedeutet die Ablehnung von (längst als negativ erkannten) gezielt schulvorbereitenden Maßnahmen wie z.B. Frühlesen oder Vorschulmappen nicht, dass das generelle Gewicht von Bildung im Elementarbereich nicht deutlich erhöht werden könnte. Tietze (1998, S. 337) stuft die Qualität deutscher Kindergärten in den Bereich „gehobener Mittelmäßigkeit" und verweist auf beträchtliche Unterschiede in der pädagogischen Struktur- und Prozessqualität in Kindergartengruppen, deren „erhebliche Bedeutung für die Entwicklungsförderung der Kinder" (ebd.) er belegt. Wie Wolf (2002) in einer Studie zu Kindergarten und Elternhaus belegt, wünschen sich gerade Eltern von Kindern mit schlechteren Lernvoraussetzungen und aus unteren Bildungsschichten mehr Schulvorbereitung.

### 3.7 Leistungsverteilung in den zukünftigen Bildungsgängen der Schülerinnen und Schüler

Da von den Lehrkräften auch erhoben wurde, welche Übergangsempfehlung für die weiterführenden Schulen die teilnehmenden Schülerinnen und Schüler von ihrer

Grundschule erhalten haben, können Zusammenhänge mit den Kompetenzstufen dargestellt werden (vgl. Abb. IV.34).

Abbildung IV.34: Kompetenzstufenzugehörigkeit der Schülerinnen und Schüler, differenziert nach der Übergangsempfehlung

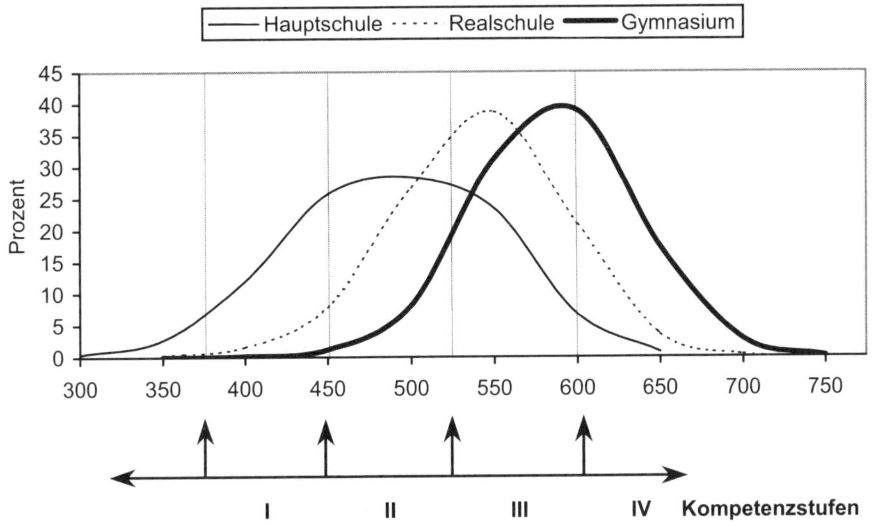


IEA: Progress in International Reading Literacy Study © IGLU-Germany

Die Abbildung IV.34 zeigt, dass sich die Mittelwerte in der Gesamtskala Lesen der für die drei unterschiedlichen Sekundarstufentypen empfohlenen Schülerinnen und Schüler zwar signifikant unterscheiden, dass aber auch eine beträchtliche Überlappung besteht. Auch Schülerinnen und Schüler auf der Kompetenzstufe IV erhalten (in einem kleinen, aber nicht zu vernachlässigenden Teil) eine Hauptschulempfehlung, während auch welche mit Kompetenzstufe III und darunter eine Gymnasialempfehlung erhalten.

Das untere Quartil derjenigen, die eine Übergangsempfehlung zur Hauptschule erhalten haben, erreicht nahezu vollständig die Kompetenzstufe I. Das heißt, diese Gruppe von Kindern ist gerade in der Lage, Wörter zu dekodieren und wörtlich im Text angegebene Einzelinformationen herauszufinden, scheitert aber in der Regel an Aufgaben, bei denen angegebene Sachverhalte aus einer Textpassage erschlossen werden müssen. Diese Schülerinnen und Schüler können als Risikogruppe bezeichnet werden. Sie haben offensichtlich die Schwelle zur ‚textlichen Alphabetisierung' nicht überschritten und werden aller Voraussicht nach den Anforderungen der Sekundarstufe I nicht ohne grundlegende besondere Förderung genügen können. Auf Kompetenzstufe II befindet sich das Gros derjenigen, die eine Hauptschulempfehlung erhielten, knapp die untere Hälfte der Schülerinnen und Schüler mit Realschulempfehlung, aber auch sogar ein kleinerer Anteil derjenigen, die eine Gymnasialempfehlung erhielten. Dieser Teil der Schülerschaft kann zwar angegebene Sachverhalte aus kurzen Textpassagen erschließen, hat aber Schwierigkeiten, im Text implizit enthaltene Sachverhalte aufgrund des Kontextes zu erkennen. Deshalb sind hier Probleme beim eigenständigen Wissenserwerb zu erwarten. Eine intensive Förderung der Lesekompetenz ist auch hier im Rahmen der Sekundarstufe I notwendig. Kompetenzstufe III erreicht das obere Quartil der Schülerinnen und Schüler mit einer Hauptschulempfehlung, das obere Mittelfeld derjenigen mit einer Realschulempfehlung und das untere Mittelfeld derjenigen mit einer Gymnasialempfehlung. Auf Kompetenzstufe IV liegt knapp die obere Hälfte der Schülerinnen und Schüler mit Gymnasialempfehlung und die Spitze des oberen Quartils derjenigen mit Realschulempfehlung. Schülerinnen und Schüler mit Hauptschulempfehlung finden sich hier nicht.

Tabelle IV.10: Übergangsempfehlung und Elternentscheidung in Zeilenprozent[1]

| | weiterführende Schule Elternangaben | | | | |
|---|---|---|---|---|---|
| Übergangsempfehlung der Lehrer | Hauptschule | Realschule | Gymnasium | Gesamtschule | % |
| Hauptschule | 74,7% | 16,1% | 1,4% | 7,9% | 100,1% |
| Realschule | 10,1% | 66,0% | 14,5% | 9,3% | 99,9% |
| Gymnasium | 0,2% | 7,1% | 90,7% | 2,0% | 100% |
| n | 1022 | 1356 | 1924 | 275 | 4577 |

[1] Abweichungen von 100 Prozent beruhen auf Rundungsfehlern.

IEA: Progress in International Reading Literacy Study © IGLU-Germany

Werden die tatsächlichen Anmeldungen auf die verschiedenen Schulformen, also die Elternentscheidungen mit den Übergangsempfehlungen der Schule verglichen, findet sich sowohl bei den Mittelwerten und Perzentilen als auch im Hinblick auf die Kompetenzstufenverteilung kein nennenswerter Unterschied. Betrachten wir die tatsächliche Elternentscheidung hinsichtlich der weiterführenden Schulform (vgl. Tab. IV.10), so fällt auf, dass die meisten Eltern der Gymnasialempfehlung – mehr als 90 Prozent – folgen. Nur 7,1 Prozent melden ihr Kind trotz dieser Empfehlung auf der Realschule an, 2 Prozent auf der Gesamtschule und 0,2 Prozent auf der Hauptschule. Knapp 75 Prozent folgen der Hauptschulempfehlung. Mehr als die Hälfte, die dieser Empfehlung nicht folgen, melden ihr Kind auf der Realschule an, rund ein Drittel auf der Gesamtschule. Nur 1,4 Prozent der Kinder mit einer Hauptschulempfehlung werden auf dem Gymnasium angemeldet. Fast ein Drittel der Eltern ignoriert die Realschulempfehlung. Rund je 10 Prozent dieser Kinder werden auf der Haupt- bzw. Gesamtschule angemeldet, immerhin 14,6 Prozent auf dem Gymnasium. Welche Hintergründe diese abweichenden Elternentscheidungen mit beeinflussen, ist weitergehenden Analysen vorbehalten.

Tabelle IV.11: Lesenote nach Kompetenzstufen der Gesamtskala Lesen in Zeilenprozent

| Lesenote | unter Kompetenzstufe I | | Kompetenzstufe I | | Kompetenzstufe II | | Kompetenzstufe III | | Kompetenzstufe IV | | Gesamt | |
|---|---|---|---|---|---|---|---|---|---|---|---|---|
| | % | n | % | n | % | n | % | n | % | n | % | n |
| 1,00 | -- | -- | -- | -- | 8,8 | 15 | 48,0 | 82 | 43,3 | 74 | 100 | 171 |
| 2,00 | 0,3 | 2 | 3,1 | 20 | 24,3 | 155 | 51,7 | 330 | 20,5 | 131 | 100 | 638 |
| 3,00 | 1,6 | 7 | 18,5 | 80 | 44,7 | 193 | 30,3 | 131 | 4,9 | 21 | 100 | 432 |
| 4,00 | 6,1 | 12 | 29,4 | 58 | 48,2 | 95 | 15,7 | 31 | 0,5 | 1 | 100 | 197 |
| 5,00 | 50,0 | 1 | 50,0 | 1 | -- | -- | -- | -- | -- | -- | 100 | 2 |
| Gesamt | 1,5 | 22 | 11,0 | 159 | 31,8 | 458 | 39,8 | 574 | 15,8 | 227 | 100 | 1440 |

IEA: Progress in International Reading Literacy Study © IGLU-Germany

Tabelle IV.12: Deutschnote nach Kompetenzstufen der Gesamtskala Lesen in Zeilenprozent

| Deutschnote | unter Kompetenzstufe I | | Kompetenzstufe I | | Kompetenzstufe II | | Kompetenzstufe III | | Kompetenzstufe IV | | Gesamt | |
|---|---|---|---|---|---|---|---|---|---|---|---|---|
| | % | n | % | n | % | n | % | n | % | n | % | n |
| 1,00 | -- | -- | 0,4 | 2 | 8,1 | 40 | 42,8 | 211 | 48,7 | 240 | 100 | 493 |
| 2,00 | 0,1 | 2 | 1,2 | 25 | 15,0 | 313 | 55,4 | 1152 | 28,3 | 589 | 100 | 2081 |
| 3,00 | 0,9 | 20 | 7,3 | 158 | 33,1 | 714 | 48,8 | 1054 | 9,8 | 212 | 100 | 2158 |
| 4,00 | 2,6 | 26 | 23,7 | 241 | 45,3 | 461 | 26,3 | 267 | 2,2 | 22 | 100 | 1017 |
| 5,00 | 8,4 | 16 | 39,3 | 75 | 40,8 | 78 | 11,5 | 22 | -- | -- | 100 | 191 |
| 6,00 | -- | -- | 50,0 | 2 | 50,0 | 2 | -- | -- | -- | -- | 100 | 4 |
| Gesamt | 1,1 | 64 | 8,5 | 503 | 27,1 | 1608 | 45,5 | 2706 | 17,9 | 1063 | 100 | 5944 |

IEA: Progress in International Reading Literacy Study © IGLU-Germany

Lehrkräfte insgesamt orientieren sich offensichtlich bei den Übergangsempfehlungen bezüglich des Kriteriums Leseverständnis nicht an einem vergleichbaren Maßstab, denn die Leistungen der Kinder, die für unterschiedliche Sekundarschularten empfohlen werden, streuen jeweils über drei Kompetenzstufen hinweg. Andererseits ist das Leseverständnis auch nur eine von sicherlich verschiedenen Merkmalen, von denen die Entscheidung der Lehrkräfte abhängig ist. Diese Befunde bestätigen vorliegende Untersuchungsergebnisse, dass das Leistungsspektrum in den weiterführenden Schularten sehr breit ist (Ditton, 1992; Lehmann et al., 1997) und dass es insgesamt nicht gelingt, am Ende der vierten Klasse die Schülerinnen und Schüler so zu sortieren, dass tatsächlich relativ leistungshomogene Gruppen – zumindest was die Lesekompetenz angeht – in die weiterführenden Schularten geschickt werden. Vermutlich kann dies kaum gelingen, denn Tests, die objektiv, valide und reliabel die unterschiedlichen Fachleistungen und andere persönliche Voraussetzungen für die jeweilige Schulform messen, gibt es ebenso wenig wie verbindliche Standards, an denen solche Tests ausgerichtet sein könnten. Inwieweit sich die Übergangsempfehlungen aus den in IGLU-E erhobenen Noten und Leistungen insgesamt und aus den sozialen, volitionalen und motivationalen Schülermerkmalen, die von Lehrkräften mitberücksichtigt werden, vorhersagen lassen, wird in späteren Analysen geprüft. An dieser Stelle soll nur der Zusammenhang von Lesekompetenzstufe und Lesenote bzw. Deutschnote betrachtet werden (vgl. Tab. IV.11 und IV.12).

Wie die Tabellen IV.11 und IV.12 verdeutlichen, kann aus der Kompetenzstufenzugehörigkeit nicht wirklich auf die Zensur der Schülerinnen und Schüler bzw. umgekehrt geschlossen werden. Dieser Sachverhalt verweist einerseits darauf, dass es keine verbindlichen Standards der Beurteilung der Leseleistung gibt, andererseits, dass die Zensurengebung offenbar stark von der Klassenzugehörigkeit der Schülerinnen und Schüler abhängt. Dieser Befund verweist auf die Notwendigkeit, einheitliche Leistungsstandards im Bereich der Lesekompetenz zu schaffen.

## 4. Zusammenschau

Zum Ende der vierten Jahrgangsstufe erreichen die Kinder in Deutschland im internationalen Vergleich im Leseverständnis ein Kompetenzniveau, das einem Vergleich mit europäischen Nachbarländern durchaus standhalten kann. Das Kompetenzniveau ist sowohl bei literarischen Texten und Sachtexten als auch bei textimmanenten und wissensbasierten Verstehensleistungen gleichermaßen hoch ausgeprägt.

Darüber hinaus gelingt es, dieses relativ hohe Niveau nicht nur für eine kleine Gruppe zu erreichen, sondern für einen verhältnismäßig großen Teil der Schülerschaft. Die Streuung der Leistungswerte ist in Deutschland am Ende der vierten Jahrgangsstufe klein. Nur wenige andere Länder erreichen eine geringere Streuung und übergeben somit eine in ihren Leseleistungen insgesamt homogenere Schülerschaft an nachfolgende Klassen. Auch die international immer wieder zu beobachtenden Unterschiede in der Lesekompetenz zwischen Jungen und Mädchen sind in Deutschland geringer ausgeprägt. Nur in fünf Ländern sind diese Unterschiede kleiner als in Deutschland.

Betrachtet man die einzelnen Kompetenzstufen, so ist zunächst zu konstatieren, dass der Anteil echter Risikokinder, also der Schülerinnen und Schüler, die unterhalb oder auf Kompetenzstufe I lesen, am Ende der vierjährigen Grundschulzeit gering ist. Für diese Kinder ist innerhalb der Grundschule und der anschließenden Sekundarstufe I dringend ein Förderunterricht notwendig. Neben dieser Risikogruppe gibt es am Ende der Grundschulzeit eine weitere, nicht unerhebliche Anzahl von Kindern, die offensichtlich während der Grundschulzeit nicht die notwendige Unterstützung zur Entwicklung ihrer Lesekompetenzen erhielten. Diese Kinder werden in der Sekundarstufe ebenfalls eine besondere und intensive Förderung brauchen. Dies sind die Kinder, deren Leseleistung nicht über die Kompetenzstufe II hinausgeht – immerhin mehr als ein Drittel des Jahrgangs. Sie werden ohne weitere, systematische Förderung der Lesekompetenz wahrscheinlich Schwierigkeiten in der Erarbeitung neuer Lerngegenstände in allen Fächern haben. Vermutlich wird hier auf die Festigung der Lesekompetenz auch über die Fachgrenzen hinaus zu achten sein. Es ist anzunehmen, dass dieser Anteil klein ausfiele, wenn für die Kinder bereits während der Grundschulzeit besondere Fördermöglichkeiten vorhanden wären, so wie es beispielsweise in Ländern wie Schweden und den Niederlanden, aber auch im Hamburger PLUS-Programm (vgl. Kap. III) der Fall ist.

Der Anteil der leistungsstärksten Leser liegt im Vergleich mit den Ländern der Vergleichsgruppe 2 im mittleren Bereich. Es wäre wünschenswert, durch eine verbesserte Förderung leistungsstärkerer Schülerinnen und Schüler den Anteil der Kinder auf Kompetenzstufe IV noch zu erhöhen. Eine gezielte Förderung von Lesestrategien (Badel & Valtin, 2003) könnte diesen, aber auch den anderen Schülerinnen und Schülern zugute kommen.

Die Ergebnisse bestärken die Wichtigkeit des Besuchs einer vorschulischen Einrichtung. Nach wie vor ungeklärt ist jedoch die Frage, ab wann mit der Leseförderung zweckmäßigerweise begonnen werden sollte und ob unter Leseförderung auch die Vorbereitung auf den Schriftspracherwerb einbezogen wird. Bisherige Erfahrungen verweisen darauf, dass im Kindergarten und der Vorschule eine sanfte und gut integrierte Einbeziehung von lesevorbereitenden Elementen (ohne hier in eine an schulischen Arbeitsweisen orientierte Arbeitsblattstrategie zu verfallen) auch zur Vorbereitung auf das Lesenlernen in der Grundschule sinnvoll ist. Ein derartiges Konzept sollte die Förderung der mündlichen Sprache (lautreines Sprechen) und der Kommunikationsfähigkeit ebenso umfassen wie das Vorlesen aus einer Reihe von Büchern unterschiedlicher Inhalte, so dass Kinder Lust auf eigenes Lesen bekommen und mit Schriftsprache als einer besonderen Sprachform vertraut werden. Sinnvoll sind auch Sprachspiele, die die Aufmerksamkeit der Kinder auf sprachliche Formen lenken (Reime bilden, Zungenbrecher, Anlaute erkennen) und die für die Schriftsprache notwendige Abstraktion von der Wortbedeutung anbahnen. Auch ein Vertrautmachen der Kinder mit technischen Begriffen (Buchseite, Wort, Satz, Buchstabe) dient der Anbahnung von Sprachbewusstheit (Downing & Valtin, 1984). Malen und Zeichnen unterstützen nicht nur die kreativen Ausdrucksmöglichkeiten der Kinder, sondern fördern auch die zum Schreibenlernen wichtige Schreibhaltung und die Feinmotorik. Gerade für Kinder aus bildungsfernen Schichten wäre eine derartige Förderung im Kindergarten, sofern sie nicht ohnehin schon Bestandteil der Arbeit der Erzieherinnen und Erzieher ist, eine gute Voraussetzung für den schulischen Schriftspracherwerb.

Betrachtet man den Zusammenhang der von den Lehrpersonen erteilten Grundschulempfehlung bzw. der Schulentscheidung der Eltern mit den Kompetenzen der Schülerinnen und Schüler in der Schlüsselkompetenz Lesen, so wird deutlich, dass eine große Überlappung der Leistungen besteht, die über drei Kompetenzstufen streuen. Das bedeutet, unserem Bildungssystem insgesamt gelingt erwartungsgemäß nicht die Form der Auslese, die Grundlage des dreigliedrigen Schulsystems ist: Kinder nach Leistung zu sortieren, so dass homogene Gruppen in den weiterführenden Schulen entstehen. Dies mag unterschiedliche Gründe haben, die ohne weiterführende Analysen der vorliegenden Daten von IGLU-E nicht erhellt werden können.

Mit Sicherheit kann aber festgestellt werden, dass es ungeachtet anderer eventuell übertrittsrelevanter Merkmale wie Lernverhalten oder Anstrengungsbereitschaft keine verbindlichen Leistungsstandards in den Kernfächern gibt, die allgemein ausleserelevant sind. Aus diesem Grund erhalten Kinder derselben Kompetenzstufe unterschiedliche Beurteilungen in Form von Lese- bzw. Deutschnoten und auch von Übergangsempfehlungen. Neben den im Einzelfall möglicherweise fatalen Folgen für die Schullaufbahn eines Kindes führt dies auch zu Problemen im Unterricht, weil die aufnehmenden Schulen mit einer Homogenität rechnen, die nicht gegeben ist, und deshalb vermutlich auch nicht der vorfindbaren Heterogenität angemessene Maßnahmen zur Differenzierung und Unterstützung anbieten. Stattdessen wird nachträglich versucht, ‚Fehler' bei der Sortierung zu korrigieren (Wiederholungen, Querversetzungen, Schrägversetzungen). Ein professioneller Umgang mit Heterogenität, eine gezielte Unterstützung und Förderung der Lesekompetenz auch in der Sekundarstufe I sind in einem differenzierten System aus diesen Gründen unbedingt notwendig. Wenn diese nicht grundlegend optimiert wird, stellt sich das mehrgliedrige System selbst in Frage. Dringend erforderlich scheinen ebenfalls einheitliche Bildungsstandards sowie eine Ausbildung von Lehrpersonen, die deren diagnostische Kompetenzen verbessert.

Vergleichen wir die Ergebnisse aus IGLU mit PISA, dann fällt auf, dass das Ziel der frühzeitigen (externen) Differenzierung, nämlich Leistungsschwächere und Leistungsstärkere durch Trennung in verschiedenen Schulformen optimal zu fördern und weiterzuentwickeln, für den Bereich des Leseverständnisses verfehlt wird. Weder werden, wie die PISA-Ergebnisse zeigen, in den Hauptschulen leistungsschwächere Leser besonders gut gefördert noch wird durch die Auslese der vermeintlich leistungsstärksten Leser für das Gymnasium eine besondere Förderung der Leistungsspitze in diesem Bereich zufriedenstellend erreicht. In PISA weisen die Leistungen deutscher Schülerinnen und Schüler am Ende der Sekundarstufe bei größter Heterogenität aller untersuchten nationalen Populationen insgesamt einen Platz im unteren Mittelfeld auf, der Anteil der besonders schlecht lesenden Schülerinnen und Schüler ist im internationalen Vergleich der Fünfzehnjährigen besonders groß, und die Leistungsspitze im Leseverständnis am Ende der Sekundarstufe I ist in Deutschland weder quantitativ noch qualitativ beachtenswert. Auch die Differenz der Leseleistung zwischen Jungen und Mädchen ist im Vergleich zur Grundschule größer, wobei die Leseverdrossenheit insgesamt in der Sekundarstufe deutlich ausgeprägter ist.

Die Lesekompetenzen der Grundschulkinder am Ende der vierten Jahrgangsstufe werden in Deutschland von den Experten für die Grundschule und von Experten für die Sekundarstufe I unterschätzt. Auch in der Pädagogik gilt der Grundsatz der Förderung durch (angemessene) Forderung. Wenn Kinder am Ende der vierjährigen Grundschulzeit deutlich mehr leisten können, als ihnen die Bildungsexperten zutrauen, und wenn sie in den Sekundarschularten nicht angemessen weitergefördert werden – was zumindest die PISA-Ergebnisse nahe legen –, dann mag der spekulative Gedanke erlaubt sein, dass etwas mehr pädagogischer Optimismus gepaart mit angemessenen Leistungserwartungen auch in Deutschland dazu führen könnte, dass – wie in anderen Industriestaaten auch – ein erheblich größerer Anteil an Schülerinnen und Schülern qualifiziertere Schulabschlüsse als bisher erreicht.

## Literatur

Artelt, C., Stanat, P., Schneider, W. & Schiefele, U. (2001). Lesekompetenz: Testkonzeption und Ergebnisse. In M. Weiß (Hrsg.), *PISA 2000. Basiskompetenzen von Schülerinnen und Schülern im internationalen Vergleich* (S. 69–137). Opladen: Leske + Budrich.

Backhaus, K., Erichson, B., Plinke, W. & Weiber, R. (2000). *Multivariate Analysemethoden: eine anwendungsorientierte Einführung* (9., überarbeitete und erweiterte Aufl.). Berlin: Springer.

Badel, I. & Valtin, R. (2003). Lesestrategien verbessern – Lesekompetenz erhöhen. *Grundschule, 35* (2), 23–26.

Baumert, J. & Artelt, C. (2002). Bereichsübergreifende Perspektiven. In M. Weiß (Hrsg.), *PISA 2000 – Die Länder der Bundesrepublik Deutschland im Vergleich* (S. 219–235). Opladen: Leske + Budrich.

Baumert, J., Bos, W. & Lehmann, R. H. (Hrsg.). (2000a). *TIMSS/III. Dritte Internationale Mathematik- und Naturwissenschaftsstudie – Mathematische und naturwissenschaftliche Bildung am Ende der Schullaufbahn, Bd. 1: Mathematische und naturwissenschaftliche Grundbildung am Ende der Pflichtschulzeit.* Opladen: Leske + Budrich.

Baumert, J., Bos, W. & Lehmann, R. H. (Hrsg.). (2000b). *TIMSS/III. Dritte Internationale Mathematik- und Naturwissenschaftsstudie – Mathematische und naturwissenschaftliche Bildung am Ende der Schullaufbahn, Bd. 2: Mathematische und physikalische Kompetenzen am Ende der gymnasialen Oberstufe.* Opladen: Leske + Budrich.

Baumert, J., Bos, W. & Watermann, R. (1999). *TIMSS/III: Schülerleistungen in Mathematik und den Naturwissenschaften am Ende der Sekundarstufe II im internationalen Vergleich. Zusammenfassung deskriptiver Ergebnisse* (2., überarbeitete Aufl.). Berlin: Max-Planck-Institut für Bildungsforschung. (Studien und Berichte; 64).

Baumert, J., Klieme, E., Neubrand, M., Prenzel, M., Schiefele, U., Schneider, W., Stanat, P., Tillmann, K.-J. & Weiß, M. (Hrsg.). (2001). *PISA 2000. Basiskompetenzen von Schülerinnen und Schülern im internationalen Vergleich.* Opladen: Leske + Budrich.

Baumert, J., Lehmann, R. H., Lehrke, M., Schmitz, B., Clausen, M., Hosenfeld, I., Köller, O. & Neubrand, J. (1997). *TIMSS – Mathematisch-naturwissenschaftlicher Unterricht im internationalen Vergleich. Deskriptive Befunde.* Opladen: Leske + Budrich.

Beaton, A. E. & Allen, N. L. (1992). Interpreting scales through scale anchoring. *Journal of Educational Statistics, 17* (2), 191–204.

Bollen, K. A. (1989). *Structural equations with latent variables.* New York: Wiley. (Wiley series in probability and mathematical statistics applied probability and statistics).

Campbell, J. R., Kelly, D. L., Mullis, I. V. S., Martin, M. O. & Sainsbury, M. (2001). *Framework and Specifications for PIRLS assessment 2001* (2. Aufl.). Chestnut Hill, MA: Boston College.

Dehn, M., Payrhuber, F.-J., Schulz, G. & Spinner, K. H. (1999). Lesesozialisation, Literaturunterricht und Leseförderung in der Schule. In E. Schön (Hrsg.), *Handbuch Lesen* (S. 568–637). München: Saur.

Dijk, T. A. v. & Kintsch, W. (1983). *Strategies of discourse comprehension.* New York: Academic Press.

Ditton, H. (1992). *Ungleichheit und Mobilität durch Bildung. Theorie und empirische Untersuchung über sozialräumliche Aspekte von Bildungsentscheidungen*. Weinheim: Juventa.

Döbert, H., Hörner, W., Kopp, B. v. & Mitter, W. (2002). *Die Schulsysteme Europas*. Hohengehren: Schneider. (Grundlagen der Schulpädagogik, 46).

Downing, J. & Valtin, R. (1984). *Language awareness and learning to read*. New York: Springer.

Elley, W. B. (1992). *How in the world do students read? IEA study of reading literacy* (2. Aufl.). The Hague: International Association for the Evaluation of Educational Achievement.

Elley, W. B. (1994). *The IEA study of reading literacy: achievement and instruction in thirty-two school systems*. Oxford: Pergamon. (International studies in educational achievement, 11).

Elley, W. B. & Schleicher, A. (1994). International differences in achievement levels. In W. B. Elley (Hrsg.), *The IEA study of reading literacy: Achievement and instruction in thirty-two school systems* (S. 35–63). Oxford: Pergamon. (International Studies in Educational Achievement, 11).

Fried, L. (2001). Kindergarten- und Vorschulpädagogik. In L. Roth (Hrsg.), *Pädagogik* (2. überarbeitete und erweiterte Aufl., S. 670–681). München: Oldenbourg.

Fthenakis, W. & Eirich, H. (1998). *Erziehungsqualität im Kindergarten. Forschungsergebnisse und Erfahrungen*. Freiburg: Lambertus.

Geyer, J. J. (1972). Comprehensive and partial models related to the reading process. *Reading Research Quarterly*, *7*, 541–587.

Goodman, K. S. (1976). Die psycholinguistische Natur des Leseprozesses. In A. Hofer (Hrsg.), *Lesenlernen: Theorie und Unterricht* (S. 139–151). Düsseldorf: Schwann. (Sprache und Lernen, 44).

Gough, P. B. (1972). One second of reading. In I. G. Mattingly (Hrsg.), *Language by ear and by eye* (S. 331–358). Cambridge: MIT Press.

Groeben, N. & Hurrelmann, B. (Hrsg.). (2002). *Lesekompetenz. Bedingungen, Dimensionen, Funktionen*. Weinheim: Juventa. (Lesesozialisation und Medien).

Hurrelmann, B. (1994). Leseförderung. *Praxis Deutsch. Zeitschrift für den Deutschunterricht*, *21*, 17–26.

King, G. (1998). *Unifying political methodology: the likelihood theory of statistical inference*. Ann Arbor: University of Michigan Press.

Kintsch, W. (1994). Kognitionspsychologische Modelle des Textverstehens: Literarische Texte. In M. Reusser-Weyeneth (Hrsg.), *Verstehen: psychologischer Prozeß und didaktische Aufgabe* (S. 39–53). Bern: Huber. (Psychologie-Forschung).

Kirsch, I. S. & Mosenthal, P. B. (1989–1991). *Understanding documents. A monthly column appearing in the Journal of Reading*. Newark, DE: International Reading Association.

Klieme, E., Baumert, J., Köller, O. & Bos, W. (2000). Mathematische und naturwissenschaftliche Grundbildung: Konzeptuelle Grundlagen und die Erfassung und Skalierung von Kompetenzen. In R. H. Lehmann (Hrsg.), *TIMSS/III. Dritte Internationale Mathematik- und Naturwissenschaftsstudie – Mathematische und naturwissenschaftliche Bildung am Ende der Schullaufbahn, Bd 1: Mathematische und naturwissenschaftliche Grundbildung am Ende der Pflichtschulzeit* (S. 85–133). Opladen: Leske + Budrich.

Lehmann, R. H., Gänsfuß, R. & Peek, R. (1999). *Aspekte der Lernausgangslage und der Lernentwicklung von Schülerinnen und Schülern an Hamburger Schulen: Klassenstufe 7.* Hamburg: Behörde für Schule, Jugend und Berufsbildung, Amt für Schule.

Lehmann, R. H., Peek, R. & Gänsfuß, R. (1997). *Aspekte der Lernausgangslage von Schülerinnen und Schülern der fünften Klassen an Hamburger Schulen. Bericht über die Untersuchung im September 1996.* Hamburg: Behörde für Schule, Jugend und Berufsbildung, Amt für Schule.

Lehmann, R. H., Peek, R., Gänsfuß, R. & Husfeldt, V. (2002). *LAU 9 Aspekte der Lernausgangslage und der Lernentwicklung – Klassenstufe 9 – Ergebnisse einer Längsschnittuntersuchung in Hamburg.* Hamburg: Behörde für Bildung und Sport.

Lehmann, R. H., Peek, R., Pieper, I. & Stritzky, R. v. (1995). *Leseverständnis und Lesegewohnheiten deutscher Schüler und Schülerinnen.* Weinheim: Beltz.

Lindig, W. (1972). *Die Kulturen der Eskimo und Indianer Nordamerikas.* Wiesbaden: Athenaion.

Marx, H. (1997). Erwerb des Lesens und des Rechtschreibens: Literaturüberblick. In A. Helmke (Hrsg.), *Entwicklung im Grundschulalter* (S. 85–111). Weinheim: Beltz.

Mislevy, R. J. (1984). Estimating latent distributions. *Psychometrika, 49* (3), 359–381.

Mislevy, R. J., Beaton, A. E., Kaplan, B. & Sheehan, K. M. (1992). Estimation population characteristics from sparse matrix of item responses. *Journal of Educational Measurement, 29* (2), 133–161.

Mullis, I. V. S., Martin, M. O., Beaton, A. E., Gonzalez, E. J., Kelly, D. L. & Smith, T. A. (1997). *Mathematics achievement in the primary school years. IEA's third international mathematics and science study.* Chestnut Hill, MA: Boston College.

Naegele, I. M. & Valtin, R. (Hrsg.). (2003). *LRS – Legasthenie – in den Klassen 1–10. Handbuch der Lese-Rechtschreib-Schwierigkeiten, Bd. 1: Grundlagen und Grundsätze der Lese-Rechtschreib-Förderung* (6. Aufl.). Weinheim: Beltz.

Neuhaus-Siemon, E. (1994). Mädchen und Jungen kommen als Leser zur Schule. Gemeinsamkeiten und geschlechtsspezifische Unterschiede. Rechtschreibentwicklung von Kindern in der 1. bis 5. Klasse. In H. Brügelmann (Hrsg.), *Mädchen lernen anders lernen Jungen. Geschlechtsspezifische Unterschiede beim Schriftspracherwerb* (S. 66–70). Bottighofen: Libelle.

Olson, D. R. (1977). From utterance to text: The bias of language in speech and writing. *Harvard Educational Review, 47*, 257–281.

Richter, S. & Brügelmann, H. (1992). Stellenwert schriftsprachnaher Prädikatoren bei der Vorhersage späterer Rechtschreibleistungen. *Psychologie in Erziehung und Unterricht, 39*, 253–263.

Rost, J. (1996). *Lehrbuch Testtheorie, Testkonstruktion*. Bern: Huber.

Ruddell, R. B., Ruddell, M. R. & Singer, H. (1994). *Theoretical models and processes of reading* (4. Aufl.). Newark, Del: International Reading Association.

Rumelhart, D. E. (1994). Toward an interactive model of reading. In H. Singer (Hrsg.), *Theoretical models and processes of reading* (4. Aufl., S. 864–894). Newark Delaware: Internatonal Reading Association (IRA).

Scheerer-Neumann, G. (1997). Lesen und Leseschwierigkeiten. In F. E. Weinert (Hrsg.), *Psychologie des Unterrichts und der Schule* (S. 279–325). Göttingen: Hogrefe.

Schneider, W. (1997). Rechtschreiben und Rechtschreibschwierigkeiten. In F. E. Weinert (Hrsg.), *Psychologie des Unterrichts und der Schule* (S. 327–363). Göttingen: Hogrefe.

Schneider, W., Stefanek, J. & Dotzler, H. (1997). Erwerb des Lesens und des Rechtschreibens: Ergebnisse aus dem SCHOLASTIK-Projekt. In A. Helmke (Hrsg.), *Entwicklung im Grundschulalter* (S. 113–129). Weinheim: Beltz.

Seel, N. M. (2000). *Psychologie des Lernens. Lehrbuch für Pädagogen und Psychologen*. München: Reinhardt.

Sheehan, K. M. (1997). A tree-based approach to proficiency scaling and diagnostic assessment. *Journal of Educational Measurement, 34* (4), 333–352.

Smith, F. (1988). *Understanding reading: a psycholinguistic analysis of reading and learning to read* (4. Aufl.). Hillsdale, N.J.: Erlbaum.

Snow, R. E., Corno, L. & Jackson III, D. (1996). Individual differences in affective and conative funktions. In R. C. Calfee (Hrsg.), *Handbook of educational psychology* (S. 243–310). New York: MacMillan.

Stanat, P. & Kunter, M. (2001). Geschlechtsunterschiede in Basiskompetenzen. In M. Weiß (Hrsg.), *PISA 2000. Basiskompetenzen von Schülerinnen und Schülern im internationalen Vergleich* (S. 249–269). Opladen: Leske + Budrich.

Thorndike, R. L. (1973). *Reading comprehension education in fifteen countries: an empirical study*. Stockholm: Almqvist. (International studies in evaluation, 3).

Tiedemann, J. (1996). Kognitive Stile. In M. Amelang (Hrsg.), *Verhaltens- und Leistungsunterschiede. Enzyklopädie der Psychologie. Differentielle Psychologie und Persönlichkeitspsychologie* (S. 507–533). Göttingen: Hogrefe.

Tietze, W. (Hrsg.). (1998). *Wie gut sind unsere Kindergärten? Eine Untersuchung zur pädagogischen Qualität in deutschen Kindergärten*. Neuwied: Luchterhand.

U. S. Department of Education & National Center for Educational Statistics. (1994). *Reading framework for the assessment of educational progress*. Washington, DC: U. S. Department of Education, National Center for Educational Statistics,.

Valtin, R. (1998). Der „neue“ Methodenstreit oder: (Was) können wir aus der amerikanischen Leseforschung lernen? In A. Speck-Hamdan (Hrsg.), *Schatzkiste Sprache 1. Von den Wegen der Kinder in die Schrift* (S. 63–80). Frankfurt: Arbeitskreis Grundschule.

Wagemaker, H., Taube, K., Munck, I., Kontgiannopoulou-Polydorides, G. & Martin, M. (Hrsg.). (1996). *Are girls better readers?* Amsterdam: International Association for the Evaluation of Educational Achievement.

Wolf, B. (2002). *Elternhaus und Kindergarten – Einschätzungen aus zwei Perspektiven*. Aachen: Shaker.

Wu, M. L., Adams, R. J. & Wilson, M. R. (1998). *ACER ConQuest. Generalised item response modelling software*. Melbourne: Acer Press.

Wygotski, L. S. & Helm, J. (1974). *Denken und Sprechen* (5. korrigierte Aufl.). Frankfurt a.M.: Fischer. (Conditio humana).

# V. Das naturwissenschaftliche Verständnis am Ende der Grundschule

*Manfred Prenzel, Helmut Geiser, Rolf Langeheine, Kirstin Lobemeier*

Die aktuellen internationalen Schulleistungsvergleiche haben differenziert über das naturwissenschaftliche Verständnis und Wissen berichtet, das Schülerinnen und Schüler im Verlauf der Sekundarstufen entwickeln. Die Ergebnisse aus TIMSS und PISA lassen erkennen, dass die Schülerinnen und Schüler in zahlreichen anderen Ländern ein höheres Niveau naturwissenschaftlicher Kompetenz als ihre Altersgenossen in Deutschland erreichen (Baumert, Bos & Lehmann, 2000; Baumert, Lehmann & Lehrke, 1997; Prenzel, Rost, Senkbeil, Häußler & Klopp, 2001). Vor allem aber findet man in Deutschland relativ große Anteile von Schülerinnen und Schülern mit schwachen Leistungen in den Naturwissenschaften, oft auch verbunden mit einer geringen Bereitschaft, sich mit naturwissenschaftlichen Themen zu befassen. Offensichtlich gelingt es in anderen Ländern besser, die Jugendlichen an die Naturwissenschaften heranzuführen.

In Deutschland setzt der naturwissenschaftliche Unterricht erst im Verlauf der Sekundarstufe mit der gesamten Fächerbreite ein. Die internationalen Leistungsvergleiche haben uns in den letzten Jahren darüber informiert, mit welchen Kompetenzen die Schülerinnen und Schüler den naturwissenschaftlichen Unterricht zu bestimmten Zeitpunkten verlassen. Es liegen aber bisher keine systematischen Befunde über das naturwissenschaftliche Verständnis und Wissen vor, mit denen die Schülerinnen und Schüler in Deutschland in die Sekundarstufe übertreten. Während es hierzulande breiter angelegte systematische Studien zur Lese- oder Mathematikkompetenz auf der Primarstufe gibt (z.B. Weinert & Helmke, 1997), fehlen vergleichbare empirische Studien für den Sachunterricht bzw. die naturwissenschaftliche oder naturwissenschaftsbezogene Grundbildung.

Die vorliegende Studie zur naturwissenschaftlichen Kompetenz von Kindern am Ende der Grundschulzeit schließt diese Lücke. Sie nutzt Erweiterungsmöglichkeiten, die mit der PIRLS-Studie gegeben waren, für eine erste systematische Untersuchung des naturwissenschaftlichen Verständnisses auf der Primarstufe. Die IGLU-Erweiterung stellt eine Verbindung her zur TIMSS-Erhebung für die Grundschule

(Population I). Deutschland hatte bei dieser internationalen Studie, die im Jahr 1995 durchgeführt wurde, nur an den Erhebungen auf den Sekundarstufen, nicht aber auf der Primarstufe teilgenommen. Damit war eine Gelegenheit ungenutzt geblieben, zuverlässige Erkenntnisse über den naturwissenschaftlichen Kompetenzstand vor dem Eintritt in die Sekundarstufe zu gewinnen. Im Rahmen von IGLU-E bestand die Möglichkeit, das Versäumte nachzuholen, nämlich die Schülerinnen und Schüler einige Jahre später mit TIMSS-Naturwissenschaftsaufgaben für das Grundschulalter zu testen.

Mit dieser Ergänzungsstudie können Fragen beantwortet werden, die unter anderem auch in der Diskussion der PISA-Befunde aufgeworfen wurden:

- Wie ist die naturwissenschaftliche Kompetenz deutscher Schülerinnen und Schüler am Ende der Primarstufe im internationalen Vergleich einzuschätzen?
- Verfügen die Schülerinnen und Schüler über naturwissenschaftliche Konzepte und Prozesskompetenzen, die für das Weiterlernen bedeutsam sind?
- Gibt es Hinweise auf Risikoschüler oder auf besonders leistungsfähige Kinder?
- Sind die Schülerinnen und Schüler am Ende der Grundschule interessiert und motiviert, sich mit naturwissenschaftlichen Themen zu befassen?
- Welche Bedeutung messen die Lehrkräfte naturwissenschaftlichen Themen bei und welchen Unterstützungs- und Fortbildungsbedarf haben sie?

Im vorliegenden Kapitel werden Befunde aus der IGLU-Erweiterung vorgestellt und diskutiert, die Antworten auf diese Fragen geben. Der erste Abschnitt behandelt den theoretischen Bezugsrahmen. Er beschreibt wesentliche Aspekte naturwissenschaftlicher Grundbildung und skizziert, wie die Begegnung mit naturwissenschaftlichen Themen im deutschen Sachunterricht konzipiert wird. Es folgen Ausführungen zur Anlage der Erhebungen, in denen unter anderem auch Aufgabenbeispiele präsentiert werden. Im dritten Abschnitt werden dann die wichtigen Ergebnisse aus der Studie präsentiert und diskutiert. Der Beitrag schließt mit einigen Überlegungen bzw. Konsequenzen für den Sach- bzw. Naturwissenschaftsunterricht und Fragen, die in weitergehenden Analysen und nachfolgenden Studien geklärt werden sollten.

# 1. Naturwissenschaftliche Grundbildung und der Auftrag der Grundschule

Naturwissenschaften und Technik prägen das individuelle und gesellschaftliche Leben: Sie begegnen dem Menschen von der ersten bis zur letzten Minute in vielfältigen Konstellationen von Objekten und Verfahren, die man benutzen kann, denen man ausgesetzt ist und mit denen man lernen muss umzugehen. Die Naturwissenschaften sind Bestandteil der Kultur, fundieren und beeinflussen Vorstellungen und Erklärungen und repräsentieren eine besondere Art, Problemstellungen zu fassen und zu bearbeiten, Vermutungen zu prüfen und Argumente auszutauschen. Naturwissenschaftliche Erkenntnisse und ihre Anwendungen sind ein entscheidender Wirtschaftsfaktor. Sie stellen Möglichkeiten bereit, Lebensräume zu gestalten und von ihnen hängt es ab, ob die Lebensgrundlagen für jetzige und zukünftige Generationen gesichert werden können.

Insgesamt beruht der Einfluss der Naturwissenschaften auf einem nicht mehr überschaubaren Wissensgebäude, das von zahlreichen, mit komplexen Theorien und speziellen Methoden arbeitenden Disziplinen getragen wird und täglich weiter wächst. Die hohe Bedeutung für das individuelle und gesellschaftliche Leben resultiert aus dem Umfang und der Tiefe naturwissenschaftlicher Erkenntnisse, die von einzelnen (auch naturwissenschaftlich forschenden) Subjekten kognitiv überhaupt nicht mehr verarbeitet werden können. Damit stellt sich die Frage, was eine Person heute von und über die Naturwissenschaften wissen kann und verstanden haben sollte, um das Alltags- und Berufsleben bewältigen, Entwicklungen verfolgen und ‚mündig' an gesellschaftlichen Diskursen und Entscheidungen teilhaben zu können. Um diese Frage dreht sich die aktuelle internationale Diskussion über naturwissenschaftliche Grundbildung im Sinne einer *‚Scientific Literacy'*. Diese zielt auf die Teilhabe aller in einer durch Naturwissenschaft und Technik geprägten Gesellschaft. Wichtige Aspekte der neueren Ansätze zur naturwissenschaftlichen Grundbildung werden im Folgenden kurz vorgestellt und dann auf die aktuellen Diskussionen in Deutschland über die Rolle der Naturwissenschaften im Sachunterricht bezogen.

## 1.1 Naturwissenschaftliche Grundbildung beginnt in der Grundschule

Mit der hohen gesellschaftlichen Bedeutung der Naturwissenschaften nimmt der Stellenwert naturwissenschaftlicher Kompetenz zu. Sie ist erforderlich, um in der durch Naturwissenschaften und Technik geprägten Gesellschaft vernünftig, erfolgreich und verantwortlich handeln zu können. Entscheidungen über den Einsatz, die Entwicklung oder die Anwendung von Technologien setzen naturwissenschaftliches

Verständnis voraus. Wer in einer Demokratie vernünftig mitreden und verantwortungsbewusst mitentscheiden will, braucht naturwissenschaftliche Kompetenz im Sinne einer ‚*Scientific Literacy*' (vgl. Duit, Häußler & Prenzel, 2001; Prenzel et al., 2001).

*Scientific Literacy* heißt dabei immer auch ‚naturwissenschaftliche Bildung für alle' (American Association for the Advancement of Science, 1989). Das Verständnis von *Scientific Literacy* stimmt darin mit der (deutschen) Idee von naturwissenschaftlicher Grundbildung überein: Sie umfasst das, was möglichst alle wissen müssten, und was sie flexibel in unterschiedlichen Situationen oder Kontexten anwenden können sollten. Freilich schließt naturwissenschaftliche Grundbildung immer auch die Möglichkeit ein, die naturwissenschaftliche Kompetenz zu vertiefen, sie zum Beruf oder zu einem Lebensthema werden zu lassen. Die Erwartung, dass eine breite naturwissenschaftliche Grundbildung (auf möglichst hohem Niveau) auch die Chancen verbessert, qualifizierten und interessierten Nachwuchs für die Forschung und für naturwissenschaftsnahe Berufsfelder zu finden, ist ebenfalls mit der Vorstellung von *Scientific Literacy* verbunden.

Die Ansätze zur *Scientific Literacy* betonen die Funktion naturwissenschaftlicher Grundbildung für die gesellschaftliche Teilhabe. Diese Sichtweise ist jedoch in der internationalen Diskussion während der letzten Jahre in verschiedener Hinsicht differenziert und erweitert worden (Gräber & Bolte, 1997). In die Vorstellung von *Literacy* wurden Aspekte einbezogen, die in der europäischen und deutschen Debatte über naturwissenschaftliche Grundbildung hervorgehoben wurden, etwa die Faszination von Natur und Naturwissenschaften, der Beitrag des naturwissenschaftlichen Denkansatzes für die kognitive Entwicklung und den rationalen Diskurs oder die Bedeutung der Naturwissenschaften für das Selbst- und Weltverständnis (z.B. DeBoer, 1997). Auch wenn im Augenblick weiter über theoretische Besonderheiten von *Scientific Literacy* diskutiert wird, zeichnet sich dennoch ein breiter Konsens über wichtige Komponenten naturwissenschaftlicher Grundbildung ab (vgl. American Association for the Advancement of Science, 1993; Bybee, 1997, 2002; Duit et al., 2001; Fensham, 2002, in Druck; Hunt & Millar, 2000; Laugksch, 2000; National Research Council, 1996; Prenzel et al., 2001; Sjøberg, 2001). *Scientific Literacy* beruht demzufolge auf:

- naturwissenschaftlichen Begriffen und Prinzipien (Wissen bzw. Verständnis zentraler naturwissenschaftlicher Konzepte);
- naturwissenschaftlichen Untersuchungsmethoden und Denkweisen (Verständnis naturwissenschaftlicher Prozesse, grundlegende Fertigkeiten, Denkhaltungen);

- Vorstellungen über die Besonderheit der Naturwissenschaft (Verständnis der ‚*Nature of science*', epistemologische Vorstellungen, Wissen über die Grenzen der Naturwissenschaft);
- Vorstellungen über die Beziehungen zwischen Naturwissenschaft, Technik und Gesellschaft (Verständnis des ‚Unternehmens Naturwissenschaft' im sozialen, ökonomischen, ökologischen Kontext).

Viele Gründe sprechen außerdem dafür, naturwissenschaftliche Grundbildung weiter zu fassen als ‚naturwissenschaftliche Kompetenz'. In zahlreichen Konzeptionen von naturwissenschaftlicher Grundbildung oder *Scientific Literacy* werden deshalb motivationale Komponenten (Interesse, Aufgeschlossenheit, Engagement), Wertorientierungen, Einstellungen und Überzeugungen mit einbezogen (vgl. Gräber, Nentwig, Koballa & Evans, 2002).

Ein weiterer wichtiger Aspekt in der Debatte über *Scientific Literacy* betrifft die Entwicklung über die Lebensspanne (Prenzel, 2000). Die Entwicklung von *Scientific Literacy* beginnt in der frühen Kindheit, etwa beim Explorieren der Umwelt und bei der Bildung erster Konzepte. Das Kind begegnet frühzeitig verbreiteten Alltagsbegriffen und -erklärungen, im Elternhaus, Kindergarten oder in den Medien. Die systematische Begegnung mit Naturwissenschaften erfolgt in der Schule. Sie soll das kulturell bedeutsame naturwissenschaftliche Grundverständnis aufbauen und die kognitiven und motivationalen Voraussetzungen dafür schaffen, dass Anschluss an neue Entwicklungen und Debatten gehalten werden kann.

Die Voraussetzungen für die mit *Scientific Literacy* verbundene gesellschaftliche Teilhabe, für den Diskurs oder die begründete Entscheidung können freilich mehr oder weniger anspruchsvoll definiert werden. Die Naturwissenschaften selbst haben in den letzten Jahren in Initiativen wie ‚*Public Understanding of Science*' deutlich hervorgehoben, dass sie die bereichsspezifische naturwissenschaftliche Expertise keineswegs als Voraussetzung für den gesellschaftlichen Dialog betrachten. Eine zentrale Aufgabe für Konzeptionen zur *Scientific Literacy* besteht darin, ein realistisches, also etwa in der allgemeinbildenden Schule erreichbares naturwissenschaftliches Verständnis einzugrenzen und zu beschreiben. Das bedeutet, Modelle der Entwicklung naturwissenschaftlicher Kompetenz zu formulieren und zu prüfen. So hat etwa Bybee (1997; 2002) ein Modell vorgeschlagen, das mehrere Ebenen der *Scientific Literacy* unterscheidet. Sie reichen von einer oberflächlichen ‚nominalen' *Literacy* bis zu einer ‚mehrdimensionalen *Scientific Literacy*', und werden durch das jeweils erforderliche Verständnis von naturwissenschaftlichen Konzepten, Prozessen und Besonderheiten der Naturwissenschaften definiert. Die Theorie von Bybee trägt wesentlich dazu bei, die Entwicklung naturwissenschaftlicher Kompetenz als kumulativen Prozess zu verstehen und diesen Aufbauprozess so aufzuschlüsseln, dass er in pädagogischen Einrichtungen angeregt und unterstützt werden kann.

Differenzierte Beschreibungen der naturwissenschaftlichen Kompetenz, die im Verlauf der Schule anzustreben und zu erreichen sind, finden sich in den sogenannten *'Benchmarks'* (American Association for the Advancement of Science, 1993) oder Standards (Council of Ministers of Education, 1997; National Research Council, 1996) für die Entwicklung von *Scientific Literacy*. Die Entwicklungsziele beziehen sich auf die Grundstruktur von *Scientific Literacy* (Konzepte, Prozesse, Verständnis von und für Naturwissenschaften) und beschreiben themenbezogene naturwissenschaftliche Kompetenzen über die Schulzeit, die systematisch vom Kindergarten bis zur zwölften Klassenstufe aufgebaut werden sollen. Diese neuen, elaborierten Modelle naturwissenschaftlicher Kompetenz, die in einigen Ländern (zum Beispiel in Kanada) konsequent umgesetzt werden, betrachten die Primarschule als wichtigen Ort für die Fundierung naturwissenschaftlicher Grundbildung. Auf dieser Stufe wird etwa erwartet, dass die Kinder Objekte und Phänomene aus ihrer Umgebung aus einer naturwissenschaftsbezogenen Perspektive beobachten und beschreiben, erste Untersuchungen durchführen, die Ergebnisse festhalten und anderen mitteilen. Die Anforderungen sind durchaus anspruchsvoll (Council of Ministers of Education, 1997, S. 34-41). Im schulischen Rahmen werden damit Erfahrungen aus empirischen Studien umgesetzt, die zeigen, dass Kinder in diesem Alter durchaus tragfähige Vorstellungen naturwissenschaftlicher Denk- und Arbeitsweisen entwickeln können (z.B. Chen & Klahr, 1999; Schrempp & Sodian, 1999; Sodian, 1995).

Ungefähr zum Zeitpunkt der TIMSS-Erhebung (im Jahr 1995) wird also mit der Ausarbeitung von Standards für *Scientific Literacy* begonnen, die seitdem in der internationalen Naturwissenschaftsdidaktik Beachtung und Anerkennung gefunden haben. Die Standards präsentieren kumulativ angelegte Modelle der Entwicklung naturwissenschaftlicher Kompetenz, die systematisch und zielorientiert in der Grundschule beginnen. In einigen Ländern werden die Standards systematisch in neuen Konzeptionen für den Naturwissenschaftsunterricht auf der Primarstufe umgesetzt (z.B. Koch, 1999; Sherman, 2000).

## 1.2 Naturwissenschaftliche Grundbildung im Sachunterricht

In Deutschland ist der Sachunterricht der Ort, in dem die erste schulische Begegnung mit naturwissenschaftsbezogenen Themen erfolgt. Das Anliegen des Faches ist allerdings sehr viel breiter gefasst. Der Sachunterricht zielt darauf ab, die Kinder in ihrer Wahrnehmung der Welt zu unterstützen und ihrer Weltdeutung Richtung und

Methode zu geben (Köhnlein, 2001) bzw. das Erschließen der (Um-)Welt und das Verstehen von Umweltbeziehungen zu fördern (Kahlert, 2001; Marquardt-Mau, 1998). Der Auftrag der Grundschule zur ‚grundlegenden Bildung' wird als Bezugsrahmen für eine Bestimmung von Inhalten und Verfahren des Sachunterrichts betrachtet (Köhnlein, 1998). „Sein übergreifendes Ziel ist es, die Kinder zu einem zunehmenden Verstehen ihrer Lebenswelt zu führen und tragfähige Grundlagen zu schaffen für eine selbständige und verantwortliche Teilnahme an der Kultur" (Köhnlein, 2001, S. 101). Damit verfolgt der Sachunterricht insgesamt eine Zielstellung, die sich mit der internationalen Vorstellung von ‚*Literacy*' trifft.

Im Sachunterricht sind naturwissenschaftsbezogene Themen eine ‚Sache' neben anderen. Die Felder des Sachunterrichts beziehen sich auf eine ganze Reihe von Fachgebieten, sie betreffen u.a. geographische, geschichtliche, kulturelle, politische, volkskundliche oder wirtschaftliche Sachverhalte, neben Natur und Technik. Eine Ausrichtung des Sachunterrichts an der Systematik weiterführender Fächer wird weitgehend abgelehnt, da so, wie Kahlert (2001, S. 81) schreibt, nicht angemessen Vorwissen und Erfahrungen der Kinder berücksichtigt werden können. Die Lehrpläne werden deshalb auch nicht nach Stoffgebieten, sondern nach ‚Erfahrungsbereichen', ‚Themenbereichen' oder ‚Lernfeldern' gegliedert. Allerdings soll sachliches, zuverlässiges Wissen bereitgestellt werden, das fachlich systematisiert und gesichert und für das nachfolgende Lernen (im Fachunterricht) anschlussfähig ist.

Der Sachunterricht steht somit vor dem Problem, eine Balance zu finden zwischen Fach- bzw. Wissenschaftsorientierung einerseits und Schülerorientierung andererseits. Offensichtlich ergeben sich hier bei naturwissenschaftsbezogenen Themen besondere Schwierigkeiten. Die Einführung des Sachunterrichts in den 70er Jahren war gerade mit hohen Ansprüchen hinsichtlich einer grundlegenden naturwissenschaftlichen Bildung verbunden worden. Das frühere Fach ‚Heimatkunde' erhielt nicht nur eine andere Bezeichnung, sondern eine neue Ausrichtung.

Der Deutsche Bildungsrat (1970, S. 33) hatte in seinem Strukturplan für alle Fächer und Alterstufen gefordert, dass alle Bildungsgegenstände in ihrer Bedingtheit und Bestimmtheit durch die Wissenschaften erkannt und entsprechend vermittelt werden sollten. Der Sachunterricht sollte sich deshalb gegenüber der früheren Heimatkunde durch eine wissenschaftliche Orientierung auszeichnen. Explizit gefordert wurde dabei, in diesem Unterricht auch „in die einfachsten und zugleich grundlegenden naturwissenschaftlichen Denk- und Untersuchungsweisen einzuführen, die im Anschluss an die Erlebnis- und Erfahrungswelt von Kindern dieses Alters deren Interesse erregen und die sie erklärt haben wollen" (Deutscher Bildungsrat, 1970, S. 48).

Die neue konzeptionelle Ausrichtung beförderte viele Initiativen, nun im Sachunterricht gezielt mit naturwissenschaftlichen Themen und Fragestellungen vertraut zu machen. Von verschiedenen Arbeitsgruppen wurden, meist unter Rückgriff auf curriculare Ansätze aus dem angelsächsischen Raum, bemerkenswerte Unterrichtskonzeptionen ausgearbeitet, z.B. zu naturwissenschaftlichen Denk- und Arbeitsweisen (Arbeitsgruppe für Unterrichtsforschung, 1971, 1977) oder zu naturwissenschaftlichen Konzepten (Spreckelsen, 1970). Diese Ansätze fanden starke Beachtung, wurden jedoch sehr bald heftig kritisiert. Den Ansätzen wurde vor allem vorgeworfen, dass sie sich zu sehr an den Naturwissenschaften (am Stoff und der disziplinären Struktur) orientierten und zu wenig an den kognitiven Voraussetzungen der Kinder und ihrer Erfahrungswelt (vgl. Soostmeyer, 1988). Die fundamentale Kritik beruhte vorwiegend auf Einschätzungen (vgl. Lauterbach, 1992). Die (sehr schmale) empirische Befundlage gab keinen Anlass, die neuen Ansätze grundlegend in Frage zu stellen (vgl. Einsiedler, 1997). Die Kritik führte nicht dazu, die didaktischen Zugänge zu verbessern, also etwa besser auf die Ausgangslagen der Schülerinnen und Schüler auszurichten, oder bei der Implementation die Lehrkräfte stärker einzubeziehen. Vielmehr wurden wissenschaftsorientierte Ansätze zum naturwissenschaftlichen Sachunterricht aufgegeben, um nun wiederum stärker Alltagserfahrungen und Heimatbezug zu betonen (Möller, 2001). Wie Einsiedler und Schirmer (1986) an Schülerarbeitsmappen aus dem Sachunterricht belegten, stieg der Anteil von Themen zur Physik, Chemie und Technik im Zeitraum von 1971 bis 1976 auf 26 Prozent, fiel danach aber wieder auf einen Anteil von 11 Prozent zurück. Die Abwendung von naturwissenschaftsbezogenen Themen und Herangehensweisen hat sich, wie auch neuere Zahlen aus Lehrplanauswertungen belegen, weiter fortgesetzt (Strunck, Lück & Demuth, 1998).

Im Bereich der Forschung zum naturwissenschaftlichen Sachunterricht findet man seit geraumer Zeit beträchtliche Forschungsanstrengungen, die sich wiederum darauf richten, neue Möglichkeiten eines wissenschaftlich fundierten Sachunterrichts vorzustellen, der konsequent an den Voraussetzungen und Erfahrungen der Schülerinnen und Schüler anknüpft (z.B. Möller, Jonen, Hardy & Stern, 2002; Sodian, Thoermer, Kircher, Grygier & Günther, 2002). Wie die Befunde dieser Studien zeigen, gelingt es bei geeigneten Unterrichtszugängen auch im Grundschulalter, Schülerinnen und Schüler mit wichtigen Prinzipien des naturwissenschaftlichen Denkens und anspruchsvollen konzeptuellen Vorstellungen vertraut zu machen. Allerdings gibt es in Deutschland bisher insgesamt noch zu wenige (v.a. auch interdisziplinär besetzte) Arbeitsgruppen, die im Rahmen empirischer Forschung zeigen, wie das Vorwissen der Schülerinnen und Schüler in einem naturwissenschaftsbezogenen Sachunterricht aufgegriffen und systematisch weiterentwickelt werden kann. Wie sorgfältige entwicklungspsychologische Studien belegen, besteht die Gefahr, dass die kognitiven Voraussetzungen von Grundschulkindern, Naturwissenschaften zu begreifen, in Deutschland unterschätzt werden (Bullock & Ziegler, 1999; Schrempp & Sodian, 1999; Sodian, 1995; Stern, 2002).

Bemerkenswert ist weiterhin, dass die internationalen Diskussionen über *Scientific Literacy*, Kompetenzmodelle und Standards für den Primarbereich in Deutschland bisher noch kaum Resonanz gefunden haben. Obwohl die Grundbildungsvorstellungen in der deutschen Didaktik des Sachunterrichts mit dem *Literacy*-Konzept in der allgemeinen Orientierung gut übereinstimmen, wird über die damit verbundenen Theorien und Kompetenzmodelle hierzulande kaum diskutiert. Das würde freilich auch bedeuten, über den naturwissenschaftsbezogenen Lernbereich im Sachunterricht unter einer neuen Perspektive zu reflektieren und kritisch Bilanz zu ziehen über verbliebene Unterrichtsanteile, die sich tatsächlich – mehr oder weniger systematisch – mit naturwissenschaftlichen Konzepten sowie mit Denk- und Arbeitsweisen befassen.

Eine erste Bilanz über das naturwissenschaftliche Verständnis am Ende der Grundschulzeit wird auf der Grundlage dieser Studie gezogen werden können. Es ist die erste umfassende Untersuchung zur naturwissenschaftlichen Kompetenz auf dieser Schulstufe. Sie wird Auskunft geben über das naturwissenschaftliche Verständnis, das von Kindern mit zehn Jahren in Deutschland im Mittel erreicht wird, und über Leistungsunterschiede. In Anbetracht der geringen Anteile naturwissenschaftsbezogener Themen im deutschen Sachunterricht wird es nicht einfach sein, Rückschlüsse auf den Unterricht zu ziehen. Auf jeden Fall wird die Studie die Frage beantworten können, ob sich bereits am Ende der Grundschulzeit Schwächen im naturwissenschaftlichen Verständnis abzeichnen und mit welchen Voraussetzungen die Kinder in den nachfolgenden naturwissenschaftlichen Unterricht eintreten.

## 2. Die Erhebungen zur naturwissenschaftlichen Grundbildung

Die folgenden Abschnitte stellen dar, wie die Untersuchung zur naturwissenschaftlichen Kompetenz am Ende der Grundschulzeit angelegt war. Um die Leistungen international verankern zu können, wurde auf Aufgaben aus dem TIMSS-Test für die Primarstufe zurückgegriffen. Wie im ersten Abschnitt dargelegt wird, orientiert sich der TIMSS-Test an einer Vorstellung naturwissenschaftlicher Grundbildung im Sinne von *Scientific Literacy*. Der Test wurde durch weitere Aufgaben zum Naturwissenschaftsverständnis ergänzt. Den Aufbau des gesamten Tests beschreiben wir im zweiten Abschnitt. Dabei wird das methodische Verfahren der Verknüpfung mit den vorliegenden Daten aus TIMSS skizziert. Es wird ebenfalls dargestellt, wie auf der Basis des gesamten Aufgabensatzes Stufen der naturwissenschaftlichen Kompetenz im Grundschulalter unterschieden wurden. Der Abschnitt schließt mit Befunden zur curricularen Validität der Testaufgaben.

## 2.1 Die Testkonzeption bei TIMSS

Die TIMS-Studie erfasste insgesamt drei Altersgruppen. Wie bereits erwähnt wurde, hatte Deutschland nur an den Erhebungen zu den Sekundarstufen I und II teilgenommen. Die Testkonzeptionen für die drei Altersgruppen hatten einen gemeinsamen Bezugspunkt in der Untersuchung naturwissenschaftlicher Grundbildung im Sinne von *Scientific Literacy.* Allerdings waren etwa die Untersuchungen zur naturwissenschaftlichen Grundbildung im voruniversitären Physikunterricht sehr eng an den Anforderungen der Lehrpläne ausgerichtet. Auch die Erhebungen auf der Sekundarstufe I wiesen, im Vergleich zu PISA, stärkere Bezüge zu den Lehrplänen für die naturwissenschaftlichen Fächer auf.

Die Tests zur Primarstufe hingegen waren an einer breit angelegten Konzeption von *Scientific Literacy* orientiert, die ein generelles naturwissenschaftliches Grundverständnis für vielfältige Alltagssituationen umfasst (Martin et al., 1997). Es liegt auf der Hand, diesen Weg zu wählen, da die Lehrplananforderungen und Unterrichtskonzeptionen für naturwissenschaftliche Themen in den Ländern erheblich voneinander abweichen.

Die Testkonzeption für die Primarstufe folgt der Strukturierung von Inhalts- und Prozessaspekten naturwissenschaftlicher Grundbildung, die insgesamt der TIMS-Studie zugrunde gelegt wurde. Der gesamte Aufgabenpool für die Primarstufe umfasste 97 Items. Die Items waren vier großen Stoffgebieten zugeordnet, nämlich den Geowissenschaften, Lebenswissenschaften, Physik / Chemie sowie einer Restkategorie mit Umweltthemen und wenigen Fragen zur Besonderheit von Naturwissenschaften. Hinsichtlich der Prozesskomponente waren Anforderungen der Aufgaben unterschieden worden. Sie betrafen das Verstehen einfacher Information und das Verstehen komplexer Information, das Analysieren und Lösen von Problemen und das Bilden von Vermutungen sowie das Anwenden von naturwissenschaftlichen Prozessen (Vergleiche anstellen, Rückschlüsse auf der Grundlage von Beobachtungen ziehen, Fragestellungen entwickeln, mit unterschiedlichen Darstellungsformaten umgehen). Der Test für das Grundschulalter war 1995 in insgesamt 28 Ländern durchgeführt worden; in den Bericht konnten Ergebnisse von 26 Ländern aufgenommen werden.

## 2.2 Der Testansatz bei IGLU-E

Im Rahmen der IGLU-Erweiterung sollte die Gelegenheit genutzt werden, zuverlässige Information über den naturwissenschaftlichen Kompetenzstand deutscher Schülerinnen und Schüler am Ende der Grundschulzeit zu gewinnen. Die Untersuchung verfolgte mehrere Ziele. Es sollten ausreichend TIMSS-Items einbezogen werden, um die Leistungsfähigkeit deutscher Schülerinnen und Schüler (gewissermaßen im Nachhinein) aussagekräftig in der internationalen Leistungsbandbreite verorten zu können. Daneben bestand die Absicht, weitere Aufgaben in den Test einzubauen, die einen Bezug zu Themen des Sachunterrichts aufweisen und das Anforderungsspektrum erweitern. Auf der Basis dieses kombinierten Tests sollten Aussagen über Stufen der naturwissenschaftlichen Kompetenz am Ende der Grundschulzeit getroffen werden. Außerdem erhielten die Schülerinnen und Schüler Fragebögen zur Lernmotivation und zur Wahrnehmung des Sachunterrichts. Auch die IGLU-Fragebögen für die Lehrkräfte wurden um Fragen zum Sachunterricht ergänzt.

Für die Naturwissenschaftstests standen am zweiten IGLU-Testtag zwanzig Minuten zur Verfügung. Um die kurze Testzeit optimal zu nutzen, wurde das Aufgabenmaterial auf sechs Testhefte verteilt, die jeweils einen gemeinsamen Block von zehn Ankeritems enthielten. Mit diesem Testdesign konnten insgesamt 49 Items eingesetzt und damit breitere Bereiche naturwissenschaftlicher Kompetenz erfasst werden.

### 2.2.1 Testaufbau und Items

Die Auswahl und Zusammenstellung der Testitems orientierte sich an der Unterscheidung von naturwissenschaftlichen Konzepten bzw. Themengebieten und naturwissenschaftlichen Prozessen, die auch bei TIMSS zugrunde liegt. Theoretische Grundlage für den Naturwissenschaftstest am Ende der Primarstufe ist also eine Konzeption von naturwissenschaftlicher Grundbildung im Sinne von *Scientific Literacy*. Die in diesem Rahmen ausgewählten Stoffgebiete (Biologie, Physik und Chemie, Erde und Umwelt) stimmen mit dem TIMSS-Ansatz überein. Diesem entsprach auch die Unterscheidung von Kompetenzanforderungen für die Auswahl von Aufgaben, nämlich *Wissensreproduktion, Konzeptanwendung, Verständnis und Prozesswissen.*

Für die Testkonstruktion wurde zunächst ein umfangreicher Pool mit in Frage kommenden Items zusammengestellt. In diesen Pool gingen neben allen TIMSS-Items für die Primarstufe (die aus der Erhebung in Österreich in deutscher Sprache vorlagen) zahlreiche weitere Naturwissenschaftsitems aus empirischen Studien ein. Das gesamte Aufgabenmaterial wurde der Expertengruppe für den Naturwissenschaftstest (mit Vertreterinnen und Vertretern aus den Didaktiken des Sachunterrichts, der Biologie, Chemie und Physik) zur Einschätzung vorgelegt. Als Kriterien für die Beurteilung dienten die fachliche Korrektheit, die technische Qualität des Items (inklusive Itemkennwerte), die Eignung für die Zielgruppe, die Schwierigkeit, der Bezug zu den Lehrplänen für den Sachunterricht und die Bedeutung für eine naturwissenschaftliche Grundbildung bzw. für die nachfolgende schulische Auseinandersetzung mit den Naturwissenschaften. Anhand der Expertenratings erfolgte eine strikte Itemselektion. Es wurde dann darauf geachtet, dass mit den Items die verschiedenen Stoffgebiete und Aufgabenanforderungen abgedeckt werden konnten. Die Tabelle V.1 zeigt die Verteilung der Items nach Kompetenzbereichen und Stoffgebieten, die nach der Expertenauswahl und nach den Itemanalysen anhand der Daten aus dem Feldtest in der Hauptuntersuchung verwendet wurden.

Tabelle V.1: Anzahl der Items nach Stoffgebieten und Kompetenzbereichen

| | Physik / Chemie | Biologie | Erde / Umwelt |
|---|---|---|---|
| Wissensreproduktion | 4 | 6 | 0 |
| Konzeptanwendung | 14 | 6 | 2 |
| Verständnis | 5 | 3 | 1 |
| Prozesswissen | 5 | 2 | 1 |
| Summe | 28 | 17 | 4 |

IEA: Progress in International Reading Literacy Study © IGLU-Germany

Von den insgesamt 49 Aufgaben des Tests entstammen 24 aus der TIMSS-Grundschuluntersuchung, die bereits 1995 international – ohne deutsche Beteiligung – durchgeführt worden war (Martin et al., 1997). Mit freundlicher Unterstützung der österreichischen TIMSS-Arbeitsgruppe konnten die Items in einer akkreditierten deutschen Version verwendet werden; es waren nur einige wenige Anpassungen an den Sprachgebrauch erforderlich. Aus diesen TIMSS-Items wurden die zehn Ankeritems zusammengestellt, die in jedem Testheft eingesetzt wurden. Eine weitere Gruppe von insgesamt 15 Items wurde aus dem Aufgabenbestand der CROSSTEL-Studie entnommen (Baumert, Evans & Geiser, 1998). Die CROSSTEL-Items basieren auf einer früheren internationalen Vergleichsstudie der IEA (SISS). Es wurden dann weitere zehn Items eingesetzt, die von einer Arbeitsgruppe an der Universität Erlangen-Nürnberg für Untersuchungen zum Sachunterricht entwickelt worden waren (Einsiedler, 1976). Von den 49 Items lagen 41 Items im Multiple-Choice-Format vor, acht mit offenen Formaten.

### 2.2.2 Die Verknüpfung mit TIMSS

Der IGLU-Test für den Bereich Naturwissenschaften enthielt somit 24 Items aus der TIMSS-Erhebung zur Primarstufe. Um die Testwerte der deutschen Schülerinnen und Schüler nachträglich auf die internationale Skala zu beziehen, wurde wie folgt vorgegangen: Die Skalierung erfolgte nach der von Adams, Wu & Macaskill (1997) für TIMSS beschriebenen Methodologie. Die 24 Naturwissenschaftsitems wurden auf die von Adams et al. angegebenen Itemparameter fixiert. Wie auch bei TIMSS selbst wurde darauf verzichtet, für jedes Land weitere Analysen mit frei geschätzten Itemparametern durchzuführen, um diese mit den fixierten Parametern zu vergleichen. Die über das genannte Verfahren gewonnenen individuellen Skalenwerte (je fünf *Plausible Values*) wurden entsprechend den Angaben von Gonzales (1997) auf die TIMSS-Skala mit Mittelwert 500 und Standardabweichung 100 transformiert. Die Korrektur der Standardfehler wurde mit WesVar (Westat, 2000) vorgenommen.

Auch bei Verwendung einer deutlich geringeren Zahl von Items als in TIMSS (24 vs. 97 Items für Naturwissenschaften), weisen die Skalen der deutschen Viertklässler Reliabilitäten auf, die den in TIMSS berichteten (Adams et al., 1997) nicht nachstehen. So beträgt die mittlere Korrelation der *Plausible Values* .80 in Naturwissenschaft. Damit ist die erforderliche Zuverlässigkeit für den Vergleich der bei IGLU gemessenen Leistungen mit TIMSS gegeben.

### 2.2.3 Stufen der naturwissenschaftlichen Kompetenz im Grundschulalter

Das Skalierungsverfahren bei Studien wie TIMSS oder IGLU gestattet nicht nur eine internationale Einordnung der Leistungen. Es bietet auch Möglichkeiten der inhaltlichen Interpretation von Fähigkeitskennwerten und zwar anhand der Schwierigkeitsparameter für die Aufgaben, die von Schülerinnen und Schülern einer bestimmten Fähigkeitsstufe mit einer bestimmten Wahrscheinlichkeit (größer 65 %) gelöst werden. Über eine Analyse der inhaltlichen, kognitiven Anforderungen der Aufgaben können damit Stufen der naturwissenschaftlichen Kompetenz unterschieden werden (vgl. Klieme, Baumert, Köller & Bos, 2000; Prenzel et al., 2001). Die Kompetenzstufen können weiterhin durch charakteristische Aufgabenbeispiele illustriert werden.

Für die Unterscheidung von Kompetenzstufen wurden *alle* Items des IGLU-Tests herangezogen und vor dem Hintergrund der theoretischen Testkonzeption analysiert. Nach einer Itemselektion zur Modellanpassung basiert die Rasch-Skala auf 42 der anfänglich 49 Items. Auf der Grundlage dieses Zugangs schlagen wir fünf Stufen naturwissenschaftlicher Kompetenz am Ende der Grundschulzeit vor. Einen Überblick über die Kompetenzstufen mit einer prägnanten Etikettierung gibt die Tabelle V.2. Sie informiert zugleich über den entsprechenden Bereich auf der Fähigkeitsskala (Mittelwert 500, Standardabweichung 100).

Tabelle V.2: Kompetenzstufen und Skalenbereich

| | Kompetenzstufe | Skalenbereich der Fähigkeit |
|---|---|---|
| | Vorschulisches Alltagswissen | < 323 |
| I | Einfache Wissensreproduktion | 323–400 |
| II | Anwenden alltagsnaher Begriffe | 401–468 |
| III | Anwenden naturwissenschaftsnaher Begriffe | 469–522 |
| IV | Beginnendes naturwissenschaftliches Verständnis | 523–637 |
| V | Naturwissenschaftliches Denken und Lösungsstrategien | > 637 |

IEA: Progress in International Reading Literacy Study © IGLU-Germany

Schülerinnen und Schüler am unteren Ende der Fähigkeitsskala (mit weniger als 323 Punkten), verfügen über ein naturwissenschaftsbezogenes Wissen, das nicht über das übliche Alltagswissen von Vorschulkindern hinausgeht. Sie haben bis zum Ende der Grundschulzeit noch nicht einmal rudimentäre sachkundliche Vorstellungen entwickelt. Es fällt ihnen schwer, selbst einfachste Wiedererkennungsaufgaben einigermaßen sicher zu lösen, und dies für alle naturwissenschaftlichen Lernbereiche im Sachunterricht.

Auf der *Kompetenzstufe I* (Testwerte zwischen 323 und 400 Punkten) kennen die Kinder einfache naturwissenschaftliche Bezeichnungen und können diese reproduzieren. Alltagsphänomene werden in ihrem naturwissenschaftlichen Gehalt nur rudimentär erfasst, d.h. der Bezug zwischen Phänomenen und naturwissenschaftlicher Betrachtung wird – wenn überhaupt – mit kindlichen Alltagstheorien hergestellt. Das Faktenwissen steht oft ohne Bezug und findet kaum Anwendung.

Schülerinnen und Schüler auf der *Kompetenzstufe II* (Testwerte zwischen 401 und 468 Punkten) verfügen über (altersgemäße) grundlegende naturwissenschaftliche Begriffe, die auch im Alltag gängig sind, sowie über naturwissenschaftliches Alltagswissen, welches sie auch richtig anwenden können. Den Kindern fällt es noch sehr schwer, einfache naturwissenschaftliche Zusammenhänge zu verstehen.

Auf der *Kompetenzstufe III* (zwischen 469 und 522 Punkten) verfügen die Kinder sicher über einfache naturwissenschaftliche Begriffe. Sie können ihr Wissen bei der Anwendung umstrukturieren, wenn sie z.B. Alltagsphänomene (dem entwicklungspsychologischen Stand entsprechend) naturwissenschaftlich zu deuten haben. Ein erstes Verständnis von naturwissenschaftlichen Herangehensweisen ist angebahnt, die Kinder können damit aber noch nicht arbeiten.

Schülerinnen und Schüler auf der *Kompetenzstufe IV* (zwischen 523 und 637 Punkten) haben grundlegende naturwissenschaftliche Vorstellungen aufgebaut und können diese anwenden. Sie lösen Aufgaben, die mit unterschiedlichen Repräsentationsformaten konfrontieren. Sie haben auch eine Grundidee von naturwissenschaftlichen Herangehensweisen entwickelt, die sie umsetzen können.

Auf der *Kompetenzstufe V* (über 637 Punkte) beginnen die Schülerinnen und Schüler naturwissenschaftlich zu denken. Sie wenden sicher einfache naturwissenschaftliche Konzepte an, um schlüssige Erklärungen zu geben oder Voraussagen zu treffen. Einfache Versuche zur Klärung von naturwissenschaftlichen Fragestellungen können schon geplant und durchgeführt werden. Lösungsprinzipien werden neu erarbeitet, indem das Kind sein Wissen völlig neu strukturiert und es aktiv und kreativ einsetzt.

Diese Kompetenzstufen erstrecken sich insgesamt über eine erhebliche Entwicklungsdistanz, von einem vorschulischen Wissensniveau bis zu einem Verständnis von Denk- und Arbeitsformen wie von Konzepten, die belastbar sind und Bezüge zu einem disziplinären Fachwissen erkennen lassen. Die Abbildung V.1 stellt einige Aufgabenbeispiele aus dem Test vor und ordnet diese den Kompetenzstufen bzw. der Fähigkeitsskala zu.

Abbildung V.1: Aufgabenbeispiele nach Kompetenzstufen

Kompetenzstufe

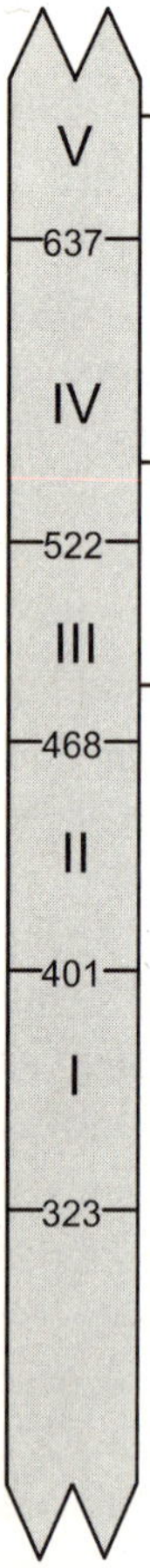


673

Um herauszufinden, ob Samen im Licht oder im Dunkeln besser wachsen, kannst Du einige Samen auf ein feuchtes Papier legen und

A. sie an einen warmen, dunklen Ort stellen.
B. einen Teil an einen hellen Ort und einen Teil an einen dunklen Ort stellen.
C. sie an einen warmen, hellen Ort stellen.
D. sie an einen hellen oder dunklen, aber kühlen Ort stellen.

546

Die folgenden Bilder zeigen eine Taschenlampenbatterie und eine Glühbirne, die durch Drähte mit verschiedenen Substanzen verbunden sind.

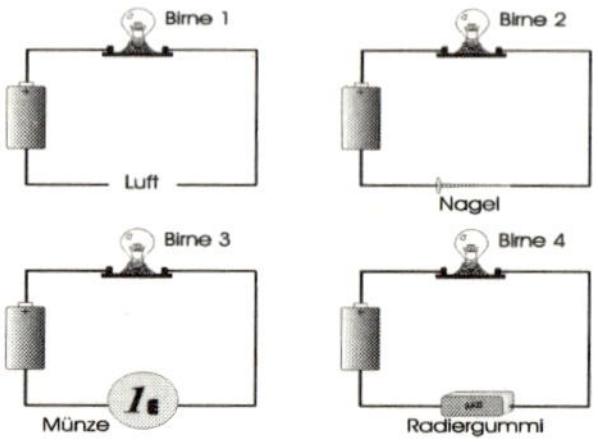


Welche der Glühbirnen werden leuchten?

- ☐ Glühbirnen 1 und 2
- ☐ Glühbirnen 1, 2 und 3
- ☐ Glühbirnen 2,3 und 4
- ☐ Glühbirnen 2 und 3
- ☐ Glühbirnen 3 und 4

474

Welches Tier säugt seine Jungen?

- ☐ Huhn
- ☐ Frosch
- ☐ Affe
- ☐ Schlange

IEA: Progress in International Reading Literacy Study 

noch Abbildung V.1: Aufgabenbeispiele nach Kompetenzstufen

Kompetenz-
stufe

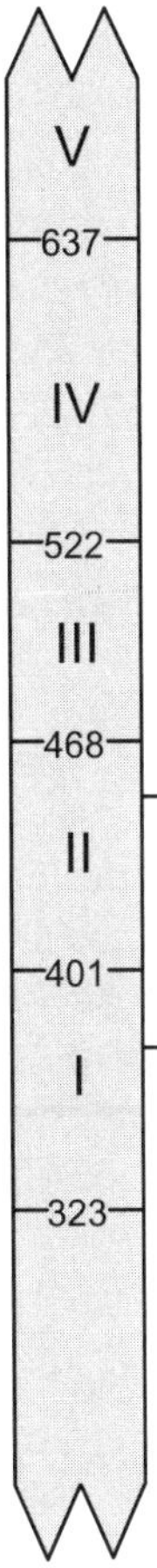


448

Ein Schmetterling setzte sich auf ein Blatt und legte einige kleine Eier. Die Bilder zeigen die Veränderungen, die an den Eiern stattgefunden haben.

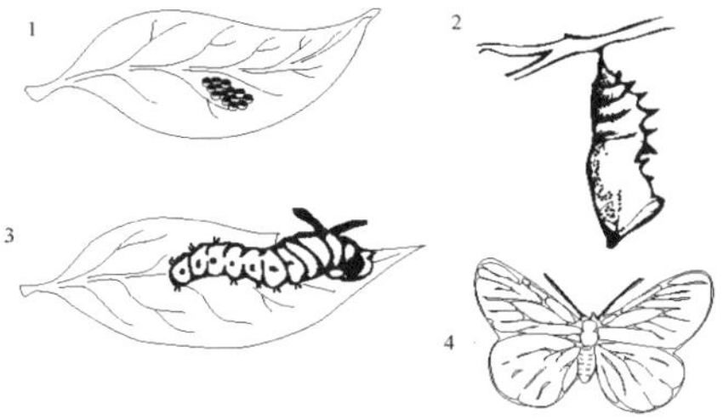


In welcher Reihenfolge haben die Veränderungen stattgefunden?

A. 1, 2, 3, 4
B. 1, 3, 2, 4
C. 1, 4, 3, 2
D. 1, 4, 2, 3

373

Schau Dir bei den **nächsten 3 Fragen** die folgende Tabelle an. Sie zeigt die Temperaturen, die an drei Tagen zu verschiedenen Zeiten gemessen wurden:

| | 6 Uhr morgens | 9 Uhr morgens | 12 Uhr mittags | 3 Uhr nachmittags | 6 Uhr abends |
|---|---|---|---|---|---|
| Mo. | 15 °C | 17 °C | 20 °C | 21 °C | 19 °C |
| Di. | 15 °C | 16 °C | 17 °C | 10 °C | 9 °C |
| Mi. | 7 °C | 10 °C | 14 °C | 14 °C | 13 °C |

a) Wann wurde die höchste Temperatur gemessen?

- ☐ Am Montag um 12 Uhr
- ☐ Montagnachmittag um 3 Uhr
- ☐ am Dienstag um 12 Uhr
- ☐ am Mittwoch um 12 Uhr
- ☐ Mittwochnachmittag um 6 Uhr

 

Die Aufgabe auf der *Kompetenzstufe V* erfordert naturwissenschaftliches Denken. Es wird danach gefragt, welche Bedingungen man schaffen muss, um eine naturwissenschaftliche Fragestellung zu klären. Die Aufgabe zum einfachen elektrischen Stromkreis (*Kompetenzstufe IV*) verlangt, dass die Kinder z.B. zwischen Leiter und Nichtleiter unterscheiden und die Begriffe richtig anwenden können. Die Aufgabe zur *Kompetenzstufe III* erfordert die Unterscheidung zwischen ‚Säugetier' und ‚Nichtsäugetier', also die Anwendung von begrifflichen Vorstellungen. In der Beispielaufgabe zur *Kompetenzstufe II* müssen die Kinder den Entwicklungsprozess von den Schmetterlingseiern bis zum fertigen Schmetterling erkennen, doch bedarf es zur Lösung der Aufgabe kaum biologischer Kenntnisse; es wird Alltagswissen angewendet. Das Beispielitem für die *Kompetenzstufe I* repräsentiert eine sachkundliche Aufgabenstellung, nämlich aus Tabellen die gewünschte Information zu gewinnen und richtig wiederzugeben. Mit der Information wissen aber die Kinder dieser Kompetenzstufe kaum umzugehen und können sie auch noch nicht weiterverarbeiten.

### 2.2.4 Curriculare Validität der Naturwissenschaftsaufgaben

Um zu beurteilen, inwieweit die Aufgaben Bezüge zu den Lehrplänen des Sachunterrichts aufweisen, wurde das Testmaterial an Lehrplanexperten der teilnehmenden Bundesländer ausgehändigt. Die Experten wurden gebeten, die Aufgaben unter drei Gesichtspunkten einzuschätzen: Inwieweit der Gegenstand des Items ein Inhalt des jeweiligen gültigen Lehrplanes ist, auf welcher Klassenstufe der Stoff behandelt wird und welche Bedeutung dem Stoff für das nachfolgende Lernen auf höheren Klassenstufen zugesprochen wird.

Bezüglich der Frage ‚Ist der Stoff ein Inhalt der gültigen Rahmenpläne?' konnten die Experten zwischen den vier Antwortmöglichkeiten ‚ja, explizit', ‚ja, implizit', ‚nein' sowie ‚kann ich nicht beurteilen' entscheiden. Da mehrfach vorgenommene Antworten keinen inhaltlichen Sinn ergeben, wurde in diesen Fällen die seitens der Experten bearbeitete Frage nicht bewertet. Die Tabelle V.3 fasst die Ergebnisse der Einschätzungen über alle Bundesländer zusammen.

Die Tabelle lässt erkennen, dass etwa ein gutes Drittel der Items als explizit lehrplanbezogen eingestuft wurde. Einem weiteren Drittel der Aufgaben wird attestiert, dass der entsprechende Stoff implizit in den Lehrplänen enthalten ist. Es bleiben aber auch ein Reihe von Items, die Wissen erfordern, das nach Einschätzung der Experten nicht in den Lehrplänen angesprochen wird.

Tabelle V.3: Einschätzungen der curricularen Validität durch die Lehrplanexperten (Aufgabe entspricht Stoff laut Lehrplan)

| | Komponenten | ja, explizit | ja, implizit | nein | kann ich nicht beurteilen | keine Angaben |
|---|---|---|---|---|---|---|
| I | insgesamt | 36,4% | 33,3% | 28,8% | 0% | 1,5% |
| II | TIMSS | 41,3% | 34,5% | 22,7% | 0% | 1,5% |
| | Einsiedler | 27,8% | 44,4% | 26,9% | 0% | 0,9% |
| | Crosstel | 34,4% | 25,0% | 38,9% | 0% | 1,7% |

IEA: Progress in International Reading Literacy Study 

Bei der Frage nach den Klassenstufen, auf denen der entsprechende Stoff laut Lehrplan zu behandeln ist, konnte zwischen den Klassenstufen 1 bis 6 sowie der Alternative ‚in weiterführenden Schulen' gewählt werden. Wenn für einzelne Items mehrere Zuordnungen erfolgten, wurde die Nennung für die niedrigste der angegebenen Klassenstufen gewertet. Von maximal 552 Voten bei insgesamt 46 einzuschätzenden Sachunterrichtsaufgaben konnten 428 Voten in die Auswertung miteinbezogen werden. Die Befunde zeigen, dass die Experten die lehrplanrelevanten Naturwissenschaftsitems vorwiegend der Klassenstufe 3 (Experteneinschätzungen von 34,8 %) zuordneten. Nennungen für die übrigen Klassenstufen fielen deutlich geringer aus: Klassenstufe 1 (6 %), Klassenstufe 2 (18,3 %), Klassenstufe 4 (14,5 %), Klassenstufe 5 (0,4 %), Klassenstufe 6 (0 %). Die siebente Antwortalternative, der Stoff würde in weiterführenden Klassenstufen Inhalt des gültigen Rahmenplans sein, wurde von den Experten zu 3,6 Prozent gewählt.

Die Abbildung V.2 stellt schließlich dar, wie das mit den Aufgaben untersuchte Wissen und Verständnis für das nachfolgende Lernen auf höheren Klassenstufen eingeschätzt wurde. Nach Einschätzung der Lehrplanexperten erfassen circa 73 Prozent der Items aus dem Naturwissenschaftstest Wissen, das für das Lernen auf höheren Klassenstufen bedeutsam ist.

Festzuhalten bleibt somit, dass etwa ein Drittel der Items (über alle beteiligten Bundesländer betrachtet) nach Einschätzung der Experten Wissen erfasst, das explizit in den Lehrplänen zum Sachunterricht angesprochen wird. Bei einer relativ großen Menge der Items fällt es anscheinend schwer, einen direkten und klaren Bezug zu

Abbildung V.2: Einschätzung der Relevanz des getesteten Wissens für das Lernen auf höheren Klassenstufen

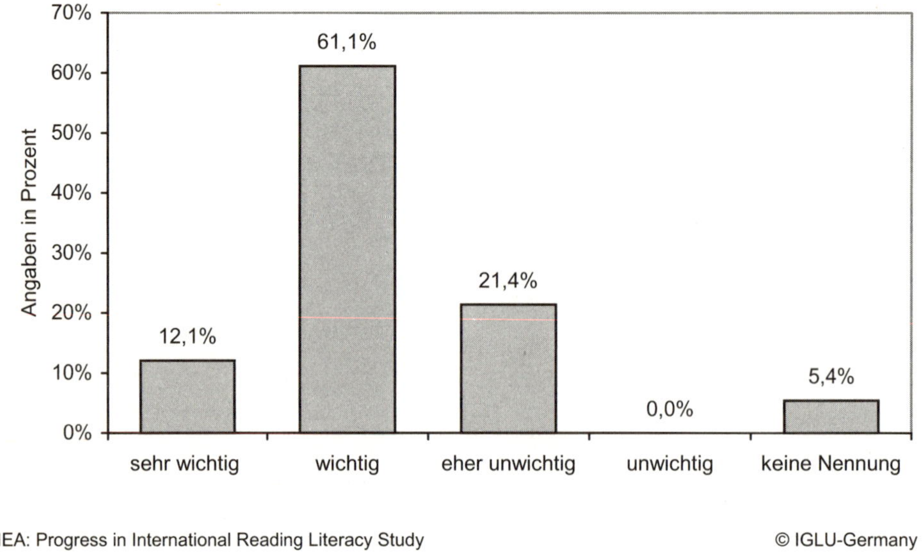


den Lehrplänen für den Sachunterricht herzustellen. Gleichwohl wird für den überwiegenden Teil der Aufgaben aus dem Naturwissenschaftstest festgestellt, dass das untersuchte Wissen vor allem für das zukünftige schulische Lernen bedeutsam ist.

# 3. Ergebnisse

## 3.1 Die Naturwissenschaftsleistungen an deutschen Grundschulen im internationalen Vergleich

Die IGLU-Erweiterung Naturwissenschaften diente unter anderem dazu, den Leistungsstand von deutschen Schülerinnen und Schülern am Ende der Grundschulzeit international einzuordnen. Deshalb wurden, wie im vorigen Abschnitt beschrieben, originale TIMSS-Items für die IGLU-Erweiterung ausgewählt, um eine Verknüpfung zu den TIMSS-Befunden herstellen zu können.

*Einordnung des Leistungskennwertes für Deutschland:* Mit der Verwendung eines gemeinsamen Itemsatzes war es möglich, den späteren Naturwissenschaftstest im Rahmen von IGLU-E auf die Ergebnisse der früheren TIMSS-Erhebung zu beziehen. Anhand dieser Verknüpfung konnte für die deutschen Schülerinnen und Schüler der Primarstufe ein *Kennwert von 560 Punkten* auf der internationalen TIMSS-Skala für die Naturwissenschaften errechnet werden. Auf den ersten Blick weist der Kennwert auf eine naturwissenschaftliche Kompetenz deutscher Schülerinnen und Schüler am Ende der Grundschulzeit hin, die deutlich über dem internationalen Mittelwert zu liegen scheint.

Der rekonstruierte Kennwert für die naturwissenschaftliche Kompetenz deutscher Grundschülerinnen und -schüler bezieht sich auf die in den internationalen Studien gebräuchliche Metrik der Leistungsskalen (mit einem Mittelwert von 500 und einer Standardabweichung von 100). Da bei der TIMSS-Grundschulerhebung in den beteiligten Ländern aber systematisch Klassen *der dritten und der vierten* Jahrgangsstufe untersucht und gemeinsam (auf einer Skala mit der genannten Metrik) skaliert wurden, ergibt sich für die vierte Jahrgangsstufe eine deutlich höhere durchschnittliche Leistung. Der internationale TIMSS-Mittelwert für die Schülerinnen und Schüler *der vierten Jahrgangsstufe* beträgt *524 Punkte* (für die dritte Jahrgangsstufe liegt der Wert bei 473 Punkten). Dieser Mittelwert von 524 ist also der Bezugspunkt für den in IGLU (an Klassen der vierten Jahrgangsstufe) rekonstruierten Leistungswert für Naturwissenschaften in Deutschland.

Der für die deutschen Schülerinnen und Schüler errechnete Skalenwert liegt somit um 36 Punkte über dem internationalen Mittelwert. Wie dieser Kennwert *im internationalen Leistungsvergleich* einzuordnen ist, zeigen Tabelle V.4 und Abbildung V.3. Sie zitieren die TIMSS-Ergebnisse aus dem Naturwissenschaftstest für die vierte Jahrgangsstufe (Martin et al., 1997). Der rekonstruierte Kennwert für die naturwissenschaftliche Kompetenz in Deutschland am Ende der Grundschulleistungen ist aus Gründen der anschaulichen Darstellung grau unterlegt eingefügt. Es muss ausdrücklich betont werden, dass der nachträgliche Naturwissenschaftstest im Rahmen von IGLU in keiner Weise die TIMSS-Rangordnung für die Population I tangiert. Damit gibt es auch keine neue Rangordnung für die Grundschulleistungen in Naturwissenschaften mit einer deutschen Platzierung.

Wenn man den sechs Jahre später gemessenen Wert für Deutschland in diese Tabelle einordnen würde, dann lägen die Leistungen im *oberen Drittel des Ländervergleichs*. Erheblich über den Leistungen der deutschen Schülerinnen und Schüler würden die Leistungen von Korea (597) und Japan (574) einzuordnen sein. Ansonsten entspräche die durchschnittliche Naturwissenschaftsleistung der deutschen Schülerinnen und Schüler (560) etwa dem Niveau der USA (565), von Österreich (565) und Australien (562), der Tschechischen Republik (557), den Niederlanden (557) und England (551). Dieser Vergleich unterstützt die Vermutung, dass die

Tabelle V.4: Naturwissenschaftsleistungen am Ende der Grundschule (vierte Jahrgangsstufe) im internationalen Vergleich (Tabelle nach Martin et al., 1997, S. 22)

| | TIMSS Grundschule (internationaler M = 524) | | | | | | |
|---|---|---|---|---|---|---|---|
| Land | Mittelwert (Standardfehler) | Standard-abweichung | Perzentile | | | | |
| | | | 5 | 25 | 50 | 75 | 95 |
| Korea | 597 (1,9) | 68 | 481 | 554 | 600 | 643 | 704 |
| Japan | 574 (1,8) | 73 | 453 | 527 | 576 | 624 | 687 |
| USA | 565 (3,1) | 95 | 397 | 505 | 573 | 633 | 711 |
| Österreich[1] | 565 (3,3) | 80 | 429 | 513 | 568 | 619 | 692 |
| Australien[1] | 562 (2,9) | 93 | 403 | 502 | 568 | 626 | 707 |
| Deutschland[2] | 560 (2,9) | 82 | 425 | 502 | 559 | 615 | 692 |
| Tschechien | 557 (3,1) | 81 | 425 | 502 | 556 | 610 | 689 |
| Niederlande[1] | 557 (3,1) | 66 | 448 | 514 | 556 | 602 | 661 |
| England | 551 (3,3) | 96 | 388 | 489 | 553 | 615 | 708 |
| Kanada | 549 (3,0) | 86 | 409 | 493 | 552 | 607 | 691 |
| Singapur | 547 (5,0) | 97 | 377 | 486 | 551 | 612 | 700 |
| Slowenien[1] | 546 (3,3) | 76 | 419 | 497 | 547 | 598 | 668 |
| Irland | 539 (3,3) | 85 | 388 | 487 | 544 | 596 | 674 |
| Schottland | 536 (4,2) | 93 | 376 | 472 | 540 | 598 | 687 |
| Hong Kong | 533 (3,7) | 78 | 401 | 483 | 536 | 585 | 657 |
| Ungarn[1] | 532 (3,4) | 81 | 396 | 478 | 535 | 586 | 660 |
| Neuseeland | 531 (4,9) | 97 | 364 | 471 | 534 | 598 | 683 |
| Norwegen | 530 (3,6) | 86 | 387 | 476 | 534 | 592 | 663 |
| Lettland[1] | 512 (4,9) | 84 | 378 | 457 | 510 | 563 | 649 |
| Island | 505 (3,3) | 85 | 360 | 447 | 507 | 564 | 632 |
| Israel[1] | 505 (3,6) | 86 | 366 | 446 | 506 | 564 | 646 |
| Griechenland | 497 (4,1) | 83 | 354 | 448 | 501 | 552 | 627 |
| Portugal | 480 (4,0) | 93 | 331 | 427 | 485 | 535 | 610 |
| Zypern | 475 (3,3) | 76 | 348 | 427 | 476 | 528 | 595 |
| Thailand[1] | 473 (4,9) | 71 | 353 | 424 | 474 | 520 | 589 |
| Iran | 416 (3,9) | 74 | 295 | 365 | 415 | 467 | 539 |
| Kuwait[1] | 401 (3,1) | 85 | 260 | 345 | 401 | 458 | 541 |

[1] Länder, die Vorgaben für Stichprobenausschöpfung verfehlten.

[2] Die Grundschulkennwerte für Deutschland sind nachträglich errechnet und zugeordnet.

IEA: Progress in International Reading Literacy Study © IGLU-Germany

deutschen Schülerinnen und Schüler am Ende der Grundschulzeit in ihrem naturwissenschaftsbezogenen Wissen und Verständnis durchaus mit den anderen Ländern mithalten können.

An dieser Stelle muss allerdings auf einige *Besonderheiten der TIMS-Grundschulstudie* aufmerksam gemacht werden. Im Grundschulbereich fiel es relativ vielen Ländern schwer, die *internationalen Vorgaben für die Ausschöpfung der Stichprobe* zu erfüllen (85 % der Schulen und 85 % der Schülerinnen und Schüler). Länder, die diese Vorgaben verfehlten, sind in der Tabelle mit einer Fußnote versehen. Die Kennwerte für Österreich, Australien und die Niederlande sind also mit Vorbehalten bzw. mit der gegebenen Vorsicht zu interpretieren, da in diesen Ländern die bei TIMSS vorgeschriebene Stichprobenausschöpfung nicht erreicht wurde.

Der für Deutschland im Rahmen von IGLU rekonstruierte Kennwert beruht auf einer Zufallsstichprobe, die den TIMSS Ausschöpfungskriterien entsprochen hat. Allerdings muss auch hervorgehoben werden, dass der für Deutschland errechnete Wert auf einer *nicht vollständigen nationalen Stichprobe* beruht. An der IGLU-Erweiterung (also an den Mathematik- und Naturwissenschaftstests) hatten sich vier Bundesländer (Brandenburg, Mecklenburg-Vorpommern, Niedersachsen und Sachsen-Anhalt) nicht beteiligt (vgl. Kap. II). Insofern ist auch der rekonstruierte Kennwert für Deutschland nur mit einer gewissen Vorsicht als ‚nationaler' Kennwert zu interpretieren. Nimmt man die PISA-Ergebnisse aus dem Bundesländervergleich als Anhaltspunkt, dann dürfte der rekonstruierte TIMSS-Kennwert die Naturwissenschaftsleistungen in Deutschland *tendenziell überschätzen*. Die PISA-Kennwerte der vier nicht an der IGLU-Erweiterung teilnehmenden Länder lagen zwischen 9 und 17 Punkten unterhalb des deutschen Durchschnitts (Prenzel, Carstensen, Rost & Senkbeil, 2002). Die mögliche Überschätzung aufgrund der Auswahl von Bundesländern beträgt jedoch, nimmt man PISA als Anhaltspunkt, kaum mehr als fünf Punkte.

Zu beachten ist weiterhin der *beträchtliche Zeitabstand zwischen den Erhebungen* von TIMSS (im Jahr 1995) und IGLU (im Jahr 2001): Es ist nicht auszuschließen, dass zahlreiche der Länder, die an der TIMS-Grundschulstudie teilnahmen, im Zeitraum von sechs Jahren die Leistungsfähigkeit im Bereich der Naturwissenschaften weiterentwickeln konnten. Wie die Befunde der TIMSS-Repeat-Erhebung, die 1999 durchgeführt wurde, zeigen, sind Veränderungen in der Größenordnung von 10 Punkten in einem entsprechenden Zeitraum möglich (IEA-Newsletter, 2001). Für Kanada (19 Punkte), Ungarn (16 Punkte) oder Australien (14 Punkte) wurden beträchtliche Zuwächse in den Kennwerten berichtet. Bei der Interpretation der später gemessenen deutschen Naturwissenschaftsleistungen darf deshalb nicht ausgeschlossen werden, dass einige Länder bei einem Test im Jahr 2001 besser abgeschnitten hätten als beim Testzeitpunkt 1995.

Abbildung V.3: Naturwissenschaftsleistungen am Ende der Grundschule (vierte Jahrgangsstufe) im internationalen Vergleich (int. M = 524)

| Teilnehmerstaat | M | (SE) | SD |
|---|---|---|---|
| Korea | 597 | (1,9) | 68 |
| Japan | 574 | (1,8) | 73 |
| USA | 565 | (3,1) | 95 |
| Österreich* | 565 | (3,3) | 80 |
| Australien* | 562 | (2,9) | 93 |
| Deutschland | 560 | (2,9) | 82 |
| Tschechien | 557 | (3,1) | 81 |
| Niederlande* | 557 | (3,1) | 66 |
| England | 551 | (3,3) | 96 |
| Kanada | 549 | (3,0) | 86 |
| Singapur | 547 | (5,0) | 97 |
| Slowenien* | 546 | (3,3) | 76 |
| Irland | 539 | (3,3) | 85 |
| Schottland | 536 | (4,2) | 93 |
| Hong Kong | 533 | (3,7) | 78 |
| Ungarn* | 532 | (3,4) | 81 |
| Neuseeland | 531 | (4,9) | 97 |
| Norwegen | 530 | (3,6) | 86 |
| Lettland* | 512 | (4,9) | 84 |
| Island | 505 | (3,3) | 85 |
| Israel* | 505 | (3,6) | 86 |
| Griechenland | 497 | (4,1) | 83 |
| Portugal | 480 | (4,0) | 93 |
| Zypern | 475 | (3,3) | 76 |
| Thailand* | 473 | (4,9) | 71 |
| Iran | 416 | (3,9) | 74 |
| Kuwait* | 401 | (3,1) | 85 |

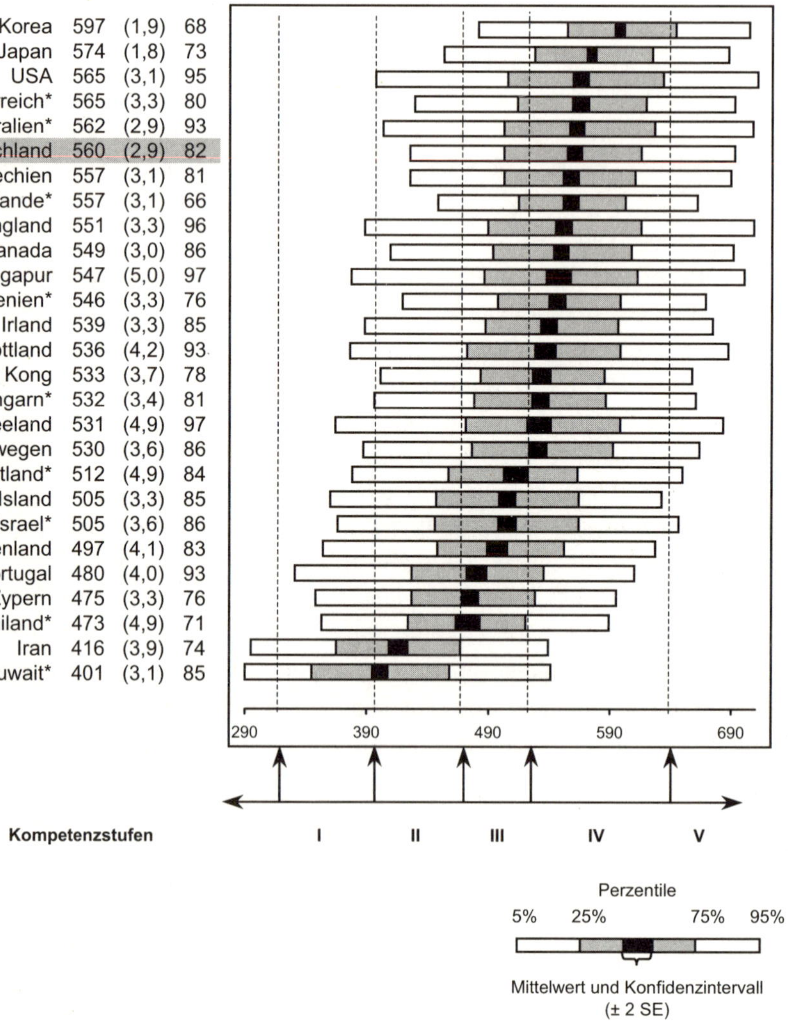


* Länder, die Vorgaben für Stichprobenausschöpfung verfehlten.

Die Grundschulkennwerte für Deutschland sind nachträglich errechnet und zugeordnet.

IEA: Progress in International Reading Literacy Study

*Naturwissenschaftsleistungen am Ende der Grundschule und auf der Sekundarstufe:* Um die Diskrepanzen zu den Befunden aus den anderen internationalen Leistungsvergleichen besser fassen zu können, sollen im Folgenden die Naturwissenschaftsergebnisse aus IGLU-E mit den TIMSS-Befunden für die Sekundarstufen (Baumert, Bos & Lehmann, 2000; Baumert et al., 1997) und den PISA-Ergebnissen (Prenzel et al., 2001) verglichen werden.

Die *TIMSS-Befunde für die Sekundarstufe I* bieten interessante Vergleichsmöglichkeiten, da alle an der Grundschuluntersuchung (TIMSS-Population I) beteiligten Nationen auch an der Untersuchung zur Sekundarstufe I (TIMSS-Population II) teilnahmen. Bei diesen Studien erfolgten die Erhebungen und Auswertungen mit einem einheitlichen theoretischen und methodischen Ansatz. Allerdings nahmen an der Sekundarstufenstudie sehr viel mehr (13 weitere) Länder teil. Die Zusammensetzung der Länder – und damit die Bezugsgruppe für internationale Vergleiche – variiert für die TIMS-Grundschul- und Sekundarstufenstudie.

Die Tabelle V.5 stellt die Ergebnisse für Länder dar, die an der *Grundschulstudie und an der Studie zur Sekundarstufe I* teilgenommen haben. Ergänzend werden in der Tabelle jeweils die Leistungsabstände der anderen Länder zum deutschen Mittelwert dargestellt.

Insgesamt betrachtet schneiden die meisten Länder in beiden TIMS-Studien ähnlich ab. Dennoch gibt es einige bemerkenswerte Verschiebungen in Relation zu den deutschen Kennwerten. Deutschland erreicht im Naturwissenschaftstest auf der achten Jahrgangsstufe einen Punktwert von 531 und liegt damit 17 Punkte über dem internationalen Durchschnittswert (der bei 514 Punkten liegt, da Tests für die siebte und achte Klassenstufe gemeinsam skaliert worden waren).

Beim Ländervergleich zur Sekundarstufe I befindet sich Deutschland – aufgrund einer erweiterten Länderzusammensetzung – nicht mehr in der Spitzengruppe, sondern in einem breiten internationalen Mittelfeld. Bemerkenswert sind Änderungen in den Rangordnungen bei TIMSS I zu TIMSS II, die mit deutlichen Veränderungen in den Abständen zu Deutschland verbunden sind: Diese sind besonders groß für Singapur, aber auch für Tschechien, Slowenien, die Niederlande und England sind Veränderungen in den Distanzen zu Deutschland zu verzeichnen. Länder wie Tschechien, Slowenien, England und die Niederlande schneiden aber auch beim internationalen Sekundarstufenvergleich zwischen 21 und 43 Punkten besser als Deutschland ab; Singapur sogar um 76 Punkte. Die Befunde aus den internationalen Querschnittsvergleichen unterstreichen also, dass das naturwissenschaftliche Leistungsniveau von Ländern auf der Sekundarstufe I durch die Leistungen am Ende der

Grundschulzeit nicht genau vorhergesagt werden kann. Das international durchschnittliche deutsche Ergebnis in den Naturwissenschaften auf der Sekundarstufe I steht nicht in einem grundsätzlichen Widerspruch zum Befund eines besseren Leistungsniveaus am Ende der Grundschulzeit. Dennoch handelt es sich um einen bemerkenswerten Befund.

Tabelle V.5: Mittelwerte für die Naturwissenschaftsleistungen in der vierten Jahrgangsstufe und in der achten Jahrgangsstufe sowie Differenzen zum jeweiligen Mittelwert für Deutschland (vgl. Baumert et al., 1997, S. 98; Martin et al., 1997, S. 23)

| Land | TIMSS POP I (internationaler M = 524) | | TIMSS POP II (internationaler M = 514) | |
|---|---|---|---|---|
| | Mittelwert | Differenz zum MW für D (560) | Differenz zum MW für D (531) | Mittelwert |
| Korea | 597 | 37 | 34 | 565 |
| Japan | 574 | 14 | 40 | 571 |
| USA | 565 | 5 | 3 | 534 |
| Österreich[1] | 565 | 5 | 27 | 558 |
| Australien[1] | 562 | 2 | 14 | 545 |
| Deutschland[2] | 560 | 0 | 0 | 531 |
| Tschechien | 557 | -3 | 43 | 574 |
| Niederlande[1] | 557 | -3 | 29 | 560 |
| England | 551 | -9 | 21 | *552* |
| Kanada | 549 | -11 | 0 | 531 |
| Singapur | 547 | -13 | 76 | 607 |
| Slowenien[1] | 546 | -14 | 29 | 560 |
| Irland | 539 | -21 | 7 | 538 |
| Schottland | 536 | -24 | -14 | 517 |
| Hong Kong | 533 | -27 | -9 | 522 |
| Ungarn[1] | 532 | -28 | 23 | 554 |
| Neuseeland | 531 | -29 | -6 | 525 |
| Norwegen | 530 | -30 | -4 | 527 |
| Griechenland | 497 | -63 | -34 | 497 |
| Portugal | 480 | -80 | -51 | 480 |
| Zypern | 475 | -85 | *-68* | *463* |
| Thailand[1] | 473 | -87 | -6 | 525 |

[1]Länder, die Vorgaben für Stichprobenausschöpfung verfehlten.

[2] Die Grundschulkennwerte für Deutschland sind nachträglich errechnet und zugeordnet.

Die Tabelle berichtet nicht alle Länder.

IEA: Progress in International Reading Literacy Study 

Offensichtlich stagniert der Zuwachs naturwissenschaftlicher Kompetenz bei deutschen Schülerinnen und Schülern von der Grundschulzeit zur Sekundarstufe I, während in einer Anzahl von Ländern über die ersten vier Sekundarstufenjahre ein relativ starker Zuwachs in den Naturwissenschaftsleistungen stattfindet. Auffallend ist die *Parallelität zwischen den USA und Deutschland* in diesen Befunden. Beide schneiden beim Grundschulvergleich in den Naturwissenschaften relativ gut ab, beide erreichen dann jedoch auf der Sekundarstufe I nur mehr ein (international betrachtet) durchschnittliches Niveau.

Hinweise auf ausgeprägte *Unterschiede zwischen Ländern in der Entwicklung der naturwissenschaftlichen Kompetenz über die Schullaufbahn* haben bereits Baumert, Bos und Watermann (2000; 1998) bei Vergleichen der TIMSS-Populationen II und III (Sekundarstufe II) beschrieben und kommentiert. So kann man für die Niederlande, Kanada und Slowenien über die Schulstufen eine deutliche, sukzessive Verbesserung der Leistungen gegenüber Deutschland feststellen. Für Ungarn, die Tschechische Republik und auch Österreich sind ausgeprägte Zuwächse (relativ zu Deutschland) bei der Erhebung auf der achten Jahrgangsstufe zu verzeichnen, die allerdings über die Sekundarstufe II wieder zurückgehen, in Ungarn und der Tschechischen Republik sogar gravierend. Die USA wiederum, die von der Grundschule zur Sekundarstufe I – wie Deutschland – einen Leistungsrückgang im Vergleich zum internationalen Durchschnitt verzeichnen müssen, geraten in einen ausgeprägten Abstand zu den deutschen Leistungen am Ende der Sekundarstufe II. Baumert, Bos und Watermann (2000) führen diese Veränderungen in den Leistungen auf der oberen Sekundarstufe auf den früh abschließenden Naturwissenschaftsunterricht in Ungarn und Tschechien bzw. auf das diskontinuierliche Wahlverhalten der Oberstufenschüler in den USA zurück. Wenn man die TIMSS-Befunde über die drei untersuchten Populationen betrachtet, sind freilich (relative) Leistungszuwächse über die Schulstufen, die Länder am Ende der Sekundarstufen auf ein hohes Niveau bringen, sehr viel günstiger gegenüber relativ starken Ergebnissen im Grundschulalter, die nicht stabilisiert oder ausgebaut werden. In entsprechenden Konstellationen, die offensichtlich für Deutschland oder die USA gelten, bleiben Potentiale ungenutzt.

Während die deutschen Naturwissenschaftsleistungen bei den TIMS-Studien zur Sekundarstufe noch im breiten Feld des internationalen Durchschnitts lagen, berichten die *PISA-Erhebungen* im Jahr 2000 (also fünf Jahre nach TIMSS) für Deutschland Leistungen, die nun signifikant unter dem internationalen Durchschnitt einzuordnen sind. PISA nimmt die Leistungen von OECD-Mitgliedstaaten als Bezugspunkt für den internationalen Vergleich. Von den 26 Staaten, die an der TIMS-Grundschulstudie teilnahmen, beteiligten sich 17 Länder (und Deutschland) an der PISA-Erhebung im Jahr 2000.

Tabelle V.6: Vergleich der Naturwissenschaftsleistungen von OECD-Staaten in der TIMS-Grundschulstudie und bei PISA (sowie Differenzen zum jeweiligen Mittelwert für Deutschland)

| Land | TIMSS Grundschule (internationaler M = 524) | | | PISA (internationaler M = 500) | | |
|---|---|---|---|---|---|---|
| | Mittelwert (Standardfehler) | | Abstand zum MW für D | Abstand zum MW für D | Mittelwert (Standardfehler) | |
| Korea | 597 | (1,9) | 37 | 65 | 552 | (2,7) |
| Japan | 574 | (1,8) | 14 | 63 | 550 | (5,5) |
| USA | 565 | (3,1) | 5 | 12 | 499 | (7,3) |
| Österreich[1] | 565 | (3,3) | 2 | 41 | 519 | (2,6) |
| Australien[1] | 562 | (2,9) | 5 | 32 | 528 | (3,5) |
| Deutschland[2] | 560 | (2,9) | 0 | 0 | 487 | (2,4) |
| Tschechien | 557 | (3,1) | -3 | 24 | 511 | (2,4) |
| England / UK | 551 | (3,3) | -9 | 45 | 532 | (2,7) |
| Kanada | 549 | (3,0) | -11 | 42 | 529 | (1,6) |
| Irland | 539 | (3,3) | -21 | 26 | 513 | (3,2) |
| Schottland / UK | 536 | (4,2) | -24 | 45 | 532 | (2,7) |
| Ungarn[1] | 532 | (3,4) | -28 | 9 | 496 | (4,2) |
| Neuseeland | 531 | (4,9) | -29 | 41 | 528 | (2,4) |
| Norwegen | 530 | (3,6) | -30 | 13 | 500 | (2,8) |
| Lettland[1] | 512 | (4,9) | -48 | -28 | 459 | (5,6) |
| Island | 505 | (3,3) | -55 | 9 | 496 | (2,2) |
| Griechenland | 497 | (4,1) | -63 | -26 | 461 | (4,9) |
| Portugal | 480 | (4,0) | -80 | -28 | 459 | (4,0) |

[1] Länder, die Vorgaben für Stichprobenausschöpfung verfehlten.

[2] Die Grundschulkennwerte für Deutschland sind nachträglich errechnet und zugeordnet.

IEA: Progress in International Reading Literacy Study © IGLU-Germany

Die Tabelle V.6 stellt die Naturwissenschaftsergebnisse dieser Länder aus beiden Erhebungen gegenüber. Während beim Grundschulvergleich elf OECD-Staaten (England und Schottland getrennt betrachtet: 12) unter dem deutschen Mittelwert liegen (zehn Länder signifikant), sind es bei PISA nur mehr drei OECD-Staaten, die schlechter als Deutschland abschneiden. Die Diskrepanz zwischen dem rekonstruierten TIMSS-Kennwert für die Grundschule und den bei PISA gemessenen deutschen Naturwissenschaftsleistungen kann somit nicht einfach auf die exklusivere Länderkonkurrenz bei PISA zurückgeführt werden. Auch der Vergleich mit PISA weist auf eine Stagnation im Aufbau naturwissenschaftlicher Kompetenz von der Grundschule zum Ende der ersten Sekundarstufe hin.

Die Gegenüberstellung mit PISA-Befunden führt noch zu stärkeren Kontrasten. Länder wie Kanada, Neuseeland, England, Schottland oder auch Japan verändern ihre relative Position zu Deutschland in einer Größenordnung, die 40 Punkte übersteigt. Bemerkenswert sind etwa auch die Änderungen in der relativen Differenz für Österreich. Diese Daten unterstreichen, dass die deutschen Schülerinnen und Schüler in den fünf Jahren vom Ende der Grundschulzeit bis zum PISA-Testalter (15 Jahre) den internationalen Anschluss verlieren. Auch zahlreiche Länder, die – folgt man den IGLU- und TIMSS-Befunden – am Ende der Grundschulzeit im Naturwissenschaftstest sehr viel schlechter abschneiden, verbessern danach ihre relative Position zu Deutschland in einem bemerkenswerten Umfang.

Die Verknüpfung der IGLU-Studie mit der TIMSS-Rangreihe liefert somit eine Reihe von bemerkenswerten Befunden:

- Im Bereich naturwissenschaftlicher Kompetenz sind am Ende der Grundschulzeit keine Hinweise auf mehr oder weniger ausgeprägte Leistungsdefizite zu finden. Vielmehr zeichnet sich ab, dass die deutschen Schülerinnen und Schüler auf der vierten Jahrgangsstufe in TIMSS-Aufgaben ein Niveau erreichen, das im internationalen Vergleich (mit den Ergebnissen der Originaltests im Jahr 1995) durchaus bestehen könnte.

- Betrachtet man die Befunde zu den drei TIMSS-Populationen, dann findet man einige Beispiele für Länder, die bei durchschnittlichen Naturwissenschaftsleistungen am Ende der Grundschulzeit zu sehr guten bzw. ausgezeichneten Leistungen in der Sekundarstufe I gelangen. Ein hohes Leistungsniveau kann in den Naturwissenschaften offensichtlich auch dann erreicht werden, wenn die Kompetenz am Ende der Grundschulzeit noch schwach entwickelt ist.

- Ähnlich wie in den USA erbringen die deutschen Schülerinnen und Schüler am Ende der Grundschulzeit relativ gute Leistungen im Naturwissenschaftstest, erreichen dann aber nur mehr ein durchschnittliches Niveau bei den TIMSS- oder PISA-Tests zur Sekundarstufe I.

- Bei einer Anzahl von Ländern (Korea, Japan, aber auch Österreich, Australien, United Kingdom, Tschechische Republik) folgen auf (international betrachtet) gute Grundschulleistungen vergleichbar starke Leistungen auf der Sekundarstufe.

- Die internationalen Vergleiche weisen damit darauf hin, dass die deutschen Schülerinnen und Schüler im Bereich der Naturwissenschaften in der Kompetenzentwicklung nach der Grundschule keine großen Fortschritte (in Relation zu anderen Ländern) machen.

Diese Befunde legen Fragen zur Bedeutung des Naturwissenschaftsunterrichts in der Grundschule und auf der Sekundarstufe nahe, die in der abschließenden Diskussion über Konsequenzen aufgegriffen werden sollen.

### 3.2 Leistungsunterschiede im Naturwissenschaftstest

Wie die Ergebnisse der Naturwissenschaftstests belegen, gibt es keine Hinweise auf ausgeprägte Defizite deutscher Schülerinnen und Schüler am Ende der Grundschulzeit. Bei PISA waren aber auch die Befunde über ausgeprägte Leistungsunterschiede, die hohe Heterogenität oder die großen Anteile von Schülerinnen und Schülern mit eklatanten Wissenslücken (Prenzel et al., 2001) alarmierend. Vor diesem Hintergrund stellt sich die Frage nach den Leistungsunterschieden, die bei den Naturwissenschaftstests im Rahmen von IGLU gefunden wurden.

*Bandbreiten und Streuungen der Naturwissenschaftsleistungen:* Der in der Tabelle V.4 angegebene Kennwert der Standardabweichung beschreibt die durchschnittliche Streuung um den Mittelwert. Auch hier ist der Kennwert von 82, der für die Erhebung naturwissenschaftlicher Kompetenz im Rahmen von IGLU errechnet wurde, ‚unverdächtig'. Die Streuung der Naturwissenschaftsleistungen in Deutschland ist am Ende der Grundschulzeit weniger ausgeprägt als gegen Ende der ersten Sekundarstufe. Die Standardabweichung für Deutschland lag im Bereich Naturwissenschaften in PISA bei 102 (Prenzel et al., 2001). Bei der Einbettung des IGLU-Befundes in die TIMSS-Ergebnisse für die Population I (Grundschule) bestätigt sich die Erwartung, dass die Leistungen in Korea und Japan deutlich homogener sind als in Deutschland. Der Kennwert für Deutschland entspricht in etwa der in Österreich gemessenen Streuung. Bemerkenswert sind die Streuungsmaße etwa für die USA, England oder Neuseeland, die bei TIMSS deutlich oberhalb des für Deutschland rekonstruierten Wertes liegen. Bei PISA liegen die Standardabweichungen dieser Länder für den Naturwissenschaftstest etwa in gleicher Höhe mit Deutschland. Die IGLU-Befunde weisen somit darauf hin, das *im Verlauf der Sekundarstufe die Naturwissenschaftsleistungen in Deutschland heterogener werden.*

Ein differenzierteres Bild der Streuung geben die in der Tabelle V.4 ebenfalls berichteten Perzentilwerte auf der Leistungsverteilung. Beim 5-Prozent-Abschnitt dieser Verteilung liegt der Leistungswert für Deutschland bei 425 Punkten, und damit relativ hoch im Vergleich zu anderen Ländern (z.B. USA, England). Dieses Ergebnis gibt keine Hinweise, dass in Deutschland am Ende der Grundschulzeit (im Vergleich zu anderen Ländern) besonders auffällige Probleme im unteren Leistungssegment festzustellen wären. Ebenso verhält es sich mit dem Leistungswert (502) am 25- Prozent-Abschnitt der Verteilung. Nimmt man die TIMSS-Länder als Bezugspunkt, dann kann für Deutschland keine besondere Problematik im unteren Viertel der Leistungsverteilung festgestellt werden.

Betrachtet man das obere Ende der Leistungsverteilung (Perzentil 95), dann erreicht eine Anzahl von Ländern ein Spitzenniveau, das über dem für Deutschland errechneten (692 Punkte) liegt. Bemerkenswert sind hier die ausgezeichneten Kennwerte für die USA (711), Australien (707), England (708) oder Singapur (700). Damit findet man keine Hinweise auf – im internationalen Vergleich – herausragende Leistungen der Spitzengruppe deutscher Schülerinnen und Schüler.

*Verteilung auf Kompetenzstufen:* Die Beurteilung der Kompetenz erfolgte bisher durch Vergleiche mit den entsprechenden Kennwerten für andere Länder. Ein anderer, inhaltlicher Zugang besteht darin, die Prozentanteile von Schülerinnen und Schülern zu berichten, die den verschiedenen Stufen der naturwissenschaftlichen Kompetenz zugeordnet werden können (vgl. Abschnitt 2.2.3). Auf dieser Grundlage kann eingeschätzt werden, welche Schülerinnen und Schüler in Gefahr sind, den Anschluss zu verlieren, oder inwieweit Teilgruppen ein ausgezeichnetes Potential für die Naturwissenschaften erkennen lassen.

Die Tabelle V.7 berichtet die Anteile von Schülerinnen und Schüler, die anhand ihrer Leistungen im IGLU-Test den verschiedenen Stufen naturwissenschaftlicher Kompetenz zugeordnet werden können. Unter diesen Kriterien lässt sich eine Gruppe von etwa acht Prozent der Schülerinnen und Schüler identifizieren, die am Ende der Grundschule (einfache) naturwissenschaftliche Fragestellungen klären und durchdenken kann, auch etwa in Hinblick auf Versuchsanordnungen (Kompetenzstufe V). Diese Gruppe verfügt über ausgezeichnete Voraussetzungen für eine weiterführende Beschäftigung mit den Naturwissenschaften. Aber auch die Schülerinnen und Schüler auf der Kompetenzstufe IV verfügen über begriffliche Vorstellungen zu naturwissenschaftlichen Sachverhalten, die eine sehr gute Basis für einen nachfolgenden naturwissenschaftlichen Unterricht sein können. Demgegenüber sind etwa die Voraussetzungen der Schülerinnen und Schüler (etwa 13 %) auf der Kompetenzstufe I als relativ schlecht zu beurteilen. Sie können zwar sehr einfache Sachverhalte benennen oder aufzählen, aber es fehlt an Verständnis. Ausgesprochen kritisch stellt sich die Lage der Schülerinnen und Schüler dar, die am Ende der vierten Klassenstufe mit vorschulischem Wissen arbeiten. Die Gruppe ist zwar klein (ca. 4 %), bedarf aber besonderer Beachtung.

Wenn man anhand dieser inhaltlichen Kriterien Gruppen eingrenzen möchte, die besonderen Förderbedarf erkennen lassen, dann handelt es sich um die Schülerinnen und Schüler auf der Kompetenzstufe I und darunter. Diese Gruppe umfasst insgesamt etwa 17 Prozent der Schülerinnen und Schüler. Bei PISA wurde im naturwissenschaftlichen Bereich ein gutes Viertel der Jugendlichen als Risikogruppe bezeichnet.

Die Betrachtung der Testleistungen unter inhaltlichen Gesichtspunkten ergänzt das Ergebnis des TIMSS-Vergleichs. Am Ende der Grundschulzeit entspricht das durchschnittliche Kompetenzniveau deutscher Schülerinnen und Schüler durchaus der Leistungshöhe in wichtigen Vergleichsländern. Über 40 Prozent der Schülerinnen und Schüler in Deutschland befinden sich auf dem wichtigen Übergang von naturwissenschaftsbezogenen Alltagsvorstellungen zu belastbaren naturwissenschaftlichen Konzepten und entwickeln Ideen von einem systematischen naturwissenschaftlichen Arbeiten. Sie verfügen damit über ein naturwissenschaftliches Grundverständnis, an das ein nachfolgender, kumulativ angelegter Naturwissenschaftsunterricht mit sehr guten Erfolgsaussichten anknüpfen könnte.

Tabelle V.7: Verteilung der Schülerinnen und Schüler in Deutschland auf die Stufen naturwissenschaftlicher Kompetenz (Grundschule)

| Stufen naturwissenschaftlicher Kompetenz (Grundschule) | | Gesamt | Mädchen | Jungen |
|---|---|---|---|---|
| | | | (in Prozent) | |
| Stufe V | (> 637) Naturwissenschaftliches Denken | 8,1 | 6,6 | 9,7 |
| Stufe IV | (523-637) Beginnendes naturwissenschaftliches Verständnis | 33,7 | 30,9 | 36,5 |
| Stufe III | (469-522) Anwenden naturwissenschaftsnaher Begriffe | 21,3 | 21,9 | 20,7 |
| Stufe II | (401-468) Anwenden alltagsnaher Begriffe | 20,2 | 21,0 | 19,4 |
| Stufe I | (323-400) Einfache Wissensreproduktion | 12,8 | 14,3 | 11,4 |
| | (< 323) Vorschulisches Alltagswissen | 3,9 | 5,3 | 2,4 |

IEA: Progress in International Reading Literacy Study © IGLU-Germany

Allerdings beanspruchen auch die Schülerinnen und Schüler auf den niedrigeren Kompetenzstufen jeweils spezifische (und verstärkte) Aufmerksamkeit. Auf der Kompetenzstufe II, zum Teil aber auch auf der Kompetenzstufe III, ist noch nicht das naturwissenschaftliche Verständnis erreicht, über das 10-Jährige verfügen sollten, um in der Schule, aber auch außerhalb Anschluss halten zu können.

*Geschlechterdifferenzen:* Die Naturwissenschaften sind der Bereich, in dem noch häufig bessere Leistungen von Jungen gegenüber den Mädchen festgestellt werden. Je nach Zuschnitt der Tests (mehr oder weniger Leseanteile) und inhaltlichen Schwerpunktsetzungen (Biologie vs. Chemie und Physik) unterscheiden sich die Differenzen: Wenn der Test viele Aufgaben aus der Chemie oder Physik enthält, schneiden Jungen deutlich besser ab; die Abstände verringern sich erheblich bzw. verschwinden bei Testaufgaben, die vor allem die Biologie betreffen oder größere Leseanforderungen stellen. Für die TIMSS-Sekundarstufen wurden in Deutschland beträchtliche Geschlechterdifferenzen in der Größenordnung von 15 bis 20 Punkte (zugunsten der Jungen) gemessen (Baumert et al., 1997); bei PISA fielen die Differenzen kleiner aus (maximal 8 Punkte) bzw. waren für Teiltests statistisch nicht mehr abzusichern (Prenzel et al., 2001; Stanat & Kunter, 2001).

In der TIMS-Grundschulstudie konnten für elf der teilnehmenden Länder *signifikante Leistungsunterschiede zwischen Mädchen und Jungen* festgestellt werden (Martin et al., 1997). Diese Unterschiede bewegen sich in einem Bereich von 12 (USA) bis hin zu 26 Punkten (Niederlande) zugunsten der Jungen. Entsprechende Unterschiede gibt es zum Beispiel auch in Australien (13), Österreich (16), Japan (13) oder Korea (14 Punkte). Der Gesamtunterschied – über alle Länder hinweg betrachtet – beträgt 9 Punkte. Der internationale Vergleich zeigt aber auch, dass diese Differenz keine ‚naturwüchsige' Größe ist. In Griechenland beträgt die Differenz 7 Punkte, in England 8, in Kanada 9 Punkte; in Neuseeland schneiden die Mädchen sogar im Mittel um 8 Punkte besser ab als die Jungen (tendenziell bessere Leistungen erzielen sie auch in Lettland und Thailand).

Vor diesem Hintergrund stellt sich die Frage nach den Geschlechterdifferenzen in den Naturwissenschaftsleistungen bei IGLU-E. Die Jungen erreichen auf der mit TIMSS verknüpften Skala einen Mittelwert von 567, der Mittelwert für die Mädchen beträgt 552 Punkte. Der Unterschied in der Höhe von 15 Punkten in Deutschland ist mit anderen Ländern vergleichbar, für die Altersstufe jedoch beträchtlich. Diese Differenz bildet sich ebenfalls in den Verteilungen auf den Kompetenzstufen ab: Mädchen sind auf den unteren, Jungen auf den oberen Kompetenzstufen überrepräsentiert. Diese Befunde deuten an, dass der Sachunterricht eine besondere Herausforderung darin finden könnte, die Entwicklung naturwissenschaftlicher Kompetenz an den Schülerinnen orientiert zu unterstützen.

*Sozialer Hintergrund:* Wie PISA gezeigt hat, sind die Leistungsunterschiede auch im Bereich Naturwissenschaften systematisch mit Merkmalen des sozialen Hintergrundes assoziiert (Baumert & Schümer, 2001). Wie in Kapitel VIII dargelegt wird, sind am Ende des Grundschulalters ebenfalls vergleichbar straffe Zusammenhänge zwischen der Naturwissenschaftsleistung und wichtigen Kontextmerkmalen festzustellen. An dieser Stelle soll nur auf zwei Befunde hingewiesen werden. Schülerinnen und Schüler mit Migrationshintergrund sind auf den unteren Kompetenzstufen überrepräsentiert und auf den oberen Kompetenzstufen unterrepräsentiert. Das wiederum bedeutet, dass bei einem schülerorientierten Sachunterricht Schülerinnen und Schülern mit Migrationshintergrund besondere Aufmerksamkeit und Unterstützung zuteil werden müsste.

Den PISA-Befunden ähnlich sind ebenfalls am Ende der Primarstufe Schülerinnen und Schüler aus den unteren Sozialschichten auf den unteren Stufen naturwissenschaftlicher Kompetenz überrepräsentiert. Kinder aus oberen Sozialschichten (hier der oberen Dienstklasse) sind demgegenüber mit sehr viel höheren Anteilen auf den höheren Kompetenzstufen vertreten.

Diese Befunde werfen die Frage auf, inwieweit die Grundschule Anregungsbedingungen der Elternhäuser für den Aufbau naturwissenschaftlicher Kompetenz zu kompensieren vermag. Stellt man die insgesamt relativ geringen naturwissenschaftlichen Anteile im Sachunterricht in Rechnung, dann ist bei der Befundlage nicht auszuschließen, dass die Unterschiede in der naturwissenschaftlichen Kompetenz am Ende der Grundschulzeit in einem beträchtlichen Ausmaß durch unterschiedliche Anregungen und Unterstützungen in den Elternhäusern bedingt werden.

### 3.3 Motivation und Selbstkonzept

Naturwissenschaftliche Grundbildung beruht auf naturwissenschaftlicher Kompetenz und einer motivationalen Komponente. Für die lebenslange Auseinandersetzung mit Naturwissenschaften in einer durch Naturwissenschaft und Technik geprägten Welt ist Interesse, zumindest aber Interessiertheit (im Sinne von Aufgeschlossensein) eine wichtige Voraussetzung (Hartinger, 1997; Prenzel, Lankes & Minsel, 2000). Die motivationale Beziehung zu den Naturwissenschaften, das Engagement und die Leistung, werden wiederum durch die Einschätzung der eigenen Fähigkeit und die Erfahrung, naturwissenschaftliche Sachverhalte verstehen und lernen zu können, beeinflusst (Krapp, 1998; Krapp & Ryan, 2002; Renkl, Helmke & Schrader, 1997).

In diesem Zusammenhang stehen Fragen und Skalen, die bei IGLU-E von den Schülerinnen und Schülern zu beantworten oder einzuschätzen waren. Im Folgenden werden Befunde berichtet, die ihr Interesse, ihre Motivation und ihr Fähigkeitsselbstbild charakterisieren. Differenzierte Auswertungen des Beziehungsgeflechts sind dem analytischen Bericht vorbehalten. Freilich geben auch die deskriptiven Befunde Anhaltspunkte für die Ausrichtung des Sachunterrichts.

Insgesamt wird der Sachunterricht an der Grundschule von den Schülerinnen und Schülern unter motivationalen Aspekten sehr positiv eingeschätzt. So stimmen 85,7 Prozent der Schülerinnen und Schüler der Aussage im Einschätzbogen ‚*Ich lerne gerne im Sachunterricht*' zu. Nur 7,7 Prozent der Kinder finden den Sachunterricht *wirklich langweilig* (stimmt genau). 90,7 Prozent schätzen die Sachunterrichtsinhalte als ‚*lebenswichtig*' ein. Fasst man die Fragen zur Lernmotivation im Sachunterricht auf einer Skala zusammen, dann liegt der Mittelwert bei 3,4 (SD = .65); der maximale Wert liegt bei 4 (hohe Motivation). Der Sachunterricht wird von den Schülerinnen und Schülern am Ende der Grundschulzeit insgesamt als anregend, interessant und nützlich erlebt.

Von den Schülerinnen und Schülern werden auch die Anforderungen, die im Sachunterricht an sie gestellt werden, sehr positiv eingeschätzt. Fast alle Kinder (87,7 %) lehnen die Aussage ‚*Der Unterricht ist so schwer, dass ich nicht mitkomme*' als nicht zutreffend ab. Der größte Teil der Schülerinnen und Schüler (73,5 %) kann dem Satz ‚*Die Aufgaben, die uns die Lehrerin/der Lehrer stellt, sind ganz schön schwierig*' nicht zustimmen. Der Unterricht wird insgesamt als nicht schwierig eingeschätzt; dementsprechend halten sich die Schülerinnen und Schüler insgesamt als durchaus ‚fähig' und ‚begabt'. Die Mittelwerte für die Skalen zur Einschätzung der eigenen Fähigkeit und zum bereichsspezifischen Selbstkonzept liegen bei 3,3 (mit Standardabweichungen um .70). Mit diesem Selbstbild bringen die Schülerinnen und Schüler insgesamt positive Voraussetzungen für das Lernen im Sachunterricht mit. Hier ist auch anzumerken, dass Geschlechterdifferenzen in den Einschätzungen von Schwierigkeit und Fähigkeit im Zufallsbereich liegen. Es gibt also noch keine Hinweise auf ausgeprägte Unterschiede zwischen Mädchen und Jungen im bereichsspezifischen Selbstkonzept am Ende der Grundschulzeit.

Auch die Fragen nach naturwissenschaftsbezogenen Wissensgebieten im Sachunterricht lassen insgesamt eine starke Aufgeschlossenheit und Neugier erkennen. Themengebiete, zum Beispiel ‚*wie Tiere leben*', ‚*wie etwas funktioniert*' oder ‚*mit Experimenten Sachen erforschen*' stoßen auf das Interesse von etwa 80 Prozent der Schülerinnen und Schüler. Fast 60 Prozent der Schülerinnen und Schüler geben an, zu Hause etwas über diese Gebiete nachzulesen oder auszuprobieren.

Folgt man den Auskünften der Schülerinnen und Schüler über den Sachunterricht, seine Themen und über sich, dann findet man so gut wie keine Anzeichen für eine Distanz oder Abwendung von Sachthemen und naturwissenschaftlichen Gegenständen. Der Sachunterricht und seine Themen werden vielmehr als anregend erlebt; die Schülerinnen und Schüler haben generell den Eindruck, den Anforderungen gut gewachsen zu sein.

Allerdings differenziert sich bei den Schülerinnen und Schülern schon eine realitätsbezogene Vorstellung über ihre Kompetenz aus. In Abbildung V.4 werden die Skalenwerte für das bereichsspezifische Selbstkonzept, für die Selbsteinschätzung und für die Lernmotivation im Sachunterricht nach den Kompetenzstufen aufgeschlüsselt.

Abbildung V.4: Selbstkonzept, Selbsteinschätzung und Lernmotivation nach Kompetenzstufen

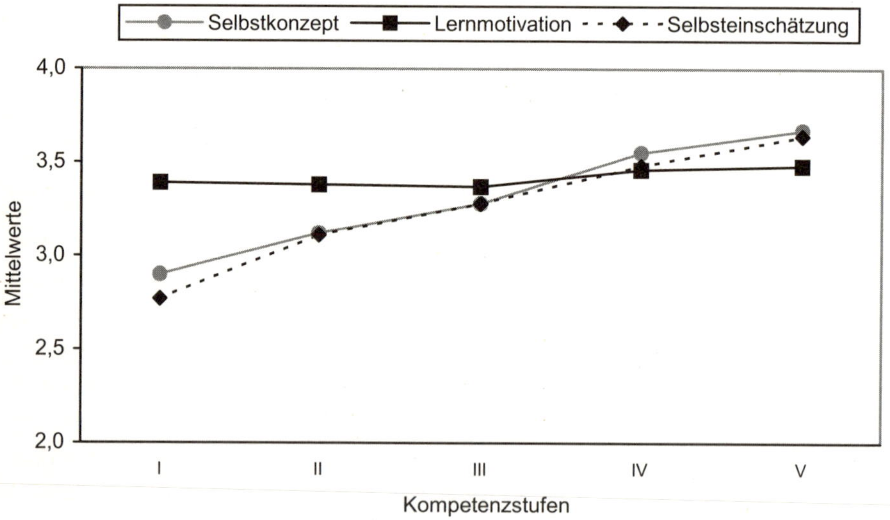


IEA: Progress in International Reading Literacy Study © IGLU-Germany

Die Abbildung lässt eine in der Tendenz durchaus realistische Fähigkeitseinschätzung erkennen. Vor diesem Hintergrund fällt auf, dass am Ende der Grundschulzeit keine systematische Beziehung zwischen Lernmotivation und Kompetenz besteht. Schülerinnen und Schüler auf den oberen und unteren Kompetenzstufen sind, ihren Angaben zufolge, fast gleichermaßen motiviert, im Sachunterricht zu lernen – obwohl sie durchaus ihre Fähigkeit unterschiedlich einschätzen. An dieser Stelle muss offen bleiben, inwieweit diese Konstellation auf Besonderheiten des Sachunterrichts zurückzuführen ist. Möglicherweise konfrontiert der Sachunterricht noch nicht mit anspruchsvollen Erwartungen und klaren Rückmeldungen über die eigene Fähigkeit; möglicherweise stellt er Anforderungen so, dass die Schülerinnen und Schüler auf unterschiedlichen Kompetenzstufen die Themen als interessant erleben können. In der Summe jedenfalls verfügen fast alle Schülerinnen und Schüler am Ende der Grundschulzeit über sehr gute motivationale Voraussetzungen für eine Beschäftigung mit naturwissenschaftlichen Themen.

### 3.4 Die Lehrkräfte: Einstellungen zum Sachunterricht

Im Rahmen der IGLU-Erweiterung bestand ebenfalls die Möglichkeit, die Lehrkräfte zu befragen, die Sachunterricht erteilen. Einige Befunde aus diesen knappen Befragungen werden im Folgenden vorgestellt.

So wurden die Lehrkräfte gefragt, wie sie ihre Schülerinnen und Schüler bezüglich Interesse und Leistungsfähigkeit im Sachunterricht einschätzen. Von den Lehrkräften bescheinigen 47 Prozent ihrer Klasse ein starkes Interesse an naturwissenschaftlichen Themen, bei weiteren 39 Prozent immerhin noch ein mittleres Interesse. Ein Drittel der Lehrkräfte beurteilt die eigene Klasse im Sachunterricht als sehr leistungsstark, knapp die Hälfte sieht die Leistungsfähigkeit in einem mittleren Bereich. Weitaus die meisten Lehrerinnen und Lehrer (85,7 %) halten die naturwissenschaftlichen Themen im Sachunterricht für die Mädchen ebenso interessant wie für die Jungen. Fast ebenso viele Lehrkräfte (82,8 %) erkennen für ihre Klasse keine Geschlechterdifferenzen im naturwissenschaftlichen Verständnis. Doch sind mehr als ein Viertel der Lehrkräfte (27,5 %) davon überzeugt, dass Jungen mehr Vorerfahrungen und Vorkenntnisse zu naturwissenschaftlichen Themen mitbringen als die Mädchen.

Welches Verhältnis haben die Lehrerinnen und Lehrer selbst zu den Naturwissenschaften? Nach ihren Aussagen fanden während ihrer eigenen Schulzeit 90,2 Prozent ein starkes Interesse an der Biologie, 39,8 Prozent an der Chemie und 41,8 Prozent an der Physik (‚stimmt genau' oder ‚stimmt fast'). Dieses Interesse entsprach auch den (guten) Noten, wie sie darlegen. Aber während des Studiums scheint dieses Interesse zurückzugehen. In der Rückschau berichtet etwa die Hälfte (52 %) ein großes oder eher großes Interesse an Arbeitsweisen und wissenschaftlichen Erkenntnissen der Biologie. Für die Arbeitsweisen und wissenschaftlichen Erkenntnisse in Physik oder Chemie interessierten sich noch 17,9 Prozent (Physik) bzw. 15 Prozent (Chemie) während ihres Studiums.

Auf Fragen zum aktuellen Stellenwert der Naturwissenschaften antworten 90,5 Prozent der Lehrkräfte, dass man die Naturwissenschaften bei vielen Aufgaben des Alltags braucht (‚stimmt genau' oder ‚stimmt fast'). Knapp die Hälfte (49,7 %) der Lehrkräfte ist davon überzeugt, dass es das Ziel naturwissenschaftlicher Theorien ist, Voraussagen zu liefern und 50,9 Prozent meinen, die Naturwissenschaften seien die Grundlage unseres Wohlstandes. Ein knappes Drittel (31,7 %) glaubt, in den Naturwissenschaften gibt es immer nur eine richtige Lösung und 55 Prozent attestieren den Naturwissenschaften die richtige Sichtweise der Natur (jeweils ‚stimmt genau' oder ‚stimmt fast').

Folgt man diesen Aussagen der Lehrkräfte, dann ist insgesamt durchaus keine Aversion gegen die Naturwissenschaften zu verzeichnen. Die eigene Schulerfahrung mit den Naturwissenschaften scheint eher positiv zu sein und nach wie vor wird den Naturwissenschaften ein hoher Stellenwert zugesprochen. Die Daten weisen vielmehr darauf hin, dass beträchtliche Anteile der Lehrkräfte den Naturwissenschaften mehr an Erkenntniswert zutrauen, als diese aus eigener Sicht für sich beanspruchen.

## 4. Zusammenschau

Mit den Ergebnissen der IGLU-Erweiterung liegt für Deutschland der erste umfassende Überblick über den Stand naturwissenschaftlicher Kompetenz am Ende der Grundschulzeit vor. Mit der Verwendung einer Reihe von TIMSS-Items konnten die Leistungen deutscher Schülerinnen und Schüler nachträglich der internationalen Skala aus der TIMSS-Erhebung zur Primarstufe (aus dem Jahr 1995) zugeordnet werden. Daneben wurden weitere Items eingesetzt, die aus der Expertensicht bedeutsame Aspekte des naturwissenschaftlichen Verständnisses von Grundschulkindern ansprechen, bezogen auf ihre aktuelle Lebenssituation und in Hinblick auf eine nachfolgende lernende Auseinandersetzung mit den Naturwissenschaften.

Dieser Itemsatz wurde Sachverständigen für Lehrplanfragen, die von den teilnehmenden Bundesländern benannt worden waren, zur Beurteilung vorgelegt. Wie die Einschätzungen zeigen, wird aus dieser Perspektive die Wichtigkeit des gemessenen Wissens bestätigt. Es wird allerdings zugleich festgestellt, dass nur für insgesamt 36 Prozent der Items ein expliziter Bezug zu den Lehrplänen des Sachunterrichts besteht. Beträchtliche Bereiche des getesteten Wissens sind somit nicht Bestandteil der amtlichen Lehrpläne. Dieser Befund überrascht wenig, da naturwissenschaftsbezogene Themen im Sachunterricht nur ein Lernfeld neben mehreren anderen betreffen.

Er wirft aber sehr wohl die Frage nach den Lernorten für naturwissenschaftliche Kompetenz im Kindesalter auf.

Ordnet man die Ergebnisse der nachträglichen Testung deutscher Grundschulkinder in die internationale Skala der TIMSS-Primarstufenerhebung ein, dann findet man keine Hinweise auf generelle Leistungsdefizite im Bereich naturwissenschaftlicher Kompetenz. Damit muss die im Anschluss an TIMSS und PISA immer wieder geäußerte Vermutung zurückgewiesen werden, dass die Leistungsdefizite auf der Sekundarstufe I bereits durch Versäumnisse im Grundschulalter angebahnt werden.

Betrachtet man die IGLU-Testergebnisse aus einer inhaltlichen Perspektive, dann zeichnet sich bei einer Aufschlüsselung nach Kompetenzstufen ab, dass ein erheblicher Anteil der Kinder am Ende der vierten Jahrgangsstufen gute (33,7 % auf Kompetenzstufe IV) oder gar ausgezeichnete (8,1 % auf Stufe V) Voraussetzungen für ein weiterführendes naturwissenschaftliches Lernen mitbringt. Allerdings werden Wissensgrundlagen mit Bezug zur Physik und zur Chemie in den folgenden Schuljahren an deutschen Schulen normalerweise erst einmal nicht aufgegriffen. Vor diesem Hintergrund kann die Diskrepanz zwischen den Naturwissenschaftsbefunden aus PISA und den IGLU-Ergebnissen relativ leicht nachvollzogen werden.

Bei der Interpretation der Befunde empfiehlt es sich auch, Vergleiche mit anderen Staaten anzustellen, die – wie zum Beispiel die USA – ebenfalls auf der Primarstufe gut und der Sekundarstufe schlecht abschneiden. Das Ergebnis des naturwissenschaftlichen Unterrichts am Ende der Pflichtschulzeit oder gar der gymnasialen Oberstufe hängt von der Zielstrebigkeit und Kontinuität des naturwissenschaftlichen Unterrichts über die Klassenstufe ab.

Deshalb sollte man die Befunde aus IGLU-E unter einer konstruktiven Perspektive betrachten: Das erkennbar gute naturwissenschaftliche Potential am Ende der Grundschulzeit wird bisher noch viel zuwenig genutzt und weiter geführt. Wie die Befunde aus IGLU zeigen, sind Grundschulkinder sehr wohl in der Lage, naturwissenschaftliche Sachverhalte zu begreifen und naturwissenschaftlich zu denken. Kräftig zu unterstreichen ist außerdem, dass die Schülerinnen und Schüler am Ende der Grundschulzeit den Naturwissenschaften insgesamt aufgeschlossen und interessiert gegenüberstehen.

Wenn man den Blick auf die Leistungsunterschiede zwischen den Kindern richtet, dann zeichnet sich für einige Teilgruppen besonderer Bedarf an pädagogischer Unterstützung ab. Der Anteil von Schülerinnen und Schülern auf der Kompetenzstufe I und darunter fällt zwar kleiner als bei PISA aus. Dennoch findet man eine Gruppe von ca. 16 Prozent, die besonders gefördert werden muss. Bemerkenswert – und keineswegs im Sinne des Grundschulunterrichts – sind die Unterschiede zwischen Mädchen und Jungen. Die ausgeprägten Zusammenhänge zwischen sozialer Herkunft und naturwissenschaftlicher Kompetenz sind ein weiterer Befund, der besondere Beachtung verdient. Die genannten Befunde über beträchtliche und systematische Leistungsdifferenzen stehen in einem klaren Widerspruch zu einer Konzeption des Sachunterrichts, die eine ausgeprägte Schülerorientierung mit klarer Förderabsicht verbindet.

An diesem Punkt sollte man sich noch einmal die Ergebnisse aus der Einschätzung der curricularen Validität vor Augen führen: Wenn der Sachunterricht nur zu einem Teil gezielt auf ein altersgemäßes und anschlussfähiges naturwissenschaftliches Verständnis vorbereitet, dann werden vermutlich andere Bereiche naturwissenschaftlicher Kompetenz außerhalb der Schule, in den Elternhäusern, im Spiel oder über die Medien angeeignet. Doch müssten genau die Kinder, die aufgrund fehlender Anregung, Ermunterung und Unterstützung weniger Kompetenz aufbauen, im Blickpunkt des schülerorientierten Sachunterrichts stehen. Die Befunde der IGLU-Erweiterung zur naturwissenschaftlichen Grundbildung lassen so zum einen den Schluss zu, dass ein gutes kognitives und motivationales Potential nach dem Übertritt auf die Sekundarstufe nicht konsequent weiter entwickelt wird. Zum anderen weisen die Befunde aber auch darauf hin, dass der Sachunterricht in der Grundschule selbst die Voraussetzungen für naturwissenschaftliches Verständnis noch wenig aufgreift und schüler- wie zielorientiert weiterführt.

Die Befragungen der Lehrkräfte schließlich lassen erkennen, dass der Sachunterricht selbst und naturwissenschaftliche Themen als durchaus bedeutsam erachtet werden. Folgt man den Angaben der Lehrkräfte, dann bringen viele aus dem eigenen Schulunterricht Hintergrundwissen und Interesse an den Naturwissenschaften mit. Es gibt keine Hinweise auf grundsätzliche Aversionen; vielmehr scheint es auch hier ein Potential für einen anregenden und schülerbezogenen Naturwissenschaftsunterricht zu geben, das bisher noch nicht ausgeschöpft ist. Damit verbinden sich Fragen nach den Lehrplänen, der Lehrerbildung und didaktischen Konzeptionen für den Sachunterricht, die Fragestellungen für die weiteren Auswertungen der IGLU-Daten und für empirische Forschung zum naturwissenschaftsbezogenen Sachunterricht einschließen.

## Literatur

Adams, R. A., Wu, M. L. & Macaskill, G. (1997). Scaling methodology and procedures for the mathematics and science scales. In M. O. Martin & D. L. Kelly (Hrsg.), *Third international mathematics and science study, technical report, Vol. II: Implementation and analysis – primary and middle school years* (S. 111–145). Chestnut Hill, MA: Boston College.

American Association for the Advancement of Science. (1989). *Science for all Americans: A project 2061 report on goals in science, mathematics, and technology*. Washington, DC: American Association for the Advancement of Science.

American Association for the Advancement of Science. (1993). *Benchmarks for science literacy. Project 2061*. New York: Oxford University Press.

Arbeitsgruppe für Unterrichtsforschung. (1971). *Weg in die Naturwissenschaft. Ein verfahrensorientiertes Curriculum im 1. Schuljahr*. Stuttgart: Klett.

Arbeitsgruppe für Unterrichtsforschung (Hrsg.). (1977). *Kinder und ihre natürliche Umwelt. Naturwissenschaftlich orientiertes Curriculum für den Sachunterricht in der Grundschule (mehrere Bde.)*. Frankfurt a.M.: Diesterweg.

Baumert, J., Bos, W. & Lehmann, R. H. (Hrsg.). (2000). *TIMSS/III. Dritte Internationale Mathematik und Naturwissenschaftsstudie, Bd. 1: Mathematische und naturwissenschaftliche Bildung am Ende der Schullaufbahn*. Opladen: Leske + Budrich.

Baumert, J., Bos, W. & Watermann, R. (2000). Mathematische und naturwissenschaftliche Grundbildung im internationalen Vergleich. In J. Baumert, W. Bos & R. H. Lehmann (Hrsg.), *TIMSS/III. Dritte Internationale Mathematik und Naturwissenschaftsstudie, Bd.1: Mathematische und naturwissenschaftliche Bildung am Ende der Schullaufbahn* (S. 135–197). Opladen: Leske + Budrich.

Baumert, J., Bos, W. & Watermann, R. (Hrsg.). (1998). *TIMSS/III. Dritte Internationale Mathematik und Naturwissenschaftsstudie, Bd. 1: Mathematische und naturwissenschaftliche Bildung am Ende der Schullaufbahn*. Opladen: Leske + Budrich.

Baumert, J., Evans, R. & Geiser, H. (1998). Technical problem solving among 10-year-old students as related to science achievement, out-of-school experience, domain-specific control beliefs, and attribution patterns. *Journal of Research in Science Teaching, 35* (9), 987–1013.

Baumert, J., Lehmann, R. H. & Lehrke, M. (1997). *TIMSS – Mathematisch-naturwissenschaftlicher Unterricht im internationalen Vergleich. Deskriptive Befunde*. Opladen: Leske + Budrich.

Baumert, J. & Schümer, G. (2001). Familiäre Lebensverhältnisse, Bildungsbeteiligung und Kompetenzerwerb. In J. Baumert, E. Klieme, M. Neubrand, M. Prenzel, U. Schiefele, W. Schneider, P. Stanat, K.-J. Tillmann & M. Weiß (Hrsg.), *PISA 2000. Basiskompetenzen von Schülerinnen und Schülern im internationalen Vergleich* (S. 323–407). Opladen: Leske + Budrich.

Bullock, M. & Ziegler, A. (1999). Scientific reasoning: developmental and individual differences. In F. E. Weinert & W. Schneider (Hrsg.), *Individual development from 3 to 12. Findings from the Munich longitudinal study* (S. 38–44). Cambridge: Cambridge University Press.

Bybee, R. W. (1997). Towards an understanding of scientific literacy. In W. Gräber & C. Bolte (Hrsg.), *Scientific literacy. An international symposium* (S. 37–68). Kiel: IPN.

Bybee, R. W. (2002). Scientific Literacy – Mythos oder Realität? In W. Gräber, P. Nentwig, T. Koballa & R. Evans (Hrsg.), *Scientific Literacy. Der Beitrag der Naturwissenschaften zur Allgemeinen Bildung* (S. 21–43). Opladen: Leske + Budrich.

Chen, Z. & Klahr, D. (1999). All other things being equal: children's acquisition of the control of variables strategy. *Child Development, 70* (5), 1098–1120.

Council of Ministers of Education. (1997). *Common framework of science learning outcomes*. Canada: Council of Ministers of Education.

DeBoer, G. E. (1997). Historical perspectives on scientific literacy. In W. Gräber & C. Bolte (Hrsg.), *Scientific literacy. An international symposium* (S. 69–86). Kiel: IPN.

Deutscher Bildungsrat. (1970). *Strukturplan für das Bildungswesen*. Stuttgart: Klett.

Duit, R., Häußler, P. & Prenzel, M. (2001). Schulleistungen im Bereich der naturwissenschaftlichen Bildung. In F. E. Weinert (Hrsg.), *Leistungsmessungen in Schulen* (S. 169–185). Weinheim: Beltz.

Einsiedler, W. (1976). *Lehrstrategien und Lernerfolg*. Weinheim: Beltz.

Einsiedler, W. (1997). Probleme und Ergebnisse der empirischen Sachunterrichtsforschung. In B. Marquardt-Mau, W. Köhnlein & R. Lauterbach (Hrsg.), *Forschung zum Sachunterricht* (S. 18–42). Kiel: IPN. (Probleme und Perspektiven des Sachunterrichts, 7).

Einsiedler, W. & Schirmer, G. (1986). *Auswirkungen der Sachunterrichtsreform auf die Unterrichtsgestaltung, aufgezeigt an Schülerarbeitsmappen von 1968–1981*. Nürnberg: Institut für Grundschulforschung. (Berichte und Arbeiten aus dem Institut für Grundschulforschung, 53).

Fensham, P. J. (2002, in Druck). Time to change drivers for scientific literacy. *Canadian Journal of Science, Mathematics and Technology Education.*

Gonzalez, E. J. (1997). Reporting student achievement in mathematics and science. In M. O. Martin & D. L. Kelly (Hrsg.), *Third international mathematics and science study, technical report, Vol. II: Implementation and analysis – primary and middle school years* (S. 147–174). Chestnut Hill, MA: Boston College.

Gräber, W. & Bolte, C. (Hrsg.). (1997). *Scientific literacy. An international symposium*. Kiel: IPN.

Gräber, W., Nentwig, P., Koballa, T. & Evans, R. (Hrsg.). (2002). *Scientific Literacy. Der Beitrag der Naturwissenschaften zur Allgemeinen Bildung*. Opladen: Leske + Budrich.

Hartinger, A. (1997). *Interessenförderung. Eine Studie zum Sachunterricht.* Kiel: IPN.

Hunt, A. & Millar, R. (Hrsg.). (2000). *Science for public understanding.* Oxford: Heinemann.

IEA-Newsletter. (2001). 35/36.

Kahlert, J. (2001). Sachunterricht in der Grundschule. In M. Fölling-Albers, S. Richter, H. Brügelmann & A. Speck-Hamdan (Hrsg.), *Kindheitsforschung – Forschung zum Sachunterricht. Jahrbuch Grundschule III: Fragen der Praxis – Befunde der Forschung* (S. 64–88). Seelze: Kallmeyersche Verlagsbuchhandlung.

Klieme, E., Baumert, J., Köller, O. & Bos, W. (2000). Mathematische und naturwissenschaftliche Grundbildung: Konzeptuelle Grundlagen und die Erfassung und Skalierung von Kompetenzen. In J. Baumert, W. Bos & R. H. Lehmann (Hrsg.), *TIMSS/III. Dritte Internationale Mathematik und Naturwissenschaftsstudie, Bd. 1: Mathematische und naturwissenschaftliche Bildung am Ende der Schullaufbahn* (S. 85–133). Opladen: Leske + Budrich.

Koch, J. (1999). *Science stories. Teachers and children as science learners.* Boston, MA: Houghton Mifflin Company.

Köhnlein, W. (1998). Grundlegende Bildung – Gestaltung und Ertrag des Sachunterrichts. In B. Marquardt-Mau & H. Schreier (Hrsg.), *Grundlegende Bildung im Sachunterricht* (S. 27–46). Bad Heilbrunn: Klinkhardt. (Probleme und Perspektiven des Sachunterrichts, 8).

Köhnlein, W. (2001). Leitbild: Verstehen im Sachunterricht. In M. Fölling-Albers, S. Richter, H. Brügelmann & A. Speck-Hamdan (Hrsg.), *Kindheitsforschung – Forschung zum Sachunterricht. Jahrbuch Grundschule III: Fragen der Praxis – Befunde der Forschung* (S. 100–104). Seelze: Kallmeyersche Verlagsbuchhandlung.

Krapp, A. (1998). Entwicklung und Förderung von Interessen im Unterricht. *Psychologie für Erziehung und Unterricht, 44*, 185–201.

Krapp, A. & Ryan, R. M. (2002). Selbstwirksamkeit und Lernmotivation. Eine kritische Betrachtung der Theorie von Bandura aus der Sicht der Selbstbestimmungstheorie und der pädagogisch-psychologischen Interessentheorie. In M. Jerusalem & D. Hopf (Hrsg.), *Selbstwirksamkeit und Motivationsprozesse in Bildungsinstitutionen* (S. 54–82). Weinheim: Beltz. (Zeitschrift für Pädagogik, 44. Beiheft).

Laugksch, R. C. (2000). Science literacy: A conceptual overview. *Science Education, 84* (1), 71–94.

Lauterbach, R. (1992). Naturwissenschaftlich orientierte Grundbildung im Sachunterricht. In K. Riquarts, W. Dierks, R. Duit, G. Eulefeld, H. Haft & H. Stork (Hrsg.), *Naturwissenschaftliche Bildung in der Bundesrepublik Deutschland, Bd. III: Didaktiken naturwissenschaftlicher Fächer und naturwissenschaftsbezogener Lernbereiche* (S. 191–256). Kiel: IPN.

Marquardt-Mau, B. (1998). Einleitung: Grundlegende Bildung im Sachunterricht. In B. Marquardt-Mau & H. Schreier (Hrsg.), *Grundlegende Bildung im Sach-*

*unterricht* (S. 7–15). Bad Heilbrunn: Klinkhardt. (Probleme und Perspektiven des Sachunterrichts, 8).

Martin, M. O., Mullis, I. V. S., Beaton, A. E., Gonzales, E. J., Smith, T. A. & Kelly, D. L. (1997). *Science achievement in the primary school years: IEA's third international mathematics and science study (TIMSS)*. Chestnut Hill, MA: Boston College.

Möller, K. (2001). Die naturwissenschaftliche Perspektive im Sachunterricht - Ziele, Probleme und Forschungsergebnisse. In M. Fölling-Albers, S. Richter, H. Brügelmann & A. Speck-Hamdan (Hrsg.), *Kindheitsforschung – Forschung zum Sachunterricht. Jahrbuch Grundschule III: Fragen der Praxis – Befunde der Forschung* (S. 105–111). Seelze: Kallmeyersche Verlagsbuchhandlung.

Möller, K., Jonen, A., Hardy, I. & Stern, E. (2002). Die Förderung von naturwissenschaftlichem Verständnis bei Grundschulkindern durch Strukturierung der Lernumgebung. In M. Prenzel & J. Doll (Hrsg.), *Bildungsqualität von Schule: Schulische und außerschulische Bedingungen mathematischer, naturwissenschaftlicher und überfachlicher Kompetenzen* (S. 176–191). (Zeitschrift für Pädagogik, 45. Beiheft).

National Research Council. (1996). *National science education standards*. Washington, DC: National Academy Press.

Prenzel, M. (2000). Lernen über die Lebensspanne aus einer domänenspezifischen Perspektivc. In F. Achtenhagen & W. Lempert (Hrsg.), *Lebenslanges Lernen im Beruf – seine Grundlegung im Kindes- und Jugendalter. Bd. 4: Formen und Inhalte von Lernprozessen* (S. 175–192). Opladen: Leske + Budrich.

Prenzel, M., Carstensen, C. H., Rost, J. & Senkbeil, M. (2002). Naturwissenschaftliche Grundbildung im Ländervergleich. In J. Baumert, E. Klieme, M. Neubrand, M. Prenzel, U. Schiefele, W. Schneider, P. Stanat, K.-J. Tillmann & M. Weiß (Hrsg.), *PISA 2000 – Die Länder der Bundesrepublik Deutschland im Vergleich* (S. 129–158). Opladen: Leske + Budrich.

Prenzel, M., Lankes, E.-M. & Minsel, B. (2000). Interessenentwicklung in Kindergarten und Grundschule: Die ersten Jahre. In U. Schiefele & K.-P. Wild (Hrsg.), *Interesse und Lernmotivation. Untersuchungen zu Entwicklung, Förderung und Wirkung* (S. 11–30). Münster: Waxmann.

Prenzel, M., Rost, J., Senkbeil, M., Häußler, P. & Klopp, A. (2001). Naturwissenschaftliche Grundbildung: Testkonzeption und Ergebnisse. In J. Baumert, E. Klieme, M. Neubrand, M. Prenzel, U. Schiefele, W. Schneider, P. Stanat, K.-J. Tillmann & M. Weiß (Hrsg.), *PISA 2000. Basiskompetenzen von Schülerinnen und Schülern im internationalen Vergleich* (S. 191–248). Opladen: Leske + Budrich.

Renkl, A., Helmke, A. & Schrader, F.-W. (1997). Schulleistung und Fähigkeitsselbstbild – Universelle Beziehungen oder kontextspezifische Zusammenhänge? Ergebnisse aus dem SCHOLASTIK-Projekt. In F. E. Weinert & A.

Helmke (Hrsg.), *Entwicklung im Grundschulalter* (S. 373–383). Weinheim: Beltz.

Schrempp, I. & Sodian, B. (1999). Wissenschaftliches Denken im Grundschulalter. Die Fähigkeit zur Hypothesenprüfung und Evidenzevaluation im Kontext der Attribution von Leistungsergebnissen. *Zeitschrift für Entwicklungspsychologie und Pädagogische Psychologie, 31* (2), 67–77.

Sherman, S. J. (2000). *Science and science teaching. Science is something you can do!* Boston, MA: Houghton Mifflin Company.

Sjøberg, S. (2001). *Science and technology in education – current challenges and possible solutions*. Unveröffentlichtes Manuskript.

Sodian, B. (1995). Entwicklung bereichsspezifischen Wissens. In R. Oerter & L. Montada (Hrsg.), *Entwicklungspsychologie* (S. 622-653). Weinheim: Beltz.

Sodian, B., Thoermer, C., Kircher, E., Grygier, P. & Günther, J. (2002). Vermittlung von Wissenschaftsverständnis in der Grundschule. *Zeitschrift für Pädagogik, Beiheft 45*, 192–206.

Soostmeyer, M. (1988). *Zur Sache Sachunterricht. Begründung eines situations-, handlungs- und sachorientierten Unterrichts in der Grundschule*. Frankfurt a.M.: Lang.

Spreckelsen, K. (1970). *Naturwissenschaftlicher Unterricht in der Grundschule*. Frankfurt a.M.: Diesterweg.

Stanat, P. & Kunter, M. (2001). Geschlechtsunterschiede in Basiskompetenzen. In J. Baumert, E. Klieme, M. Neubrand, M. Prenzel, U. Schiefele, W. Schneider, P. Stanat, K.-J. Tillmann & M. Weiß (Hrsg.), *PISA 2000. Basiskompetenzen von Schülerinnen und Schülern im internationalen Vergleich* (S. 249–269). Opladen: Leske + Budrich.

Stern, E. (2002). Wie abstrakt lernt das Grundschulkind? Neuere Ergebnisse der entwicklungspsychologischen Forschung. In H. Petillon (Hrsg.), *Handbuch der Grundschulforschung, Bd. 5* (S. 22–28). Opladen: Leske + Budrich.

Strunck, U., Lück, G. & Demuth, R. (1998). Der naturwissenschaftliche Sachunterricht in Lehrplänen, Unterrichtsmaterialien und Schulpraxis – Eine quantitative Analyse der Entwicklung in den letzten 25 Jahren. *Zeitschrift für Didaktik der Naturwissenschaften, 4* (1), 69–80.

Weinert, F. E. & Helmke, A. (Hrsg.). (1997). *Entwicklung im Grundschulalter*. Weinheim: Psychologie Verlags Union.

Westat. (2000). *WesVar 4.0. Users guide.* Rockville, MD: Westat.

# VI. Mathematische Kompetenzen am Ende der vierten Jahrgangsstufe

*Gerd Walther, Helmut Geiser, Rolf Langeheine, Kirstin Lobemeier*

Mit den internationalen TIMS-Studien (Baumert, Bos & Lehmann, 2000; Baumert et al., 1997) wurden in Deutschland durch repräsentative Stichproben mathematisch-naturwissenschaftliche Kompetenzen am Ende der Sekundarstufe I und am Ende der Sekundarstufe II erhoben. Der erste Zyklus der von der OECD initiierten PISA-Studie (vgl. Baumert et al., 2001) bezog sich auf die Altersgruppe der 15-Jährigen. Für die beiden Sekundarstufen liegen demnach verlässliche nationale Befunde über Bildungsvoraussetzungen und Bildungsergebnisse in Mathematik und Naturwissenschaften vor. Wegen der internationalen Konzeption der Studien ermöglichen sie auch den Vergleich mit Ergebnissen anderer beteiligter Länder.

Vor Durchführung von IGLU-E zeigte sich hingegen für die Grundschule ein völlig anderes Bild. Über den Stand an Wissen und Können, der an deutschen Grundschulen im mathematisch-naturwissenschaftlichen Bereich erzielt wird, gibt es nur wenige Studien, z.B. die SCHOLASTIK-Studie (vgl. Weinert & Helmke, 1997), die QUASUM-Studie (vgl. Lehmann & Peek, 2000) oder die Hamburger Lern-Ausgangslagen-Untersuchung LAU (Lehmann, Peek & Gänsfuß, 1997). Eine groß angelegte, möglichst viele Bundesländer von Deutschland umfassende Studie zu mathematisch-naturwissenschaftlichen Kompetenzen am Ende der Grundschulzeit fehlte bisher. Eine solche Untersuchung erschien aus einer Reihe von Gründen dringend geboten.

*Leistungsniveau auf der Ebene der Grundschule.* Bei Experten zum Mathematikunterricht in der Grundschule besteht ein breiter Konsens darüber, über welche zentralen Konzepte und Prozesse aus den Bereichen Arithmetik, Geometrie, Größen und Sachrechnen Schülerinnen und Schüler am Ende der Grundschulzeit verfügen sollten. Mit IGLU-E wird erstmalig unter Beteiligung von zwölf deutschen Bundesländern der Frage nachgegangen, in wieweit Bildungsansprüche des intendierten Grundschulcurriculums Mathematik in wichtigen Teilbereichen mit Leistungsdaten von Schülerinnen und Schülern am Ende der vierten Jahrgangsstufe in Einklang stehen.

*Grundschule und weiterführende Schulen.* Die in der Grundschule zu erwerbenden grundlegenden mathematischen Konzepte und Prozesse besitzen einen hohen Stellenwert für den darauf aufbauenden Mathematikunterricht von weiterführenden

Schulen. In den beiden TIMS-Studien und in PISA wurden zum Teil Besorgnis erregende Defizite in den mathematischen Leistungen von Schülerinnen und Schülern des Sekundarbereichs zu Tage gebracht. In diesem Zusammenhang wurde die Vermutung geäußert, dass diese Schwächen nicht allein aus der Sekundarstufe resultieren, sondern ihre Wurzeln zum Teil bereits in der Grundschule haben. Wenn dem so wäre, so müssten Ursachen dieser Schwächen abgeklärt werden.

*Risikogruppen und besonders leistungsfähige Schülerinnen und Schüler.* Die PISA-Studie hat gezeigt, dass die mathematischen Kompetenzen von 24 Prozent der 15-Jährigen lediglich auf Grundschulniveau oder darunter angesiedelt sind. Diese Gruppe muss in Hinblick auf weitere Bildungs- und Berufschancen als Risikogruppe gelten. Auch hier wird von IGLU-E zu untersuchen sein, inwieweit ein solch beunruhigender Tatbestand bereits in der Grundschule festzustellen ist.

Auch die andere Gruppe der besonders leistungsstarken Schülerinnen und Schüler muss sorgfältig analysiert werden. Wie groß ist diese Gruppe? Über welche Kompetenzen verfügen Kinder in dieser Gruppe? Wie hängen Spitzenleistungen in Mathematik mit solchen in den beiden anderen Untersuchungsdomänen bzw. mit bestimmten Hintergrundmerkmalen zusammen?

## 1. Mathematische Grundbildung

Im Folgenden nehmen wir Bezug auf Vorstellungen zu mathematischer Grundbildung wie sie H. Winter (1995) in drei Forderungen verdichtet zum Ausdruck gebracht hat. Demnach soll der Mathematikunterricht folgende, vielfältig miteinander verflochtene Grunderfahrungen ermöglichen:

- Erscheinungen der Welt um uns, die uns alle angehen oder angehen sollten, aus Natur, Gesellschaft und Kultur, in einer spezifischen Art wahrzunehmen und zu verstehen;
- mathematische Gegenstände und Sachverhalte, repräsentiert in Sprache, Symbolen, Bildern und Formeln, als geistige Schöpfungen, als eine deduktiv geordnete Welt eigener Art kennen zu lernen und zu begreifen;
- in der Auseinandersetzung mit Aufgaben Problemlösefähigkeiten zu erwerben, die über die Mathematik hinausgehen.

Abbildung VI.1: Modellierungszyklus

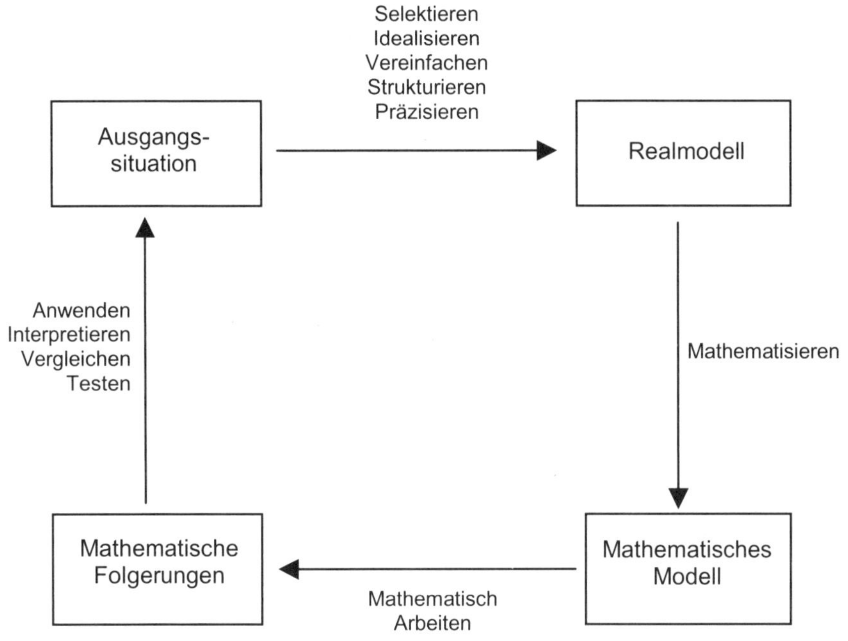


IEA: Progress in International Reading Literacy Study © IGLU-Germany

Bei dem ersten dieser drei Punkte geht es wesentlich um das Anwenden von Mathematik auf außermathematische Situationen. Solche Situationen werden im Unterricht zumeist (und beim IGLU-E-Test ausschließlich) durch Texte, Bilder, Grafiken, Tabellen bzw. Mischformen aus solchen Elementen dargestellt. In diesem Zusammenhang beschränken wir das ‚Anwenden' von Mathematik nicht auf das Lösen einfacher Rechenaufgaben. Vorausgesetzt wird vielmehr ein Bündel komplexer kognitiver Prozesse, in dem etwa aus der gegebenen textlichen Präsentation der Situation zunächst ein Verständnis der Sachsituation gewonnen und die zugrunde liegende Sachstruktur bzw. ein Realmodell herausgeschält werden muss. In der Phase des Mathematisierens wird die Sachstruktur sodann in die Sprache der Mathematik übersetzt. Dabei kommen Prozesse des Abstrahierens, des Idealisierens, der Identifizierung relevanter Parameter der Sachstruktur, des Formalisierens und der Auswahl bzw. Entwicklung einer ‚passenden' mathematischen Struktur zum Tragen. Mit Hilfe dieser mathematischen Struktur oder in anderer Sprechweise, dem mathematischen Modell der Situation, ist eine Antwort auf die jeweilige Fragestellung zu gewinnen. Diese Fragestellung steuert die Arbeit, das ‚Rechnen', im mathematischen Modell. Die gewonnenen Resultate werden auf die Situation zurück bezogen und im

Hinblick auf die ursprüngliche Fragestellung interpretiert. In diesem Schritt zeigt es sich, ob das mathematische Modell in Bezug auf die ursprüngliche Fragestellung ‚passend' war oder ob gewisse Schritte des Modellbildungsprozesses verändert werden müssen bzw. der gesamte Modellierungsprozess als Zyklus (vgl. Abb. VI.1) erneut durchlaufen werden muss (Blum, 1996; Schupp, 1988).

Die von Winter im ersten Punkt gestellte Forderung an einen allgemeinbildenden Mathematikunterricht kann als Entwicklung der Modellierungsfähigkeit von Schülerinnen und Schülern gefasst werden. Traditionell wird dieses Ziel in der Grundschule im Bereich des Sachrechnens verfolgt (Müller & Wittmann, 1984).

Die Kompetenz von Kindern, Sachrechenaufgaben zu bewältigen, lässt demnach einen Rückschluss auf die Erreichung dieses Ziels im Mathematikunterricht zu. Die Interpretation des Anwendens von Mathematik als Modellierungsprozess ermöglicht eine differenziertere Einsicht in dabei auftretende Schwierigkeiten, die sich nun den verschiedenen Phasen des Modellierungsprozesses zuordnen lassen (Blum & Wiegand, 1998; Brehmer & Dahlke, 1980; Greer, 1992; Reusser, 1997).

Bei der bisherigen Beschreibung des Modellierens war der Ausgangspunkt eine außermathematische Situation. Richtet man das Augenmerk auf die beim Modellieren involvierten kognitiven Prozesse, so ist trotz unterschiedlicher Wissensinhalte kein prinzipieller Unterschied zwischen dem mathematischen Bearbeiten einer innermathematischen oder einer außermathematischen Situation festzustellen. Auch die innermathematische ‚Sachstruktur' muss zunächst verstanden werden, ehe man durch Identifizierung relevanter Parameter und durch weitere der o.g. Prozesse zum Abruf oder zur Entwicklung eines ‚passenden' Lösungsansatzes kommt, aus dem mit mathematischen Mitteln Ergebnisse gewonnen werden, die sodann auf die ursprüngliche Fragestellung zurück bezogen werden usw. Wie bei PISA (Klieme, Neubrand & Lüdtke, 2001) fassen auch wir im Rahmenkonzept von IGLU-E verallgemeinernd den Prozess des Lösens außermathematischer und innermathematischer Aufgaben als Modellieren auf. Diese Position ermöglicht es, Schwierigkeiten beim Lösen von innermathematischen Aufgaben im Modellierungszyklus zu lokalisieren.

Der zweite von Winter genannte Punkt bezieht sich auf die Mathematik als eine Welt sui generis, mit den ihr eigenen sprachlichen Mitteln, Darstellungsformen, Problemen, Begriffsbildungen und Theorien. Bezüge zu außermathematischen Anwendungen rücken in dieser ‚inneren Welt der Mathematik' zeitweise in den Hintergrund. Obwohl diesem Aspekt in der Grundschule sicherlich keine dominierende Rolle zukommt, ist er bei der Arbeit an bestimmten fundamentalen mathematischen

Ideen, wie der Zahl, der Darstellung von Zahlen, der mathematischen Struktur, des funktionalen Zusammenhangs, des Algorithmus, der geometrischen Form präsent.

Im dritten Punkt schließlich geht es um die Herausforderung des Denkens sowohl beim Anwenden von Mathematik auf außermathematische Fragestellungen als auch bei der Arbeit an Aufgaben aus der ‚inneren Welt der Mathematik'. Fasst man den Prozess des Lösens inner- oder außermathematischer Aufgaben durch das Konzept des Modellierens, so gelingt eine solche Herausforderung des Denkens selbstverständlich nicht durch Aufgabenstellungen, in denen sämtliche Modellierungsschritte durch Routineverfahren (Polya, 1980) abgearbeitet werden können, sondern durch solche, in denen – nach gängigen Auffassungen vom Problemlösen (vgl. Seel, 2000) – eine Barriere ‚durch Denken' zu überwinden ist.

## 2. Erhebung mathematischer Grundbildung

### 2.1 Testansatz bei IGLU-E

Auf der Grundlage der oben dargelegten Rahmenkonzeption wurden in das Aufgabenrepertoire von IGLU-E Aufgaben aufgenommen, bei denen die Schülerinnen und Schüler Mathematik im Rahmen von Sachrechenaufgaben auf außermathematische Situationen anwenden, innermathematische Fragestellungen bearbeiten und Barrieren mit Hilfe ihrer Problemlösefähigkeiten überwinden sollen. Die Orientierung an diesen breit gefassten Zielvorstellungen, welche zudem die in zentralen Inhaltsbereichen grundlegenden mathematischen Begriffe und Operationen berücksichtigt, beugt einer reduktionistischen Testkonzeption vor, die Schülerleistungen nur in Form reiner Rechenaufgaben zu den Grundrechenarten und der Reproduktion von Faktenwissen erhebt.

Ein großer Teil der Testaufgaben ist direkt an den in Deutschland gültigen Lehrplänen ausgerichtet. Sie erfassen Wissensbestände und Fertigkeiten, die in den deutschen Lehrplänen für die Grundschule explizit angestrebt werden und auch in der Lebenswelt von Grundschulkindern bedeutsam sind. Dieser Teil der Aufgaben bezieht sich eng auf zentrale Elemente der Mathematik in der Grundschule. Die in Aufgaben erfassten mathematischen Kompetenzen sind grundlegend für den weiteren Ausbau der Mathematik in weiterführenden Schulen. Sowohl unter Fachdidaktikern (Müller, 1995; Müller & Wittmann, 1984; Radatz & Schipper, 1983) als auch in den Lehrplänen der Bundesländer besteht weitgehend Einigkeit über die in der Grundschulzeit zu entwickelnden zentralen mathematischen Inhalts- und Begriffsfelder sowie über die dabei zu fördernden Prozesse bzw. Grundfähigkeiten (vgl. Tab. VI.1).

Tabelle VI.1: Inhaltsfelder und Prozesse in der Grundschulmathematik

| Inhalts- Begriffsfelder | |
|---|---|
| Arithmetik | Zahlbegriff, Zahlenreihen, Rechengesetze, Rechenvorteile, Zehnersystem, Gesetzmäßigkeiten und Muster |
| Geometrie | Formen, Koordinaten, Pläne, Maßstab, Maße (Länge, Fläche, Volumen, Winkel), Gesetzmäßigkeiten und Muster |
| Größen und Sachrechnen | Längen-, Hohl-, Gewichts-, Zeitmaße, Zahlen und Formen in der Umwelt, Zufall und Wahrscheinlichkeit |

| Prozesse | |
|---|---|
| Verfahren | Rechenverfahren, Rechenfertigkeit, Rechnen mit Größen, Konstruktionen |
| Herangehen / Denken | Beobachten, Entdecken, Begründen, Argumentieren, Modellieren, außer-, innermathematisches Problemlösen |
| Repräsentationen | Darstellen von mathematischen Sachverhalten, Interpretieren und Übersetzen von Darstellungen |

IEA: Progress in International Reading Literacy Study © IGLU-Germany

Die Aufgaben von IGLU-E erheben dementsprechend Kenntnisse, Fertigkeiten und Fähigkeiten in den drei grundlegenden Bereichen Arithmetik, Geometrie, Größen und Sachrechnen. So interessieren z.B. die Qualität des verfügbaren Zahlbegriffs, Fertigkeiten im Umgang mit dem Zehnersystem, mit schriftlichen Rechenverfahren und beim ‚mündlichen' Rechnen (im Test sind das Aufgaben, bei denen von den Kindern nur das Ergebnis notiert werden darf), die Art des Umgangs mit arithmetischen und geometrischen Mustern, Kenntnis von und Operieren mit geometrischen Formen, Wissen über und rechnerische Kompetenzen im Umgang mit Größen. Aufgaben zur schriftlichen Division wurden nicht in den Test aufgenommen, da in zahlreichen Klassen das schriftliche Divisionsverfahren erst ganz am Ende des vierten Schuljahres, also zeitlich *nach* dem IGLU-Test behandelt wird. Bei nicht an spezielle Inhalte gebundenen Prozessen interessiert unter anderem, wie Mathematik zur Lösung von Problemen in außermathematischen Situationen oder bei innermathematischen Fragestellungen benutzt wird, wie arithmetische oder geometrische Muster und Beziehungen entdeckt, wie mathematische Informationen interpretiert und strukturiert dargestellt, wie Vermutungen begründet werden.

Im Rahmen der knappen Testzeit und unter Testbedingungen ist es selbstverständlich nur möglich, einen kleinen Ausschnitt denkbarer Kombinationen zwischen Inhalts- / Begriffsfeldern und Prozessen in Aufgaben abzubilden. Wie unten noch genauer dargestellt wird, sind die drei zentralen Bereiche der Grundschulmathematik (Arithmetik, Geometrie, Sachrechnen) in den Testaufgaben in etwa gleichen Anteilen repräsentiert. Aufgaben zum Entdecken, Argumentieren und Begründen sind in deutlich geringerer Zahl vertreten. Bei den Sachrechenaufgaben handelt es sich überwiegend um sogenannte eingekleidete Aufgaben. Bis auf einige wenige Aufgaben sind die Aufgabeninformationen in Text- oder Bildform dargestellt, so dass bei diesen Aufgaben von den Schülerinnen und Schülern generell eine mathematische Modellierung auf der Basis einer textlich und / oder bildlich dargestellten Situation zu leisten ist.

Die Bearbeitung von Aufgaben aus den verschiedenen Inhalts- und Konzeptbereichen verlangt von den Schülerinnen und Schülern, mathematisch tätig zu sein. Diese Tätigkeit kann differenziert beschrieben werden durch Prozesse oder das Zusammenwirken von mehreren Prozessen wie sie oben aufgeführt sind. Vergröbert man die Perspektive, so erfordert das Bearbeiten von Aufgaben in jedem der genannten Inhalts- und Konzeptbereiche von Schülerinnen und Schülern bestimmte Kompetenzen: Einsatz von Faktenwissen, einfachen mathematischen Begriffen, Fertigkeiten, Standardverfahren; Zusammenfügung mehrerer bekannter rechnerischer oder begrifflicher Lösungsschritte oder Lösungselemente zu einer Gesamtlösung; schöpferisches Denken zur Überwindung von Barrieren bei problemhaften Aufgaben.

Bei der Zuordnung von Aufgaben zu solchen Tätigkeiten ist der curriculare Hintergrund am Ende der Grundschulzeit zu beachten. Die Lösung einer Multiplikationsaufgabe wie $365 \cdot 24$ wird am Ende des vierten Schuljahres auf die Ausführung des Standardverfahrens der Schriftlichen Multiplikation hinauslaufen, während im dritten Schuljahr wohl in der Regel eine Problemlösung vonnöten ist. Weiterhin ist zu bedenken, dass die Zuordnung einer Aufgabe zu einer der genannten Tätigkeiten zunächst nichts über die Aufgabenschwierigkeit aussagt (vgl. Padberg, 1992).

## 2.2 Testaufbau und Items

Von den 16 an IGLU beteiligten Bundesländern entschieden sich 12 Länder für einen zweiten Testtag. Die Länder Brandenburg, Mecklenburg-Vorpommern, Niedersachsen und Sachsen-Anhalt haben an der Erweiterung um Mathematik und Naturwissenschaften (IGLU-E) nicht teilgenommen. Aus diesem Grund verkleinerte sich die Stichprobe am zweiten Testtag, an dem die Tests in Mathematik, Naturwissenschaften, Rechtschreiben und Aufsatz durchgeführt wurden: 5.943 Schülerinnen und Schüler an 168 Schulen umfasste die den Zufallskriterien genügende Stichprobe für die nationale Erweiterung IGLU-E.

Insgesamt wurden im Subtest Mathematik bei IGLU-E 58 Testaufgaben (mit 65 Items) aus den für die Grundschule zentralen Bereichen Arithmetik, Größen und Sachrechnen, Geometrie eingesetzt. Zur Bearbeitung des Mathematiktests standen den Schülerinnen und Schülern 20 Minuten zur Verfügung. Die große Anzahl der mit IGLU-E getesteten Probanden bot mit dem zugrunde gelegten Rotationsdesign die Möglichkeit, die Zahl der zu bearbeitenden Aufgaben beträchtlich zu erhöhen.

Etwa die Hälfte der Aufgaben wurde von TIMSS I aus dem deutschsprachigen Testinstrument von Österreich übernommen. Bei einigen der TIMSS-Aufgaben war eine leichte sprachliche Anpassung erforderlich. Sechs der Aufgaben aus TIMSS sollten als sogenannte Ankeraufgaben von allen Schülerinnen und Schülern bearbeitet werden. Die restlichen 52 Aufgaben wurden auf die sechs Testhefte verteilt, wobei jedes Heft in etwa die gleiche Menge an Aufgaben aus den Bereichen Arithmetik, Größen und Sachrechnen, Geometrie enthält. Aufgaben, die nicht aus dem TIMSS-Inventar stammen, wurden in der Expertengruppe Mathematik neu entwickelt oder aus vorliegendem Aufgabenmaterial zur Grundschulmathematik gewonnen.

Von den insgesamt 58 Testaufgaben waren 37 Aufgaben im Multiple-Choice-Format und 21 Aufgaben im offenen Antwortformat gestellt. Bei 18 der 21 Aufgaben mit offenem Antwortformat musste eine Kurzantwort, zum Beispiel das Ergebnis einer Rechnung, angegeben werden, die übrigen drei Aufgaben erforderten die Begründung oder die Beschreibung einer mathematischen Gesetzmäßigkeit durch einen Text. Zehn der neuen Aufgaben sind so konstruiert, dass die Kinder Platz zum Ausprobieren und Rechnen hatten. Von den 58 Testaufgaben sind 23 der Erhebung von Faktenwissen und Standardverfahren, 15 der eigenständigen Zusammenfügung bekannter rechnerischer oder begrifflicher Lösungselemente zu einer Gesamtlösung und 20 Aufgaben dem Problemlösen gewidmet.

Vor dem Hintergrund der Rahmenkonzeption von IGLU-E werden Aufgaben danach unterschieden, ob sie sich auf einen innermathematischen oder einen außermathematischen Sachverhalt beziehen. Bei Aufgaben mit *innermathematischem Kontext* sollen Eigenschaften mathematischer Objekte oder Beziehungen zwischen solchen Eigenschaften ermittelt werden (vgl. Abb. VI.2). Die folgende Aufgabe mit innermathematischem Kontext zeigt, dass auch Querverbindungen zwischen arithmetischen und geometrischen Strukturen eine Rolle spielen können.

Abbildung VI.2: Beispielaufgabe mit innermathematischem Kontext (aus Martin & Kelly, 1997)

Dies ist ein Ausschnitt aus einer Hundertertafel, in der die Zahlen von 1 bis 100 stehen.

| | | | | | | | | | |
|---|---|---|---|---|---|---|---|---|---|
| 1 | 2 | 3 | 4 | 5 | 6 | 7 | 8 | 9 | 10 |
| 11 | 12 | 13 | 14 | 15 | 16 | 17 | 18 | 19 | 20 |
| 21 | 22 | 23 | 24 | 25 | | | | | |

Dies ist ein anderer Ausschnitt aus derselben Hundertertafel.
Welche Zahl muss in das Kästchen mit dem Fragezeichen?

| | |
|---|---|
| 43 | |
| 53 | |
| | ? |

- ☐ 34
- ☐ 44
- ☐ 54
- ☐ 64

IEA: Progress in International Reading Literacy Study 

Bei Testaufgaben mit *außermathematischem Kontext* muss der Text der Aufgabe einen expliziten Bezug zur außermathematischen Realität aufweisen. Typische Beispiele hierzu sind Aufgaben zum Sachrechnen wie etwa die folgende:

> Herr Adler hatte im Jahre 1999 ein Monatsgehalt von 6000 DM. Im Dezember erhielt er zusätzlich einen halben Monatsverdienst als Weihnachtsgeld. Wie viel Geld verdiente Herr Adler im Jahre 1999?

Der Mathematiktest enthält außerdem insgesamt acht Aufgaben aus der Arithmetik, die nur die schlichte Ausführung eines klar umrissenen Verfahrens, zum Beispiel der Addition zweier Zahlen, oder das Runden einer Zahl verlangen. Zwei dieser Aufgaben sind textfrei, die übrigen mit einem äußerst knappen Text formuliert, der die entsprechende Rechenanweisung oder eine Anweisung zur Darstellung des Ergebnisses (z.B. ‚Nur Ergebnis hinschreiben‘ [und keine Zwischenrechnung]) enthält.

Tabelle VI.2: Verteilung der Aufgaben über die drei Kontextbereiche

| Kontextfrei | Innermathematischer Kontext | Außermathematischer Kontext | Summe |
|---|---|---|---|
| 8 | 21 | 29 | 58 |

IEA: Progress in International Reading Literacy Study 

Bei diesen acht Aufgaben, die man in einem weiten Sinn auch dem Bereich ‚Innermathematischer Kontext' zuordnen kann, stehen weder die gegebenen noch die zu berechnenden Zahlen in einem weiteren mathematischen Zusammenhang; es kommt ausschließlich auf die Ausführung von bekannten Verfahren an. Deshalb fassen wir diese Aufgaben in dem dritten Bereich ‚kontextfrei' zusammen. Tabelle VI.2 zeigt die Verteilung der Aufgaben des Tests über die drei Kontextbereiche.

## 2.3 Stufen der mathematischen Kompetenz im Grundschulalter

Die ‚mathematische Fähigkeit' von Grundschülern ist ein Konstrukt, das über die Leistungen der Kinder bei der Bearbeitung von Testaufgaben mit unterschiedlichen Schwierigkeitsgraden erschlossen werden kann. Mit der zur Datenauswertung von IGLU-E eingesetzten *Item Response Theorie* (IRT), einem probabilistischen Testverfahren (vgl. Rost, 1996), können sowohl die numerischen Werte der Fähigkeit der Schülerinnen und Schüler als auch der Itemschwierigkeit auf einer gemeinsamen Skala abgebildet werden. Vor dem Hintergrund der Rahmenkonzeption, die zur Auswahl der Testaufgaben geführt hat, kann nun der erreichte Fähigkeitswert der Person durch entsprechende Kompetenzen beschrieben werden, die zur Lösung der Aufgabe und somit zur Bewältigung der Aufgabenschwierigkeit erforderlich sind. Auf diese Weise wird der Personenfähigkeitswert inhaltlich interpretiert. Dies ist unter curricularen, psychologischen und fachdidaktischen Aspekten besonders bedeutsam.

Die Fähigkeitswerte und damit auch die Schwierigkeitskennwerte der Aufgaben streuen bei IGLU-E im Bereich von 203 bis 828. Die Skala der Fähigkeitswerte wird durch eine überschaubare Anzahl inhaltlich gut interpretierbarer und gut gegen einander abgrenzbarer Kompetenzstufen gegliedert. Damit ist auch eine Klassifizierung der Testaufgaben verbunden. Das inhaltlich Besondere jeder Kompetenzstufe wird durch typische Anforderungen an die mathematische Kompetenz der Schülerinnen und Schüler bei der Bewältigung der Aufgabenschwierigkeit von charakteristischen Items, sogenannten Markeritems, spezifiziert (vgl. Abb. VI.3). Bei der Festlegung der Kompetenzstufen haben wir uns von folgenden schwierigkeitsgenerierenden Anforderungsmerkmalen für Aufgaben leiten lassen:

*Die Verfügbarkeit mathematischer Inhalte / Begriffe und Prozesse.* Nachdem sich IGLU-E an zentralen Elementen des Grundschulcurriculums Mathematik orientiert, geht es hier aus der Perspektive des vierten Schuljahres darum, welches Wissen und welche Fertigkeiten und Fähigkeiten Kinder einsetzen können, um Aufgabenanforderungen zu bewältigen. Eigenschaften von räumlichen Gebilden, beispielsweise von Würfelbauwerken, zu ermitteln, ist eine relativ hohe Anforderung, obwohl dies ein Standardthema des Geometriecurriculums ist. Das Verfahren der schriftlichen Subtraktion mit vierstelligen Zahlen und mehreren Überträgen ist Stoff am Anfang des vierten Schuljahres. Dennoch stellt dieses Verfahren eine Anforderung dar, die selbst bei kontextfreier Präsentation der Aufgabe von Schülerinnen und Schülern in den beiden unteren Kompetenzstufen nicht bewältigt wird.

*Mit gegebenen mathematischen Modellen arbeiten und selbständig Modelle bilden.* Eine Reihe von Kindern ist nicht in der Lage, einfache Sachrechenaufgaben zu lösen. Erst ab einem bestimmten Fähigkeitswert der Schülerinnen und Schüler gelingt es, in einer bereits mathematisierten Situation, also bei Vorliegen eines Modells, mit diesem zu arbeiten und das gewonnene Ergebnis zu interpretieren. Noch schwieriger ist es, Sachrechenaufgaben zu lösen, die eine eigenständige Durchführung des in Abschnitt 1 beschriebenen Modellierungsprozesses erforderlich machen. Diese Feststellungen gelten auch für die Arbeit mit Modellen bei Aufgaben mit innermathematischem Kontext.

*Standardaufgaben und Probleme lösen.* Standardaufgaben aus der Perspektive des vierten Schuljahres erfordern zu ihrer Lösung die Anwendung von Begriffen und Verfahren, die auf dieser Klassenstufe den Schülerinnen und Schülern bekannt sein müssten. Obwohl solche Begriffe und Verfahren selbst aus Elementen aufgebaut sein können, wie beispielsweise der Begriff ‚Rechtecksumfang' oder Rechenverfahren, ist davon auszugehen, dass sie als Werkzeuge bei Aufgabenlösungen benutzt werden. Aufgaben können in ihren Anforderungen danach unterschieden werden, ob die Kinder zu ihrer Lösung eines oder mehrere dieser Werkzeuge aktivieren müssen, oder ob im Zuge einer Problemlösung eine Barriere zu überwinden ist.

Abbildung VI.3: Kompetenzstufen mit Markeritems

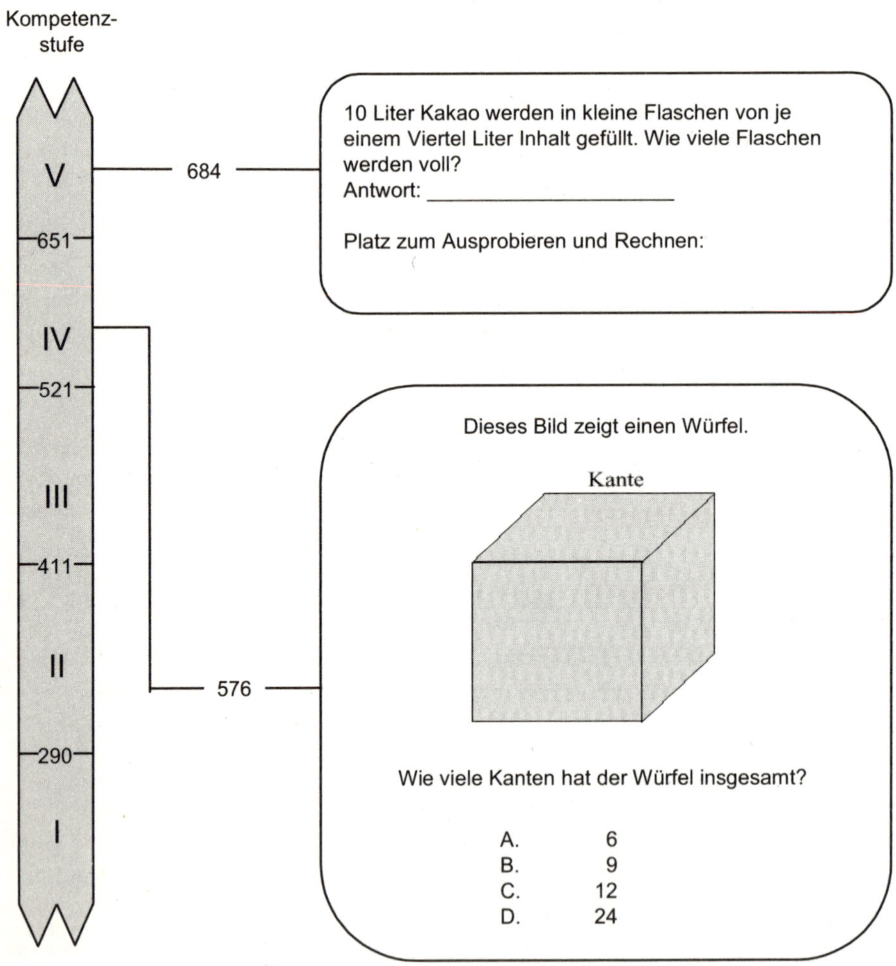

noch Abbildung VI.3: Kompetenzstufen mit Markeritems

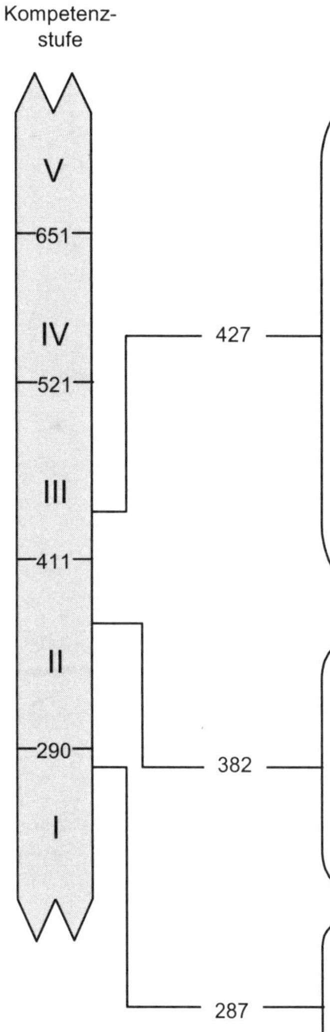


Dies ist ein Kalender für den August 2001.

| AUGUST | | | | | | |
|---|---|---|---|---|---|---|
| So | Mo | Di | Mi | Do | Fr | Sa |
| | | | 1 | 2 | 3 | 4 |
| 5 | 6 | 7 | 8 | 9 | 10 | 11 |
| 12 | 13 | 14 | 15 | 16 | 17 | 18 |
| 19 | 20 | 21 | 22 | 23 | 24 | 25 |
| 26 | 27 | 28 | 29 | 30 | 31 | |

Marias Geburtstag ist am Donnerstag, dem 2. August.
Genau 3 Wochen später will sie eine Reise beginnen.
An welchem Datum will sie verreisen?

- ☐ 16. August
- ☐ 19. August
- ☐ 21. August
- ☐ 23. August
- ☐ 30. August

(Analog zum Original)
Welche Zahl ist das:
2 Einer + 4 Zehner + 3 Hunderter + 50 Tausender?

- ☐ 5 342
- ☐ 50 342
- ☐ 53 420
- ☐ 243 050
- ☐ 503 420

Kopfrechnen:
(nur Ergebnis hinschreiben)

a) 37+13 = __________

Bei der Beschreibung der Kompetenzstufen kennzeichnen wir jede Stufe mit einem möglichst prägnanten Etikett, das die entsprechenden Kompetenzen auf dieser Stufe zum Ausdruck bringen soll. Im daran anschließenden Text werden diese Kompetenzen für die drei kanonischen Inhaltsfelder Arithmetik, Geometrie, Sachrechnen und Größen inhaltlich erläutert. Aufgabenbeispiele zu den Kompetenzstufen enthält Abbildung VI.3, einen Überblick über die Kompetenzstufen und die Skalenbereiche der Fähigkeiten gibt Tabelle VI.3.

Tabelle VI.3 Kompetenzstufen und Skalenbereich

| | Kompetenzstufe | Skalenbereich der Fähigkeit |
|---|---|---|
| I | Rudimentäres schulisches Anfangswissen | < 289 |
| II | Grundfertigkeiten zum Zehnersystem, zur ebenen Geometrie und zu Größenvergleichen | 290–410 |
| III | Verfügbarkeit von Grundrechenarten und Arbeit mit einfachen Modellen | 411–520 |
| IV | Beherrschung der Grundrechenarten, Bewältigung von Aufgaben der räumlichen Geometrie und begriffliche Modellentwicklung | 521–650 |
| V | Problemlösen bei Aufgaben mit innermathematischem oder außermathematischem Kontext | > 650 |

IEA: Progress in International Reading Literacy Study IGLU-Germany

Kompetenzstufe I (Testwerte unter 289 Punkten): *Rudimentäres schulisches Anfangswissen.* Den Schülerinnen und Schülern dieser Stufe gelingt die Bearbeitung einfachster arithmetischer Aufgaben ohne Kontextbezug oder mit innermathematischem Kontext. Aufgaben aus Geometrie oder zum Sachrechnen werden nicht bewältigt. Die Rechenfertigkeit der Kinder auf dieser Stufe beschränkt sich auf die Lösung von kontextfreien Additionsaufgaben im Hunderterraum durch Kopfrechnen, d.h. im Test bei offener Aufgabenstellung nur durch Angabe des Resultats. Zahlbeziehungen werden an Punktbildern von Zahlen des ersten Zehners, aber auch in Verbindung mit der Zifferndarstellung von vierstelligen Zahlen mit gleichen Ziffern erkannt.

Kompetenzstufe II (Testwerte zwischen 290 und 410 Punkten): *Grundfertigkeiten zum Zehnersystem, zur ebenen Geometrie und zu Größenvergleichen.* In der Arithmetik lösen die Kinder durch Rechnen auf eigenen Wegen eine kontextfreie Additionsaufgabe im Tausenderraum. Die Schülerinnen und Schüler verfügen über elementare Kenntnisse zum Aufbau des Zehnersystems. Bei Aufgaben zur Geometrie mit innermathematischem Kontext kennen die Schülerinnen und Schüler einfache Figuren wie Dreieck, Quadrat, Rechteck, L-förmiges Vieleck. Sie können gewisse Figuren nach ihrer Form und durch Abzählen von Einheitsquadraten bezüglich ihrer Flächengröße vergleichen. Im Sachrechnen kennen die Kinder verschiedene Größeneinheiten und können für die Gewichtsbestimmung eines Gegenstandes die am besten geeignete Einheit angeben.

Kompetenzstufe III (Testwerte zwischen 411 und 520 Punkten): *Verfügbarkeit von Grundrechenarten und Arbeit mit einfachen Modellen.* Auf dieser Stufe verfügen die Schülerinnen und Schüler nun auch über mündliche und schriftliche Rechenfertigkeiten bei der Subtraktion und der Multiplikation. Sie können Zahlen runden und Rechenergebnisse überschlagen. Mit schriftlichen Rechenverfahren wird in einer kontextfreien Aufgabe die Subtraktion von zwei vierstelligen Zahlen mit mehreren Überträgen und in einer Aufgabe mit außermathematischem Kontext die Multiplikation einer dreistelligen mit einer einstelligen Zahl bewältigt. In der Geometrie nutzen die Schülerinnen und Schüler Kenntnisse zur Achsensymmetrie, um in einem innermathematischem Kontext aus symmetrisch gefalteten Figuren die Ausgangsfiguren zu rekonstruieren. Beim Sachrechnen werden einfache Modellierungen vorgenommen. In einem gegebenen Modell werden beispielsweise Informationen verarbeitet und das Ergebnis interpretiert.

Kompetenzstufe IV (Testwerte zwischen 521 und 650 Punkten): *Beherrschung der Grundrechenarten, Bewältigung von Aufgaben der räumlichen Geometrie und begriffliche Modellentwicklung.* In der Arithmetik sind auf dieser Stufe die mündlichen und schriftlichen Rechenfertigkeiten der Kinder in den getesteten Grundrechenarten weitgehend entfaltet. Die Schülerinnen und Schüler entdecken in operativ strukturierten Aufgabensequenzen arithmetische Muster, finden Regelmäßigkeiten in Zahlenfolgen heraus und nutzen Muster zur Lösung von Aufgaben. In der Geometrie lösen Schülerinnen und Schüler anspruchsvollere Aufgaben aus der ebenen und nun auch aus der räumlichen Geometrie, in denen begriffliche Beziehungen zwischen geometrischen Elementen und Zahlen herzustellen sind. In der räumlichen Geometrie können die Schülerinnen und Schüler entscheiden, welches von mehreren Würfelbauwerken das gedrehte Bild des Originals ist. Schülerinnen und Schüler können bei Würfeln oder Würfelbauwerken, die im Schrägbild dargestellt sind, mit begrifflichem Wissen ‚hinter' die sichtbaren Elemente gehen und solche verdeckten Elemente bei Anzahlbestimmungen berücksichtigen. Im Sachrechnen lösen die Kinder Aufgaben, die eine eigenständige begriffliche Modellentwicklung erfordern, die beispielsweise zu verschiedenen multiplikativen Modellen oder zu einem Größenvergleichs-Modell führen.

Kompetenzstufe V (Testwerte über 650 Punkten): *Problemlösen bei Aufgaben mit innermathematischem oder außermathematischem Kontext.* In der Arithmetik verallgemeinern die Schülerinnen und Schüler komplexe arithmetische Muster und bewältigen eine kombinatorische Aufgabenstellung. Sie sind in der Lage, bei der Lösung einer Aufgabe mehrere Nebenbedingungen zu berücksichtigen. In der ebenen Geometrie können die Schülerinnen und Schüler in einem Quadratgitter das flächengrößte Gittervieleck mit gegebenem Umfang konstruieren. In der räumlichen Geometrie kann entschieden werden, mit welchem Netz ein Quader, bei dem eine Seitenfläche gefärbt ist, nicht hergestellt werden kann. Die Schülerinnen und Schüler lösen komplexe Sachrechenaufgaben durch selbständig zu entwickelnde multiplikative, additive oder daraus kombinierte mathematische Modelle.

## 2.4 Curriculare Validierung der Mathematikaufgaben

Zur curricularen Validierung des Testmaterials für die Mathematik benannten die Bundesländer Fachleute, die mit den Schnittstellen zwischen Schulaufsicht und Unterrichtspraxis vertraut sind und somit über einen fundierten Einblick sowohl in die staatlichen Vorgaben und Rahmenrichtlinien des jeweiligen Landes als auch in die Praxis des Mathematikunterrichts der Länder verfügen. Die Lehrplanexperten schätzten die Aufgaben u.a. nach folgenden Kriterien ein: Stoff als Inhalt der gültigen Rahmenpläne; Klassenstufe, in welcher der angesprochene Stoff behandelt wird; Bedeutsamkeit und Relevanz des Stoffs für höhere Klassenstufen.

Tabelle VI.4: Einschätzungen zu Kriterium ‚Ist der Stoff ein Inhalt der gültigen Rahmenpläne?'

| | Komponenten | ja, explizit | ja, implizit | nein | kann ich nicht beurteilen | keine Angaben |
|---|---|---|---|---|---|---|
| I | insgesamt | 60,3% | 32,6% | 6,5% | 0% | 0,6% |
| II | TIMSS | 62,1% | 29,9% | 8,1% | 0% | 0,0% |
| | IGLU | 58,6% | 35,3% | 4,9% | 0% | 1,2% |
| III | Arithmetik | 74,2% | 23,0% | 1,2% | 0% | 1,6% |
| | Sachrechnen | 50,9% | 38,0% | 11,1% | 0% | 0,0% |
| | Geometrie | 54,0% | 38,2% | 7,9% | 0% | 0,0% |

Abweichungen von 100 Prozent beruhen auf Rundungsfehlern.

IEA: Progress in International Reading Literacy Study © IGLU-Germany

Die in der IGLU-E-Studie getesteten Mathematikaufgaben werden im Wesentlichen als ein Inhalt der gültigen Rahmenpläne angesehen (vgl. Tab. VI.4, Komponente I). Zwischen den aus der TIMS-Studie übernommenen Mathematikaufgaben und den anderen Aufgaben ergeben sich nur geringfügige Unterschiede (vgl. Komponente II). Die Auswertungskomponente III zeigt, dass Sachrechenaufgaben eine geringfügig schlechtere Einschätzung als Aufgaben aus den Bereichen Arithmetik und Geometrie erfahren. Mathematikaufgaben aus dem Bereich des Größen- und Sachrechnens werden zu 11 Prozent nicht als Inhalt der gültigen Rahmenpläne angesehen. Für Geometrie-, besonders aber für Arithmetikaufgaben sind die Experteneinschätzungen für die dritte Antwortalternative der Frage 1 mit ‚nein, der Stoff ist kein Inhalt der gültigen Rahmenpläne' deutlich niedriger.

Abbildung VI.4: Einschätzungen zu ‚Wie wichtig ist der Stoff für das Lernen in höheren Klassenstufen?'

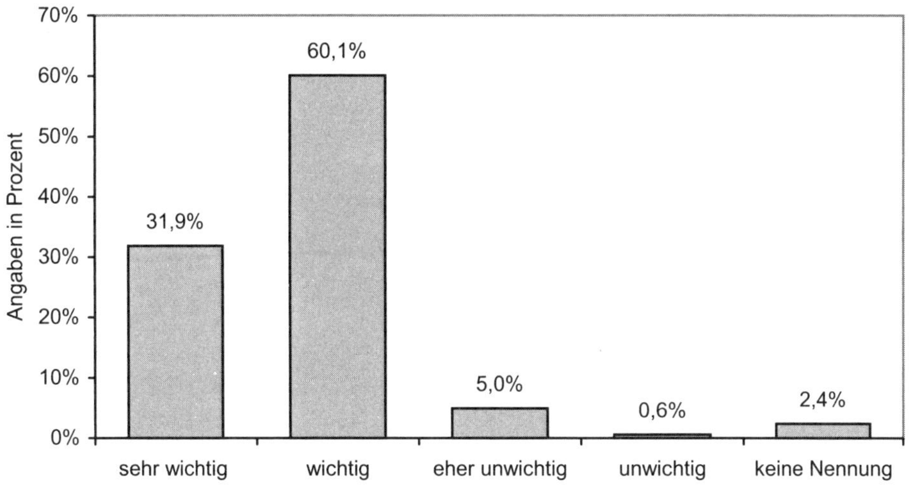


IEA: Progress in International Reading Literacy Study © IGLU-Germany

Im direkten Anschluss an die Frage ‚Ist der Stoff ein Inhalt der gültigen Rahmenpläne?' gaben die Experten den Zeitpunkt des zu erlernenden Stoffes an. Hierbei konnten sie zwischen den Klassenstufen 1 bis 6 sowie der Alternativen ‚in weiterführenden Schulen' eine Stufe benennen. Wenn für einzelne Mathematikaufgaben mehrere Antworten gegeben wurden, wurde die niedrigste benannte Klassenstufe gewertet. Der Stoff der IGLU-E-Testaufgaben wurde hauptsächlich den Klassenstufen 3 (34,2 % der Experteneinschätzungen) und 4 (37,6 % der Experteneinschätzungen) zugeordnet. Deutlich kleiner fielen die Nennungen für die übrigen Klassenstufen aus: Klassenstufe 1 (2,7 %), Klassenstufe 2 (17,8 %), Klassenstufe 5 (0,1 %), Klassenstufe 6 (0,1 %) sowie weiterführende Klassenstufen (1,3 %). Aufgaben aus der Arithmetik wurden eher der Klassenstufe 3 zugeordnet, andere Aufgaben eher der Klassenstufe 4.

Diese Befunde belegen, dass der von dem IGLU-E Testinstrument erfasste Stoff in Mathematik den Kindern am Ende der vierten Klassenstufe geläufig sein sollte.

Anhand der Einschätzungen zu ‚Wie wichtig ist der Stoff für das Lernen in höheren Klassenstufen?' zeigen die Auswertungen, dass die in der IGLU-E-Studie gestellten Mathematikaufgaben nicht nur in der Primar- sondern auch in der Sekundarstufe von Relevanz sind. Die Abbildung VI.4 gibt hierzu Auskunft.

Es besteht Konsens darüber, dass der in den Mathematikaufgaben getestete Stoff für das Lernen in höheren Klassenstufen von Wichtigkeit und somit für den weiteren Mathematikunterricht anschlussfähig ist. Zusammenfassend sind die in IGLU-E verwendeten Mathematikaufgaben curricular valide, und sie testen Fähigkeiten, die für den weiterführenden Mathematikunterricht bedeutsam sind.

## 3. Ergebnisse

Beim folgenden Bericht über Ergebnisse aus dem Subtest Mathematik von IGLU-E richten wir zunächst den Blick nach außen und ordnen vor dem Hintergrund gewisser einschränkender Bedingungen die rekonstruierten deutschen Leistungskennwerte in die internationale Skala der an TIMSS-Grundschule beteiligten Länder ein. Wir gehen auch der Frage nach, wie Deutschland im Vergleich mit anderen Ländern das Potential der Kinder in Mathematik für die weiterführenden Schulen nutzt. Unter nationaler Perspektive berichten wir sodann die Verteilung der deutschen Schülerinnen und Schüler auf die Kompetenzstufen und die aus dem Schülerfragebogen gewonnenen Ausprägungen von Lernmotivation, Selbstkonzept und Selbsteinschätzung in Mathematik. Mit einigen Befunden zu den Mathematiklehrkräften beenden wir den Berichtsabschnitt.

### 3.1 Mathematikleistungen im internationalen Vergleich

Mit den bei IGLU-E erhobenen Leistungsdaten in Mathematik versuchen wir, nachträglich die deutschen Schülerleistungen in der TIMS-Studie von 1995 zu verorten. Grundlage der Einordnung (*Linking*) sind die 27 TIMSS-Items, die auch bei IGLU-E eingesetzt wurden. Auf der Basis dieser Items ergibt sich die Möglichkeit, die deutschen Viertklässler mit den ‚Fourth-Grade'- bzw. ‚Upper-Grade'-Primarschülern (je nach Teilnehmerland) von 26 Ländern zu vergleichen, die an der TIMSS-Primarstufenuntersuchung beteiligt waren (vgl. Martin & Kelly, 1997). Methodisch verfolgen wir die bei Adams, Wu & Macaskill (1997) beschriebenen theoretischen Leitlinien und Prozeduren. Danach ist die Zahl der gemeinsamen Items genügend groß, um die deutschen Mathematikleistungen zuverlässig einzuordnen. Trotz der sehr viel geringeren Zahl von Items als in TIMSS (27 bei IGLU-E; 102 bei TIMSS) stehen die Skalen der deutschen Viertklässler bezüglich der Zuverlässigkeit den in TIMSS berichteten (Adams et al., 1997) kaum nach. Die mittlere Korrelation der fünf Skalenwerte (*Plausible Values*) beträgt .77 in Mathematik.

Nach diesen Prozeduren erreichen die deutschen Schülerinnen und Schüler in Mathematik einen Skalenwert von 545 auf der TIMSS-Fähigkeitsskala von 1995 (Standardabweichung 81, Standardfehler 2,7). Der internationale Mittelwert ist 529 (Mullis et al., 1997). Die deutschen Schülerinnen und Schüler liegen also deutlich oberhalb des internationalen Mittelwerts.

Trotz der formal hohen Zuverlässigkeit unserer Einordnung in die internationale Rangskala sind wie bei den Ergebnissen zu den Naturwissenschaften (vgl. Kap. V) einige Einschränkungen zu berücksichtigen. Zwar beruht der für Deutschland im Rahmen von IGLU-E rekonstruierte Kennwert auf einer Zufallsstichprobe, die auch den TIMSS-Ausschöpfungskriterien entsprochen hat. Allerdings war die deutsche Stichprobe nicht vollständig, da sich an der IGLU-E Studie vier Bundesländer (Brandenburg, Mecklenburg-Vorpommern, Niedersachsen und Sachsen-Anhalt) nicht beteiligt hatten (vgl. Kap. II). Die PISA-Kennwerte der vier nicht an der IGLU-Erweiterung teilnehmenden Länder lagen zwischen 6 und 18 Punkten unterhalb des deutschen Durchschnitts (Neubrand & Klieme, 2002). Der rekonstruierte Kennwert für Deutschland ist in sofern zwar nur mit einer gewissen Vorsicht als ‚nationaler' Kennwert zu interpretieren, das gesamte Testergebnis hätte sich aber selbst bei einer Teilnahme dieser Bundesländer nicht entscheidend verändert.

Ferner könnte der beträchtliche Zeitabstand zwischen den Erhebungen von TIMSS (im Jahr 1995) und IGLU (im Jahr 2001) die rekonstruierten Werte verschoben haben. Es ist nicht auszuschließen, dass zahlreiche der Länder, die an der TIMS-Grundschulstudie teilnahmen, im Zeitraum von sechs Jahren die Leistungsfähigkeit im Bereich Mathematik weiter entwickeln konnten oder umgekehrt, dass der gegenwärtige deutsche Wert nicht dem von 1995 entspricht. Solche Effekte sind für die Mathematikleistungen einiger Länder im Rahmen der TIMS-Repeat-Studie von 1999 für Schülerinnen und Schüler des achten Schuljahres nachgewiesen worden

(International Association for the Evaluation of Educational Achievement (IEA), 2001).

In Tabelle VI.5 und Abbildung VI.5 werden die internationalen Leistungswerte in Mathematik der TIMS-Grundschulstudie und der eingefügte rekonstruierte deutsche Leistungswert in einer Tabelle und grafisch in Form von Perzentilbändern berichtet. Länder, die den TIMSS-Ausschöpfungskriterien nicht entsprochen haben, sind in der Tabelle mit einer Fußnote versehen. Es muss ausdrücklich betont werden, dass wegen der oben gemachten Bemerkungen der IGLU-E-Mathematiktest in keiner Weise die Platzierung bei TIMSS für die Population I berührt.

Die durchschnittlichen Mathematikleistungen der deutschen Schülerinnen und Schüler am Ende der Grundschule liegen auf einem vergleichbaren Niveau mit denen der Kinder aus Slowenien (552), Irland (550), Ungarn (548), Australien (546), USA (545) und Kanada (532). Die Mathematikleistungen dieser Gruppe liegen aber deutlich unter den Leistungen von Schülerinnen und Schülern aus den Ländern Singapur (625), Korea (611), Japan (597), den Niederlanden (577) und Tschechien (567) und Österreich (559). Der Leistungswert von Japan liegt etwa eine halbe Standardabweichung über dem deutschen Wert, der Leistungswert von England (513) etwa ein Drittel Standardabweichung darunter. Der von deutschen Grundschülern erreichte Mittelwert gibt keine Hinweise auf ausgeprägte Defizite am Ende der Grundschulzeit. Um allerdings in die internationale Spitzengruppe zu gelangen, müsste die durchschnittliche Mathematikleistung noch deutlich verbessert werden.

Die Perzentilbänder in Abbildung VI.5 sagen auch etwas über die Breite der Leistungsverteilung innerhalb eines Landes. Jedes solche Perzentilband umfasst in seiner gesamten Breite die Leistungswerte der mittleren 90 Prozent der Schülerinnen und Schüler eines Landes. Die Breite des Bandes veranschaulicht die Unterschiedlichkeit der Mathematikleistung des betreffenden Landes. Je schmaler das Perzentilband eines Landes ist, desto ähnlicher sind sich die Schülerinnen und Schüler dieses Landes in ihrer Leistung. Korea ist ein Land mit vergleichsweise schmalem, England mit deutlich breiterem Perzentilband. Die Leistungsverteilung englischer Grundschüler ist also im Vergleich mit Korea heterogener. Die Breite des deutschen Perzentilbandes liegt etwa in der Mitte zwischen der Breite des koreanischen und des englischen Perzentilbandes. Im Abschnitt 3.3 wird der Aspekt der Leistungsstreuung noch einmal aufgegriffen.

Tabelle VI.5: Mathematikleistungen am Ende der Grundschule (vierte Jahrgangsstufe) im internationalen Vergleich (Tabelle nach Mullis et al., 1997), deutsche Kennwerte nachträglich eingefügt

TIMSS-Grundschule (POP I)
(internationaler M = 529)

| Land | Mittelwert (Standardfehler) | | Standard-abweichung | Perzentile 5 | 25 | 50 | 75 | 95 |
|---|---|---|---|---|---|---|---|---|
| Singapur | 625 | (5,3) | 104 | 436 | 561 | 631 | 697 | 788 |
| Korea | 611 | (2,1) | 74 | 489 | 565 | 613 | 661 | 727 |
| Japan | 597 | (2,1) | 81 | 458 | 545 | 597 | 653 | 726 |
| Hong Kong | 587 | (4,3) | 79 | 450 | 536 | 590 | 640 | 710 |
| Niederlande[1] | 577 | (3,4) | 71 | 462 | 528 | 575 | 625 | 690 |
| Tschechien | 567 | (3,3) | 86 | 427 | 509 | 566 | 626 | 711 |
| Österreich[1] | 559 | (3,1) | 79 | 420 | 508 | 560 | 613 | 687 |
| Slowenien[1] | 552 | (3,2) | 82 | 419 | 497 | 552 | 609 | 690 |
| Irland | 550 | (3,4) | 85 | 401 | 495 | 553 | 610 | 687 |
| Ungarn[1] | 548 | (3,7) | 88 | 404 | 488 | 548 | 607 | 695 |
| Australien[1] | 546 | (3,1) | 92 | 394 | 486 | 546 | 608 | 696 |
| Deutschland[2] | 545 | (2,7) | 81 | 413 | 489 | 544 | 615 | 692 |
| USA | 545 | (3,0) | 85 | 398 | 488 | 548 | 603 | 682 |
| Kanada | 532 | (3,3) | 84 | 394 | 477 | 533 | 588 | 670 |
| Israel[1] | 531 | (3,5) | 85 | 392 | 477 | 531 | 590 | 665 |
| Lettland[1] | 525 | (4,8) | 85 | 392 | 465 | 522 | 582 | 664 |
| Schottland | 520 | (3,9) | 89 | 373 | 460 | 520 | 581 | 667 |
| England | 513 | (3,2) | 91 | 366 | 452 | 509 | 569 | 672 |
| Zypern | 502 | (3,1) | 86 | 362 | 440 | 503 | 563 | 645 |
| Norwegen | 502 | (3,0) | 74 | 376 | 454 | 506 | 550 | 623 |
| Neuseeland | 499 | (4,3) | 90 | 350 | 440 | 500 | 560 | 641 |
| Griechenland | 492 | (4,4) | 90 | 341 | 435 | 492 | 553 | 637 |
| Thailand[1] | 490 | (4,7) | 70 | 375 | 444 | 492 | 538 | 603 |
| Portugal | 475 | (3,5) | 80 | 340 | 424 | 476 | 531 | 605 |
| Island | 474 | (2,7) | 72 | 359 | 424 | 471 | 519 | 595 |
| Iran | 429 | (4,0) | 69 | 320 | 382 | 425 | 472 | 546 |
| Kuwait[1] | 400 | (2,8) | 67 | 295 | 356 | 399 | 444 | 513 |

[1] Länder, die Vorgaben für Stichprobenausschöpfung verfehlten.
[2] Die Grundschulkennwerte für Deutschland sind nachträglich errechnet und zugeordnet.

IEA: Progress in International Reading Literacy Study

Abbildung VI.5: Mathematikleistungen am Ende der Grundschule (vierte Jahrgangsstufe) im internationalen Vergleich (int. M = 529)

| Teilnehmerstaat | M | (SE) | SD |
|---|---|---|---|
| Singapur | 625 | (5,3) | 104 |
| Korea | 611 | (2,1) | 74 |
| Japan | 597 | (2,1) | 81 |
| Hong Kong | 587 | (4,3) | 79 |
| Niederlande* | 577 | (3,4) | 71 |
| Tschechien | 567 | (3,3) | 86 |
| Österreich* | 559 | (3,1) | 79 |
| Slowenien* | 552 | (3,2) | 82 |
| Irland | 550 | (3,4) | 85 |
| Ungarn* | 548 | (3,7) | 88 |
| Australien* | 546 | (3,1) | 92 |
| Deutschland | 545 | (2,7) | 81 |
| USA | 545 | (3,0) | 85 |
| Kanada | 532 | (3,3) | 84 |
| Israel* | 531 | (3,5) | 85 |
| Lettland* | 525 | (4,8) | 85 |
| Schottland | 520 | (3,9) | 89 |
| England | 513 | (3,2) | 91 |
| Zypern | 502 | (3,1) | 86 |
| Norwegen | 502 | (3,0) | 74 |
| Neuseeland | 499 | (4,3) | 90 |
| Griechenland | 492 | (4,4) | 90 |
| Thailand* | 490 | (4,7) | 70 |
| Portugal | 475 | (3,5) | 80 |
| Island | 474 | (2,7) | 72 |
| Iran | 429 | (4,0) | 69 |
| Kuwait* | 400 | (2,8) | 67 |

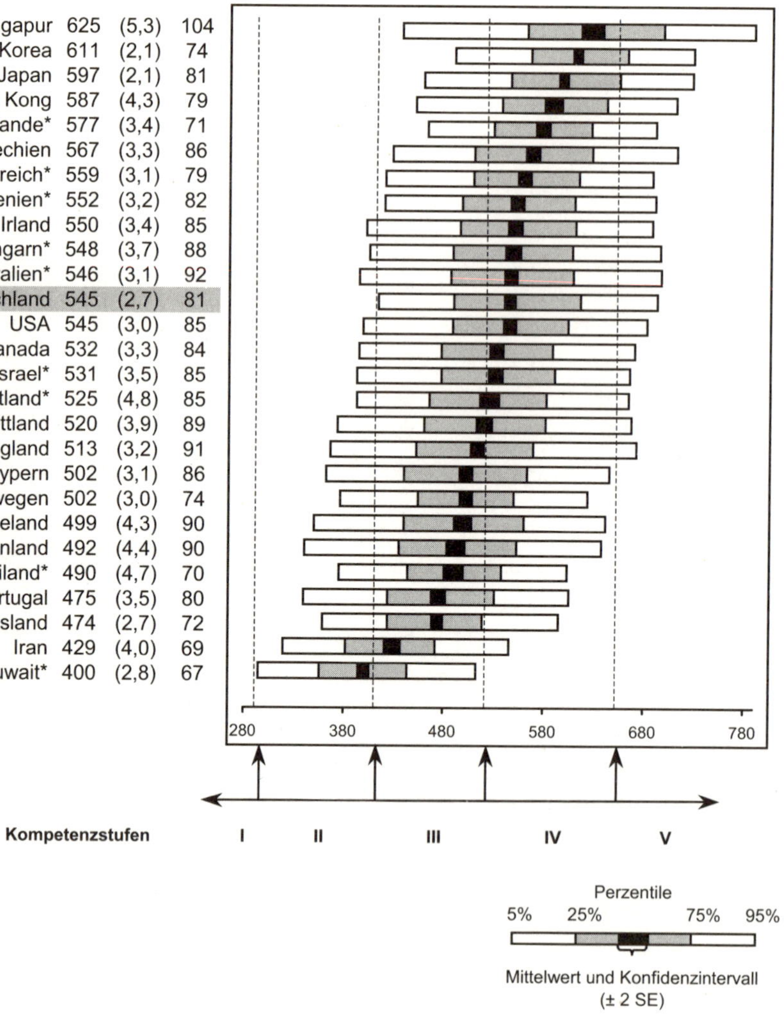


* Länder, die Vorgaben für Stichprobenausschöpfung verfehlten.
Die Grundschulkennwerte für Deutschland sind nachträglich errechnet und zugeordnet.

IEA: Progress in International Reading Literacy Study

## 3.2 Leistungen in Mathematik am Ende der Grundschulzeit und auf der Sekundarstufe

*TIMSS-Grundschule und TIMSS-Sekundarstufe I.* In Tabelle VI.6 sind die Mathematikleistungswerte der Länder eingetragen, die an der TIMS-Grundschulstudie und an der TIMS-Studie für die Sekundarstufe I teilgenommen haben. Nochmals sei ausdrücklich darauf hingewiesen, dass der mit IGLU-E rekonstruierte deutsche Leistungswert in keiner Weise die TIMSS-Rangordnung für die Population I tangiert. Tabelle VI.6 enthält zudem die Leistungsabstände der anderen Länder zu den deutschen Mittelwerten. Mit diesem Vergleich soll der Frage nachgegangen werden, wie sich im internationalen Rahmen Stärken oder Schwächen in den Mathematikleistungen der Grundschule möglicherweise in Stärken oder Schwächen der Mathematikleistungen in den Sekundarstufen verändern.

Der internationale Mittelwert bei TIMSS-Grundschule ist 529, bei TIMSS-Sekundarstufe I ist er 513. Der rekonstruierte deutsche Mittelwert 545 für TIMSS-Grundschule liegt 16 Punkte über dem internationalen Mittelwert. Der deutsche Mittelwert 509 bei der TIMS-Studie für die Sekundarstufe I liegt vier Punkte unter dem internationalen Mittelwert für die Sekundarstufe I.

Wie oben festgestellt wurde, liegt die durchschnittliche Mathematikleistung der deutschen Schülerinnen und Schüler am Ende der Grundschule im oberen internationalen Mittelfeld. Beim Ländervergleich in der TIMS-Studie zur Sekundarstufe I liegt Deutschland nahe am internationalen Mittelwert zusammen mit neun weiteren Ländern in einem breiten Mittelfeld (Baumert et al., 1997). Dies mag mit einer anderen, vergleichsweise ‚stärkeren' Länderzusammensetzung zusammenhängen. Die Länder, die in der TIMS-Grundschulstudie deutlich besser als Deutschland sind, schneiden auch bei TIMSS-Sekundarstufe I deutlich besser als Deutschland ab.

Bemerkenswertes zeigt der Blick auf einige Länder, die in der Tabelle bei TIMSS-Grundschule unterhalb von Deutschland stehen. Mit Ausnahme einer leichten Verschlechterung der USA um neun Punkte bei TIMSS-Sekundarstufe I, verbessern sich Kanada um 18, Israel um 13 Punkte. England und Neuseeland schneiden dagegen bei TIMSS-Grundschule schlechter als Deutschland ab, liegen jedoch bei TIMSS-Sekundarstufe I in der Nähe des deutschen Mittelwertes. Länder wie Griechenland und Portugal liegen sowohl bei TIMSS-Grundschule als auch bei TIMSS-Sekundarstufe I deutlich unter dem deutschen Mittelwert.

Tabelle VI.6: Mittelwerte für die Mathematikleistungen in der vierten Jahrgangsstufe (TIMSS POP I) und in der achten Jahrgangsstufe (TIMSS POP II) sowie Differenzen zum jeweiligen Mittelwert für Deutschland

| Land | TIMSS Grundschule POP I (internationaler M = 529) | | TIMSS 8. Klasse POP II (internationaler M = 513) | | |
|---|---|---|---|---|---|
| | Mittelwert | Differenz zum MW für D (545) | Differenz zum MW für D (509) | Mittelwert | |
| Singapur | 625 | 80 | 134 | 643 | |
| Korea | 611 | 66 | 98 | 607 | |
| Japan | 597 | 52 | 96 | 605 | |
| Hong Kong | 587 | 42 | 79 | 588 | |
| Niederlande[1] | 577 | 32 | 32 | 541 | |
| Tschechien | 567 | 22 | 55 | 564 | |
| Österreich[1] | 559 | 14 | 30 | 539 | |
| Slowenien[1] | 552 | 7 | 32 | 541 | 3 |
| Irland | 550 | 5 | 18 | 527 | |
| Ungarn | 548 | 3 | 28 | 537 | |
| Australien[1] | 546 | 1 | 21 | 530 | |
| Deutschland[2] | 545 | 0 | 0 | 509 | 3 |
| USA | 545 | 0 | -9 | 500 | |
| Kanada | 532 | -13 | 18 | 527 | |
| Israel[1] | 531 | -14 | 13 | 522 | 3 |
| Lettland[1] | 525 | -20 | -16 | 493 | |
| Schottland | 520 | -25 | -11 | 498 | |
| England | 513 | -32 | -3 | 506 | |
| Zypern | 502 | -43 | -35 | 474 | |
| Norwegen | 502 | -43 | -6 | 503 | |
| Neuseeland | 499 | -46 | -1 | 508 | |
| Griechenland | 492 | -53 | -25 | 484 | 3 |
| Thailand[1] | 490 | -55 | 13 | 522 | 3 |
| Portugal | 475 | -70 | -55 | 454 | |
| Island | 474 | -71 | -22 | 487 | |
| Iran | 429 | -116 | -81 | 428 | |
| Kuwait[1] | 400 | -145 | -117 | 392 | 3 |

[1] Länder, die Vorgaben für Stichprobenausschöpfung verfehlten.
[2] Die Grundschulkennwerte für Deutschland sind nachträglich errechnet und zugeordnet.
[3] Länder mit anderen nicht normgerechten Stichproben (Einzelheiten siehe Beaton et al., 1996).

IEA: Progress in International Reading Literacy Study



Die aus internationalen Querschnittsvergleichen gewonnenen Befunde, insbesondere die Verschiebung der Mathematikleistung bei deutschen Grundschülern aus einem Mittelbereich über dem internationalen Mittelwert in die Nähe des internationalen

Mittelwertes bei TIMSS POP II und die gegenläufige Bewegung bei Kanada und Israel zeigen an, dass das Leistungsniveau in der Sekundarstufe I von Ländern nicht bereits durch das Leistungsniveau am Ende der Grundschule ‚vorgeprägt' ist. Statt dessen ist anzunehmen, dass das vorhandene mathematische Leistungspotential deutscher Grundschülerinnen und Grundschüler in der Sekundarstufe I offensichtlich nicht hinreichend ausgeschöpft und weiter entwickelt wird.

*TIMSS-Grundschule und PISA.* Bei der TIMS-Studie zur Sekundarstufe I liegen die Mathematikleistungen deutscher Schülerinnen und Schüler am Ende der achten Jahrgangsstufe nahe am internationalen Mittelwert, in einem breiten Mittelbereich, zu dem noch weitere elf Länder zählen. Bei der PISA-Erhebung fällt Deutschland in die untere Hälfte innerhalb einer größeren Mittelgruppe von 16 Ländern (Baumert et al., 2001).

Tabelle VI.7: Mittelwerte für die Mathematikleistungen in der vierten Jahrgangsstufe (TIMSS POP I) und bei PISA sowie Differenzen zum jeweiligen Mittelwert für Deutschland

| Land | TIMSS 4. Klasse (POP I) (internationaler M = 529) | | | | PISA (internationaler M = 500) | | | |
|---|---|---|---|---|---|---|---|---|
| | Mittelwert (Standardfehler) | | SD | Abstand zum MW für D | Abstand zum MW für D | Mittelwert (Standardfehler) | | SD |
| Korea | 611 | (2,1) | 74 | 66 | 57 | 547 | (2,8) | 84 |
| Japan | 597 | (2,1) | 81 | 52 | 67 | 557 | (5,5) | 87 |
| Tschechien | 567 | (3,3) | 86 | 22 | 8 | 498 | (2,8) | 96 |
| Österreich[1] | 559 | (3,1) | 79 | 14 | 25 | 515 | (2,5) | 92 |
| Irland | 550 | (3,4) | 85 | 5 | 13 | 503 | (2,7) | 84 |
| Ungarn[1] | 548 | (3,7) | 88 | 3 | -2 | 488 | (4,0) | 98 |
| Australien | 546 | (3,1) | 92 | 1 | 43 | 533 | (3,5) | 90 |
| Deutschland[2] | 545 | (2,7) | 81 | 0 | 0 | 490 | (2,5) | 103 |
| USA | 545 | (3,0) | 85 | 0 | 3 | 493 | (7,6) | 98 |
| Kanada | 532 | (3,3) | 84 | -13 | 43 | 533 | (1,4) | 85 |
| Lettland[1] | 525 | (4,8) | 85 | -20 | -27 | 463 | (4,5) | 103 |
| Schottland (UK) | 520 | (3,9) | 89 | -25 | 39 | 529 | (2,5) | 92 |
| England (UK) | 513 | (3,2) | 91 | -32 | 39 | 529 | (2,5) | 92 |
| Norwegen | 502 | (3,0) | 74 | -43 | 9 | 499 | (2,8) | 92 |
| Neuseeland | 499 | (4,3) | 90 | -46 | 47 | 537 | (3,1) | 99 |
| Griechenland | 492 | (4,4) | 90 | -53 | -43 | 447 | (5,6) | 108 |
| Portugal | 475 | (3,5) | 80 | -70 | -36 | 454 | (4,1) | 91 |
| Island | 474 | (2,7) | 72 | -71 | 24 | 514 | (2,3) | 85 |

[1] Länder, die Vorgaben für Stichprobenausschöpfung verfehlten.
[2] Die Grundschulkennwerte für Deutschland sind nachträglich errechnet und zugeordnet.

IEA: Progress in International Reading Literacy Study © IGLU-Germany

Tabelle VI.7 enthält die Leistungsergebnisse in Mathematik der Länder, die sich sowohl an der TIMS-Grundschulstudie als auch an PISA beteiligt hatten. Finnland etwa, das bei PISA sehr gut abgeschnitten hatte, fehlt deshalb in der Tabelle. Der aus IGLU-E rekonstruierte Wert für Deutschland bei TIMSS-Grundschule ist eingefügt. Einige Länder wie Singapur, Japan, Österreich, die bei TIMSS POP I besser als Deutschland abschneiden, sind auch bei PISA signifikant besser als Deutschland.

Beim Leistungsvergleich am Ende der Grundschule liegen neun Länder (England und Schottland getrennt gewertet) unter dem deutschen Mittelwert. Von diesen neun Ländern schneiden nur mehr drei Länder bei PISA schlechter ab als Deutschland. Die anderen sechs Länder, darunter Kanada, England, Schottland liegen (bis auf Norwegen) bei PISA zum Teil deutlich vor Deutschland; bemerkenswerterweise gehören die genannten angloamerikanischen Länder in PISA zum oberen Leistungsbereich (Baumert et al., 2001).

Dieser Befund bestätigt ein Bild, das sich bereits beim Vergleich der Leistungsentwicklungen von der Grundschule zur Sekundarstufe I bei TIMSS POP II abgezeichnet hat. Im Anschluss an die Grundschule gelingt es (im Unterschied zu anderen Ländern) offensichtlich nicht, das positive Leistungspotential der Grundschülerinnen und Grundschüler ausreichend weiter zu entwickeln. Dass eine solche Entwicklung möglich ist, zeigen neben Australien auch Länder, die in Mathematik bei der TIMSS-Grundschulerhebung deutlich schlechter als Deutschland abgeschnitten haben.

### 3.3 Leistungsunterschiede im Mathematiktest

*Bandbreiten und Streuungen der Mathematikleistungen.* Aus den in Tabelle VI.5 berichteten Perzentilwerten lassen sich Aussagen über Extremgruppen, also über besonders leistungsschwache und besonders leistungsstarke Schülerinnen und Schüler gewinnen. Das Perzentil 5 kennzeichnet den mathematischen Leistungswert, der von 95 Prozent der Schülerinnen und Schüler übertroffen wird. Das Perzentil 95 kennzeichnet den mathematischen Leistungswert, den die 5 Prozent besten Schülerinnen und Schüler eines Landes mindestens erreichen.

Deutschland hat bei Perzentil 5 den Leistungswert von 413 Punkten. Dieser Wert ist deutlich höher als der entsprechende Perzentilwert der Länder USA (398), England (366) und Kanada (394). Im Vergleich zu diesen Ländern weist dieses Ergebnis nicht auf besonders auffällige Probleme im untersten Leistungssegment hin. Ein analoger Befund ergibt sich beim Vergleich der Werte für Perzentil 25 von Deutschland mit diesen drei Ländern. Nimmt man die Länder USA, England und Kanada als Bezugspunkt, dann kann für Deutschland am Ende der Grundschule im unteren Viertel der Leistungsverteilung keine besondere Auffälligkeit festgestellt werden.

Dieses Bild ändert sich allerdings, wenn man bei PISA die Perzentile 5 und 25 von Deutschland (311/423), USA (327/427), England (374/470) und Kanada (390/477) vergleicht (Baumert et al., 2001). Während die USA im unteren Leistungsbereich ähnliche Werte wie Deutschland aufweisen, zeigen sich insbesondere im Vergleich mit England und Kanada deutliche Schwächen in den Mathematikleistungen deutscher Schülerinnen und Schüler. Somit verliert Deutschland im unteren Leistungsbereich in der Sekundarstufe I bei PISA den am Ende der Grundschule bei IGLU-E noch bestehenden Anschluss an die Bezugsländer England und Kanada.

Im oberen Extrembereich der Leistungsverteilung, beim Perzentil 95 erreicht Deutschland den rekonstruierten Wert 692. Zum Teil deutlich über diesem Wert liegen die Länder Singapur (788), Japan (726) und Tschechien (711), in denen die Spitzengruppen der Schülerinnen und Schüler hervorragende Leistungen erbringen. Der Wert 692 für Deutschland beim Perzentil 95 ist höher als die entsprechenden Perzentilwerte der Bezugsländer USA (682), England (672) und Kanada (670). Zieht man jedoch die Perzentile 95 für die Mathematikleistung aus der PISA-Studie heran, so hat hier Deutschland (649) im Vergleich zu USA (652), England (676) und Kanada (668) den kleinsten Wert. Die Spitzengruppe deutscher Schülerinnen und Schüler der Grundschule kann im internationalen Vergleich durchaus mithalten, wobei allerdings zu den leistungsfähigsten Schülerinnen und Schülern einiger anderer Länder noch ein beträchtlicher Abstand besteht. Der Vergleich im Rahmen von PISA mit den Ländern England und Kanada zeigt, dass es in diesen Ländern in der Sekundarstufe I offensichtlich besser als in Deutschland gelingt, die leistungsstärksten Schülerinnen und Schüler aus der Grundschule gebührend zu fördern.

*Verteilung auf Kompetenzstufen.* Zur Beurteilung der mathematischen Kompetenz von deutschen Schülerinnen und Schülern am Ende der Grundschule wurden die rekonstruierten Kennwerte in das Spektrum der internationalen Leistungskennwerte eingeordnet. Nun kommen wir auf die in Abschnitt 2.3 entwickelte inhaltliche Interpretation der Fähigkeitswerte von Grundschulkindern durch Kompetenzstufen zurück und berichten die Prozentanteile von Schülerinnen und Schülern, die den einzelnen Kompetenzstufen zugerechnet werden können. Hierdurch wird ein inhaltlicher Einblick in die Leistungsfähigkeit von Schülergruppen gewonnen (vgl. Abb. VI.6).

Auf Kompetenzstufe I verlässt eine sehr kleine, aber hinsichtlich des weiteren Ausbildungsweges sehr stark gefährdete Gruppe von etwa 2 Prozent der Schülerinnen und Schüler die Grundschule mit einem unzulänglichen mathematischen Wissen und Können, das keine tragfähige Grundlage für das Lernen in weiterführenden Schulen bietet.

Allerdings müssen auch die knapp 17 Prozent der Schülerinnen und Schüler auf Kompetenzstufe II im Hinblick auf das weitere Lernen in Mathematik als gefährdet betrachtet werden. Sie haben erhebliche Defizite in den Rechenverfahren, der ebenen und räumlichen Geometrie und bei der Bewältigung von Aufgaben mit außermathematischem Kontext. Es besteht ein beträchtlicher Nachholbedarf, um zu dem für die weiterführenden Schulen erforderlichen anschlussfähigen Wissen und Können zu gelangen.

Ab Kompetenzstufe III wurden in den drei Inhaltsbereichen Arithmetik, Geometrie und Sachrechnen grundlegende Begriffe und Verfahren des Grundschulcurriculums erworben, wobei allerdings beträchtliche Unterschiede in Breite und Tiefe der Kompetenzen bestehen. So werden beispielsweise erst auf Kompetenzstufe IV die Grundrechenarten (Anm.: *nur* die mündliche Division wurde getestet) im Zahlenraum bis 10.000 mit hinreichender Sicherheit beherrscht. Gleichwohl halten wir das auf Kompetenzstufe III trotz Defiziten vorhandene Potential bei den Grundrechenarten, beim Runden und Schätzen für konsolidierungs- und ausbaufähig. Erfreulicherweise bleibt das erworbene arithmetische Wissen nicht isoliert, sondern kann zur Bearbeitung einfacher Sachsituationen genutzt werden. Trotz des gegenüber der Kompetenzstufe II erreichten begrifflichen Fortschritts der Schülerinnen und Schüler im Bereich der ebenen Geometrie, stimmt das Defizit in der räumlichen Geometrie gerade wegen der Bedeutung der Raumgeometrie für die Bewältigung alltäglicher und insbesondere auch beruflicher Probleme bedenklich. Hier besteht dringender Nachholbedarf.

Auf Kompetenzstufe IV verfügen die Schülerinnen und Schüler über die grundlegenden, für das Ende der Grundschulzeit intendierten Kompetenzen, die zugleich eine solide Basis für den weiteren Ausbau an weiterführenden Schulen liefern. Die Beherrschung der Grundrechenarten wurde bereits festgestellt. Das für die vorherige Stufe konstatierte Defizit in der Raumgeometrie ist überwunden. So gelingt es nun, mit Schrägbildern von Würfelbauwerken in unterschiedlichen Anforderungssituationen umzugehen, also mit ebenen Modellen von räumlichen Objekten. In der ebenen Geometrie kommt es zu einer Verbindung mit der Arithmetik, wobei begriffliche Beziehungen zwischen geometrischen Elementen und Zahlen hergestellt werden.

Bei Sachrechenaufgaben werden eigenständig begriffliche Modellierungen vorgenommen.

Auf Kompetenzstufe V lösen die 7 Prozent Besten erfolgreich begrifflich anspruchsvolle Probleme sowohl in innermathematischen als auch in außermathematischen Kontexten. Dabei werden alle jeweils erforderlichen Phasen der Modellbildung durchlaufen. Die Schülerinnen und Schüler erkennen mathematische Strukturen und sie können mit solchen Strukturen arbeiten. Einige der erfolgreich gelösten komplexen Aufgaben reichen in ihren Anforderungen deutlich über den Standard der Grundschule hinaus. Nicht zuletzt deshalb liegt die Frage nahe, ob diese Schülerinnen und Schülern entsprechend ihrer herausragenden Fähigkeiten im Mathematikunterricht der Grundschule hinreichend gefordert und gefördert werden können. Auch mit Blick auf die weiterführenden Schulen wäre es wichtig, dieses intellektuelle Potenzial zu erkennen und zu nutzen.

Abbildung VI.6: Verteilung der Schülerinnen und Schüler auf die fünf Kompetenzstufen

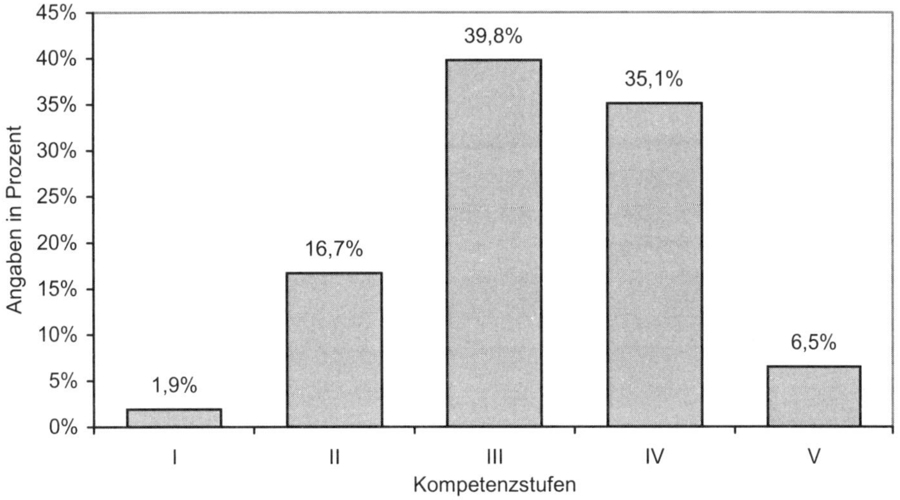


IEA: Progress in International Reading Literacy Study © IGLU-Germany

Es stellt sich nun die Frage, ab welcher Kompetenzstufe man mit den Fähigkeiten der Schüler unter dem Bildungsanspruch der Grundschule und des Anspruchs weiterführender Schulen an die erreichten Bildungsergebnisse der Grundschule zufrieden sein kann. Klar zu bejahen ist dies für die gut 40 Prozent der Kinder auf den beiden höchsten Kompetenzstufen, also für Kinder mit einem Fähigkeitswert größer als 520. Bei den knapp 40 Prozent der Schülerinnen und Schüler auf Kompetenzstufe III, also mit einem Fähigkeitswert zwischen 411 und 520 besteht Nachholbedarf in den drei Inhaltsbereichen Arithmetik, Geometrie, Sachrechnen, der besonders groß ist für die Schülerinnen und Schüler, die sich am Anfang dieser Kompetenzstufe befinden. Fast 20 Prozent der Kinder auf den Kompetenzstufen I und II zeigen gravierende Defizite in ihren mathematischen Fähigkeiten. Sowohl bei den mathematischen Inhalten als auch bei den Verfahren sind nur Fragmente vorhanden. Im Grunde genommen geht das mathematische Wissen und Können dieser Schülerinnen und Schüler kaum über das zweite Schuljahr hinaus.

*Geschlechterdifferenzen.* In der TIMS-Grundschulstudie Mathematik konnten für die Länder Japan, Korea und Niederlande signifikante Leistungsunterschiede zwischen Mädchen und Jungen, zugunsten der Jungen festgestellt werden. Der internationale Vergleich zeigt aber auch, dass Mädchen in einigen Ländern, wie Lettland, Singapur und Neuseeland bessere Leistungen erzielten als die Jungen. Der Unterschied, über alle Länder hinweg betrachtet, ist gering.

Tabelle VI.8: Verteilung von Mädchen und Jungen auf die Stufen mathematischer Kompetenz nach Geschlecht (in Prozent)

| Stufen mathematischer Kompetenz (Grundschule) | | Gesamt | Mädchen | Jungen |
|---|---|---|---|---|
| | | | (in Prozent) | |
| Stufe V | (> 650) Problemlösen bei Aufgaben mit innermathematischem oder außermathematischem Kontext | 6,5 | 5,5 | 7,5 |
| Stufe IV | (521–650) Beherrschung der Grundrechenarten, Bewältigung von Aufgaben der räumlichen Geometrie und begriffliche Modellentwicklung | 35,1 | 31,7 | 38,3 |
| Stufe III | (411–520) Verfügbarkeit von Grundrechenarten und Arbeit mit einfachen Modellen | 39,8 | 40,4 | 39,3 |
| Stufe II | (290–410) Grundfertigkeiten zum Zehnersystem, zur ebenen Geometrie und zu Größenvergleichen | 16,7 | 20,2 | 13,4 |
| Stufe I | (< 289) Rudimentäres schulisches Anfangswissen | 1,9 | 2,2 | 1,5 |

IEA: Progress in International Reading Literacy Study © IGLU-Germany

Auf der internationalen TIMSS-Skala erreichten in Deutschland – aufgrund nachträglich erfolgter Berechnungen – bei einem Mittelwert von 545, die Jungen 553

Punkte, die Mädchen 537 Punkte. Auf nationaler Ebene (MW = 500, SD = 100) erzielen die Jungen einen Mittelwert von 512 Punkten, die Mädchen einen Mittelwert von 488 Punkten.

Der Frage nach Geschlechterdifferenzen bezüglich der Mathematikleistungen bei IGLU-E auf nationaler Ebene wird nun im Hinblick auf die Verteilung von Mädchen und Jungen auf die fünf Kompetenzstufen nachgegangen. Diese Verteilung auf die fünf Kompetenzstufen gibt aufschlussreiche Informationen über Unterschiede und eventuell notwendigen Handlungsbedarf (vgl. Tab. VI.8). Die beiden unteren Kompetenzstufen I und II sind stärker mit Mädchen besetzt, bei den oberen Stufen IV und V ist es umgekehrt. In der mittleren, der dritten Kompetenzstufe besteht zwischen den Anteilen beider Geschlechter ein nahezu ausgewogenes Verhältnis.

Somit ist – selbstverständlich neben den Jungen – insbesondere bei Mädchen im unteren Leistungsbereich ein erhöhter Unterstützungsbedarf angezeigt. Aber auch im oberen Leistungsbereich sollte durch Förderung der Mädchen versucht werden, eine größere Leistungshomogenität bezüglich der Geschlechter zu erzielen.

### 3.4 Motivation und Selbstkonzept

Jede Grundschullehrerin und jeder Grundschullehrer wünscht sich im Unterricht lernfreudige Kinder, die durch die Sache selbst gefesselt sind. Welches Interesse haben Grundschülerinnen und Grundschüler an Mathematik? Wie vertrauen die Kinder auf ihre eigene Fähigkeit, mathematische Aufgaben und Probleme erfolgreich zu lösen? Mehr oder weniger explizit beschäftigt Schülerinnen und Schüler, ob der Lerngegenstand für sie interessant oder nützlich ist, ob die eigene Fähigkeit ausreichen wird, eine gestellte Aufgabe erfolgreich zu Ende zu bringen und nicht zuletzt, was wichtige Bezugspersonen von ihnen erwarten.

Im Schülerfragenbogen zur Mathematik wurden die Kinder nach ihrer Wahrnehmung des Unterrichtsgeschehens und nach ihren Präferenzen gefragt. 79 Prozent der Schülerinnen und Schüler reagieren auf die Aussage ‚*Ich lerne gerne in Mathematik*' mit ‚stimmt genau' oder ‚stimmt fast'. Nur 8 Prozent finden den Unterricht wirklich langweilig. Fast alle Kinder meinen, dass das in Mathematik Gelernte für jeden im Leben wichtig ist (‚stimmt genau' oder ‚stimmt fast'). Weitere Fragen dieser Art wurden zu einer vierstufigen Lernmotivationsskala (1 = geringe Motivation ... 4 = hohe Motivation) zusammengefasst. Ihr Mittelwert beträgt 3,5 (SD = 0,66).

Wenn man die Kinder fragt, was sie in Mathematik gerne machen, so möchten über 81 Prozent mit großen Zahlen rechnen, knapp 78 Prozent zeichnen gerne im Unterricht und etwa 80 Prozent finden Freude daran, etwas geschickt auszurechnen oder Rechentricks selbst zu entdecken. Drei Viertel der Kinder geben an, gerne Knobelaufgaben und Rechenrätsel zu lösen. Aber nur etwas über die Hälfte der befragten Kinder (55 %) mögen Textaufgaben (jeweils ‚stimmt genau' oder ‚stimmt fast').

Die Aussage ‚*Der Unterricht ist so schwer, dass ich nicht mitkomme.*' oder ‚*Die Aufgaben, die uns die Lehrerin / der Lehrer stellt, sind ganz schön schwierig.*' verneinen 85 Prozent bzw. 69 Prozent (‚stimmt gar nicht' oder ‚stimmt ein wenig') der Kinder. Der Mittelwert der aus ähnlichen Fragen gebildeten Selbsteinschätzungsskala (1 = niedere Selbsteinschätzung ... 4 = hohe Selbsteinschätzung) beträgt 3,2 (SD = 0,72).

Die Items zum bereichspezifischen Selbstkonzept lauten z.B.: ‚*Das Fach Mathematik wäre mir lieber, wenn es nicht so schwierig wäre*' oder ‚*Für Mathematik habe ich keine Begabung*'. Der Skalenmittelwert (1 = niedrig ... 4 = hoch) ist 3,3 (SD = 0,79). Die Unterschiede zwischen Jungen und Mädchen liegen bei allen berichteten Skalen im Zufallsbereich.

Man darf die Angaben der Kinder zwar nicht überbewerten. In der Tendenz deuten sie jedoch darauf hin, dass am Ende der Grundschulzeit bei den meisten Kindern die Lernfreude und die kindliche Neugier in Mathematik noch ungebrochen ist. Sie erleben den Mathematikunterricht als anregend und nützlich und sie haben von sich den Eindruck, dem Mathematikunterricht im allgemeinen gewachsen zu sein. Differenziert man aber die Antworten der Kinder nach den von ihnen erreichten Kompetenzstufen, so werden deutliche Unterschiede sichtbar. Sie schätzen ihre Fähigkeiten in Mathematik – wenn auch auf hohem Niveau – in der Regel recht realistisch ein, wie die Abbildung VI.7 zeigt.

Der Mittelwertsanstieg zwischen der Kompetenzstufe I und V ist erwartungsgemäß und zeigt den Zusammenhang zwischen bereichsspezifischem Selbstvertrauen und den erbrachten Leistungen. Die Lernmotivation in Mathematik bleibt bei allen Stufen auf hohem Niveau erhalten, sie differiert nur im Zufallsbereich. Es fällt auf, dass bei den Viertklässlern noch kein systematischer Zusammenhang zwischen Mathematikkompetenz und Lernmotivation zu bestehen scheint. Leistungsschwäche in Mathematik wird am Ende der Grundschulzeit möglicherweise kaum als demotivierend erlebt.

Abbildung VI.7: Selbstkonzept, Selbsteinschätzung und Lernmotivation nach Kompetenzstufen

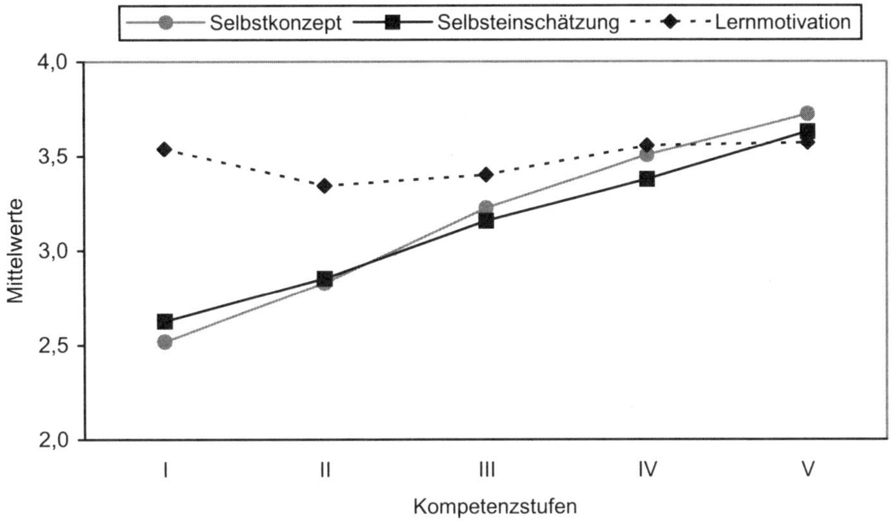


IEA: Progress in International Reading Literacy Study © IGLU-Germany

## 3.5 Befunde zu Mathematiklehrkräften in der Grundschule

*Qualifikation der Mathematik unterrichtenden Lehrkräfte.* Gelegentlich wird der Anteil an Unterricht, der von fachfremden Lehrern erteilt wird, als recht hoch eingeschätzt. Die Befunde aus dem Fragebogen für Mathematiklehrkräfte an Grundschulen bestätigen dies nicht. Drei Viertel aller Lehrkräfte unterrichten Mathematik. Etwas mehr als 70 Prozent der Lehrkräfte wählten im Studium den Schwerpunkt Grundschule. Knapp 70 Prozent der Lehrkräfte sind durch das Studium für das Fach Mathematik ausgebildet. Mehr als die Hälfte der Lehrerinnen und Lehrer besuchten während ihres Studiums zwei oder mehr fachwissenschaftliche Lehrveranstaltungen zur Mathematik beziehungsweise mindestens drei mathematikdidaktische Lehrveranstaltungen. Allerdings fertigten nur knapp 13 Prozent der Lehrkräfte eine Zulassungsarbeit / Examensarbeit in Mathematik / Mathematikdidaktik an. Ob diese Angaben auf ein professionelles fachwissenschaftliches und fachdidaktisches Studium in der ersten Phase der Lehrerausbildung schließen lassen, kann ohne genauere Kenntnis von Studieninhalten und Studienstrukturen hier nicht beantwortet werden. Da zu diesem Bereich offensichtlich kein systematisches Wissen vorliegt, wäre es hilfreich, national einen ‚Inhalts- und Strukturatlas' für die Ausbildung von Grundschullehrern in Mathematik zu erstellen, der gegebenenfalls auch als Basis für die

Formulierung von Standards für die Ausbildung von Grundschullehrern in Mathematik dienen könnte.

*Lehrstoff und Lehrbuch Mathematik im vierten Schuljahr aus der Sicht der Lehrkräfte.* Die Mathematiklehrkräfte sehen den in der vierten Jahrgangsstufe zu behandelnden Stoff einstimmig als wichtig an. Zu 81 Prozent sind die Lehrerinnen und Lehrer der Ansicht, dass der Stoff in einem engen Bezug zum ‚realen Leben' der Schülerinnen und Schüler steht und für das spätere Leben von Bedeutung sei (98 % der Lehrervoten). 90 Prozent der Lehrkräfte halten den Mathematik-Lehrstoff nicht nur für zeitgemäß, sondern für die Kinder dieser Altersstufe auch interessant.

Mehr als 80 Prozent der Lehrkräfte bewerten das in ihrer Klasse verwendete Mathematik-Schulbuch in Aufbau und Gliederung, Darstellung und Anschaulichkeit für gut. Fast 70 Prozent der Mathematiklehrer schätzen die Schulbücher im Hinblick auf Interessantheit und die Verwendung von Beispielen als gut ein. Es wundert deshalb nicht, wenn 89 Prozent der Lehrkräfte ihrer Planung und Durchführung von Mathematikunterricht das im Unterricht verwendete Schulbuch zu Grunde legen.

*Zusammenarbeit von Mathematiklehrkräften an der Schule.* Die Befunde zeigen nach Auskunft der Lehrkräfte eine enge Zusammenarbeit an Grundschulen. 84 Prozent der Mathematiklehrkräfte sprechen sich mit ihren Mathematik-Fachkollegen innerhalb derselben Klassenstufe über Inhalte, 62 Prozent über Methoden des Mathematikunterrichts ab. 80 Prozent der Befragten sprechen sich über Inhalte, Anforderungen und Bewertungen von Klassenarbeiten ab.

Eine Zusammenarbeit mit Kolleginnen und Kollegen anderer Fächer, die in derselben Klasse unterrichten, findet zu über 90 Prozent der Lehreraussagen schwerpunktmäßig bei Problemen mit der Klasse und einzelnen Schülerinnen und Schülern statt. Ein Austausch über Unterrichtsinhalte erfolgt dagegen nur bei 52 Prozent, über Unterrichtsmethoden bei 44 Prozent der Lehrkräfte.

## 4. Zusammenschau

Ziel von IGLU-E war es, die Mathematikleistung deutscher Schülerinnen und Schüler am Ende der Grundschulzeit zu erheben. Die Rahmenkonzeption des Subtests Mathematik bei IGLU-E orientierte sich dabei an grundlegenden, auch für das Mathematiklernen in weiterführenden Schulen bedeutsamen Begriffen und Prozessen der Grundschulmathematik. Anders als der internationale Teil von PISA suchte

IGLU-E die Nähe zu grundlegenden Elementen des Mathematik-Curriculums der Grundschule. Die Überprüfung der curricularen Validität des Subtests Mathematik zeigt, dass die Realisierung dieses Ansatzes aus der Sicht von Fachleuten aus Schulaufsicht und Unterrichtspraxis der beteiligten Bundesländer gelungen ist.

Die Einordnung und Interpretation der von den Schülerinnen und Schülern beim Mathematiktest von IGLU-E erreichten individuellen bzw. durchschnittlichen Leistungskennwerte erfolgte unter nationaler Perspektive durch den Bezug zu Kompetenzstufen und unter internationaler Perspektive durch einen Vergleich mit Ländern, die sich – anders als Deutschland – an der TIMS-Grundschulstudie 1995 beteiligt hatten.

Vor dem Hintergrund der Rahmenkonzeption, konnten beim Test erzielte Fähigkeitswerte von Schülerinnen und Schülern unter nationaler Perspektive durch Kompetenzen beschrieben werden, die zur Bewältigung von Aufgaben erforderlich sind.

Bei Schlussfolgerungen aus der internationalen Einordnung der rekonstruierten Leistungsergebnisse beim Subtest Mathematik ist wegen der zeitlichen Distanz zur TIMS-Grundschulstudie 1995 Behutsamkeit angebracht. Dennoch liefert der internationale Vergleich einige beachtenswerte Erkenntnisse.

Auf nationaler Ebene beunruhigend ist der Befund, dass knapp ein Fünftel der Kinder die Grundschule beendet mit zum Teil erheblichen Defiziten im mathematischen Wissen, bei mathematischen Fertigkeiten, insbesondere des Rechnens, und bei der Anwendung von Mathematik. Um diesen Kindern mit Blick auf ihr zukünftiges Berufsleben und ihre Bildungsbeteiligung realistische Chancen im System der weiterführenden Schulen zu eröffnen, ist eine spezifische Förderung der Kinder bereits in der Grundschule dringend geboten. Die Wurzeln der am Ende der Grundschule im Rahmen von IGLU-E festgestellten Leistungsschwächen dieser Kinder dürften in der Regel bereits ihrer früheren Lerngeschichte entspringen. Es ist daher besonders wichtig, die Diagnosefähigkeit von Lehrerinnen und Lehrern der Grundschule weiter auszubilden, damit solche Leistungsschwächen möglichst frühzeitig erkannt und gezielte pädagogische und fachdidaktische Fördermaßnahmen eingeleitet werden können.

Im internationalen Vergleich zeigt die durchschnittliche Mathematikleistung der deutschen Schülerinnen und Schüler am Ende der Grundschule keine Hinweise auf ausgeprägte Schwächen. Um allerdings in der gesamten Leistungsbreite zur internationalen Spitzengruppe aufzuschließen, müsste die durchschnittliche Mathematikleistung noch deutlich verbessert werden.

Die Lernmotivation der Kinder, die auf allen Kompetenzstufen auf hohem Niveau liegt, sowie die bei den meisten Kindern vorhandene Neugier in Mathematik wären günstige Voraussetzungen seitens der Schülerinnen und Schüler, auf breiter Linie Konzepte für die Steigerung der Effizienz von Mathematikunterricht in der Grundschule zu entwickeln und zu implementieren.

Die Spitzengruppe deutscher Schülerinnen und Schüler der Grundschule kann im internationalen Vergleich durchaus mithalten, wobei allerdings zu den leistungsfähigsten Schülerinnen und Schülern einiger anderer Länder noch ein beträchtlicher Abstand besteht. Besonders leistungsfähigen oder an Mathematik besonders interessierten Kindern sollte in der Grundschule ein Angebot zu einer herausfordernden mathematischen Betätigung gemacht werden. Mit solchen Angeboten ist die Erwartung verbunden, die bereits vorhandene positive Einstellung der Kinder zur Mathematik weiter auszubauen und sie längerfristig für die Mathematik zu gewinnen.

Der internationale Vergleich trägt dazu bei, den Blick für bestimmte nationale Aspekte des Übergangs von der Grundschule zur Sekundarstufe zu schärfen.

Sowohl im Vergleich mit TIMSS-Sekundarstufe I als auch im Vergleich mit PISA zeigt sich, dass es einer Reihe von Ländern gelingt, ihren Leistungsvorsprung gegenüber Deutschland bei TIMSS-Grundschule in der Sekundarstufe I zu halten oder noch weiter auszubauen. Andere Länder, die bei TIMSS-Grundschule deutlich schlechter abschneiden als Deutschland, erzielen in der Sekundarstufe I deutlich bessere Ergebnisse als Deutschland.

Das Leistungsniveau in der Sekundarstufe I ist also nicht bereits durch das Leistungsniveau am Ende der Grundschule ‚vorgeprägt'. Es bedarf besonderer Anstrengungen der weiterführenden Schulen das vorhandene Leistungspotenzial der Grundschülerinnen und Grundschüler zu nutzen und die Leistungsentwicklung der Schülerinnen und Schüler voranzubringen.

Literatur

Adams, R. A., Wu, M. L. & Macaskill, G. (1997). Scaling methodology and procedures for the mathematics and science scales. In M. O. Martin & D. L. Kelly (Hrsg.), *Third international mathematics and science study, technical report, Vol. II: implementation and analysis – primary and middle school years* (S. 111–145). Chestnut Hill, MA: Boston College.

Baumert, J., Bos, W. & Lehmann, R. H. (Hrsg.). (2000). *TIMSS/III. Dritte Internationale Mathematik- und Naturwissenschaftsstudie – Mathematische und na-*

*turwissenschaftliche Bildung am Ende der Schullaufbahn, Bd. 1: Mathematische und naturwissenschaftliche Grundbildung am Ende der Pflichtschulzeit.* Opladen: Leske + Budrich.

Baumert, J., Klieme, E., Neubrand, M., Prenzel, M., Schiefele, U., Schneider, W., Stanat, P., Tillmann, K.-J. & Weiß, M. (Hrsg.). (2001). *PISA 2000. Basiskompetenzen von Schülerinnen und Schülern im internationalen Vergleich.* Opladen: Leske + Budrich.

Baumert, J., Lehmann, R. H., Lehrke, M., Schmitz, B., Clausen, M., Hosenfeld, I., Köller, O. & Neubrand, J. (1997). *TIMSS – Mathematisch-naturwissenschaftlicher Unterricht im internationalen Vergleich. Deskriptive Befunde.* Opladen: Leske + Budrich.

Beaton, A. E., Mullis, I. V. S., Martin, M. O., Gonzalez, E. J., Kelly, D. L. & Smith, T. A. (Hrsg.). (1996). *Mathematics achievement in the middle school years: IEA's third international mathematics and science study (TIMSS).* Chestnut Hill, MA: TIMSS International Study Center.

Blum, W. (1996). Anwendungsbezüge im Mathematikunterricht – Trends und Perspektiven. In G. Kadunz (Hrsg.), *Trends und Perspektiven. Beiträge zum 7. Internationalen Symposium zur Didaktik der Mathematik in Klagenfurt, September 1994* (S. 15–38). Wien: Hölder-Pichler-Tempsky. (Schriftenreihe Didaktik der Mathematik, 23).

Blum, W. & Wiegand, B. (1998). Wie kommen die deutschen TIMSS-Ergebnisse zustande? In W. Blum & M. Neubrand (Hrsg.), *TIMSS und der Mathematikunterricht* (S. 28–34). Hannover: Schrödel.

Brehmer, U. & Dahlke, E. (1980). Schwierigkeiten im Prozeß des Lösens von Sachaufgaben. In H.-J. Vollrath (Hrsg.), *Sachrechnen. Didaktische Materialien für die Hauptschule* (S. 7–21). Stuttgart: Klett.

Greer, B. (1992). Multiplication and division as models of situations. In D. A. Grouws (Hrsg.), *Handbook of research on mathematics teaching and learning* (S. 276–295). New York: Macmillan.

International Association for the Evaluation of Educational Achievement (IEA). (2001). TIMSS 1999 (TIMSS-R) completed. *IEA Newsletter, 35/36*, 5–7.

Klieme, E., Neubrand, M. & Lüdtke, O. (2001). Mathematische Testkonzeption und Ergebnisse. In J. Baumert, E. Klieme, M. Neubrand, M. Prenzel, U. Schiefele, W. Schneider, P. Stanat, K.-J. Tillmann & M. Weiß (Hrsg.), *PISA 2000. Basiskompetenzen von Schülerinnen und Schülern im internationalen Vergleich* (S. 139–190). Opladen: Leske + Budrich.

Lehmann, R. H. & Peek, R. (2000). *Qualitätsuntersuchung an Schulen zum Unterricht in Mathematik.* Potsdam: Ministerium für Bildung, Jugend und Sport des Landes Brandenburg.

Lehmann, R. H., Peek, R. & Gänsfuß, R. (1997). *Aspekte der Lernausgangslage von Schülerinnen und Schülern der fünften Klassen an Hamburger Schulen. Bericht über die Untersuchung im September 1996.* Hamburg: Behörde für Schule, Jugend und Berufsbildung, Amt für Schule.

Martin, M. O. & Kelly, D. L. (1997). *Third international mathematics and science study, technical report, vol. II: Implementation and analysis – primary and middle school years*. Chestnut Hill, MA: Boston College.

Müller, G. N. (1995). *Mit Kindern rechnen*. Frankfurt a.M.: Grundschulverband – Arbeitskreis Grundschule e.V.

Müller, G. N. & Wittmann, E. C. (1984). *Der Mathematikunterricht in der Primarstufe* (3. Aufl.). Braunschweig: Vieweg.

Mullis, I. V. S., Martin, M. O., Beaton, A. E., Gonzalez, E. J., Kelly, D. L. & Smith, T. A. (1997). *Mathematics achievement in the primary school years. IEA's third international mathematics and science study*. Chestnut Hill, MA: Boston College.

Neubrand, M. & Klieme, E. (2002). Mathematische Grundbildung. In J. Baumert, C. Artelt, E. Klieme, M. Neubrand, M. Prenzel, U. Schiefele, W. Schneider, K.-J. Tillmann & M. Weiß (Hrsg.), *PISA 2000. Die Länder der Bundesrepublik Deutschland im Vergleich* (S. 95–127). Opladen: Leske + Budrich.

Padberg, F. (1992). *Didaktik der Arithmetik*. Mannheim: B.I. Wissenschaftsverlag.

Polya, G. (1980). Wie lehren wir Problemlösen? *Mathematik lehren*, *1*, 3–5.

Radatz, H. & Schipper, W. (1983). *Handbuch für den Mathematikunterricht an Grundschulen*. Hannover: Schrödel.

Reusser, K. (1997). Erwerb mathematischer Kompetenzen: Literaturüberblick. In F. E. Weinert & A. Helmke (Hrsg.), *Entwicklung im Grundschulalter* (S. 141–155). Weinheim: Beltz.

Rost, J. (1996). *Lehrbuch Testtheorie, Testkonstruktion*. Bern: Huber.

Schupp, H. (1988). Anwendungsorientierter Mathematikunterricht in der Sekundarstufe I zwischen Tradition und neuen Impulsen. *Mathematikunterricht, 34* (6), 5–16.

Seel, N. M. (2000). *Psychologie des Lernens. Lehrbuch für Pädagogen und Psychologen*. München: Reinhardt.

Weinert, F. E. & Helmke, A. (1997). *Entwicklung im Grundschulalter*. Weinheim: Beltz.

Winter, H. (1995). Mathematikunterricht und Allgemeinbildung. *Mitteilungen der Gesellschaft für Didaktik der Mathematik*, *61*, 37–46.

# VII. Orthographische Kompetenzen von Schülerinnen und Schülern der vierten Klasse

*Renate Valtin, Isolde Badel, Ilona Löffler, Ursula Meyer-Schepers, Andreas Voss*

## 1. Orthographie als Lerngegenstand

*„Die deutsche Rechtschreibung ist ein wahres Schulkreuz: denn wenn man die Zeit, die dafür aufgewendet wird, den Ärger, den sie Eltern und Lehrern bereitet, die Tränen, die um ihretwillen vergossen werden, summieren könnte, man würde erschrecken über das Unheil, das dieser Unterrichtsgegenstand anrichtet"* (Kosog, 1912, S. 3).

Die Klagen über das ‚Schulkreuz' Rechtschreibung sind alt. Noch heute ist die Rechtschreibung in der Grundschule das ungeliebteste Fach, wie eine Längsschnittstudie zeigt: Sport, Bildende Kunst und Lesen waren durchgängig die beliebtesten Fächer, Mathematik hatte einen beachtlichen Mittelplatz (der Durchschnittswert der Antworten lag von der zweiten bis zur vierten Klasse in der Kategorie ‚gern'), die Rechtschreibung lag weit abgeschlagen am unteren Ende, wobei Mädchen in allen Schuljahren eine etwas größere Lernfreude in diesem Fach aufwiesen (Valtin & Wagner, 2002). In Deutschland hat die Beherrschung der Orthographie einen hohen Stellenwert im Bewusstsein der Öffentlichkeit und gilt in vielen Kreisen als Anzeichen akademischer Bildung, obwohl die Korrelation mit der Intelligenz nur im mittleren Bereich liegt (Schneider, 1997). Rechtschreibfehler in Bewerbungsschreiben, Werbeanzeigen oder im beruflichen Schriftverkehr können den Schreibenden zum Schaden gereichen. Im privaten Schriftverkehr betrachten manche Personen eine Sorglosigkeit in der Befolgung orthographischer Normen als Zeichen mangelnder Wertschätzung ihnen gegenüber. In der Schule hat die Rechtschreibleistung ebenfalls eine große Bedeutung. Älteren Untersuchungen zufolge stellt die Beherrschung der Rechtschreibung einen bedeutsamen schulischen Auslesefaktor dar und spielt bei der Übergangsempfehlung auf weiterführende Schulen eine wichtige Rolle (Kemmler, 1967).

### 1.1 Sachstrukturelle Aspekte

Die Orthographie ist ein historisch gewachsenes, konventionelles Regelwerk, das die Schreibweise von Wörtern und Sätzen normiert. Die Beherrschung orthographischer

Normen und Konventionen ist ein Teilaspekt der Schriftsprach-Kompetenz. Die Anwendung der orthographischen Regelungen stellt beim Verfassen von Texten den letzten Schritt eines stufenweise zu beschreibenden Vorgangs dar, der vor allem für die Veröffentlichung des Textproduktes wichtig ist, sichert er doch die Verständlichkeit des Geschriebenen. Beim Lesenlernen ist die Kenntnis orthographischer Muster hilfreich zum raschen Entschlüsseln (Dekodieren) des geschriebenen Wortes. Auch für das Auffinden relevanter Informationen im Internet ist die Kenntnis der normierten Schreibung unverzichtbar.

Die heute geltenden Rechtschreibregelungen sind Ergebnis eines jahrhundertelangen historischen Prozesses. Für den deutschen Sprachraum gab es bis zum Ende des 19. Jahrhunderts kein einheitliches verbindliches Regelwerk. Beleg dafür sind Goethes Schriften, die eine große Unbekümmertheit gegenüber standardisierten Schreibungen verraten. Erst der Gymnasialdirektor Konrad Duden, beauftragt von der ersten deutschen Konferenz zur Reform der Rechtschreibung 1901, hat ein 1903 erschienenes orthographisches Wörterbuch ausgearbeitet. Obwohl er selbst es als eine Übergangslösung ansah, gewann es verpflichtenden Charakter bis zur sogenannten Rechtschreibreform, die am Ende des letzten Jahrtausends realisiert wurde und die Fülle der Schreibregelungen etwas reduziert hat.

Während in der Alltagsmeinung die Rechtschreibung als Ansammlung unsystematischer, beliebiger und nur das Gedächtnis unnütz belastender Anweisungen zum Verschriften von Wörtern gilt, heben Linguisten die Regel- und Sinnhaftigkeit der Verschriftungsanweisungen hervor. In der Linguistik sind zahlreiche Modelle zur Beschreibung des orthographischen Regelwerks und zur Bestimmung des Verhältnisses von gesprochener und geschriebener Sprache entwickelt worden (Meyer-Schepers, 1991). Einigkeit besteht darin, dass Schrift „*keine* verunglückte Lautschrift“ (Augst & Dehn, 1998, S. 9) darstellt und die gesprochene Sprache nicht einfach abbildet, sondern grammatische Strukturen durch verschiedene (ortho-)graphische Mittel sichtbar macht (Trennung von Wörtern durch Lücken, Großschreibung zur Kennzeichnung von Substantiven und Satzanfängen, Stammschreibungen zur Markierung gleicher Wortstämme u.a.). Als Kernkomponenten der Schriftstruktur gelten traditionell wie auch in Modellen der jüngeren Phonologie die *phonologische*, im eigentlichen Sinne die phonographische Komponente (Lautzeichen-Schriftzeichen-Zuordnung) und ihre *grammatische* Korrektur (Flexion, Morphemkonstanz). Die Schrift verzeichnet von vornherein nur die abstrakten bedeutungsdifferenzierenden Lautkategorien und nicht die Lautvarianten innerhalb einer Lautklasse. Mit der Wiedergabe der distinktiven Lautung ‚materialisiert‘ die Schrift mit graphischen Mitteln die Bedeutung. Grapheme kodieren ferner morphematische, lexikalische und weitere Informationen. Schriftkompetenz umfasst folglich die korrekte – den orthographischen Regeln folgende – Wiedergabe des distinktiven Systems der gesprochenen Sprache (Lautung und Grammatik) in graphischer Form. Die Ermittlung der orthographischen Kompetenz muss deshalb eine lautanalytische *und* eine grammatische Dimension umfassen. So setzt die grammatische Kompetenz dort ein, wo die lautanalytische Kompetenz nicht zur Orthographie verhilft (z.B. Morphemkonstanz, Formgestalt der jeweiligen Wortart). Die erweiterte Rechtschreibkompetenz lässt sich durch die Einsicht charakterisieren, dass einerseits die Schrift*sprache* bedeutungstragende lautliche Gegebenheiten des gesprochenen Wortes durch Schriftzeichen bezeichnet (*Phonemrepräsentation*) und dass andererseits die *Schrift*sprache ein für sich bestehendes Ausdrucksmittel der *Bedeutungsrepräsentation* mit eigenen Gesetzmäßigkeiten und Gestaltungsmitteln ist.

## 1.2 Wie Kinder Rechtschreibung erlernen

Was wissen wir über das Erlernen der Rechtschreibung? Im deutschen Sprachraum gibt es eine Fülle von Untersuchungen zu unterschiedlichen Aspekten der Rechtschreibleistung und ihres Erwerbs. Zur Beschreibung der Rechtschreibleistungen sind verschiedene Fehlerklassifikationssysteme entwickelt worden (vgl. auch Meyer-Schepers & Löffler, 1994; Thomé, G. & Thomé, D., 2000): Sie reichen von funktionsätiologischen Kategorien (Müller, 1974), über deskriptive Fehlerbeschreibungen, bis hin zu orthographietheoretisch basierten Fehleranalysen (Löffler & Meyer-Schepers, 1992; Meyer-Schepers, 1991). In den neueren kognitiv-entwicklungspsychologischen Ansätzen wird die Eigenaktivität der Lernenden bei der Konstruktion des Gegenstands Orthographie betont und Schriftspracherwerb als Entwicklungsprozess aufgefasst (u.a. Brügelmann, 1986; Brügelmann & Brinkmann, 1994; Dehn & Hüttis-Graf, 2000; Günther, 1986; Scheerer-Neumann, 2003; Valtin, 1989). Der Orthographie-Erwerb wird in diesen Modellen vorwiegend in drei Hauptphasen eingeteilt mit jeweils dazu gehörender dominanter Strategie: rudimentäre (voralphabetische), alphabetische und orthographische Phase. Die bisherigen Studien verweisen darauf, dass Kinder im Durchschnitt im zweiten Halbjahr der ersten Klasse zu phonetischen Verschriftungen übergehen und einige Monate später zu orthographischen. Im vierten Schuljahr ist zu erwarten, dass Kinder über die voll ausgebildete phonetische Strategie verfügen, gelegentlich Übergeneralisierungen orthographischer Regelungen vornehmen und insgesamt noch unsicher bei der Verwendung der angemessenen orthographischen Muster sind. Die bisherigen empirischen Befunde erlauben keine aussagekräftigen Ergebnisse dazu, welche orthographischen Kompetenzen Kinder am Ende der (vierjährigen) Grundschulzeit aufweisen. Während die ersten beiden Phasen des Orthographie-Stufenmodells empirisch gut abgesichert sind, fehlen, wie Scheerer-Neumann (2002) hervorhebt, vor allem für die orthographische Phase der Stufenmodelle, wie sie in den Klassen 3 und 4 erreicht sein dürfte, entsprechende Fehleranalysen auf empirisch breiter Basis.

### 1.3 Bedingungsanalysen: Identifizierung von Faktoren, welche die Rechtschreibleistung beeinflussen

Schon von 1970 an (bis Mitte der 80er Jahre, wo eine gewisse Stagnation dieser Forschungsrichtung zu verzeichnen ist) wurde eine Vielzahl von Faktoren untersucht, welche mit dem Orthographieerwerb zusammenhängen. Die Rechtschreibleistung wurde innerhalb dieses Ansatzes als Funktion diverser kognitiver (IQ, Gedächtnis, Wortschatz und anderer sprachlicher Fähigkeiten) und nichtkognitiver Faktoren (Leistungsmotivation, Leistungsangst, Selbstkonzept) betrachtet, die ihrerseits mit externalen Faktoren zusammenhängen (familiäre Herkunft und Unterstützung des Kindes, Sozialstatus, schulische und unterrichtliche Bedingungen).

Bei diesen ‚Bedingungsanalysen' (Schneider, 1980) handelte es sich vornehmlich um die Bestimmung korrelativer (auch prädiktiver) Zusammenhänge, ohne dass die Rechtschreibprozesse selbst untersucht wurden. Die vorliegenden Studien erbrachten signifikante Zusammenhänge zwischen der Rechtschreibleistung und verschiedenen Merkmalen. Im Folgenden werden nur solche Merkmale erwähnt, die in IGLU bzw. IGLU-E erhoben wurden.

*Geschlecht.* Die Angaben über die Größe der Leistungsunterschiede beim Rechtschreiben zwischen Jungen und Mädchen schwanken beträchtlich. Während in einigen Untersuchungen keine signifikanten Unterschiede beobachtet wurden (Valtin, 1981), weisen andere Studien auf eine leichte Überlegenheit der Mädchen im Lesen und Rechtschreiben hin (vgl. Richter & Brügelmann, 1994; Valtin & Wagner, 2002). Aus einigen Studien lässt sich folgern, dass es für Mädchen einen früh einsetzenden Vorsprung gibt, der in späteren Schuljahren noch deutlicher wird. So sind Mädchen schon zu Schulbeginn den Jungen in den relevanten Vorkenntnissen leicht überlegen (Weinert & Helmke, 1997) und zeigen eine zügigere Entwicklung der Rechtschreibstrategien (May, 1994; Richter, 1994; Richter & Brügelmann, 1994). Vieles spricht für motivationale Merkmale zur Erklärung der Unterschiede zwischen Jungen und Mädchen: Mädchen sind lernmotivierter in Bezug auf Schreiben (im Projekt NOVARA zeigte sich schon zu Beginn des zweiten Schuljahres ein signifikanter Unterschied in Bezug auf den Spaß am Schreiben (vgl. Valtin & Wagner, 2002); Jungen weisen bessere Leistungen auf bei sogenannten Jungen-Wörtern wie Lokomotive und Computer (Richter & Brügelmann, 1994).

*Kognitive Faktoren (IQ, Sprache).* Verschiedene deutsche Untersuchungen berichten Korrelationen von .35 bis .55 zwischen Intelligenz und Rechtschreibleistung (Klicpera & Gasteiger-Klicpera, 1993; Valtin, 1981), wobei die Zusammenhänge zum Verbal-IQ höher sind als zum Handlungs-IQ. Signifikante Korrelationen wurden zu verschiedenen sprachlichen Maßen gefunden (Angermaier, 1974; Niemeyer, 1974; Valtin, 1972).

*Leistungsbezogene Persönlichkeitsmerkmale.* Die Rechtschreibleistung korreliert mit Leistungsängstlichkeit (Schneider, 1980; Valtin, 1974), Misserfolgsmotivation (May, 2001a; Valtin, 1972) sowie fachspezifischer Lernfreude (Schneider, Stefanek & Dotzler, 1997; Wagner & Valtin, 2003). Unklar ist die Richtung dieses Zusammenhangs, d.h. ob es sich jeweils nur um Reaktionen auf den Erfolg oder Misserfolg in der Rechtschreibung handelt, ob Wechselwirkungen bestehen oder ob schon vorhandene ungünstige Lernvoraussetzungen emotionaler und motivationaler Natur den Erwerb der Rechtschreibleistung beeinträchtigen. So wurde das für die Leistungsmotivation so wichtige Vorläufermotiv der Selbständigkeitserziehung häufiger bei Eltern von Kindern mit guten Rechtschreibleistungen festgestellt (Valtin, 1972). Es ist plausibel, dass ein gewisser Anteil der leistungsbezogenen Persönlichkeitsmerkmale (Lernmotivation, Einstellung zur Schule, Lernverhalten) auch von soziokulturellen Merkmalen des Elternhauses (Anregung, elterliches Unterstützungsverhalten) geprägt wird.

*Familiäre Faktoren.* Vor allem in älteren Untersuchungen wurde der Zusammenhang der Rechtschreibleistung und der Legasthenie mit dem Milieu untersucht. Es ergaben sich bedeutsame Korrelationen mit Faktoren der sozialen Herkunft, der Schulbildung sowie der Anzahl der Bücher im Elternhaus (Niemeyer, 1974; Valtin, 1974). Die meisten Kinder mit Lese- und Schreibschwierigkeiten stammen aus sozial schlechter gestellten Schichten.

*Schulische und unterrichtliche Faktoren.* Dass sich Schulklassen voneinander beträchtlich in ihrem Leistungsstand, auch in der Rechtschreibung, unterscheiden, ist seit langem bekannt. Dabei spielen Faktoren wie soziale Lage der Schule, Anteil von Kindern mit nichtdeutscher Herkunftssprache, Intelligenzniveau der Klasse, aber auch die Unterrichtsqualität eine Rolle. In einer älteren Untersuchung von Valtin streute der Anteil von rechtschreibschwachen Schülerinnen und Schülern in Hamburger Klassen (definiert als die testleistungsschwächsten 15 Prozent) zwischen 9 Prozent und 70 Prozent. Eine weitere Analyse der ‚didaktogenen' Rechtschreibschwachen zeigte, dass es sich vor allem um Kinder mit einem niedrigen sprachlichen Intelligenzniveau handelte (Valtin, 1981). May (2001a) verglich Klassen mit hohem bzw. niedrigem Lernzuwachs in der Rechtschreibung und der Textkompetenz und stellte folgende lernförderliche Merkmale fest: möglichst frühe systematische Arbeit an der Rechtschreibung (Rechtschreiblehrgang bereits in Klasse 1), effektive Nutzung der Lernzeit und starke Steuerung des Unterrichtsgeschehens durch die Lehrerin. „Lehrer, die im Klassenunterricht der Grundschule direktiver unterrichten, eine höhere Aufmerksamkeit für die Abläufe der Klasse zeigen und ihre Zuwendung an die Schüler gezielt auf die förderbedürftigen Kinder ausrichten, erzielen im Allgemeinen bessere Lernergebnisse“ (May, 2001a, S. 163).

### 1.4 Orthographie als Unterrichtsgegenstand

Die Richtlinien der Bundesländer unterscheiden sich nicht nur in der Ausführlichkeit, sondern auch hinsichtlich der Gewichtung und Art der Ziele sowie der vorgeschlagenen Methoden des Rechtschreibunterrichts, sofern diese überhaupt Erwähnung finden. Ferner sind sie unterschiedlich alt – sie datieren vom Anfang der 80er Jahre des letzten Jahrhunderts bis zu Beginn dieses Jahrhunderts – und basieren auf unterschiedlichen Rechtschreibkonzepten (für einen Überblick s. Bartnitzky, 2000). Neben den Richtlinien gibt es in einzelnen Ländern weitere Regelungen, z.B. Schulbezirksbestimmungen oder schulinterne Abmachungen. Die Aussagen zum allgemeinen Ziel des Rechtschreibunterrichts sind allerdings recht gleichlautend: es geht um das Erlernen einer elementaren Sicherheit in der Rechtschreibung, darüber hinaus sollen die Schülerinnen und Schüler einige wichtige Besonderheiten der Rechtschreibung kennen lernen bzw. einige grundlegende Rechtschreibvereinbarungen anwenden können. Unterschiede gibt es jedoch im Hinblick auf die Verbindlichkeit und den Umfang des zu erlernenden Wortschatzes. Alle Bundesländer streben die Beherrschung eines Grundwortschatzes bzw. eines individuellen oder Klassenwortschatzes an, welcher der Einübung, Sicherung und Wiederholung eines begrenzten Wortschatzes dienen und ein effizientes Üben gewährleisten soll. Der Grundwortschatz ist in einigen Ländern nicht verbindlich festgelegt, soll aber folgenden Kriterien entsprechen: Gebrauchshäufigkeit, Bedeutsamkeit für die Kinder und Repräsentanz gewisser Rechtschreibphänomene, so dass er als Modell und Basis für die Erarbeitung weiterer Regelungen dienen kann.

Einsicht in orthographische Regelungen zu gewinnen ist ein weiterer wichtiger Gesichtspunkt der Richtlinien. Sie unterscheiden sich allerdings darin, welche Rolle der Eigentätigkeit und dem entdeckenden Lernen der Kinder beigemessen wird. Während in einigen Ländern diese Einsichten ‚vermittelt‘ werden sollen, setzt zum Beispiel Hessen auf das Untersuchen und Erforschen der Schriftsprache und das Entdecken phonematischer und morphematischer Gesetzmäßigkeiten. Die meisten Lehrpläne differenzieren die Teilbereiche des Rechtschreibunterrichts nach bestimmten

Phänomenen und für die einzelnen Jahrgangsstufen. Es handelt sich im Wesentlichen um die folgenden Gebiete der Rechtschreibung: Schreibweisen bei Konsonantendopplung und bei Dehnung, unterschiedliche Schreibung von bestimmten Phonemen (ks, s, f), Beherrschung von Vor- und Nachsilben sowie Beachtung der Großschreibung (bei Substantiven und substantivierten Verben und Adjektiven).

In unterschiedlichem Ausmaß betonen die Richtlinien ebenfalls das Lernen des ‚Rechtschreibenlernens': Merk- und Lernstrategien erwerben und ein Repertoire an Lösungsmethoden nutzen können, wobei auch der Gebrauch von Hilfsmitteln vorgesehen ist. Die Entwicklung von Fehlersensibilität bzw. Rechtschreibgespür werden ebenfalls in einigen Richtlinien genannt, wie beispielsweise in Bayern: Schüler „entdecken zunehmend selbständig Fehlerquellen und entwickeln eine selbstverantwortliche Haltung bei der Fehlerberichtigung" (Bayerische Staatsministerien für Unterricht und Kultus und Wissenschaft, Forschung und Kunst, 2000, S. 245). Gelegentlich finden sich auch Verweise darauf, über den Stellenwert der Rechtschreibung nachzudenken. In einigen Richtlinien werden Methoden (z.B. zur Einprägung von Wörtern) oder weitere Maßnahmen zur Differenzierung oder Motivierung der Schülerinnen und Schüler vorgeschlagen.

## 2. Zur Messung der orthographischen Kompetenz in IGLU-E

Für die Erhebung der orthographischen Leistungen kamen von vornherein nur Rechtschreibtests in Betracht, die eine linguistisch begründete Fehleranalyse erlauben, und keine, die lediglich beschreibende Kategorien verwenden wie beispielsweise der Salzburger Lese- und Rechtschreibtest (SLRT) von Landerl, Wimmer und Moser (1997). In der Voruntersuchung zu IGLU-E wurden zwei Verfahren getestet: Die Dortmunder Schriftkompetenzermittlung (DoSE) von Löffler und Meyer-Schepers (2001) sowie die Hamburger Schreibprobe (HSP) von May (1994; 2001b). Letztere versucht, orthographische Strategien der Kinder zu identifizieren. Der Kodierungsaufwand dabei erwies sich aber als zu groß und kostenaufwändig. Laut einer Studie von Tacke u.a. (2001) scheint die HSP auch zu Fehldiagnosen zu führen.

Das im Rahmen von IGLU verwendete Instrument DoSE beruht auf der Dortmunder Rechtschreibfehler-Analyse (DoRA) von Löffler und Meyer-Schepers (1992). Die Durchführung von DoSE ist äußerst zeitökonomisch. Es handelt sich um einen Lückentext, bestehend aus 19 Sätzen mit 45 Testwörtern, weshalb sich die reine Diktierzeit gegenüber den meisten Rechtschreibtests, die eine vergleichbare Anzahl von

Wörtern verwenden, um die Hälfte verkürzt. Die reine Diktierzeit beträgt 20 Minuten +/- 5 Minuten und hält somit auch den Druck, den manche Schülerinnen und Schüler in Diktatsituationen empfinden, in vertretbaren zeitlichen Grenzen. Die Testwörter wurden nach schriftlogischen Gesichtspunkten ausgewählt und sollten von der Wortbedeutung den Schülerinnen und Schülern der vierten Klassen bekannt sein. Ein Vergleich mit vorliegenden Grundwortschätzen brachte folgende Ergebnisse: 35 von 45 DoSE-Wörtern (also 78 %) sind im Grundwortschatz Bayern der ersten bis vierten Jahrgangsstufen vertreten. Im Rechtschreibgrundwortschatz RRL-NDS für die Jahrgangsstufe 1 bis 4 finden sich 29 Wörter bzw. Wortbestandteile wieder, also knapp 65 Prozent. Im Übungswortschatz, der im Lehrplan Thüringen für die Jahrgangsstufen 1 bis 4 empfohlen wird, sind 71 Prozent der Wörter bzw. Wortbestandteile enthalten.

DoSE erlaubt eine quantitative und eine qualitative Auswertung. Als quantitative Maße wurden die Anzahl der richtig geschriebenen Testwörter sowie die Anzahl der Einzelfehler pro Testwort (‚Fehlerdichte') erhoben. Als qualitative Maße können eine Fülle von Rechtschreibphänomenen erfasst werden, wobei wir das Hauptaugenmerk auf solche richten, die in den Richtlinien der Bundesländer genannt werden. Zur Ermittlung des jeweiligen Niveaus der Rechtschreibkompetenz werden in der Auswertung von DoSE zunächst die Ebenen der elementaren und der erweiterten orthographischen Kompetenz unterschieden. Jede dieser Ebenen gliedert sich unter analytischen Gesichtspunkten in zwei Teilfähigkeiten, die während des Schreibens gleichzeitig angewendet werden müssen, solange das Verschriften des Wortes nicht automatisiert ist: die lautanalytische und die grammatische Kompetenz. Wir haben den Begriff der ‚Lautanalyse' statt der in der Sprachsystematik üblichen Terminologie wie ‚Phonemanalyse' oder ‚phonologische Analyse' gewählt, weil er sich auf die Ebene des Lernens bezieht. Für die Aufgliederung in die beiden Ebenen wurden die Zusammenhänge des Schriftsystems vom Standpunkt des Sprachbenutzers aus beurteilt: Welche einfachen bis komplizierten Operationen hat das Kind beim Schreiben, gemessen an der Komplexität der jeweiligen Spracheinheiten, zu vollziehen? Hierdurch soll die individuelle Systematik, die sich ein Schriftsprachlerner nach und nach aneignet, als Nutzung der Sachlogik des Schriftsystems abgebildet werden. Über die einzelnen Rechtschreibphänomene, die wir für die elementare bzw. erweiterte lautanalytische und grammatische Kompetenz als Indikatoren verwendet haben, wird der besseren Übersichtlichkeit wegen unten bei der Darstellung der Ergebnisse berichtet.

# 3. Ergebnisse zu orthographischen Kompetenzen

## 3.1 Quantitative und qualitative Fehleranalysen

Von den 16 Bundesländern entschieden sich 12 Länder für einen zweiten Testtag, an dem neben den Tests in Mathematik, Naturwissenschaften und Aufsatz auch der Rechtschreibtest DoSE durchgeführt wurde: Die Länder Brandenburg, Mecklenburg-Vorpommern, Niedersachsen und Sachsen-Anhalt nahmen an der Erweiterung (IGLU-E) nicht teil.[1] Werden die Kinder ausgeschlossen, die diesen Test im Rahmen von Ergänzungsstudien einzelner Bundesländer bearbeiteten (vgl. Kap. II), so verbleibt für die im Folgenden dargestellten Analysen eine Stichprobe von 2.951 Kindern.

Fast alle Kinder (97 %) schrieben alle 45 Wörter auf, 2,4 Prozent haben ein Wort und nur 0,8 Prozent mehrere Wörter ausgelassen. Bei der Berechnung der Fehlerdichte wurden diese Wortauslassungen entsprechend berücksichtigt.[2] Abbildung VII.1 zeigt die Verteilung zur Anzahl richtig geschriebener Wörter.

Abbildung VII.1: Anzahl richtiger Wörter im Rechtschreibtest DoSE

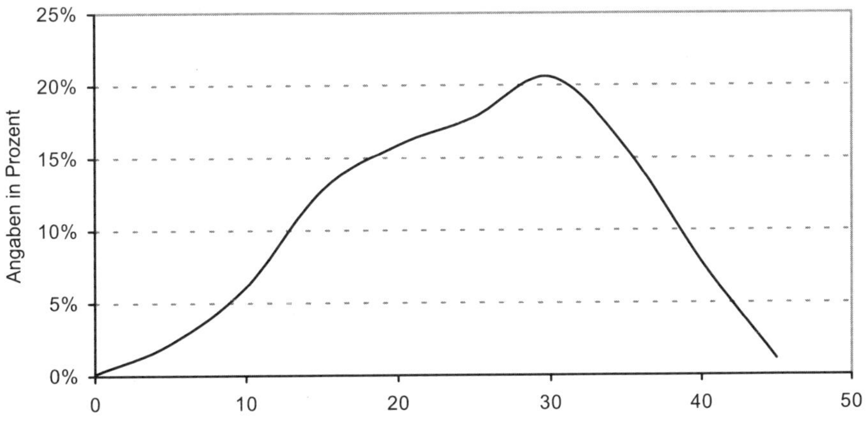


IEA: Progress in International Reading Literacy Study © IGLU-Germany

---

1 Aufgrund des rotierten Testdesigns bearbeiteten insgesamt 3.615 Schülerinnen und Schüler aus 153 Schulen DoSE.

2 Fehlende Wörter wurden als falsch gewertet (auch die einzelnen Buchstaben sowie die Groß- bzw. Kleinschreibung). 12 Kinder, die den Test vorzeitig abgebrochen haben (15 oder mehr fehlende Wörter am Testende), wurden aus der Stichprobe herausgenommen.

Insgesamt ergibt sich eine leicht linksschiefe Verteilung, d.h. der Test differenziert besser im Bereich der schwachen Leistungen. Von den 45 diktierten Wörtern wurden durchschnittlich 25,6 richtig geschrieben (bei einer Standardabweichung von 9,0). Die höchstmögliche Zahl von 45 fehlerfreien Wörtern erreichten nur drei Kinder. Die besten 5 Prozent (PR > 95) schrieben mindestens 40 richtige Wörter. Nach den gängigen formalen Kriterien werden die unteren 15 Prozent der Leistungen als ‚Rechtschreibschwäche' definiert. Die Gruppe dieser Kinder (PR < 15) schrieb von 45 Wörtern mehr als 30 falsch.

Um die Leistungsunterschiede weiter zu differenzieren, erhoben wir die Fehlerdichte pro Testwort. Denn die oben genannten Zahlen verbergen, dass viele Kinder mehrere Fehler in einem Wort gemacht haben. Die Wörter bestanden durchschnittlich aus 8 Buchstaben (4 bis 15 Buchstaben). Da auch die Groß- bzw. Kleinschreibung der Wörter eine mögliche Fehlerquelle darstellte, ergaben sich durchschnittlich 9 Fehlermöglichkeiten pro Wort und insgesamt über alle Wörter 405 Fehlermöglichkeiten. Die durchschnittliche Fehlerzahl pro Wort lag bei 0,64, wobei die leistungsschwächsten 5 Prozent der Kinder pro Wort durchschnittlich 1,78 Fehler aufwiesen, die leistungsstärksten 5 Prozent jedoch nur 0,08 Fehler. Der Mittelwert für die Fehlerdichte in Bezug auf alle Wörter beträgt 28,9, wobei die Leistungen stark streuen (SD = 19,1), bei einem Minimum von Null und einem Maximum von 212 Fehlern. Die rechtschreibstärksten 5 Prozent der Kinder machten maximal 5 Fehler, die schwächsten 5 Prozent mehr als 63 Fehler beim Schreiben der 45 Wörter.

Die Korrelation zwischen den Maßen Anzahl der falsch geschriebenen Wörter und Fehlerdichte ist erwartungsgemäß sehr hoch (r = .91). Das Maß für die Gesamtfehlerdichte ist jedoch präziser, da es die Leistungsunterschiede im unteren Bereich stärker differenziert. Wir werden deshalb im Folgenden das Maß der Gesamtfehlerdichte als quantitativen Wert für die Rechtschreibleistung verwenden.

DoSE wurde insbesondere für eine qualitative Analyse entwickelt. Die Testwörter wurden in ihrem Schwierigkeitsgrad nach linguistischen Gesichtspunkten ausgewählt, die elementare und erweiterte Stufen der Orthographiekompetenz, wie sie nach den Rahmenplänen bis zum Ende der vierten Klassen erworben sein müssten, systematisch abbilden. Dazu wurden Rechtschreibphänomene, wie sie in den Lehrplänen der ersten bis vierten Klassen aufgeführt werden, als Indikatoren verwendet (s.u.), die Aufschluss darüber geben, inwieweit die Schülerinnen und Schüler über elementare und über erweiterte lautanalytische und grammatische Kompetenzen verfügen. Die folgenden Tabellen geben die geprüften Bereiche mit Beispielen wieder. Die Angaben beziehen sich auf die Richtigschreibungen, d.h. den prozentualen Anteil der richtig geschriebenen Grapheme innerhalb einer Kategorie, sowie den prozentualen Anteil der Kinder, die jeweils alle relevanten Grapheme einer Kategorie richtig geschrieben haben. Dabei ist zu beachten, dass die hier berichtete Auswertung der Fehler nur darüber Auskunft gibt, ob ein bestimmtes Graphem richtig geschrieben wurde. Eine Untersuchung der Art der Fehler, die auch Aufschluss über die Rechtschreibstrategie gibt, muss späteren Analysen vorbehalten bleiben.

Tabelle VII.1 enthält die Phonem-Graphem-Korrespondenzen, die als Indikatoren für die elementare lautanalytische Kompetenz ausgewählt wurden und die Gegenstand des Rechtschreibunterrichts in den Lehrplänen für die erste und zweite Klasse sind (in runden Klammern ist jeweils die Häufigkeit der Indikatoren im Rechtschreibtest angegeben).

Tabelle VII.1: Elementare lautanalytische Kompetenz

| Indikatoren | Richtigschreibungen (%) | Anteil der Kinder ohne Fehler (%) |
|---|---|---|
| Sch-Laut: <sch>, <s>+<t>, <s>+<p> (13)<br>*z.B.: be<st>immen, <Str>aße, <schl>ießlich* | 95,5 | 67,9 |
| Vokale in unbetonter Lautposition (15)<br>*z.B.: Schreibm<a>schine, Kreuz<u>ng* | 94,7 | 51,7 |
| Explosivlaute mit Folgevokal (22)<br>*z.B.: <B>enzin<t>anks* | 94,9 | 36,2 |
| Explosivlaute mit Folgekonsonant (unsilbisch) (7)<br>*z.B.: ange<bl>ickt, <Kr>euzung* | 91,4 | 63,8 |
| Sonstige Konsonantenhäufungen (silbisch) (6)<br>*z.B.: Mu<sk>eln, I<nt>eresse* | 87,4 | 49,2 |
| Affrikata <z>, <qu>, <pf> (12)<br>*z.B.: glän<z>en, über<qu>eren, em<pf>indlich* | 83,6 | 16,5 |
| Velarnasal: <ng> und <n>+<k> (5)<br>*z.B.: si<nk>t, Kreuzu<ng>* | 81,3 | 42,5 |
| Elementare lautanalytische Kompetenz | 91,6 | 3,8 |

IEA: Progress in International Reading Literacy Study © IGLU-Germany

Die rechtschriftlichen Anforderungen für 1. und 2. Klassen, die als Indikatoren für die elementare lautanalytische Kompetenz gewählt wurden, werden erwartungsgemäß von Schülerinnen und Schülern am Ende der vierten Klasse bewältigt (91,6 %). Zwei Fehlertendenzen deuten sich an: Die Wortmitte ist fehlerträchtiger als der Wortanfang und silbische Konsonantenhäufungen verleiten mehr zu Falschschreibungen als nicht-silbische Lautverbindungen. Dies liegt einerseits an unzureichenden elementaren lautanalytischen Operationen, andererseits an übergeneralisierenden Schreibkonstruktionen (z.B. Musskeln). Auffallend auf dieser elementaren Stufe des Schriftspracherwerbs sind die deutlichen Schwierigkeiten, die die Verschriftung des Velarnasals (ng, nk) und der Affrikata (z, pf, qu) den Viertklässlern bereiten.

Tabelle VII.2: Elementare grammatische Kompetenz

| Indikatoren | Richtigschreibungen (%) | Anteil der Kinder ohne Fehler (%) |
|---|---|---|
| Vokalisierung des <r> (12)<br>*z.B.: Bäck<er>, V<or>sicht* | 96,8 | 71,6 |
| Personalform des Verbs (12)<br>*z.B.: sink<t>* | 96,5 | 70,3 |
| Synkope in Wortendungen (20)<br>*z.B.: hol<en>, Musk<el>n* | 96,1 | 49,4 |
| Großschreibung konkreter Substantive (9)<br>*z.B.: Bäcker, Muskeln* | 95,5 | 75,9 |
| Kleinschreibung: Verb, Adjektiv, Adverb (27) | 94,7 | 43,4 |
| Schreibung des F-Lauts[3] (gesamt 11) | 84,9 | 21,2 |
| • als v in ver-, vor-<br>*z.B.: <v>erdeckt, <V>orsicht* | 90,5 | 72,8 |
| • als f in fer-, for-<br>*z.B.: in<f>ormieren, <f>ertigt* | 78,9 | 45,8 |
| • als f oder v<br>*z.B.: <V>ieh, <f>ließt* | 77,4 | 56,2 |
| Ableitung von Verschluss- und Umlaut[4] (5)<br>*z.B.: Schrei<b>maschine, B<ä>cker* | 81,5 | 45,4 |
| Elementare grammatische Kompetenz | 95,1 | 4,2 |

IEA: Progress in International Reading Literacy Study © IGLU-Germany

Wie Tabelle VII.2 verdeutlicht, sind mit 95,1 Prozent Richtigschreibungen auch die elementaren grammatischen Kompetenzen, wie sie bis zur 2. Klasse erwartet werden, erworben. Obwohl die Arbeit mit Wortfamilien und hier insbesondere die Ableitung der Schreibung von <ä> und <äu> mit zu den wichtigsten Lerninhalten der 2. Klasse gehört, treten bei der Verschriftung des Umlauts <ä> bei Viertklässlern noch erhebliche Schwierigkeiten auf. Die Anforderungen, die sich bei den Verschriftungen des F-Lauts ergeben, sind für einige Viertklässler gleichfalls noch eine Fehlerfalle.

3 Der /f/-Laut als <f>, <v> wird in Bayern, Berlin, Mecklenburg-Vorpommern aufgeführt. Unter grammatischen Aspekten bzw. Wortbildungsaspekten werden die Vorsilben <ver-> und <vor-> in Berlin, Brandenburg und Niedersachsen angegeben.

4 Die Ableitung der Schreibung <ä> und <äu> aus der Wortfamilie mit <a> und <au> bei gleicher Lautung von kurzem <e> und von <eu> wird in Baden-Württemberg, Bremen, Mecklenburg-Vorpommern und Rheinland-Pfalz genannt, die Ableitung der Schreibung bei Auslautverhärtung durch ‚Verlängern' in Baden-Württemberg, Bremen, Mecklenburg-Vorpommern, Niedersachsen und Rheinland-Pfalz.

Die folgenden Rechtschreibphänomene (vgl. Tab. VII.3), die als Indikatoren der erweiterten lautanalytischen Kompetenz gewählt wurden, umfassen die Verschriftung von Dehnungs- und Kürzezeichen zur Markierung der langen bzw. kurzen Akzentvokale an unflektierten Wortformen. Ihre Behandlung ist Schwerpunkt der Rahmenlehrpläne für dritte Klassen, und zwar in unflektierten, aber auch flektierten Wortformen. Konsonantengraphemdopplung und <ie> für den langen I-Laut sind z.T. bereits Lerninhalt der zweiten Klassen.

Tabelle VII.3: Erweiterte lautanalytische Kompetenz

| Indikatoren | Richtigschreibungen (%) | Anteil der Kinder ohne Fehler (%) |
|---|---|---|
| in unflektierten Wortformen: | | |
| Kürzebezeichnung kurzer Akzentvokale[5] (6) | 76,5 | 32,1 |
| *z.B.: besti<mm>en, , Bä<c>ker, spi<t>zen* | | |
| Längebezeichnung langer Akzentvokale[6] (5) | 72,7 | 26,5 |
| • Dehnungs-e *z.B.: Vorspi<e>len* | 83,3 | 59,2 |
| • Dehnungs-h *z.B.: Na<h>rung* | 56,6 | 34,2 |
| Erweiterte lautanalytische Kompetenz | 74,8 | 13,4 |

IEA: Progress in International Reading Literacy Study © IGLU-Germany

Durchschnittlich wird jede vierte der hier untersuchten rechtschriftlichen Regularitäten, die die Ausbildung der erweiterten lautanalytischen Kompetenz betreffen, von den Viertklässlern nicht bewältigt. Da in einigen Ländern die Wiedergabe der Vokalkürze durch <tz> und <ck> als gesondertes Lernziel angegeben wird, seien auch diese Zahlen genannt: In beiden Bereichen ist noch keine sichere Schreibung erreicht. Etwa jede fünfte Graphemverbindung dieser Art wurde in DoSE falsch geschrieben. Herausragende Fehlerquelle bei der erweiterten lautanalytischen Kompe-

5 Die Wiedergabe der Vokalkürze durch Konsonantengraphemdopplung wird in Baden-Württemberg, Bayern, Berlin, Brandenburg, Niedersachsen, Nordrhein-Westfalen, Rheinland-Pfalz und Sachsen genannt, zusätzlich weisen Baden-Württemberg, Brandenburg, Nordrhein-Westfalen, Rheinland-Pfalz und Sachsen die graphemische Wiedergabe durch <tz> und <ck> gesondert aus. Bremen und Mecklenburg-Vorpommern verweisen auf die Dopplung, ohne weitere Spezifizierung.

6 Die Wiedergabe der Vokaldehnung durch das ‚Dehnungs-h' wird in Baden-Württemberg, Bayern, Berlin, Mecklenburg-Vorpommern, Niedersachsen, Nordrhein-Westfalen und Sachsen genannt, durch doppeltes Vokalzeichen in Berlin, Mecklenburg-Vorpommern, Niedersachsen, Nordrhein-Westfalen und Sachsen. Die Dehnung des langen /i:/ durch Schreibung <i>, <ie>, <ieh> in Baden-Württemberg, Berlin, Brandenburg, Niedersachsen, Nordrhein-Westfalen, Rheinland-Pfalz und Sachsen. Bremen spezifiziert nicht, führt jedoch den Bereich der Dehnung an.

tenz ist mit nur 56,6 Prozent Richtigschreibungen die Markierung des langen Akzentvokals durch das Dehnungs-h.

Auch im Bereich der erweiterten grammatischen Kompetenz (vgl. Tab. VII.4) wird durchschnittlich fast jede vierte der untersuchten Rechtschreibklippen nicht bewältigt.

Tabelle VII.4: Erweiterte grammatische Kompetenz

| Indikatoren | Richtigschreibungen (%) | Anteil der Kinder ohne Fehler (%) |
|---|---|---|
| Wortendungen (5)<br>*z.B.: strömt<e>, Spaziergang<s>* | 91,7 | 68,9 |
| Endsilben (8)<br>*z.B.: plötz<lich>, ruh<ig>* | 88,1 | 42,4 |
| Ableitung der Schreibung (13) | 79,4 | 13,1 |
| • der Verschlusslaute<br>*z.B.: empfin<d>lich, Vorsich<t>* | 85,9 | 40,6 |
| • des silbenanlautenden-H<br>*z.B.: Vie<h>, dre<h>en* | 79,2 | 45,9 |
| • des S-Lauts nach langem Vokal [7]<br>*z.B.: flie<ß>t, verlo<s>t* | 66,8 | 35,5 |
| in flektierten Wortformen:<br>Länge-/Kürzebezeichnung langer/kurzer Akzentvokale (12)<br>*z.B.: verde<c>kt, aufgepa<ss>t ; zi<e>ht* | 76,3 | 21,7 |
| Großschreibung Abstrakta, Substantivierung (8)<br>*z.B.: Interesse, Vorspielen, Kälte* | 60,9 | 6,1 |
| Erweiterte grammatische Kompetenz | 76,7 | 2,0 |

IEA: Progress in International Reading Literacy Study © IGLU-Germany

Die Ableitung der Schreibung des S-Lauts nach langem Vokal, die über die Prüfung der Stimmhaftigkeit / Stimmlosigkeit des korrespondierenden Graphems zu ermitteln ist, stellt für Viertklässler eine deutliche Fehlerquelle dar. Bei der satzinternen Großschreibung von Abstrakta (z.B. ‚Vorsicht' mit 69,2 % Kleinschreibungen) und Substantivierungen (z.B. ‚Vorspielen' mit 71,2 % und ‚Kälte' mit 48,8 % Kleinschreibungen) orientieren sich Viertklässler bei ihrer Entscheidung zur Kleinschreibung offensichtlich an der Wortart (Verb, Adjektiv) statt an der Funktion dieser Wörter im Satz als Kern der Nominalgruppe.

7 Die Ableitung der Schreibung <s> oder <ß> nach langem Vokal taucht als Schreibungen des S-Lauts in Baden-Württemberg, Bayern, Berlin, Brandenburg, Bremen, Niedersachsen, Nordrhein-Westfalen, Rheinland-Pfalz und Sachsen auf.

## 3.2 Kompetenzstufen der Orthographie

Bei einer inhaltlichen Betrachtung der Verteilung der Fehlerdichtewerte und der Fehlerarten in Bezug auf die elementaren und erweiterten orthographischen Kompetenzen lassen sich folgende Gruppen unterscheiden (vgl. Tab. VII.5).

Tabelle VII.5: Orthographische Leistungen auf den verschiedenen Kompetenzstufen

| Kompetenzstufen der Orthographie | Anzahl richtiger Wörter (n = 45) | Richtigschreibungen in den Kompetenzbereichen (%) | | | |
|---|---|---|---|---|---|
| | | elementar lautanalytisch | elementar grammatisch | erweitert lautanalytisch | erweitert grammatisch |
| Stufe I | 8,5 | 76,2 | 84,3 | 38,7 | 48,2 |
| Stufe II | 15,3 | 85,9 | 91,8 | 56,0 | 61,7 |
| Stufe III | 27,3 | 93,2 | 96,2 | 79,4 | 79,6 |
| Stufe IV | 38,3 | 97,8 | 98,9 | 93,4 | 93,5 |

IEA: Progress in International Reading Literacy Study



*Kompetenzstufe I:* gravierende Rechtschreibprobleme (PR < 5 bei der Fehlerdichte). Nur knapp 20 Prozent der Wörter werden durchschnittlich richtig geschrieben. Auf der Ebene der elementaren Kompetenzen werden durchschnittlich 75–85 Prozent der Grapheme richtig geschrieben und im Bereich der erweiterten lautanalytischen und grammatischen Kompetenz etwa 40–50 Prozent der Grapheme.

*Kompetenzstufe II:* deutliche Rechtschreibschwierigkeiten (PR 5–25 bei der Fehlerdichte). Nur durchschnittlich jedes dritte Wort in DoSE wird richtig geschrieben. Die Schülerinnen und Schüler zeigen Unsicherheiten im Bereich der elementaren orthographischen Kompetenzen, und mehr als jedes dritte Rechtschreibphänomen, das auf erweiterte orthographische Kompetenzen verweist, wird fehlerhaft verschriftet.

*Kompetenzstufe III:* durchschnittliche Rechtschreibleistungen (PR 25–85 bei der Fehlerdichte). In DoSE wird durchschnittlich jedes zweite Wort richtig geschrieben. Aufgaben des Typs elementare orthographische Kompetenzen werden annähernd sicher bewältigt, aber es bestehen Unsicherheiten bei erweiterten orthographischen Verschriftungen (etwa jedes fünfte Graphem wird nicht richtig geschrieben).

*Kompetenzstufe IV:* gute Rechtschreibleistungen (PR > 85 in der Fehlerdichte). Kinder haben nur leichte Unsicherheiten bei Schreibungen des Typs der erweiterten orthographischen Kompetenzen. Allerdings verschriftete nur 1 Prozent der Schülerinnen und Schüler die Testwörter so gut wie fehlerfrei (0 bis 2 Fehler).

# 4. Zum Rechtschreibunterricht in vierten Klassen

## 4.1 Zeit, Medien, Übungsformen und Differenzierung

Bislang wissen wir wenig darüber, wie in den Schulen der Rechtschreibunterricht durchgeführt wird. Einige Aufschlüsse darüber erhalten wir durch IGLU-E, da die Lehrkräfte auch zu Zeit, Methoden, Materialien und Differenzierungsformen des Rechtschreibunterrichts befragt wurden. Die folgenden Zahlen beziehen sich auf den Anteil der Schülerinnen und Schüler, deren Lehrpersonen dazu spezifische Angaben im Lehrerfragebogen gemacht haben.

*Für Rechtschreibübungen aufgewendete Zeit.* Die Lehrkräfte wurden befragt, wie viel Zeit sie in einer normalen Schulwoche gemeinsam mit den Schülerinnen und Schülern mit Rechtschreibübungen verbringen, und zwar sowohl im fächerübergreifenden als auch eigens festgelegten Rechtschreibunterricht. Entsprechend gefragt wurde nach dem zeitlichen Anteil von Leseunterricht oder Lesetätigkeiten allgemein sowie von Deutsch-Sprachunterricht oder sprachlichen Aktivitäten (Lesen, Schreiben, Sprechen, Umgang mit Literatur) (vgl. Tab. VII.6).

Tabelle VII.6: Zeitlicher Anteil für sprachlichen Unterricht nach Angaben der Lehrkräfte (in Minuten pro Woche)

| | | Zeit in Minuten (M, SD) | | |
|---|---|---|---|---|
| | | Rechtschreib-unterricht | Leseunterricht | Deutsch-Sprachunterricht |
| | | 165 (116,6) | 236 (185,1) | 422 (156,0) |
| Quartile: | PR 25 | < 95 | < 120 | < 300 |
| | PR 50 | < 128 | < 180 | < 420 |
| | PR 75 | < 180 | < 240 | < 540 |

IEA: Progress in International Reading Literacy Study © IGLU-Germany

Etwa ein Viertel der Schülerinnen und Schüler arbeitet unter anderthalb Stunden an der Rechtschreibung, die Hälfte bis etwa zwei Stunden und ein Viertel über drei Stunden pro Woche. Da es sich um reine Zeitstunden handelt, ist der Aufwand für Rechtschreibübungen als beträchtlich anzusehen, auch im Vergleich mit der Zeit, in der sich die Schülerinnen und Schüler in irgendeiner Form mit Lesen beschäftigen oder sprachlichen Unterricht erhalten.

*Medien im Rechtschreibunterricht.* Gefragt wurde auch danach, welche Hilfsmittel wie oft im Rechtschreibunterricht oder bei Rechtschreibübungen verwendet werden. Die Antworten zeigen: Mindestens einmal pro Woche und häufiger arbeiten die Schülerinnen und Schüler mit Rechtschreibmaterialien (91,7 %), Sprachbüchern (81,5 %), Wörterbüchern (74,0 %), Grundwortschatz bzw. Wörterliste (78,6 %) und von den Lehrpersonen selbst gefertigten Arbeitsblättern (75,9 %). Die Dominanz traditioneller Unterrichtsmedien zeigt sich auch daran, dass es keine Lehrperson gibt, die nie Sprachbücher und nie Rechtschreibmaterialien verwendet. Deutlich seltener nutzen Schülerinnen und Schüler Computerprogramme für den Rechtschreibunterricht (35,7 %), auch wenn es durchaus Möglichkeiten dazu gäbe, weil immerhin für 45 Prozent der Schülerinnen und Schüler im Klassenzimmer ein oder mehrere Computer zur Verfügung stehen (vgl. Kap. III). Dieser Sachverhalt ist allerdings nicht als ‚Technikfeindlichkeit' zu werten, da das Angebot an guter Software im Bereich von Rechtschreibübungen sehr unbefriedigend ist (Thomé, D. & Thomé, G., 2000). Betrachtet man, wie diese Medien in Kombination von den Lehrerinnen und Lehrern für ihren Unterricht eingesetzt werden, dann ergeben sich insgesamt zwei Merkmalsbündel.[8] Das erste bezieht sich auf traditionelle Materialien des Rechtschreibunterrichts (fertige Listen in Form von Grundwortschatz oder Wörterlisten und vorgegebene Übungen in Sprachbüchern und Rechtschreibmaterialien), das zweite auf selbst gefertigte Arbeitsblätter und Computerprogramme. Diese Daten erlauben den vorsichtigen Schluss, dass der Rechtschreibunterricht sehr stark an fertigen, im Handel erhältlichen Materialien ausgerichtet ist.

*Methoden und Übungsformen.* Ferner wurden die Lehrkräfte nach der Verwendung und der Häufigkeit bestimmter Methoden des Rechtschreibunterrichts gefragt. Die Zusammenstellung in Abbildung VII.2 bezieht sich jeweils auf den Anteil der Schülerinnen und Schüler, welche diese Methoden und Übungsformen im Rechtschreibunterricht erfahren.

Auch über die neun Variablen dieses Fragebogenbereiches wurde eine Faktorenanalyse gerechnet. Ziel war es, die in den Variablen enthaltene Information auf einige

8 Eine Hauptkomponentenanalyse mit anschließender Varimax-Rotation ergab zwei Faktoren mit Eigenwerten > 1, die insgesamt 52 Prozent der Varianz erklären. Der erste Faktor erklärt 35 Prozent, der zweite Faktor 17 Prozent der in den Ausgangsvariablen enthaltenen Varianz.

Abbildung VII.2: Methoden und Übungsformen im Rechtschreibunterricht, die von der Lehrperson eingesetzt werden

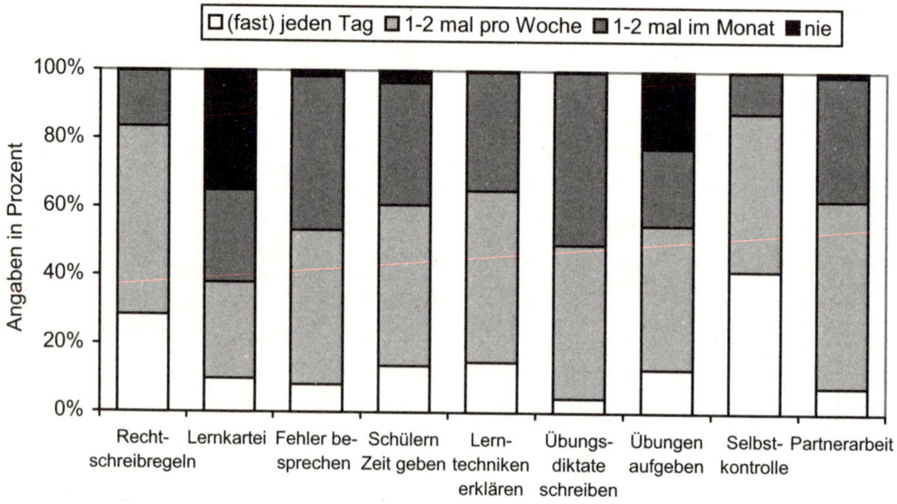


IEA: Progress in International Reading Literacy Study



Abbildung VII.3: 2-Faktoren-Modell für Methoden und Übungsformen

| FAKTOR 1 | FAKTOR 2 |
|---|---|
| Der Klasse **Rechtschreibregeln** erläutern. | Die Schüler mit ihrer **Lernkartei** üben lassen. |
| **Fehler** aus Aufsätzen oder freien Texten der Schüler **besprechen**. | Im Rahmen des Wochenplans **Übungen aufgeben**. |
| Den **Schülern Zeit geben**, individuell an ihren Fehlerschwerpunkten zu arbeiten. | Den Schülern Gelegenheit zur **Selbstkontrolle** des Geschriebenen geben. |
| Den Schülern verschiedene **Lerntechniken erklären** oder vormachen (zum Beispiel schwere Wörter oder ein Diktat üben, Korrekturmethoden). | Die Schüler in **Partnerarbeit** üben lassen. |
| Die Schüler **Übungsdiktate schreiben** lassen. | |

IEA: Progress in International Reading Literacy Study

wenige gemeinsame Faktoren zurückzuführen.[9] Die Analysen ergaben insgesamt zwei gut zu interpretierende Merkmalsbündel. Das erste bezieht sich auf Erklärungen der Lehrkraft (Lerntechniken erklären, Fehler besprechen, Regeln erläutern) sowie Übungsdiktate und kann als lehrerzentrierter, belehrender Unterricht bezeichnet werden. Das zweite Merkmalsbündel bezieht sich auf Partnerarbeit, Lernkartei, Wochenplanarbeit und Selbstkontrolle durch die Schülerinnen und Schüler. Es lässt sich als schülerorientierter Unterricht kennzeichnen bzw. als eine Unterrichtsform, die Schülerinnen und Schülern mehr Eigenaktivität und Selbständigkeit ermöglicht (vgl. Abb. VII.3).

*Differenzierung im Rechtschreibunterricht.* Gefragt wurde, ob Lehrpersonen im Rechtschreibunterricht für Schülerinnen und Schüler mit unterschiedlichen Fähigkeiten unterschiedliche oder gleiche Übungsaufgaben oder Materialien einsetzen. Es zeigte sich, dass Schülerinnen und Schüler vor allem zwei Unterrichtsformen erleben: fast zwei Drittel erhalten dieselben Übungsaufgaben und Materialien, ‚können aber mit unterschiedlicher Geschwindigkeit arbeiten', wie die Antwortvorlage lautete. Etwa ein Drittel erhält, je nach unterschiedlichem Niveau, auch unterschiedliche Übungsaufgaben und Materialien und somit differenzierenden Unterricht.

Lehrpersonen, die differenzieren, verwenden fast alle oben erwähnten Materialien signifikant häufiger, Sprachbücher jedoch signifikant seltener als Lehrpersonen mit einheitlichem Unterricht. Ferner setzen sie signifikant häufiger alle oben genannten Methoden und Übungsformen ein. Keine Unterschiede gab es in Bezug auf das Erläutern von Rechtschreibregeln, eine Methode, die zu den klassischen des Rechtschreibunterrichts zu zählen ist. Die Differenz dieser beiden Lehrertypen findet sich auch im Leseunterricht wieder, und es gibt zwischen ihnen weitere signifikante Unterschiede in Bezug auf die häufigere Verwendung von Hilfsmitteln und Medien im Leseunterricht, beim Einsatz von verschiedenen Textsorten im Unterricht, bei der Nutzung von mehr Schreibanlässen beim Textschreiben sowie bei der Häufigkeit von Unterstützungsmaßnahmen bei Leseschwächen. Diese Befunde lassen folgern, dass Lehrpersonen, die nach Übungsaufgaben und Materialien differenzieren, über ein breiteres Repertoire an didaktischen und methodischen Maßnahmen im Deutschunterricht verfügen.

9 Eine Hauptkomponentenanalyse mit anschließender Varimax-Rotation ergab zwei Faktoren mit Eigenwerten > 1, die insgesamt 46 Prozent der Varianz erklären. Der erste Faktor erklärt 30 Prozent, der zweite 16 Prozent der ursprünglichen Varianz.

## 4.2 Leistungsbeurteilung und Notengebung in der Rechtschreibung

Die Feststellung der Rechtschreibleistung scheint auf den ersten Blick unproblematisch zu sein, lässt sich doch die Anzahl der Fehler in einem Text schnell abzählen. Für die Lehrperson ist die Notengebung dennoch schwierig, da es in den Ländern keine verbindlichen Grundwortschätze gibt bzw. in den schulischen Richtlinien keine Aussagen darüber, wie viele Fehler im Grundwortschatz oder anderen Texten noch tolerierbar sind. Dies ist zumindest das Ergebnis einer Befragung auf Länderebene.[10] Es besteht eine große Unübersichtlichkeit und Uneinheitlichkeit in den einzelnen Regelungen, was die Notengebung, die Anzahl und den Stellenwert von Diktaten, die zulässigen Hilfsmittel bei Diktaten sowie die Bedeutung und Gewichtung der Rechtschreibleistung in der Gesamtnote Deutsch betrifft. In einigen Ländern wird die Rechtschreibleistung im Zeugnis der vierten Klasse gesondert benotet, in den übrigen Ländern bestehen zum Teil keine Ausführungsvorschriften dazu, mit welchem Gewicht die Rechtschreibleistung in die allgemeine Deutschnote einfließt. Ferner gibt es unterschiedliche Regelungen der Benotung bzw. Beurteilung der Rechtschreibung bei Kindern mit ‚Lernstörungen‘ bzw. ‚Lernschwierigkeiten‘ bzw. bei ‚anerkannten Legasthenikern‘ (Schleswig-Holstein, Bayern). Aufschluss über die Notenvergabe gibt Abbildung VII.4.

Wie auch aus anderen Untersuchungen bekannt (Thiel & Valtin, 2002), ist die Zensurengebung in der Grundschule abhängig von ‚harten‘ und ‚weichen‘ Fächern, von der Klassenstufe und dem Geschlecht. Die Rechtschreibung wird am strengsten zensiert. Dies zeigt sich auch in IGLU-E: die Mittelwerte der Zensuren betragen in der Rechtschreibung 3,0, im Lesen 2,5, in Grammatik und der Gesamtdeutschnote 2,7; zum Vergleich: Mathematik 2,7, Sachunterricht 2,5. Mädchen erhalten signifikant bessere Zensuren in der Rechtschreibung (M = 2,7) als Jungen (M = 3,3), was auch ihren besseren Leistungen entspricht.

Vergleicht man die Rechtschreibzensur mit den Leistungen im Rechtschreibtest, so ergeben sich zwar klare Zusammenhänge (die Korrelation beträgt .61; n = 611), aber auch sehr große Überschneidungen. Kinder zum Beispiel, die im IGLU-Rechtschreibtest 20 Wörter richtig schreiben, haben – je nach Klassenzugehörigkeit – die Note 2 bis 6. Tabelle VII.7 zeigt die Zensuren, die Kinder auf unterschiedlichen Kompetenzstufen erhalten haben.

---

10 Wir danken den Ansprechpartnern für IGLU in den Ministerien der Länder, die sich an einer Fragebogenerhebung beteiligt haben.

Abbildung VII.4: Rechtschreibnoten der getesteten Schülerinnen und Schüler (n = 611)[11]

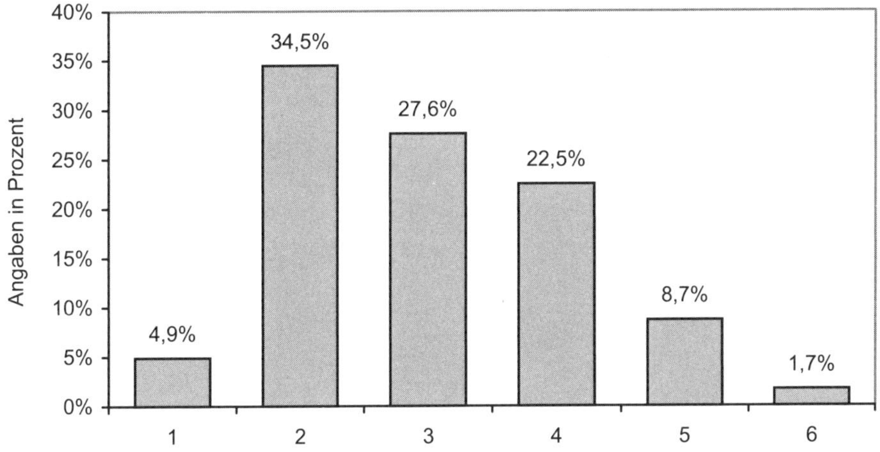


IEA: Progress in International Reading Literacy Study © IGLU-Germany

Tabelle VII.7: Rechtschreibnoten von Kindern auf verschiedenen Kompetenzstufen

| | Kompetenzstufen in der Rechtschreibung (in %) | | | |
|---|---|---|---|---|
| Rechtschreibnote | Stufe I | Stufe II | Stufe III | Stufe IV |
| 1 | - | - | 1,8 | 30,7 |
| 2 | 6,5 | 2,5 | 42,9 | 54,7 |
| 3 | - | 23,8 | 34,0 | 14,7 |
| 4 | 35,5 | 46,7 | 18,1 | - |
| 5 | 48,4 | 22,1 | 2,9 | - |
| 6 | 9,7 | 4,9 | 0,3 | - |

IEA: Progress in International Reading Literacy Study © IGLU-Germany

Dass Testleistung und Note derart stark auseinanderfallen, wurde in der bisherigen Forschung auch für die Mathematikleistung belegt (Ingenkamp, 1995; Thiel & Valtin, 2002).

11 Es wurde nur von 611 Kindern, die an DoSE teilgenommen haben, die Rechtschreibnote angegeben.

### 4.3 Rechtschreibung und Übergangsempfehlung

Das in Kapitel IV berichtete Ergebnis, dass die Übergangsempfehlung in keinem straffen Zusammenhang mit der Lesekompetenz der Schülerinnen und Schüler steht und dass die Leistungen der für die Hauptschule, die Realschule oder das Gymnasium empfohlenen Kinder jeweils über drei Kompetenzstufen streuen, findet sich in vergleichbarer Form auch in der Rechtschreibung wieder. Tabelle VII.8 zeigt, welche Übergangsempfehlung Kinder auf verschiedenen Kompetenzstufen der Orthographie erhalten haben.

Die in der Literatur immer wieder mit Verweis auf die Studie von Kemmler (1967) geäußerte Vermutung, dass die Rechtschreibleistung eine große Bedeutung für die Übergangsempfehlung hat (Schneider, 1997), lässt sich nur mit Einschränkung bestätigen. Die große Streuung in den Kompetenzstufen von Schülerinnen und Schülern mit unterschiedlicher Grundschulempfehlung bedeutet, dass sich auch die weiterführenden Schulen im Rechtschreibunterricht auf große Leistungsunterschiede einzustellen haben.

Tabelle VII.8: Zusammenhang von orthographischen Kompetenzstufen und Übergangsempfehlung

| | Kompetenzstufen in der Rechtschreibung (in %) | | | |
|---|---|---|---|---|
| Übergangsempfehlung | Stufe I | Stufe II | Stufe III | Stufe IV |
| Hauptschule | 75,4 | 56,8 | 25,6 | 5,8 |
| Realschule | 22,1 | 36,0 | 41,8 | 18,2 |
| Gymnasium | 2,5 | 7,1 | 32,7 | 76,0 |

IEA: Progress in International Reading Literacy Study 

## 5. Zusammenhang der Rechtschreibleistung mit Lerner- und Kontextmerkmalen: Vergleich von Extremgruppen

Im Abschnitt 1.3 wurden vorliegende Forschungsergebnisse zum Zusammenhang von Rechtschreibleistungen und Lerner- bzw. Kontextmerkmalen referiert. Im Folgenden soll anhand einer ersten Auswertung der Daten von IGLU-E der Frage nachgegangen werden, inwieweit sich diese Ergebnisse, die zum Teil älteren Datums sind und aus nicht-repräsentativen Stichproben stammen, replizieren lassen. Das Augenmerk wird hier im Besonderen auf so genannte ‚Risikoschülerinnen und -schüler' gerichtet, d.h. diejenigen, die sich auf Kompetenzstufe I und II in der Orthographie befinden und mit ihren Rechtschreibleistungen in DoSE zum unteren Quartil gehören. Sie werden im Folgenden als schwache Rechtschreiber bezeichnet und mit den guten Rechtschreibern verglichen, definiert als Kinder, die mit ihren Leistungen in der Rechtschreibung zum oberen Quartil gehören.

Wenn hier Zusammenhänge mit Lerner- und Kontextmerkmalen dargestellt werden, stellt sich die Frage, ob es sich um rechtschreibspezifische Zusammenhänge handelt oder um schriftsprachspezifische (also auch bezogen auf die Lesefähigkeiten) oder noch allgemeiner um Korrelate von allgemeinen Schulleistungen. Dieser Frage nachzugehen muss detaillierten Analysen vorbehalten werden. Die Mehrheit der schwachen Rechtschreiber, nämlich 54,2 Prozent, gehört zum unteren Quartil in der Lesefähigkeit (erhoben mit dem IGLU-Lesekompetenztest). Ferner hat über die Hälfte von ihnen in den Fächern Deutsch bzw. Rechtschreibung eine Note von Vier bis Sechs, 40 Prozent von ihnen haben zudem in Mathematik und Sachkunde eine Note von 4 bis 6, d.h. sie machen auch in der Schule die Erfahrung, zu den Leistungsschwachen zu zählen, was bekanntlich im Bereich der leistungsrelevanten Persönlichkeitsmerkmale zu einer ungünstigen Entwicklung führt (Wagner & Valtin, 2003).

## 5.1 Individuelle Merkmale der Lernenden

Der bekannte Vorsprung der Mädchen in der Rechtschreibung findet sich auch in unserer Studie. Jungen und Mädchen unterscheiden sich signifikant in den Durchschnittswerten. Mädchen schreiben 26,8 Wörter richtig (SD = 8,8), Jungen 24,4 (SD = 9,0). In Bezug auf die Fehlerdichte zeigen Mädchen durchschnittlich 26,5 (SD = 17,9), Jungen 31,1 (SD = 20,0) Fehler. Von Interesse ist auch ein Blick auf die einzelnen Wörter, da bisherige Untersuchungen zeigen, dass es typische Jungen- und Mädchenwörter gibt (Richter, 1994). Im Allgemeinen ist der Unterschied in der Fehlerdichte der einzelnen Wörter signifikant zugunsten der Mädchen, nur bei einigen Wörtern gibt es keine Signifikanzen. Es handelt sich dabei um Wörter aus dem technischen Umkreis (ölig, informieren, sinkt, drehen) und mit Bezug zu Abenteuern (Muskeln, Strapazen, spuken). Bei einem Wort machen Jungen sogar etwas weniger Fehler: ‚Benzintanks‘. Diese Ergebnisse sprechen für ein, wenn auch nur leichtes, interessengeleitetes Lernen spezifischer Wörter.

Die Unterschiede zwischen Mädchen und Jungen werden besonders deutlich, wenn man ihren prozentualen Anteil auf den Kompetenzstufen betrachtet (vgl. Abb. VII.5). Auf den beiden unteren Kompetenzstufen, die das untere Leistungsquartil umfassen, sind Jungen mit jeweils fast 60 Prozent überrepräsentiert. Im oberen Leistungsquartil befinden sich mit 61,5 Prozent mehr Mädchen.

Abbildung VII.5: Anteil von Mädchen und Jungen auf den Kompetenzstufen

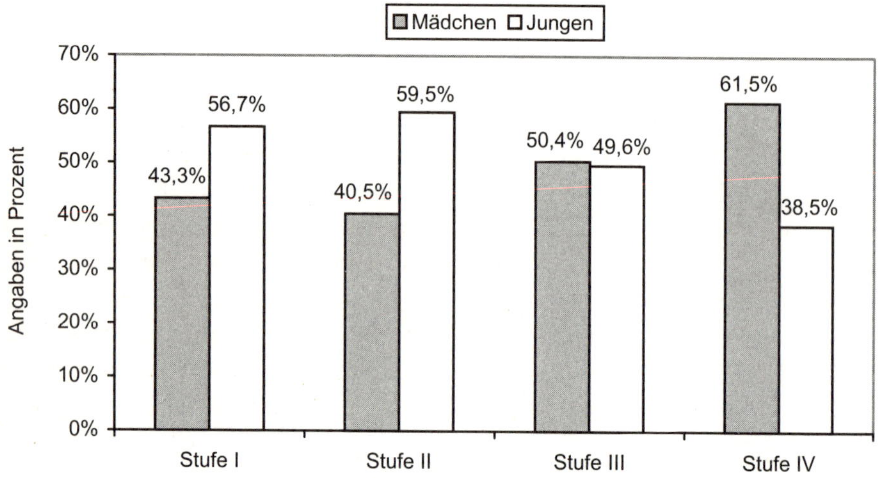


IEA: Progress in International Reading Literacy Study © IGLU-Germany

Aus Tabelle VII.9 sind die Richtigschreibungen von Jungen und Mädchen in den Kompetenzbereichen der Orthographie zu entnehmen. Alle Unterschiede in den Kompetenzbereichen sind signifikant. Dabei sind die Differenzen im erweiterten orthographischen Bereich größer als im elementaren. Dies steht im Einklang mit bisherigen Befunden, dass bei Mädchen eine zügigere Entwicklung der orthographischen Strategien zu beobachten ist (May, 1994; Richter, 1994).

Tabelle VII.9: Orthographische Leistungen der Mädchen und Jungen in den Kompetenzbereichen

| | Richtigschreibungen in den Kompetenzbereichen (in %) | | | |
|---|---|---|---|---|
| | elementar lautanalytisch | elementar grammatisch | erweitert lautanalytisch | erweitert grammatisch |
| Mädchen | 92,0 | 95,7 | 77,3 | 78,5 |
| Jungen | 91,2 | 94,6 | 72,3 | 74,8 |

IEA: Progress in International Reading Literacy Study © IGLU-Germany

Weitere Unterschiede zwischen Jungen und Mädchen zeigen sich in Merkmalen, die mit der Rechtschreibleistung zusammenhängen. Innerhalb der Klassenstufe ist das Alter der Schülerinnen und Schüler gewöhnlich negativ mit den Fachleistungen korreliert: Vorzeitige Einschulung und Überspringen von ganzen Klassenstufen sind nominal seltener zu Beobachten als spätere Einschulungen und Klassenwiederholungen (vgl. auch Lehmann, Peek & Gänsfuß, 1997; Schneider, 1980). So findet sich auch in dieser Studie ein negativer Zusammenhang zum Alter: Je älter die Schülerinnen und Schüler sind, umso mehr Fehler machen sie ($r = -.20$, $p < .01$). Zudem wurden die schwachen Rechtschreiber signifikant später eingeschult. Dabei zeigt sich ebenfalls ein Geschlechterunterschied: Jungen wurden später eingeschult als Mädchen. Die Gründe dafür wurden nicht erfragt, hängen aber vermutlich mit dem bekannten Entwicklungsvorsprung der Mädchen zusammen. Schon zu Schulbeginn wiesen – laut Angaben der Eltern – die guten Rechtschreiber eine größere Vertrautheit mit Schriftsprache auf: Sie konnten mehr Buchstaben erkennen, Wörter und Sätze lesen sowie einige Buchstaben und Wörter schreiben. In den Quartilen zeigten sich hier Geschlechterunterschiede: Bei den guten Rechtschreibern waren die Mädchen den Jungen vor Schulbeginn in all diesen Bereichen signifikant überlegen, bei den schwachen Rechtschreibern nur beim Erkennen einzelner Buchstaben und Wörter.

Schwache und gute Rechtschreiber unterscheiden sich auch hinsichtlich der Dauer ihrer vorschulischen Erfahrungen: Gute Rechtschreiber haben für signifikant längere Zeit einen Kindergarten besucht: 94,7 Prozent ($n = 772$) von ihnen zwei Jahre oder länger, bei den schwachen Rechtschreibern traf dies auf 84,8 Prozent ($n = 742$) zu. Auch in Bezug auf die Lesekompetenz (vgl. Kap. IV) zeigten Schülerinnen und Schüler, die längere Zeit einen Kindergarten besucht hatten, bessere Ergebnisse. Ferner ergeben sich Unterschiede in Bezug auf das kognitive Fähigkeitsniveau: Schwache Rechtschreiber weisen im Kognitiven Fähigkeitstest (KFT) niedrigere Werte auf (mittlerer T-Wert = 44,5; $n = 742$) als die guten Rechtschreiber (mittlerer T-Wert = 52,5; $n = 772$). Die Fehlerdichte korreliert mit dem KFT signifikant zu $r = -.39$ ($n = 2948$), wobei die Korrelation zu den KFT Figurale Analogien mit $r = -.28$ ($n = 2896$) erwartungsgemäß niedriger ist als zu den KFT Wort Analogien ($r = -.41$; $n = 2944$).

Aus den Angaben der Eltern und der Schülerinnen und Schüler ergeben sich verschiedene Hinweise auf den Zusammenhang von Rechtschreibleistung und nichtkognitiven Variablen. Im Folgenden werden Unterschiede zwischen den guten und schwachen Rechtschreibern und gelegentlich auch zwischen Mädchen und Jungen in diesen mit Leistung in Zusammenhang stehenden Merkmalen berichtet. Der Bericht kann an dieser Stelle allerdings nicht mehr als eine Vorschau auf der Oberfläche einzelner Merkmale liefern. Tiefergehende Analysen zur Prüfung komplexer Zusammenhänge, die Zusammenfassung einzelner Merkmale zu Konstrukten und die

Anwendung von Verfahren zur Erklärung von Varianz bleiben einem späteren Band vorbehalten.

Schwache Rechtschreiber weisen nach Angaben der Eltern häufiger psychosomatische Beschwerden auf, leiden signifikant häufiger an Magen- und Kopfschmerzen sowie Appetitlosigkeit und sind häufiger krank als die guten Rechtschreiber. Auch ihr Wohlbefinden in der Schule ist beeinträchtigt. Im Vergleich zu den guten Rechtschreibern stimmen die schwachen Rechtschreiber im Schülerfragebogen signifikant häufiger den Aussagen zu, die auf soziale Anpassungsschwierigkeiten verweisen, wie: sich in der Schule einsam und als Außenseiter fühlen, sich nicht dazugehörig fühlen. Unterschiede ergeben sich auch in Bezug auf die Misserfolgsorientierung. Schwache Rechtschreiber führen Misserfolg signifikant häufiger auf folgende internale Faktoren zurück: sie haben sich zu wenig angestrengt, waren mit den Gedanken woanders, können sich nicht die ganze Stunde konzentrieren, können vieles nicht behalten und sind für die Schule nicht begabt. In der Attributionsforschung gilt die Erklärung von Misserfolg durch internal stabile Merkmale wie Mängel der Begabung oder des Gedächtnisses als wenig selbstbilddienlich (Valtin & Wagner, 2002). Aber auch externale, d.h. entlastende Faktoren werden von den schwachen Rechtschreibern als Erklärung herangezogen: die Lehrerin hat es nicht genug erklärt, sie geht zu schnell vor, der Unterricht ist zu schwierig. Dass es Zufall ist, ob die Arbeit gelingt, wird häufiger von Mädchen genannt, auch dies ist ein in der Attributionsforschung belegter Sachverhalt (Valtin & Wagner, 2002).

Unterschiede zwischen guten und schwachen Rechtschreibern sowie zwischen Mädchen und Jungen gibt es auch in ihrem Lernverhalten. Eltern von guten Rechtschreibern stimmen signifikant häufiger folgenden Feststellungen zu: ihr Kind ist fleißig, konzentriert und ausdauernd, benötigt wenig Hilfe, erledigt Hausaufgaben ordentlich. Auch sind sie seltener der Meinung, dass das Kind ungern etwas für die Schule tue. Sowohl bei den guten als auch bei den schwachen Rechtschreibern sind Mädchen nach Angaben der Eltern signifikant fleißiger als die Jungen und erledigen die Hausaufgaben ordentlicher und genauer. Bei den Jungen geben die Eltern häufiger an, dass ihr Kind ungern etwas für die Schule tue. Bei den guten Rechtschreibern ergeben sich zudem folgende Unterschiede: Mädchen arbeiten nach Angaben der Eltern konzentrierter und ausdauernder, sind aber auch ängstlicher und nervöser vor Klassenarbeiten.

Da die Rechtschreibleistung auch mit der Leseleistung und diese wiederum mit den Lesegewohnheiten und -interessen zusammenhängt, überrascht das Ergebnis nicht, dass auch in IGLU-E signifikante Unterschiede in den auf Schriftsprache bezogenen Interessen und außerschulischen Aktivitäten bestehen: Schwache und gute Rechtschreiber unterscheiden sich in ihren Lesegewohnheiten (schwache Rechtschreiber finden Lesen langweilig und lesen nur, wenn sie müssen), in den Textsorten (schwache Rechtschreiber lesen häufiger Comics und Gebrauchstexte, gute Rechtschreiber häufiger Geschichten und Romane), in der Art, wie sie mit dem Computer umgehen (schwache Rechtschreiber benutzen ihn häufiger für Computerspiele) sowie in der Freizeitgestaltung (gute Rechtschreiber verbringen täglich mehr Zeit damit, um zu ihrem Vergnügen zu lesen, schwache Rechtschreiber sehen signifikant häufiger fern bzw. Videos). Kein Unterschied ergab sich jedoch in der Häufigkeit des Schreibens von Geschichten, Gedichten, Briefen oder eines Tagebuchs, wobei insgesamt keine große Schreibfreudigkeit zu verzeichnen ist. In fast allen Bereichen gab es hier die erwartungsgemäßen Geschlechterunterschiede, und zwar in Bezug auf die Lesegewohnheiten (in beiden Quartilen lesen Mädchen lieber als Jungen, die Lesen langweiliger finden und häufiger angeben, nur dann zu lesen, wenn sie müssen) und den Leseinteressen (in beiden Quartilen lesen Jungen häufiger Comics und Anleitungen, Mädchen lesen häufiger Geschichten und Romane), ferner in Bezug auf die Häufigkeit des Fernsehens (in beiden Quartilen sehen Jungen häufiger Fernsehsendungen oder Videos) und den Umgang mit Computern (in beiden Quartilen benutzen Jungen außerhalb der Schule signifikant häufiger einen Computer, und zwar für Computerspiele und Informationssuche, während Mädchen, zumindest bei den guten Rechtschreibern, häufiger Geschichten oder Berichte am Computer schreiben).

Insgesamt unterstreichen die Befunde zu den Geschlechterunterschieden in der Rechtschreibung die vorliegenden Forschungsergebnisse: Mädchen weisen weniger Fehler als Jungen auf, haben schon in der Vorschulzeit bessere schriftsprachliche Kenntnisse und zeigen im Verlauf der Grundschulzeit eine zügigere Entwicklung orthographischer Strategien. Inwieweit motivationale Faktoren, zum Beispiel Unterschiede im Lernverhalten oder in den Interessen, als Erklärung für solche Entwicklungen eine Rolle spielen, wird in späteren Analysen zu prüfen sein.

## 5.2 Zum familiären Kontext

Wie aufgrund der Forschungslage zu erwarten, unterscheiden sich die guten und schwachen Rechtschreiber in Bezug auf soziodemographische und soziokulturelle Merkmale. Gute Rechtschreiber haben zu 54,3 Prozent Väter, die den beiden obersten Berufsklassen angehören, bei den schwachen Rechtschreibern sind es nur 22,3 Prozent. Auch haben die Eltern guter Rechtschreiber häufiger einen Fachhochschul- oder Hochschulabschluss (Väter 37,4 %, Mütter 23,0 %) als die der schwachen Rechtschreiber (7,1 % und 9,8 %). Entsprechend sind die Unterschiede im jährlichen

Bruttoeinkommen aller Haushaltsmitglieder: Bei 56,9 Prozent der schwachen und 23,2 Prozent der guten Rechtschreiber liegt dieser Wert unter 30.000 €.

Als Indikator für kulturelles Kapital und den Anregungsgehalt des häuslichen Milieus wurde die Anzahl der Bücher in der Familie bzw. im Besitz des Kindes erhoben. Auch hier zeigen sich deutliche Zusammenhänge, wie die Angaben aus dem Elternfragebogen zeigen: Gute Rechtschreiber stammen häufiger (zu 39,0 %) aus Familien, die über 200 Bücher haben, als schwache Rechtschreiber (15,5 %). Weniger als 25 Bücher im Familienbesitz haben 9,7 Prozent der guten und 30,7 Prozent der schwachen Rechtschreiber. Entsprechendes gilt für die Anzahl der eigenen Bücher: 13,1 Prozent der guten und 38,5 Prozent der schwachen Rechtschreiber besitzen weniger als 25 eigene Bücher; mehr als 100 eigene Bücher haben 7,8 Prozent der schwachen und 26,0 Prozent der guten Rechtschreiber. Auch in Bezug auf den Migrationshintergrund finden sich signifikante Unterschiede: 64,6 Prozent der schwachen und 89,5 Prozent der guten Rechtschreiber wurden in Deutschland geboren. Etwas über ein Viertel der schwachen Rechtschreiber haben Väter oder Mütter, die nicht in Deutschland geboren sind, bei den guten Rechtschreibern sind es 14,9 bzw. 12,6 Prozent. Deutsch als Familiensprache ist bei 81,6 Prozent der schwachen und 92,0 Prozent der guten Rechtschreiber anzutreffen. Diese Zahlen lassen vermuten, dass ein Teil der schwachen Rechtschreiber die deutsche Sprache nicht ausreichend beherrscht.

Angesichts der großen Unterschiede zwischen schwachen und guten Rechtschreibern in Bezug auf Merkmale der sozialen Herkunft überrascht nicht, dass die guten Rechtschreiber eine höhere Bildungsaspiration aufweisen (72,5 % streben das Abitur an) als die schwachen Rechtschreiber, die sich zu 39,7 Prozent mit einem Hauptschulabschluss begnügen und nur zu 19,7 Prozent das Abitur als Schulabschlusswunsch angeben. In Klasse 5, also dem Jahr nach der IGLU-Erhebung, besuchen von den guten Rechtschreibern mehr (64,7 %) das Gymnasium als von den schwachen Rechtschreibern (6,7 %), die mehrheitlich zur Hauptschule gehen.

Die hier berichteten Ergebnisse stehen im Einklang mit den Risikofaktoren, die in PISA für die Lesekompetenz identifiziert wurden: Niedrige Sozialschicht, niedriges Bildungsniveau, Migrationshintergrund der Familie und Zugehörigkeit zum männlichen Geschlecht erhöhen die Wahrscheinlichkeit, zur Gruppe der extrem schwachen Leser zu gehören (Baumert & Schümer, 2001).

# 6. Zum Konstrukt ‚Legasthenie'

Nach der klassischen Definition werden Legastheniker als lese-rechtschreibschwache Kinder mit mindestens durchschnittlicher Intelligenz aufgefasst, wobei sich die Diagnose in der pädagogisch-psychologischen Praxis häufig allein auf die Rechtschreibschwäche bezieht. Im schulischen Kontext gilt auch gelegentlich die Diskrepanz zwischen schwachen Deutschnoten und guten Noten in den übrigen Hauptfächern als Hinweis für das Vorliegen einer Legasthenie. Dabei soll es darum gehen, die intelligenten Legastheniker zu unterscheiden von lese-rechtschreibschwachen Schülerinnen und Schülern mit unterdurchschnittlicher Intelligenz. In der wissenschaftlichen Literatur ist das Konstrukt Legasthenie schon seit langem als wenig sinnvoll verabschiedet worden, da es sich weder theoretisch noch diagnostisch noch therapeutisch als sinnvolle Kategorie erweist und zudem je nach Erhebungsinstrument zu unterschiedlichen Gruppierungen führt (Scheerer-Neumann, 2003; Valtin, 2001). Bisherige Studien zeigen, dass sich die sogenannten Legastheniker weder in der Lese- und Rechtschreibleistung (Klicpera & Gasteiger-Klicpera, 1993; Valtin, 1981) noch in anderen Funktionsbereichen von anderen, unterdurchschnittlich intelligenten Lese-Rechtschreibschwachen unterscheiden (Valtin, 1981). Im Rahmen von IGLU-E kann dieser Frage noch einmal, gestützt auf eine repräsentative Stichprobe, nachgegangen werden.

In IGLU-E wurden keine Informationen dazu erhoben, wer von den Viertklässlern als ‚anerkannter Legastheniker' gilt. Deshalb haben wir bei den Analysen die klassische Definition zugrunde gelegt, an der sich auch Kinderärzte orientieren: die Diskrepanz zwischen mindestens durchschnittlicher Intelligenz und schwachen Leistungen im Rechtschreiben. Als rechtschreibschwach gelten nach gängiger Definition die testleistungsschwächsten 15 Prozent in einem Rechtschreibtest. Diese Gruppe wurde noch einmal unterschieden nach ihrem Intelligenzniveau im Kognitiven Fähigkeitstest: Kinder mit niedriger Intelligenz (KFT $< 40$, also unterhalb einer Standardabweichung vom Mittelwert, was einem IQ $< 85$ entspricht) bzw. mindestens durchschnittlicher Intelligenz (KFT $> 40$, IQ $> 85$). Als Vergleichsgruppen dienten Kinder mit mindestens durchschnittlichen Leistungen im Rechtschreibtest DoSE.

Unterscheiden sich nun rechtschreibschwache Kinder mit unterschiedlichem Intelligenzniveau in ihren Fehlerschwerpunkten laut DoSE? Wenn dies der Fall wäre, dann wäre es sinnvoll, unterschiedliche Rechtschreibförderprogramme für beide Gruppen zu entwickeln und zu verwenden. Wie Tabelle VII.10 verdeutlicht, ist dies nicht der Fall.

Tabelle VII.10: Vergleich von Rechtschreibschwachen (IQ < 85) und Legasthenikern (IQ > 85)

| | Richtigschreibungen in den Kompetenzbereichen (%) | | | |
|---|---|---|---|---|
| | elementar lautanalytisch | elementar grammatisch | erweitert lautanalytisch | erweitert grammatisch |
| Rechtschreibschwache (n = 125) | 80,0 | 87,8 | 46,7 | 54,3 |
| Legastheniker (n = 298) | 81,5 | 88,5 | 46,2 | 54,6 |

IEA: Progress in International Reading Literacy Study © IGLU-Germany

Rechtschreibschwache Kinder, die sich in ihrem Intelligenzniveau unterscheiden, weisen ein vergleichbares Fehlerprofil auf. Um dem Vorwurf zu begegnen, die Gruppe der Rechtschreibschwachen sei zu groß gewählt, da es laut bayerischem Erlass nur etwa 4 Prozent Legastheniker gibt, wurde in einer weiteren Berechnung nur die Gruppe der Schülerinnen und Schüler betrachtet, die einen Prozentrang kleiner 10 im Rechtschreibtest DoSE aufweist. Auch hier zeigten sich keine signifikanten Unterschiede im Fehlerprofil der beiden Gruppen (vgl. Tab. VII.11).

Tabelle VII.11: Rechtschreibschwache mit PR < 10 in DoSE

| | Richtigschreibungen in den Kompetenzbereichen (%) | | | |
|---|---|---|---|---|
| Rechtschreibschwache | elementar lautanalytisch | elementar grammatisch | erweitert lautanalytisch | erweitert grammatisch |
| IQ < 85 | 78,6 | 86,8 | 42,2 | 52,3 |
| IQ > 85 | 80,2 | 87,3 | 43,6 | 53,2 |

IEA: Progress in International Reading Literacy Study © IGLU-Germany

Dieser Befund unterstreicht die vorliegenden empirischen Belege, dass es wenig sinnvoll erscheint, innerhalb der Gruppe der Kinder mit Lese-Rechtschreib-Schwierigkeiten (LRS) eine Abgrenzung vorzunehmen zwischen denjenigen, die einen unterdurchschnittlichen, und denjenigen, die einen mindestens durchschnittlichen IQ aufweisen. Wie Klicpera und Gasteiger-Klipcera (1993) gezeigt haben, trifft dies auch für die Leseleistung zu: Bei leseschwachen Kindern mit unterschiedlichem Intelligenzniveau sind vergleichbare Fehler beim Lesen zu beobachten. Entsprechend zeigen die bisherigen Untersuchungen zur Effektivität von Fördermaßnahmen, dass die Erfolge unabhängig von der Intelligenz der Kinder sind (zuletzt Weber, Marx & Schneider, 2001).

# 7. Zusammenschau

Weitere, detailliertere Datenanalysen werden Aufschluss über Zusammenhänge der Rechtschreibleistung mit unterrichtlichen und schulischen Merkmalen erbringen. Doch schon jetzt können einige Schlussfolgerungen gezogen werden. Diese betreffen:

*Leistungsstand in der Rechtschreibung.* Aufgrund des Fehlens verbindlicher Standards lässt sich nicht einschätzen, ob die quantitativen Leistungen im Rechtschreibtest DoSE (bei 45 Wörtern ein Mittelwert von 25,6 Richtigschreibungen) als gut oder schlecht zu betrachten sind. Mit der Auswahl der Testwörter, d.h. den geforderten rechtschriftlichen Regularitäten, wie sie in den Lehrplänen der ersten bis vierten Klassen auftauchen, war die Erwartung der Testautorinnen verbunden, dass am Ende der Grundschulzeit jene grundlegenden orthographischen Kompetenzen erworben sind, die ihre Richtigschreibung erfordern. Wenn jedoch sogar einige rechtschriftliche Regularitäten, wie sie am Ende der zweiten Klasse erwartet werden (ng - nk, f - v, Ableitung von Verschluss- und Umlaut), nur von 80 Prozent der Viertklässler sicher verschriftet werden, wenn bis zu 25 Prozent der Schülerinnen und Schüler mehr als jedes dritte und der Durchschnitt jedes fünfte Rechtschreibphänomen, das auf erweiterte orthographische Kompetenzen verweist, fehlerhaft verschriften, kann unter Lernzielaspekten der ermittelte Leistungsstand in der Rechtschreibung nicht befriedigen – schon gar nicht, wenn man die für den Rechtschreibunterricht aufgewendete Zeit berücksichtigt.

*Aufwand und Ertrag des Rechtschreibunterrichts.* Die Hälfte der Schülerinnen und Schüler arbeitet pro Woche mindestens zwei reine Zeitstunden an der Rechtschreibung, ein Drittel sogar mehr als drei Stunden. Im Schnitt übersteigt die Beschäftigung mit Leseaktivitäten (M = 236 Minuten) die Befassung mit Rechtschreibung (M = 165 Minuten) nur um ca. eine Stunde. Laut Lehrerangaben nimmt die Rechtschreibung im Rahmen des gesamten Deutschunterrichts über ein Drittel der Zeit ein. Diese Zahlen sprechen dafür, dass die Rechtschreibung eine zeitintensive Rolle im Unterricht spielt und die schon von Kosog (1912) vorgebrachte Klage über das Schulkreuz Rechtschreibung nach wie vor ihre Berechtigung hat. Angesichts dieses hohen Zeitaufwands scheint der ‚Erfolg' in Teilbereichen der erweiterten lautanalytischen und grammatischen Kompetenz wenig befriedigend.

*Medien und Methoden des Rechtschreibunterrichts.* Die Lehreraussagen deuten auf einen lehrerzentrierten, belehrenden Unterricht, der ausgerichtet ist an fertigen, im Handel erhältlichen Materialien wie Sprachbüchern und Rechtschreibmaterialien.

Die Tatsache, dass zwei Drittel der Schülerinnen und Schüler einen Unterricht erfahren, in dem mit den gleichen Übungsaufgaben und dem gleichen Material gearbeitet wird, lässt vermuten, dass eine individuelle, auf Fehlerschwerpunkte abzielende Förderung im Rechtschreibunterricht keine Selbstverständlichkeit ist. Eher selten erleben die Schülerinnen und Schüler einen Rechtschreibunterricht, der sich durch Partnerarbeit, Arbeit mit einer Lernkartei oder einem Wochenplan charakterisieren lässt und ihnen Eigenaktivität und Selbständigkeit zugesteht.

Die Probleme, die sich bei der Großschreibung von Abstrakta sowie von substantivierten Verben und Adjektiven abzeichnen, lassen vermuten, dass im Unterricht möglicherweise unzureichend grammatisches Wissen herangezogen wird, galt und gilt doch die Rechtschreibung vielfach als Ansammlung unsinniger Regelungen, die durch Drill und Fleiß zu erlernen sind. Schon in einer älteren Untersuchung, einer Befragung von Kindern, zeigte sich, dass Schülerinnen und Schüler bei der Begründung der Groß- und Kleinschreibung Probleme bei der Bestimmung der grammatischen Wortklassen hatten: Dem ‚Ängstlichen' ist ein Wie-Wort, wird also klein geschrieben – ‚Gliedmaßen' ist ein Tun-Wort. Sie können weh *tun*, wird also klein geschrieben (Valtin, 1993). Gute Rechtschreiber verwendeten auch häufiger grammatisches Wissen zum Erschließen der Schreibweise (z.B. Rückgriff auf Morpheme, Verlängern des Wortes o.Ä.), während schwache Rechtschreiber sich auf ihr Gehör bzw. das Sprechen eines Wortes verließen (Glie<t>). Ferner zeigte sich ein deutlicher Unterschied zwischen guten und schwachen Rechtschreibern in der Kenntnis von Lern- und Arbeitstechniken, z.B. beim Erlernen und Einprägen eines neuen Wortes. Während Kinder mit schwachen Rechtschreibleistungen im Wesentlichen eine Lernstrategie nannten (‚ich lese das Wort bzw. schaue es lange an und behalte es dann'), verfügten gute Rechtschreiber über die Kenntnis mehrerer Strategien: auf Besonderheiten achten und sich diese merken, abschreiben, vergleichen, prüfen, diktieren lassen.

Es zeichnet sich insgesamt als wünschenswert ab, den Schülerinnen und Schülern Übungsmethoden sowie Lern- und Arbeitstechniken zu vermitteln, die sich sachlogisch aus dem behandelten orthographischen Lernbereich erschließen, damit sie auch zu Hause effektiver lernen können. Die schwachen Rechtschreiber erhalten sogar häufiger, aber offenbar ineffektive, Hilfe durch die Mutter bzw. durch Geschwister als die guten Rechtschreiber. Auch in früheren Untersuchungen (Valtin, 1974) zeigte sich, dass schwache Rechtschreiber länger an ihren Hausaufgaben saßen und häufiger mit den Müttern übten. Mütter sind als ‚Nachhilfelehrer der Nation' nicht ausgebildet.

*Stärkung der diagnostischen Kompetenzen der Lehrpersonen in der Grundschule.* Lehrpersonen sollten befähigt werden, den orthographischen Lernprozess der Schülerinnen und Schüler in seiner Entwicklung förderdiagnostisch zu begleiten. Selbstverständlich lernen Kinder unterschiedlich schnell und sie machen Fehler, die wichtige Hinweise auf den Stand ihrer Entwicklung eröffnen. Welche Fehler sind aber altersentsprechend, und welche Fehler verweisen auf Entwicklungsrückstände im Lernprozess? Um diese Frage beantworten zu können, ist es notwendig, Lehrerinnen und Lehrer in der fehleranalytischen Einschätzung orthographischer Lernprozessverläufe auszubilden. Unser in IGLU-E verwendetes linguistisches Fehlerquellenmodell der elementaren und erweiterten Orthographiekompetenz eignet sich als Grundlage, um den Lernverlauf in diagnostische Zeitfenster zu unterteilen, die am Ende der 2., sodann am Ende der 3. Klasse und in der 4. Klasse geöffnet werden, um den Leistungsstand der Schülerinnen und Schüler beim Erwerb orthographischer Kompetenzen schulintern zu erheben.

*Konsequenzen für den Rechtschreibunterricht in der Sekundarstufe.* Die Ergebnisse des Rechtschreibtests und die noch bestehenden Unsicherheiten im Bereich der erweiterten lautanalytischen und grammatischen Kompetenzen verweisen darauf, dass auch in der 5. Klasse der weiterführenden Schulen noch ein gezielter Rechtschreibunterricht notwendig ist. Dies gilt auch für das Gymnasium, da die für diese Schulform Empfohlenen ebenfalls eine große Streuung in den Kompetenzstufen der Rechtschreibung aufweisen. Der Rechtschreibunterricht sollte so beschaffen sein, dass er an den individuellen Fehlerschwerpunkten ansetzt und den Erwerb effektiver Lern- und Arbeitstechniken unterstützt (Augst & Dehn, 1998; Valtin, 2000). Ferner ist eine stärkere Verzahnung des Rechtschreibunterrichts mit dem Grammatikunterricht (Wort- und Satzgrammatik) erforderlich.

*Leistungsbeurteilung.* Das Fehlen eines verbindlichen Maßstabs und die Orientierung der Notengebung am klasseninternen Bezugsmaßstab führen dazu, dass von der Rechtschreibzensur nur bedingt auf die Leistung im Rechtschreibtest geschlossen werden kann. Per Test gemessene Leistungen entsprechen je nach Klassenzugehörigkeit des Kindes unterschiedlichen Zensuren, weil trotz unterschiedlicher Leistungsniveaus verschiedener Klassen die Notenverteilung in allen Klassen in etwa vergleichbar ist. Das Schicksal der Klassenzugehörigkeit kann bei der Notenvergabe entscheidend sein (vgl. auch Thiel & Valtin, 2002). Sofern die Noten eine Bedeutung für schulische Ausleseentscheidungen und individuelle Bildungswege erlangen, ist dies eine unhaltbare Situation, die schon Ingenkamp (1995) als ‚Fragwürdigkeit der Zensurengebung' beklagt hat. Die Ergebnisse verweisen darauf, dass es dringend notwendig ist, einheitliche Bildungsstandards auch für die Rechtschreibleistung zu formulieren.

*Das Konstrukt Legasthenie.* Es ist nicht sinnvoll, in der Gruppe der Rechtschreibschwachen eine Trennung zwischen Kindern unterschiedlichen Intelligenzniveaus zu vollziehen. Im Wesentlichen geht es dabei um die Frage, ob und inwieweit das, was wir als ‚Begabung' bezeichnen, den Schulerfolg determiniert. Während in vielen Ländern bildungspolitisch ein universaler Optimismus in Bezug auf die Bildungsfähigkeit der heranwachsenden Generation besteht (Lenhardt, 2002) und beispielsweise in Finnland die Lehrpersonen und Eltern die Meinung vertreten, jedes Kind könne lesen, schreiben, rechnen und eine dritte (!) Sprache erlernen, herrscht in Deutschland noch vielfach die Meinung, die Begabung sei ‚bildungsresistent' (Lenhardt, 2002). Die Daten aus IGLU-E zeigen, dass zwar die schulischen Leistungen mit dem kognitiven Fähigkeitsniveau korrelieren, jedoch in mäßiger Höhe ($r = -.42$ mit der Note in Deutsch und -.38 mit der Note in der Rechtschreibung), so dass noch viel Raum bleibt für pädagogischen Optimismus. Von den 435 schwach Begabten in der hier untersuchten Stichprobe (Kinder mit einem $IQ < 85$) gehören in der Rechtschreibung 46,6 Prozent zum 1. Quartil, 28,7 Prozent zum 2., 13,2 Prozent zum 3. und 11,5 Prozent zum 4. Quartil. Die entsprechenden Zahlen für das Leseverständnis lauten 64,7 Prozent, 25,6 Prozent, 6,2 Prozent und 3,6 Prozent. So schaffen es auch Schwachbegabte, eine Übergangsempfehlung für eine oberhalb der Hauptschule gelegene Schulform zu erhalten: für die Realschule 34,8 Prozent und für das Gymnasium 8,8 Prozent. Kinder mit LRS und unterschiedlichem Intelligenzniveau zeigen vergleichbare Fehlerschwerpunkte im Rechtschreiben und, wie andere Forschungsergebnisse belegen, auch im Lesen; sie brauchen deshalb keine verschiedenartigen Fördermaßnahmen. Zu bedenken ist auch, dass das Etikett ‚Legasthenie' ungünstige Auswirkungen auf das Selbstbild der Betroffenen und ihre Einstellung zu Fördermaßnahmen hat (Naegele & Valtin, 2001).

*Zusammenhang der Rechtschreibleistungen mit häuslichen Faktoren.* Die hier berichteten Daten bestätigen Befunde, die vor allem in der älteren Legasthenieforschung berichtet wurden (Niemeyer, 1974; Valtin, 1974), aber vielfach in Vergessenheit gerieten. Diese hohe Korrelation von Schulleistungen und familiärer Herkunft, die sich auch in den PISA-Daten zeigt, wirft allgemein die Frage nach der Rolle von Schule in unserer Gesellschaft auf. Offenbar gelingt es der Schule in Deutschland weniger als in anderen Ländern, sozial bedingte Benachteiligungen auszugleichen und ihren Förderauftrag wahrzunehmen.

Literatur

Angermaier, M. (1974). *Sprache und Konzentration bei Legasthenie.* Göttingen: Hogrefe.

Augst, G. & Dehn, M. (1998). *Rechtschreibung und Rechtschreibunterricht: Können – Lehren – Lernen; eine Einführung für Studierende und Lehrende aller Schulformen.* Stuttgart: Klett.

Bartnitzky, H. (2000). Rechtschreibkonzepte in aktuellen Lehrplänen. In R. Valtin (Hrsg.), *Rechtschreiben lernen in den Klassen 1–6. Grundlagen und didaktische Hilfen* (S. 57–58). Frankfurt a.M.: Grundschulverband, Arbeitskreis Grundschule e.V. (Beiträge zur Reform der Grundschule, 109).

Baumert, J. & Schümer, G. (2001). Familiäre Lebensverhältnisse, Bildungsbeteiligung und Kompetenzerwerb. In J. Baumert, E. Klieme, M. Neubrand, M. Prenzel, U. Schiefele, W. Schneider, P. Stanat, K.-J. Tillmann & M. Weiß (Hrsg.), *PISA 2000. Basiskompetenzen von Schülerinnen und Schülern im internationalen Vergleich* (S. 323–407). Opladen: Leske + Budrich.

Bayerische Staatsministerien für Unterricht und Kultus und Wissenschaft, Forschung und Kunst (Hrsg.). (2000). *Lehrplan für die Grundschulen in Bayern, Teil I.* München: Amtsblatt der Bayerischen Staatsministerien für Unterricht und Kultus und Wissenschaft, Forschung und Kunst.

Brügelmann, H. (1986). *ABC und Schriftsprache: Rätsel für Kinder, Lehrer und Forscher.* Konstanz: Faude.

Brügelmann, H. & Brinkmann, E. (1994). Stufen des Schriftspracherwerbs und Ansätze zu seiner Förderung. In H. Brügelmann & S. Richter (Hrsg.), *Wie Kinder recht schreiben lernen* (S. 44–52). Lengwil: Faude.

Dehn, M. & Hüttis-Graf, P. (2000). Wie Kinder Schriftsprache erlernen. In R. Valtin (Hrsg.), *Rechtschreiben lernen in den Klassen 1–6. Grundlagen und didaktische Hilfen* (S. 23–44). Frankfurt a.M.: Grundschulverband, Arbeitskreis Grundschule e.V. (Beiträge zur Reform der Grundschule, 109).

Günther, K.-B. (1986). Ein Stufenmodell der Entwicklung kindlicher Lese- und Schreibstrategien. In H. Brügelmann (Hrsg.), *ABC und Schriftsprache* (S. 32–54). Konstanz: Faude.

Ingenkamp, K. (1995). *Die Fragwürdigkeit der Zensurengebung. Texte und Untersuchungsberichte* (9. Aufl.). Weinheim: Beltz.

Kemmler, L. (1967). *Erfolg und Versagen in der Grundschule.* Göttingen: Hogrefe.

Klicpera, C. & Gasteiger-Klicpera, B. (1993). *Lesen und Schreiben – Entwicklung und Schwierigkeiten.* Bern: Huber.

Kosog, O. (1912). *Unsere Rechtschreibung und die Notwendigkeit ihrer gründlichen Reform.* Leipzig: Teubner.

Landerl, K., Wimmer, H. & Moser, E. (1997). *SLRT – Salzburger Lese- und Rechtschreibtest. Für die 1. bis 4. Schulstufe.* Bern: Huber.

Lehmann, R. H., Peek, R. & Gänsfuß, R. (1997). *Aspekte der Lernausgangslage von Schülerinnen und Schülern der fünften Klassen an Hamburger Schulen. Be-*

*richt über die Untersuchung im September 1996.* Hamburg: Behörde für Schule, Jugend und Berufsbildung, Amt für Schule.

Lenhardt, G. (2002). *Die verspätete Entwicklung der deutschen Schule.* Unveröffentlichtes Manuskript.

Löffler, I. & Meyer-Schepers, U. (1992). *DoRA Dortmunder RechtschreibfehlerAnalyse zur Ermittlung des Schriftsprachstatus rechtschreibschwacher Schüler. Ein Arbeitsbuch für die Hand des Lehrers.* Dortmund: ILT-Verlag.

Löffler, I. & Meyer-Schepers, U. (2001). *DoSE – Dortmunder-Schriftkompetenz-Ermittlung.* Unveröffentlichtes Manuskript.

May, P. (1994). Rechtschreibregeln für Mädchen – besondere Wörter für Jungen? Herausbildung orthographischer Fähigkeiten im Geschlechtsvergleich. In S. Richter & H. Brügelmann (Hrsg.), *Mädchen lernen anders lernen Jungen. Geschlechtsspezifische Unterschiede beim Schriftspracherwerb* (S. 83–98). Bottighofen: Libelle.

May, P. (2001a). Bedingungen für Lernerfolg im Förderunterricht. In I. M. Naegele & R. Valtin (Hrsg.), *LRS – Legasthenie in den Klassen 1–10. Handbuch der Lese-Rechtschreib-Schwierigkeiten, Bd. 2: Schulische Förderung und außerschulische Therapien* (2. Aufl., S. 154–163). Weinheim: Beltz.

May, P. (2001b). Diagnose der Rechtschreibstrategien mit der Hamburger Schreibprobe. In I. M. Naegele & R. Valtin (Hrsg.), *LRS – Legasthenie in den Klassen 1–10. Handbuch der Lese-Rechtschreib-Schwierigkeiten, Bd. 2: Schulische Förderung und außerschulische Therapien* (2. Aufl., S. 87–92). Weinheim: Beltz.

Meyer-Schepers, U. (1991). *Linguistik und Problematik des Schriftspracherwerbs. Von der Sachlogik des Zusammenhangs von Laut- und Schriftsprache über die Logik der Aneignung von Schriftsprachkompetenz zur Diagnose und Therapie von Fehlersyndromen.* Frankfurt a.M.: Lang.

Meyer-Schepers, U. & Löffler, I. (1994). *Fehlertypologien und Rechtschreibfehler.* Seelze: Erhard Friedrich. (Praxis Deutsch, 21).

Müller, R. (1974). *Leseschwäche. Leseversagen. Legasthenie.* Weinheim: Beltz.

Naegele, I. M. & Valtin, R. (2001). Legasthenie kommt von Gott. Wie SchülerInnen mit LRS ihr Versagen erklären. In I. M. Naegele & R. Valtin (Hrsg.), *LRS – Legasthenie in den Klassen 1–10. Handbuch der Lese-Rechtschreib-Schwierigkeiten, Bd. 2: Schulische Förderung und außerschulische Therapien* (2. Aufl., S. 41–46). Weinheim: Beltz.

Niemeyer, W. (1974). *Legasthenie und Milieu.* Hannover: Schroedel.

Richter, S. (1994). Geschlechterunterschiede in der Rechtschreibentwicklung von Kindern der 1. bis 5. Klasse. In S. Richter & H. Brügelmann (Hrsg.), *Mädchen lernen anders lernen Jungen. Geschlechtsspezifische Unterschiede beim Schriftspracherwerb* (S. 51–65). Bottighofen: Libelle.

Richter, S. & Brügelmann, H. (1994). *Mädchen lernen anders lernen Jungen. Geschlechtsspezifische Unterschiede beim Schriftspracherwerb.* Bottighofen: Libelle.

Scheerer-Neumann, G. (2002). Zum Begriff der Lese-Rechtschreibschwäche: Rückblick, Stand – und Zukunft? In H. Balhorn & H. Bartnitzky (Hrsg.), *Sprachliches Handeln in der Grundschule* (S. 41–53). Frankfurt a.M.: Grundschulverband, Arbeitskreis Grundschule e.V. (Beiträge zur Reform der Grundschule, 113).

Scheerer-Neumann, G. (2003). Rechtschreibschwäche im Kontext der Entwicklung. In I. M. Naegele & R. Valtin (Hrsg.), *LRS – Legasthenie – in den Klassen 1–10. Handbuch der Lese-Rechtschreib-Schwierigkeiten, Bd. 1: Grundlagen und Grundsätze der Lese-Rechtschreib-Förderung* (6. Aufl., S. 58–77). Weinheim: Beltz.

Schneider, W. (1980). *Bedingungsanalysen des Recht-Schreibens*. Bern: Huber.

Schneider, W. (1997). Rechtschreiben und Rechtschreibschwierigkeiten. In F. E. Weinert (Hrsg.), *Psychologie des Unterrichts und der Schule* (S. 327–363). Göttingen: Hogrefe.

Schneider, W., Stefanek, J. & Dotzler, H. (1997). Erwerb des Lesens und des Rechtschreibens: Ergebnisse aus dem SCHOLASTIK-Projekt. In F. E. Weinert & A. Helmke (Hrsg.), *Entwicklung im Grundschulalter* (S. 113–129). Weinheim: Beltz.

Tacke, G., Völker, R. & Lohmüller, R. (2001). Die Hamburger Schreibprobe: Probleme mit einem neuen Rechtschreibtest. *Psychologie in Erziehung und Unterricht, 48* (2), 135–145.

Thiel, O. & Valtin, R. (2002). Eine Zwei ist eine Drei ist eine Vier. In R. Valtin (Hrsg.), *Was ist ein gutes Zeugnis? Noten und verbale Beurteilungen auf dem Prüfstand* (S. 67–76). Weinheim: Juventa.

Thomé, D. & Thomé, G. (2000). Computereins@tz im Rechtschreibunterricht. Marktangebote, Bewertungskriterien und Unterrichtsintegration. In R. Valtin (Hrsg.), *Rechtschreiben lernen in den Klassen 1–6. Grundlagen und didaktische Hilfen* (S. 158–167). Frankfurt a.M.: Grundschulverband, Arbeitskreis Grundschule e.V. (Beiträge zur Reform der Grundschule, 109).

Thomé, G. & Thomé, D. (2000). Sind quantitative Tests und Methoden heute noch zeitgemäß? Probleme der Rechtschreibdiagnostik. In R. Valtin (Hrsg.), *Rechtschreiben lernen in den Klassen 1–6. Grundlagen und didaktische Hilfen* (S. 120–124). Frankfurt a.M.: Grundschulverband, Arbeitskreis Grundschule e.V. (Beiträge zur Reform der Grundschule, 109).

Valtin, R. (1972). *Empirische Untersuchungen zur Legasthenie*. Hannover: Schroedel.

Valtin, R. (1974). *Legasthenie-Theorien und Untersuchungen* (3. Aufl.). Weinheim: Beltz.

Valtin, R. (1981). Zur „Machbarkeit" der Ergebnisse der Legasthenieforschung. Eine empirische Untersuchung. In R. Valtin, U. O. H. Jung & G. Scheerer-Neumann (Hrsg.), *Legasthenie in Wissenschaft und Unterricht* (S. 88–182). Darmstadt: Wissenschaftliche Buchgesellschaft.

Valtin, R. (1989). Strategies of spelling and reading of young children learning German orthography. In C. K. Leong & R. M. Joshi (Hrsg.), *Cross-*

*language studies of learning to read and spell* (S. 175–194). London: Kluwer.

Valtin, R. (1993). Motivation, Rechtschreibstrategien und Regelverwendung von guten und schwachen Rechtschreibern. In R. Valtin & I. M. Naegele (Hrsg.), *„Schreiben ist wichtig!" Grundlagen und Beispiele für kommunikatives Schreiben(lernen)* (3. Aufl., S. 95–110). Frankfurt a.M.: Grundschulverband, Arbeitskreis Grundschule e.V.

Valtin, R. (2001). Von der klassischen Legasthenie zu LRS – notwendige Klarstellungen. In I. M. Naegele & R. Valtin (Hrsg.), *LRS – Legasthenie in den Klassen 1–10. Handbuch der Lese-Rechtschreib-Schwierigkeiten, Bd. 2: Schulische Förderung und außerschulische Therapien* (S. 16–35). Weinheim: Beltz.

Valtin, R. (Hrsg.). (2000). *Rechtschreiben lernen in den Klassen 1–6. Grundlagen und didaktische Hilfen.* Frankfurt a.M.: Grundschulverband, Arbeitskreis Grundschule e.V. (Beiträge zur Reform der Grundschule, 109).

Valtin, R. & Wagner, C. (2002). Wie wirken sich Notengebung und verbale Beurteilung auf die leistungsbezogene Persönlichkeitsentwicklung aus? In R. Valtin (Hrsg.), *Was ist ein gutes Zeugnis? Noten und verbale Beurteilungen auf dem Prüfstand* (S. 113–137). Weinheim: Juventa.

Wagner, C. & Valtin, R. (2003). Noten oder Verbalbeurteilungen? Die Wirkung unterschiedlicher Bewertungsformen auf die schulische Entwicklung von Grundschulkindern. *Zeitschrift für Entwicklungspsychologie und Pädagogische Psychologie, 35* (1), 27–36.

Weber, J.-M., Marx, P. & Schneider, W. (2001). Legastheniker und allgemein lese-rechtschreibschwache Kinder: Ein Vergleich bezüglich Verursachungsfaktoren und Therapiebarkeit. In M. Fölling-Albers, S. Richter, H. Brügelmann & A. Speck-Hamdan (Hrsg.), *Kindheitsforschung – Forschung zum Sachunterricht* (S. 188–191). Seelze: Kallmeyersche Verlagsbuchhandlung. (Jahrbuch Grundschule III, Fragen der Praxis – Befunde der Forschung).

Weinert, F. E. & Helmke, A. (1997). *Entwicklung im Grundschulalter.* Weinheim: Beltz.

# VIII. Heterogenität und Chancengleichheit am Ende der vierten Jahrgangsstufe im internationalen Vergleich

*Knut Schwippert, Wilfried Bos, Eva-Maria Lankes*

Strukturell bedingte Benachteiligungen von Kindern, wie sie Peisert (1967) für das zum Synonym gewordene ‚katholische Arbeitermädchen vom Lande' noch in den 60er Jahren gezeichnet hat, lassen sich heute nicht mehr identifizieren.[1] Der Artikel 3.3 des Grundgesetzes schreibt die verfassungsgemäße Gleichbehandlung fest. Die von Peisert festgestellte strukturelle Benachteiligung bestimmter Bevölkerungsgruppen lässt sich heute, was die geschlechts- und (christlich-)konfessionsbezogene Diskriminierung in Bezug auf die Bildungsbeteiligung betrifft, nicht mehr nachweisen. Es gibt jedoch zahlreiche Belege, dass nach wie vor der Anteil der Arbeiterkinder am Gymnasium und Studium gering ist und darüber hinaus auch Kinder aus Familien mit jüngerer Migrationsgeschichte seltener höhere Bildungsgänge besuchen (Ditton, 1992; Schnabel & Schwippert, 2000).

Die Bildungsexpansion der letzten Jahrzehnte hat dazu geführt, dass immer mehr Kinder und Jugendliche Bildungseinrichtungen besuchen, die ihnen aufgrund ihres familiären Hintergrundes in früheren Zeiten verwehrt waren. Positiv ist – trotz einiger geäußerter Bedenken –, dass dieses ausgeweitete Angebot nicht zu einem generellen Abfall des Bildungsniveaus in den verschiedenen Bildungsgängen geführt hat. Somit kann bilanziert werden, dass immer mehr junge Menschen zu immer höheren Bildungsabschlüssen kommen, ohne dass das Gesamtsystem aufgrund nachlassender Standards hierunter leidet (Arbeitsgruppe Bildungsbericht, 1994). International wird dies unter anderem durch die Ergebnisse der TIMS-Studie belegt (Baumert, Bos & Watermann, 1999).

Jüngere Befunde der Bildungsforschung zeigen jedoch, dass es nach wie vor Schülerinnen und Schüler gibt, die elementare Kompetenzniveaus nicht überschreiten (Baumert & Schümer, 2001). Trotz Bildungsexpansion, kostenlosem Schulbesuch

---

1 Der methodische (univariate) Ansatz, den Peisert gewählt hat, lässt vermuten, dass bei entsprechend multivariaten Analysen die regionalen und konfessionellen Effekte konfundiert sein dürften. Das heißt, dass innerhalb einzelner Regionen keine konfessionsbedingten Effekte bestünden.

und ständiger Bemühungen der im Bildungssystem Beschäftigten gibt es auch in Deutschland Schülerinnen und Schüler, die nicht die Bildungsziele erreichen, die notwendig sind, um sich in der heutigen Gesellschaft zurechtzufinden und sich selbständig weiter zu entwickeln. Schülerinnen und Schüler, die die notwendigen Basiskompetenzen zum Beispiel in den Kulturtechniken des Lesens, Schreibens und Rechnens nicht beherrschen, aber auch im sozialen Bereich nicht das von der Gesellschaft erwartete demokratische und soziale Verhalten erlernt haben, gelten als Risikoschüler, für die eine erfolgreiche Teilhabe am gesellschaftlichen Leben gefährdet ist. Ihnen wird eine pessimistische Prognose für die schulische und berufliche Entwicklung vorhergesagt. Eine zentrale Kulturtechnik in unserer Gesellschaft ist das Lesen. Um sich zu orientieren, zu informieren und weiterzubilden ist es notwendig, schriftlich fixierte Inhalte sinnentnehmend zu verstehen. Schülerinnen und Schüler, die hier nicht ein Mindestniveau erreichen, werden in ihrem zukünftigen Leben nicht das gleiche Maß an Autonomie haben wie Menschen, die dies zuverlässig beherrschen. Im Rahmen der PISA-Untersuchung wurden diejenigen Jugendlichen, die nicht sicher die unterste Leseverständnisstufe ‚des Wiederfindens explizit angegebener Informationen' erreichten, als schwache Leser bezeichnet und ihnen wurde prognostiziert, dass sie sich aufgrund dieses Defizits nur schwer im beruflichen Umfeld etablieren können. Charakteristisch ist für diese Schülergruppe zum einen ein anregungsarmes häusliches Milieu und zum anderen mangelnde (Schrift-) Sprachkenntnisse aufgrund der nicht deutsch-sprachigen Sozialisation in Familien mit Migrationshintergrund. Sowohl der Beruf als auch der Migrationshintergrund der Eltern waren erklärungskräftige Variablen, um die Zuordnung der Schülerinnen und Schüler im gegliederten Schulsystem zu erklären. Im internationalen Vergleich zeigte sich in der PISA-Studie zudem, dass es keine andere an der Studie teilnehmende Nation gibt, bei der die von den Jugendlichen erbrachten Leistungen so stark von der sozialen Herkunft abhängen wie in Deutschland. Der soziale Gradient, gemessen als die Veränderung z.B. im Leseverständnis in Abhängigkeit von der sozialen Herkunft (Regressionssteigung) ist hierzulande am größten (Baumert & Schümer, 2001).

Aus den Befunden der PISA-Studie stellt sich die Frage, inwieweit in der Sekundarstufe beobachtete Disparitäten schon in der Primarstufe angelegt sind. In der vorliegenden Grundschuluntersuchung wird zunächst die familiäre Herkunft der Schülerinnen und Schüler aus ökonomischer und sozialer Perspektive betrachtet, die Zusammensetzung der Familie, der Bildungshintergrund und der berufliche Status der Eltern sowie deren Einkommensverhältnisse. Ergänzend wird dargestellt, wie sich die in der IGLU-Studie untersuchten Kinder bezüglich ihres Migrationshintergrunds unterscheiden. Die in IGLU untersuchten Kompetenzen werden dann in ihrem Zusammenhang mit dem familiären Hintergrund, dem Geschlecht und dem Migrationsstatus dargestellt. Ergänzend werden einige regional bedingte Leistungsunterschiede beschrieben. Die beiden letzten Abschnitte dieses Kapitels befassen sich mit besonders leistungsschwachen Schülern und mit internationalen Vergleichen.

## 1. Soziale Herkunft

Bourdieu unterscheidet in seiner soziologischen Betrachtungsweise der Gesellschaft drei Kriterien (1983; 1999). Während frühere Theorien Stände, Klassen bzw. Sozialschichten unterschieden haben, differenziert er die Gesellschaft anhand ökonomischer, sozialer und kultureller Merkmale. Seiner Auffassung nach können sowohl soziales als auch kulturelles Kapital in ökonomisches (also monetäres) Kapital überführt werden. Zum Erlangen von sozialem und kulturellem Kapital entstehen Opportunitätskosten, zum Beispiel für schulische Ausbildung bzw. gesellschaftliche Teilhabe an sozialen bzw. kulturellen Veranstaltungen. In verschiedenen Untersuchungen wurde gezeigt, dass ein Schatz von sozialem und kulturellem Kapital bei dem Kompetenzerwerb nachfolgender Generationen eine Rolle spielt. So kann anhand des kombinierten sozioökonomischen Indikators gezeigt werden, dass dieser positiv mit schulischem Erfolg im Zusammenhang steht. Das Maß dieses Zusammenhangs wurde in dem PISA-Bericht als sozialer Gradient beschrieben (Baumert & Schümer, 2001).

In der IGLU-Studie werden verschiedene Indikatoren zur Erfassung des ökonomischen, sozialen und kulturellen Umfeldes verwendet (vgl. Kap. II). Weil zu befürchten war, dass Grundschulkinder die Fragen in diesem Bereich nicht zuverlässig beantworten können, wurden relevante Informationen von den Eltern anhand eines an sie gerichteten Fragebogens ermittelt.

Da einige der Eltern den an sie gerichteten Fragebogen nicht beantworteten, liegen in der IGLU-Studie rund 11 Prozent der erfragten Informationen nicht vor. Da, wie sich in verschiedenen Untersuchungen zeigte, insbesondere Eltern aus bildungsferneren Milieus sich nicht an Fragebogenerhebungen beteiligten, wären bei Ignorierung dieser fehlenden Informationen Analysen vermutlich systematisch verzerrt. Wenn nur wenige Angaben fehlen, können nach dem aktuellen Stand der Forschung die fehlenden Werte aufgrund der Kenntnis vorliegender Informationen zuverlässig geschätzt werden, so dass die Informationsdichte für die Ermittlung von Befunden in der Population maximiert werden kann (King, Honaker, Joseph & Scheve, 2001; Little & Rubin, 1987). Steigt der Anteil von fehlenden Daten, müssen diese unter Berücksichtigung möglicher Zufallseffekte mehrfach geschätzt werden (*Multiple*

*Missing Imputation*: MI). In den vorliegenden Analysen wurden fehlende Informationen über die Sozialschicht der Bezugsperson im Haushalt nach diesem Verfahren ermittelt. Die fehlenden Werte wurden hierbei mit dem Programm AMELIA (Honaker, Joseph, King & Scheve, 2000) mehrfach geschätzt und die Befunde in den entsprechenden Abbildungen und Tabellen zwecks besserer Darstellung statistisch zusammengefasst. In einigen Fällen wäre der Rechenaufwand bei parallelen Berechnungen im Verhältnis zum Informationsgewinn unverhältnismäßig gestiegen, so dass die Verteilung der Sozialschicht nur anhand eines Satzes ergänzter Daten berichtet wird. Hierbei ist sichergestellt, dass Darstellungen auf Basis der anderen Datensätze an den Aussagen keine inhaltlichen Veränderungen ausmachen würden.

## 2. Strukturmerkmale von Familien

Auch mehr als zehn Jahre nach der Wiedervereinigung unterscheiden sich die familiären Strukturmerkmale der in der IGLU-Studie erfassten Viertklässer aus den alten und neuen Bundesländern. In Tabelle VIII.1 sind für die repräsentative Stichprobe einige Angaben hierzu aufgeführt. Der Anteil von Viertklässlern, die in den alten Bundesländern zur Schule gehen, liegt bei rund 85 Prozent, knapp 15 Prozent finden sich in den neuen Bundesländern. Gut ein Fünftel der Kinder wächst inzwischen in Familien auf, in denen zumindest eine der betreuenden Bezugspersonen im Ausland geboren ist, wobei es deutliche regionale Unterschiede gibt. Die familiären Lebensverhältnisse in Bezug auf die betreuenden Bezugspersonen unterscheiden sich zwischen den alten und neuen Bundesländern nicht substanziell. Den Angaben der Eltern zufolge leben jeweils 84 bzw. 85 Prozent der Kinder in häuslicher Gemeinschaft mit männlicher und weiblicher Bezugsperson. In den neuen Bundesländern liegen von ca. drei und in den alten von weniger als zwei Prozent der Kinder nur von allein erziehenden Müttern Informationen vor. Erwartungsgemäß ist der entsprechende Anteil der männlichen Bezugspersonen noch geringer und liegt in beiden Regionen unter einem Prozent. Diese aus den Elternfragebögen stammenden Informationen decken sich mit den von den Kindern gemachten Angaben zur Frage, mit wie vielen Personen sie zu Hause leben. Auch unter Berücksichtigung des Migrationshintergrunds der Schülerinnen und Schüler zeigt sich, dass intakte Familien sowohl mit männlicher und weiblicher Bezugsperson die am häufigsten zu beobachtende Familienform ist. Auch in Familien mit Migrationshintergrund sind Alleinerziehende seltener als in 4 Prozent der Familien anzutreffen.

Die am häufigsten vorkommende Familienform besteht aus Vater, Mutter und zwei Kindern. Bezüglich der Kinderzahl unterscheiden sich die Familien in den alten und neuen Bundesländern auffällig. Der Anteil von Ein-Kind-Familien ist in den neuen Bundesländern weitaus größer, während in den alten Bundesländern die Familien mit drei, vier und mehr Kindern im Verhältnis jeweils doppelt so oft vorkommen. Dieser Befund ist unter Berücksichtigung der Migrationsverteilung zu interpretieren. Der Anteil von Familien mit Migrationsgeschichte ist in den neuen Bundesländern mit 3,8 Prozent deutlich geringer als mit 25,4 Prozent in den alten. Familien, in denen beide Eltern nicht in Deutschland geboren sind, weisen mit insgesamt gut 23 Prozent den höchsten Anteil mit vier oder mehr Kindern auf. In den neuen Bundesländern macht diese Migrationsgruppe insgesamt weniger als ein Prozent aus, in den alten Ländern hingegen 16,6 Prozent.

Tabelle VIII.1: Strukturmerkmale von Familien. Angaben zur Verteilung von Viertklässlern, Familientypen, der Kinderanzahl und des Erwerbsstatus von Vater und Mutter nach Regionen und Migrationsstatus in Prozent

| | Anteil von Viertklässlern | Familientyp | | | | Anzahl Kinder | | | | Vater arbeitet Voll- oder Teilzeit | Mutter arbeitet Voll- oder Teilzeit |
|---|---|---|---|---|---|---|---|---|---|---|---|
| | | Familie mit 2 Bezugspersonen | Angabe nur für weibliche Bezugsperson | Angabe nur für männliche Bezugsperson | Keine Angabe | 1 | 2 | 3 | 4+ | | |
| *Region* | | | | | | | | | | | |
| Alte Länder | 85,2 | 83,7 | 1,7 | 0,6 | 14,0 | 16,7 | 44,4 | 21,5 | 10,4 | 75,4 | 59,0 |
| Neue Länder | 14,8 | 85,4 | 2,9 | 0,1 | 11,7 | 29,7 | 45,3 | 12,3 | 5,6 | 69,6 | 66,6 |
| *Migrationsstatus* | | | | | | | | | | | |
| Ein Elternteil im Ausland geboren | 7,9 | 80,3 | 1,7 | - | 18,0 | 19,4 | 46,9 | 22,2 | 8,9 | 68,7 | 58,9 |
| Beide Eltern im Ausland geboren | 14,3 | 71,8 | 1,6 | 0,7 | 25,9 | 11,8 | 35,0 | 25,4 | 22,8 | 62,1 | 40,2 |
| Familie ohne Migrationsgeschichte | 77,8 | 88,0 | 1,7 | 0,4 | 10,0 | 20,6 | 49,0 | 19,8 | 7,5 | 78,5 | 63,9 |

IEA: Progress in International Reading Literacy Study © IGLU-Germany

Gut drei Viertel der Befragten gibt an, im Moment Voll- oder Teilzeit beschäftigt zu sein. Der Schluss, dass das restliche Viertel arbeitslos ist, darf jedoch nicht gezogen werden, da andere Beschäftigungsmöglichkeiten wie z.B. Studium oder nicht erwerbstätige Mütter oder Väter nicht explizit erfasst werden. Der Tabelle VIII.1 kann entnommen werden, dass auch noch mehr als zehn Jahre nach der Wiedervereinigung in den neuen Bundesländern der Anteil von erwerbstätigen Frauen im Verhältnis zu den Männern deutlich höher ist als in den alten Bundesländern: Hier herrscht offensichtlich das Leitbild der Frau als Hausfrau und Mutter noch stärker vor. Diese Verteilung zeigt sich noch ausgeprägter in Familien, in denen sowohl Vater als auch Mutter im Ausland geboren sind. Hier ist neben der insgesamt geringeren Beschäftigungsquote auch der Unterschied zwischen den Anteilen erwerbstätiger Väter und Mütter am ausgeprägtesten.

Abbildung VIII.1 ist zu entnehmen, welche Bildungsabschlüsse die erwachsenen Bezugspersonen der in IGLU befragten Kinder mindestens erreicht haben. Die in der Abbildung dargestellten Säulen geben von links nach rechts die kumulierten Bildungsabschlüsse an. Der Graphik ist somit zu entnehmen, dass ca. 16 Prozent der Kinder in Familien aufwachsen, in denen mindestens eine der erwachsenen Bezugspersonen eine wissenschaftliche Hochschule bzw. fast 27 Prozent zumindest eine Fachhochschule besucht haben. Fast 40 Prozent der Kinder haben Väter oder Mütter, die mindestens das Abitur haben, jedoch nicht in allen Fällen ein Studium angeschlossen haben. Rund die Hälfte hat mindestens ein Elternteil, das zumindest den Fachschulabschluss erreicht hat, und mindestens zwei Drittel der Kinder wachsen in Haushalten auf, in denen der mindestens erreichte Bildungsabschluss der Realschulabschluss ist. Erfreulicher Weise wachsen mit 96,7 Prozent praktisch alle Kinder in Familien auf, in denen eine Bezugsperson zumindest die Hauptschule bzw. eine Lehre erfolgreich abgeschlossen hat. Vergleicht man diese Werte mit den Angaben der Eltern von 15-Jährigen, die in PISA befragt wurden, scheint das Niveau der Abschlüsse in IGLU etwas günstiger auszufallen. Dies kann jedoch auch auf die etwas höhere Rücklaufquote der Elternfragebögen in PISA zurückzuführen sein, da insbesondere diejenigen Eltern, die Fragebögen nicht beantworteten, tendenziell einen bildungsferneren Hintergrund haben, bzw. die Eltern, die aufgrund sprachlicher Barrieren den Fragebogen nicht ausfüllen konnten, tendenziell ebenfalls über eher niedrigere Schulabschlüsse verfügen. Die in der Abbildung VIII.1 dargestellten Abschlüsse werden die tatsächlichen Gegebenheiten daher leicht überschätzen.

In der IGLU-Studie wurden sowohl an die Schülerinnen und Schüler als auch an deren Eltern verschiedene Fragen gerichtet, anhand derer Indikatoren für das kulturelle, soziale und ökonomische Kapital in Anlehnung an Bourdieu (1999) erfasst werden können. Zur Abschätzung des sozioökonomischen Status der Eltern wurden diese nach ihrem derzeit ausgeübten Beruf befragt, der, wie in PISA, anhand des *International Standard Classification of Occupation* von 1988 (ISCO-88) klassifiziert wurde (International Labor Office, 1990). Aus diesen Informationen konnte der von Ganzeboom entwickelte *International Socio-Economic Index* (ISEI) und der von Treiman vorgeschlagene Index zum Berufsprestige (*Standard Index of Occupational Prestige Score*) gebildet werden (Ganzeboom & Treiman, 1996). Unter Berücksichtigung von Informationen zur Weisungsbefugnis im Beruf konnte zusätzlich der von

Erikson, Goldthorpe & Portocarero (1979) entwickelte Klassifikationsindex (EGP) gebildet werden. Da dieser Sozialschicht-Indikator (im Folgenden auch: Dienstklassenindex) eine anschauliche Klassifizierung von Berufen zulässt, die sich gut inhaltlich interpretieren lässt, wird in den folgenden Analysen vornehmlich auf dieses Maß zurückgegriffen. Der Vorteil dieser EGP-Klassen ist, dass sie nicht direkt mit dem erreichten formalen Bildungsabschluss verbunden sind. So erlaubt dieses Schema, dass auch Personen, die zum Beispiel einen mittleren oder größeren Betrieb aufgebaut haben und leiten, selber aber nur einen Hauptschulabschluss haben, zu den höheren Klassen gezählt werden. Diese Einteilung gibt sowohl das Prestige als auch die (vermuteten) Einkommensverhältnisse angemessen wieder.

Abbildung VIII.1: Erreichte Bildungsabschlüsse von Vätern, Müttern und der höchste Bildungsabschluss in der Familie kumuliert in Prozent

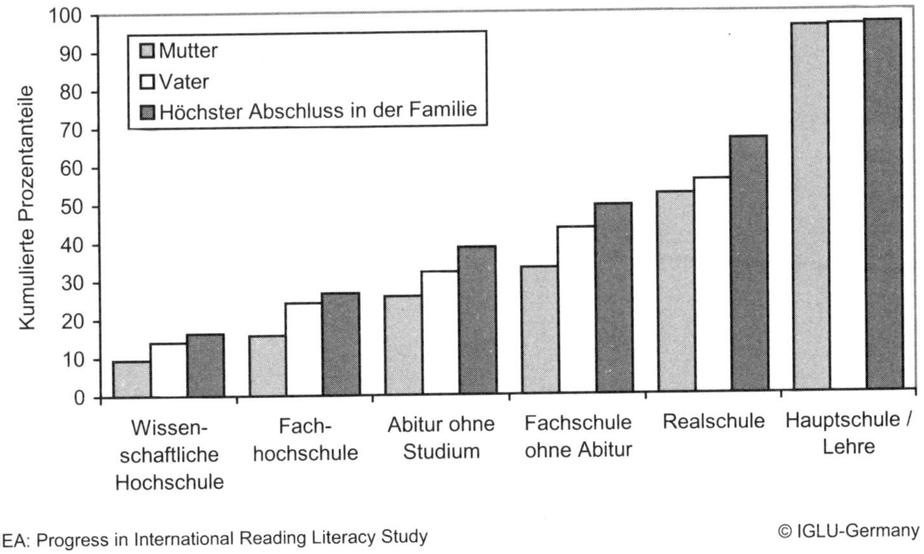


In der IGLU-Studie werden wie in PISA folgende EGP-Klassen nach Erikson et al. (1979) unterschieden (nach: Baumert & Schümer, 2001, S. 339):

„I *Obere Dienstklasse:* Zur oberen Dienstklasse gehören die Angehörigen von freien akademischen Berufen, führende Angestellte und höhere Beamte, selbstständige Unternehmer mit mehr als 10 Mitarbeitern und alle Hochschul- und Gymnasiallehrer. Ausschlaggebend für diese Zuordnung zur oberen Dienstklasse sind Merkmale wie Verantwortung (auch für die Tätigkeit anderer), Entscheidungsbefugnis und Autonomie der Tätigkeit.

II *Untere Dienstklasse:* Die Angehörigen der unteren Dienstklasse schließen im Einkommen an die Ränge der oberen Dienstklasse an. Sie verfügen jedoch in geringerem Ausmaß über Macht, Verantwortung und Autonomie in der Tätigkeitsausübung. Zu dieser Klasse zählen Angehörige von Semiprofessionen, Angehörige des mittleren Managements, Beamte im mittleren und gehobenen Dienst und technische Angestellte mit nicht manueller Tätigkeit.

IIIa–b *Routinedienstleitungen in Handel und Verwaltung:* Zur Klasse IIIa zählen die klassischen Büro- und Verwaltungsberufe mit Routinetätigkeiten; der Klasse IIIb werden Berufe mit niedrig qualifizierten, nicht manuellen Tätigkeiten wie zum Beispiel Verkaufs- und Servicetätigkeiten zugeordnet. Diese Tätigkeiten erfordern oftmals keine Berufsausbildung.

IVa–c *Selbstständige (...) und selbstständige Landwirte:* Zu dieser Klasse der Selbstständigen zählen alle Selbstständigen aus manuellen Berufen mit und ohne Mitarbeiter. Freiberufler werden dieser Klasse zugeordnet, wenn sie keinen hoch qualifizierten Beruf ausüben. In dieser Klasse der Selbstständigen können das Einkommen und die materielle Sicherheit abhängig von der Marktlage stark variieren. Gemeinsam ist den Personen eine hohe Autonomie der Beschäftigungssituation. Die Klasse wird bei Erikson und Goldthorpe (1992) dreifach unterteilt in Selbstständige mit Mitarbeitern, Selbstständige ohne Mitarbeiter und selbstständige Landwirte.

V–VI *Facharbeiter und Arbeiter mit Leitungsfunktionen sowie Angestellte in manuellen Berufen:* In der EGP-Klasse V werden untere technische Berufe zusammengefasst. Dazu gehören Vorarbeiter, Meister, Techniker, die in manuelle Arbeitsprozesse eingebunden sind, sowie Aufsichtskräfte im manuellen Bereich. Zur EGP-Klasse VI gehören abhängig Beschäftigte mit manueller Tätigkeit und abgeschlossener Berufsausbildung oder vergleichbarer Qualifikation.

VIIa–b *Un- und angelernte Arbeiter sowie Landarbeiter:* Der Klasse VIIa werden alle un- und angelernten Berufe aus dem manuellen Bereich sowie einige Dienstleistungstätigkeiten mit weitgehend manuellem Charakter und geringem Anforderungsniveau zugeordnet. Zur Klasse VIIb zählen alle Arbeiter, gelernt oder ungelernt, in der Land-, Forst- und Fischwirtschaft sowie der Jagd.“

Tabelle VIII.2 kann entnommen werden, dass es ausgeprägte Unterschiede in der Sozialschicht zwischen Vätern und Müttern gibt. Zwar besteht ein positiver Zusammenhang zwischen der Schichtzugehörigkeit bei Vätern und Müttern innerhalb der Familien (r = .32), aber es ist deutlich zu erkennen, dass die Mütter der in der IGLU-Studie befragten Schülerinnen und Schüler seltener als die Väter in der obersten Dienstklasse zu finden sind. Nur 4,3 Prozent der Mütter, aber 20 Prozent der Väter zählen zu dieser Gruppe. Weitere auffällige Unterschiede gibt es in der Kategorie Routinedienstleistungen sowie bei den Facharbeitern und leitenden Angestellten. So gehört fast die Hälfte der von den Müttern angegebenen Berufe zu den Routinedienstleistungen, während dies nur bei 6 Prozent der Väter der Fall ist. Hingegen sind etwas mehr als ein Viertel der väterlichen Berufe als Facharbeiter und leitende Angestellte identifiziert worden, bei den Müttern aber nur 5 Prozent. Insgesamt zeigt sich im Vergleich zu den Eltern der in PISA getesteten 15-jährigen Jugendlichen, dass für die Bezugspersonen im Haushalt praktisch die gleichen Verteilungen beobachtet werden können. Lediglich bei den Selbständigen liegt der Anteil in IGLU signifikant niedriger, unterscheidet sich aber nicht von der Angabe des vom Bundesamt für Statistik herausgegebenen Anteils von ca. 10 Prozent (Statistisches Bundesamt Deutschland, 2002). Dieser Befund erscheint plausibel, da es sich bei diesen Eltern von Grundschulkindern auch um eine etwas jüngere Generation handelt, die sich ggf. erst später entschließt, sich selbständig zu machen.

Tabelle VIII.2: Sozialschicht des Vaters, der Mutter und der Bezugsperson im Haushalt in Prozent (Standardfehler in Klammern)

| Sozialschicht der Eltern (EGP) | Vater | Mutter | Bezugsperson* im Haushalt |
|---|---|---|---|
| Obere Dienstklasse (I) | 20,0 (1,0) | 4,3 (0,4) | 17,8 (0,8) |
| Untere Dienstklasse (II) | 18,4 (0,6) | 19,3 (0,8) | 16,9 (0,5) |
| Routinedienstleistung (III) | 6,3 (0,4) | 46,7 (0,9) | 10,1 (0,5) |
| Selbständige (IV) | 8,8 (0,5) | 5,1 (0,4) | 9,6 (0,5) |
| Facharbeiter und leitende Angestellte (V, VI) | 26,2 (0,9) | 5,1 (0,5) | 23,2 (0,8) |
| Un- und angelernte Arbeiter, Landarbeiter (VII) | 20,3 (0,7) | 19,4 (0,8) | 22,4 (0,8) |

* Die Angabe ‚Bezugsperson im Haushalt' basiert auf den Informationen des Vaters und, wenn diese nicht vorhanden sind, denen der Mutter. Fehlende Werte für 11,2 Prozent der Befragten wurden nach dem MI-Verfahren geschätzt.

IEA: Progress in International Reading Literacy Study © IGLU-Germany

In Tabelle VIII.3 sind für die Bezugspersonen im Haushalt die in der IGLU-Studie ermittelten Dienstklassen (EGP) dem entsprechenden sozioökonomischen Index (ISEI: *International Socio-Economic Index*) gegenüber gestellt sowie die höchsten Bildungsabschlüsse in den Familien angegeben. Es zeigt sich, dass in den oberen Dienstklassen auch der ISEI deutlich höher ausfällt und dass auch der von den Eltern erreichte höchste Bildungsabschluss im Vergleich mit den anderen Dienstklassen ein höheres Niveau erreicht. Übt die Bezugsperson einen Beruf in der oberen Dienstklasse aus, hat sie in zwei Drittel aller Fälle ihren höchsten Bildungsabschluss auf einer Hochschule erworben. In der unteren Dienstklasse sind es noch rund 40 Prozent, gefolgt von den Selbständigen mit 13,1 Prozent. Zugleich zeigt sich, dass auch Personen, die nicht dic Hochschulreife erreicht haben, die obere und untere Dienstklasse erreichen. Insbesondere sind diejenigen, die einen Realschulabschluss bzw. einen Abschluss an der Polytechnischen Oberschule (POS) erreicht haben, jeweils zu guten Anteilen in allen Dienstklassen zu finden. Wenn auch Abschlüsse dieser Kategorie noch keine Garantie für einen Erfolg darstellen, wie die 55,5 Prozent der un- und angelernten Arbeiter zeigt, so sind diese aber auch nicht als Abschlüsse zweiter Wahl nach dem Abitur anzusehen. Vielmehr bieten sie eine Basis, die eine Entwicklung bis in Berufe mit hohem Prestigewert ermöglichen kann.

Tabelle VIII.3: Durchschnittlicher sozioökonomischer Status und Bildungsabschlüsse der Bezugspersonen in Prozent nach dem Sozialschichtindikator EGP getrennt (Standardfehler in Klammern)

| Sozialschicht der Bezugsperson* im Haushalt (EGP) | Sozioökonomischer Index (ISEI) der Bezugsperson (Mittelwert) | | Höchster Bildungsabschluss der Bezugsperson (in %) | | | | | | | |
|---|---|---|---|---|---|---|---|---|---|---|
| | | | Hauptschulabschluss / ohne Abschluss | | Realschulabschluss / Abschluss POS / Lehre / Fachschule | | Hochschulreife ohne Studium | | Fachhochschule / Wissenschaftliche Hochschule | |
| Obere Dienstklasse (I) | 68,9 | (0,4) | 1,7 | (0,4) | 16,8 | (1,5) | 12,9 | (1,2) | 68,6 | (1,6) |
| Untere Dienstklasse (II) | 55,5 | (0,3) | 5,6 | (1,0) | 40,9 | (2,3) | 14,8 | (1,4) | 38,7 | (2,1) |
| Routinedienstleistung (III) | 41,7 | (0,4) | 16,8 | (2,1) | 53,9 | (2,5) | 16,2 | (1,9) | 13,1 | (1,9) |
| Selbständige (IV) | 41,8 | (0,6) | 12,3 | (2,0) | 52,0 | (3,1) | 17,2 | (2,3) | 18,5 | (2,5) |
| Facharbeiter und leitende Angestellte (V, VI) | 34,6 | (0,3) | 15,4 | (1,3) | 66,7 | (1,8) | 9,5 | (1,2) | 8,5 | (1,1) |
| Un- und angelernte Arbeiter, Landarbeiter (VII) | 28,5 | (0,2) | 30,8 | (1,8) | 55,5 | (1,8) | 7,0 | (0,9) | 6,8 | (1,0) |
| Insgesamt | 45,2 | (0,4) | 14,0 | (0,8) | 47,2 | (1,3) | 11,9 | (0,5) | 26,9 | (1,3) |

* Die Angabe ‚Bezugsperson im Haushalt' basiert auf den Informationen des Vaters und, wenn diese nicht vorhanden sind, denen der Mutter. Fehlende Werte für 11,2 Prozent der Befragten wurden nach dem MI-Verfahren geschätzt.

IEA: Progress in International Reading Literacy Study © IGLU-Germany

Die Befürchtung, dass gerade die Eltern mit besonders hohem Einkommen die Angabe zum Familieneinkommen verweigern, konnte durch die in IGLU erfragten Daten nicht bestätigt werden. Der Anteil derjenigen, die ihre Einkommensverhältnisse nicht offengelegt haben, ist in der Gruppe der Selbständigen mit 37,3 Prozent am ausgeprägtesten. Tabelle VIII.4 bestätigt, dass mit der Dienstklasse und damit einhergehend mit dem beruflichen Prestige auch tendenziell das Einkommen steigt.[2] Auch wenn der Zusammenhang nicht regelhaft ist, so zeigt die Verteilung doch, dass in der oberen und unteren Dienstklasse jährliche Einkommen über € 40.000 eher häufiger und unter € 30.000 eher seltener als im Durchschnitt vorkommen. Ein umgekehrtes Bild zeigt sich bei den Routinedienstleistungen, Facharbeitern und bei den un- und angelernten Arbeitern.

Tabelle VIII.4: Jahreseinkommen der Familien nach dem Sozialschichtindikator EGP der Bezugsperson in Prozent (Standardfehler in Klammern)

| Sozialschicht der Bezugsperson* im Haushalt (EGP) | Unter 20.000 € | 20.000 bis 29.999 € | 30.000 bis 39.999 € | 40.000 bis 49.999 € | 50.000 bis 59.999 € | 60.000 € oder mehr | Keine Angaben |
|---|---|---|---|---|---|---|---|
| Obere Dienstklasse (I) | 3,7 (0,6) | 4,6 (0,8) | 10,0 (1,3) | 16,1 (1,4) | 15,4 (1,1) | 30,0 (2,2) | 20,3(1,4) |
| Untere Dienstklasse (II) | 6,5 (0,9) | 9,4 (1,1) | 20,6 (1,5) | 17,6 (1,2) | 13,2 (1,1) | 9,6 (1,1) | 23,1(1,6) |
| Routinedienstleistung (III) | 20,4 (1,9) | 15,1 (1,6) | 16,2 (2,1) | 9,7 (1,2) | 4,5 (0,8) | 2,1 (0,6) | 32,1(2,5) |
| Selbständige (IV) | 9,4 (1,4) | 12,8 (1,5) | 13,1 (1,5) | 10,0 (1,7) | 6,3 (1,0) | 11,1 (1,4) | 37,3(2,6) |
| Facharbeiter und leitende Angestellte (V, VI) | 15,0 (1,1) | 22,3 (1,2) | 22,2 (1,2) | 12,2 (0,9) | 3,9 (0,6) | 1,5 (0,3) | 23,0(1,4) |
| Un- und angelernte Arbeiter, Landarbeiter (VII) | 21,1 (1,2) | 21,8 (1,5) | 19,4 (1,3) | 5,7 (0,7) | 2,1 (0,4) | 0,7 (0,3) | 29,2(1,8) |
| Insgesamt | 13,0 (0,6) | 15,3 (0,6) | 17,7 (0,6) | 11,9 (0,5) | 7,3 (0,4) | 8,7 (0,7) | 26,3(1,1) |

* Die Angabe ‚Bezugsperson im Haushalt' basiert auf den Informationen des Vaters und, wenn diese nicht vorhanden sind, denen der Mutter. Fehlende Werte für 11,2 Prozent der Befragten wurden nach dem MI-Verfahren einfach geschätzt.

IEA: Progress in International Reading Literacy Study © IGLU-Germany

Für Kinder ist das Rollenvorbild der Eltern wichtig. Nicht nur die gemeinsam gestaltete Zeit prägt das Verhalten der Schülerinnen und Schüler, auch das bei den Eltern wahrgenommene Verhalten beeinflusst die eigene Entwicklung. So werden Kinder sowohl durch die gemeinsame Gestaltung der Freizeit als auch durch das einfache Vorleben wie selbstverständlich an verschiedene Aktivitäten herangeführt. Wie sich das Freizeitverhalten zwischen Familien unterschiedlicher Sozialschichten unterscheidet, soll exemplarisch anhand eines von den Eltern angegebenen Indikators für das Leseverhalten gezeigt werden. Tabelle VIII.5 ist zu entnehmen, dass Lesen als wichtige Freizeitaktivität in der oberen und unteren Dienstklasse am häufigsten zu beobachten ist. Mit niedrigerer Sozialschicht sinkt auch die Zustimmung zu der Frage, ob Lesen eine wichtige Aktivität sei.

2 Die Einkommen wurden in DM-Einheiten erfragt. Aufgrund der inzwischen vollzogenen Währungsumstellung sind die Kategoriengrenzen anhand des Umrechnungsfaktors 2:1 approximiert in €-Einheiten wiedergegeben.

Tabelle VIII.5: Angaben der Bezugspersonen zum Lesen als wichtige Aktivität nach Sozialschichtindikator EGP in Prozent (Standardfehler in Klammern)

| Sozialschicht der Bezugsperson* im Haushalt (EGP) | Lesen ist bei mir zu Hause eine wichtige Aktivität | | | |
|---|---|---|---|---|
| | Stimme stark zu | Stimme einigermaßen zu | Stimme wenig zu | Stimme überhaupt nicht zu |
| Obere Dienstklasse (I) | 54,5 (1,6) | 28,2 (1,2) | 13,5 (1,0) | 3,8 (0,6) |
| Untere Dienstklasse (II) | 49,5 (2,0) | 28,1 (1,6) | 16,0 (1,2) | 6,4 (0,8) |
| Routinedienstleistung (III) | 41,9 (2,7) | 28,1 (2,7) | 19,1 (1,9) | 10,9 (1,9) |
| Selbständige (IV) | 43,6 (2,5) | 28,3 (1,9) | 17,7 (2,1) | 10,4 (1,5) |
| Facharbeiter und leitende Angestellte (V, VI) | 35,2 (1,4) | 32,1 (1,6) | 22,3 (1,4) | 10,5 (0,8) |
| Un- und angelernte Arbeiter, Landarbeiter (VII) | 30,1 (1,6) | 33,0 (1,7) | 24,8 (1,5) | 12,0 (1,0) |
| Insgesamt | 41,7 (1,0) | 30,1 (0,7) | 19,3 (0,7) | 8,9 (0,5) |

* Die Angabe ‚Bezugsperson im Haushalt' basiert auf den Informationen des Vaters und, wenn diese nicht vorhanden sind, dessen der Mutter. Fehlende Werte für 11,2 Prozent der Befragten wurden nach dem MI-Verfahren geschätzt.

IEA: Progress in International Reading Literacy Study © IGLU-Germany

## 3. Migration

Der Tabelle VIII.6 ist der deutliche Unterschied in den Migrationsanteilen zwischen den alten und neuen Bundesländern zu entnehmen. Während in den neuen Bundesländern der Anteil von Kindern, deren Väter (3,1 %) und Mütter (1,6 %) nicht in Deutschland geboren wurden, gering ausfällt, ist dieser Anteil in den alten Bundesländern mit jeweils knapp über 20 Prozent erheblich höher. So wachsen gut 25 Prozent der Kinder in den alten Bundesländern in Familien auf, in denen mindestens ein Elternteil nicht in Deutschland geboren ist. Der entsprechende Anteil in den neuen Bundesländern liegt bei 4 Prozent. In den Städten ist dieser Anteil noch höher. Wenn man berücksichtigt, wo diese Familien wohnen, zeigt sich ein deutliches Stadt-Land-Gefälle. Familien ohne Migrationshintergrund wohnen zu 68,6 Prozent in Städten, bei Kindern aus Familien, in denen ein Elternteil im Ausland geboren ist, sind dies 81,7 Prozent. Der Anteil von Kindern, von denen beide Eltern eine Migrationsgeschichte haben, ist mit 84,7 Prozent in Städten am höchsten. Bei der hier vorgenommenen Definition, sind alle Familien, in denen beide Eltern in Deutschland geboren wurden, als ‚Familien ohne Migrationshintergrund' erfasst. Dies subsumiert auch die Familien, bei denen Personen aus der Generation der Großeltern nach

Deutschland gekommen sind und die somit zu der so genannten ‚dritten Generation' von Migranten zählen. Da, auch in Abhängigkeit vom Herkunftsland, für diese Gruppe eine unterschiedlich stark ausgeprägte Rückbesinnung auf die Herkunftssprache erfolgt, es aber nicht mehr zu einer faktischen Umkehr des sprachlichen Anpassungsprozesses an die deutsche Sprache kommt (Reich & Roth, 2002), wurden diese mit zu den ‚Familien ohne Migrationshintergrund' (in der Generation der Eltern) gezählt. Analysen zur Identifizierung dieser Familien anhand der Familiensprache stehen noch aus.

Tabelle VIII.6 ist zu entnehmen, dass durchschnittlich gut ein Fünftel der Kinder in Deutschland in Familien aufwachsen, die einen Migrationshintergrund in der Generation der Eltern haben. Dies ist ein Befund, der zum wiederholten Male deutlich werden lässt, dass es sich hierbei nicht mehr um ein Ausnahmephänomen handelt. Unter Berücksichtigung des Stichprobenverfahrens entsprechen diese Anteile auch denen für die 15-Jährigen ermittelten Werte in der PISA-Untersuchung. Dies belegt, dass zwischen den beiden ca. sechs Jahre auseinanderliegenden Familiengenerationen im Hinblick auf die zahlenmäßige Verteilung nach Migrationshintergrund keine substanziellen Unterschiede vorliegen.

Tabelle VIII.6: Anteil Familien, in denen beide bzw. ein Elternteil nicht in Deutschland geboren wurden, nach Regionen in Prozent (Standardfehler in Klammern)

| | Region | | Insgesamt |
|---|---|---|---|
| | Alte Länder | Neue Länder | |
| Vater | 20,8 (1,3) | 3,1 (0,6) | 18,3 (1,1) |
| Mutter | 20,2 (1,3) | 1,6 (0,5) | 17,5 (1,1) |
| Beide Eltern | 16,6 (1,2) | 1,0 (0,3) | 14,3 (1,0) |
| Ein Elternteil | 8,8 (0,5) | 2,8 (0,6) | 7,9 (0,4) |
| Mindestens ein Elternteil | 25,3 (1,4) | 3,8 (0,6) | 22,2 (1,2) |

IEA: Progress in International Reading Literacy Study © IGLU-Germany

Da in Deutschland der Unterricht in den Grundschulen in der Regel in Deutsch abgehalten wird, ist es für Kinder mit Migrationshintergrund bedeutsam, diese Majoritätssprache auf angemessenem Niveau zu erlernen. Rahmenbedingungen, die eine günstige Prognose für die Entwicklung der Zweitsprache Deutsch zulassen, sind u.a. eine längere Aufenthaltsdauer in Deutschland, ein frühes Erlernen der deutschen Sprache und ein regelmäßiger Umgang hiermit auch im familiären Umfeld. Darüber hinaus ist es für die sprachliche Entwicklung auch von Bedeutung, ob muttersprachlicher Unterricht besucht wird oder wie in den entsprechenden Peer-Groups der Kinder kommuniziert wird (Reich & Roth, 2002). Kindergärten oder Sportvereine seien hier nur exemplarisch genannt. Tabelle VIII.7 zeigt, zu welchem Zeitpunkt die Kinder nach Deutschland gekommen sind und welche Sprachen sie gelernt haben, ‚als sie klein waren'. Von den in IGLU befragten Kindern geben drei Viertel an, in Deutschland geboren und 14 Prozent noch vor der Einschulung nach Deutschland gekommen zu sein. Jedes zwanzigste Kind ist erst im Grundschulalter nach Deutschland gezogen. Der Anteil von Kindern, die im Ausland geboren wurden und dann nach Deutschland gezogen sind, beträgt somit gut ein Fünftel der Viertklässler. Aufgrund der frühen Umsiedlung und der geänderten Zuwanderungspolitik hat sich auch die Perspektive ihrer Eltern betreffend des permanenten Aufenthaltsrechts gewandelt. Während die allerersten Arbeitsmigranten noch mit der Absicht nach Deutschland gekommen waren, hier nur eine begrenzte Zeit zu arbeiten und zu leben, ist seit vielen Jahren der ständige Aufenthalt zur Perspektive geworden. Ein Wandel, der auch durch die Veränderung der Zuwanderungspolitik in den letzten 40 Jahren erklärt werden kann. Dies spiegelt sich ebenfalls in der Vermittlung der Sprachen wider. Mit nur wenigen Ausnahmen (5,3 %) haben praktisch alle Kinder bereits ‚als sie klein waren' Deutsch gelernt. Von den in IGLU explizit erfragten Migrationssprachen haben 5,4 Prozent der Schülerinnen und Schüler Türkisch, 4,3 Prozent Italienisch und weniger als ein Prozent Serbisch und Bosnisch gelernt. Jedoch ist die Liste der Sprachen, die die Kinder mit Migrationshintergrund gelernt haben, deutlich länger. Gut 30 Prozent der Kinder geben andere als die vier zuvor erwähnten Sprachen an, die sie als ‚kleine Kinder' gelernt haben. Eine differenzierte Analyse zu den Angaben der ‚anderen Sprachen' steht zu diesem Zeitpunkt noch aus. Allerdings kann man davon ausgehen, dass die Kinder ihre Sprachfähigkeiten bei der Beantwortung dieser Frage tendenziell eher über- als unterschätzen. Die sich zu über 100 Prozent addierenden Anteile deuten jedoch darauf hin, dass ein substanzieller Anteil von ca. 35 Prozent der Kinder mehrsprachig aufwächst. Wird dieser Anteil (unter dem Vorbehalt, dass die Kinder ihre Sprachkompetenzen überschätzen) dem der Familien ‚ohne Migrationshintergrund' (Tab VIII.1) von 77,8 Prozent gegenüber gestellt, wird deutlich, dass unter dieser Definition auch Kinder der dritten Migrationsgeneration zu finden sind. Inwieweit Kinder tatsächlich bilingual oder mit einer Muttersprache und einer (oder mehreren) erlernten Fremdsprachen aufwachsen, kann mit den vorliegenden Daten nicht geklärt werden. Als positiv bleibt aber anzumerken, dass sowohl aufgrund der multinationalen Herkunft der Eltern als auch der der Kinder neben Deutsch noch viele andere Sprachen von Viertklässlern verwendet werden.

Die Differenz zwischen den Angaben der Kinder zu 95 Prozent früh Deutsch gelernt zu haben und zu Hause nur zu 89,5 Prozent in Deutsch zu kommunizieren, könnte neben anderen Einflussvariablen wie Peer-Kontakten und dem Kindergarten darauf hinweisen, dass ein Anteil von Kindern erst in der Schule angefangen hat Deutsch zu lernen. Aufgrund der verbreiteten Praxis, den regulären Grundschulunterricht in deutscher Sprache zu halten, dürfte es insbesondere diesen Kindern zunächst schwer gefallen sein, dem Unterricht zu folgen.

Tabelle VIII.7: Angaben von Kindern über den Zeitpunkt ihrer Zuwanderung nach Deutschland und zu ihrer Familiensprache in Prozent (Standardfehler in Klammern)

| | | |
|---|---|---|
| *Angaben, seit wann die Kinder in Deutschland leben (in %)* | | |
| In Deutschland geboren | 74,7 | (0,8) |
| Vor der Grundschulzeit (5 und jünger) zugewandert | 14,2 | (0,6) |
| Während der Grundschulzeit zugewandert | 5,0 | (0,4) |
| Keine Angabe | 6,1 | (0,4) |
| *Sprachen, welche die Kinder gelernt haben (in %)* (Mehrfachnennungen waren möglich; allen Kindern wurde diese Frage gestellt) | | |
| Deutsch | 94,7 | (0,4) |
| Türkisch | 5,4 | (0,6) |
| Italienisch | 4,3 | (0,3) |
| Serbisch | 0,6 | (0,1) |
| Bosnisch | 0,8 | (0,1) |
| Andere Sprache | 29,6 | (0,9) |
| *Wie häufig sprechen die Kinder zu Hause deutsch (in %)* (allen Kindern wurde diese Frage gestellt) | | |
| Immer oder fast immer | 89,5 | (0,7) |
| Manchmal | 9,5 | (0,7) |
| Nie | 1,0 | (0,1) |

IEA: Progress in International Reading Literacy Study © IGLU-Germany

Seit den frühen Jahren der Anwerbung von Arbeitsmigranten hat sich die Zusammensetzung der zugewanderten Bevölkerung deutlich geändert. Dazu haben die verschiedenen Migrationsbewegungen wie Aussiedlung aus den ehemaligen deutschen Ostgebieten, die Fluchtmigration, die erhöhte Mobilität im Zuge der europäischen Einigung, aber auch der nach wie vor stattfindende Familiennachzug von Arbeitsmigranten sowie die Heiratsmigration beigetragen. Neben un- und angelernten Arbeitern und Facharbeitern gibt es hochqualifiziert ausgebildete Personen mit Studienabschlüssen, die aber aufgrund der schwierigen Arbeitsmarktlage und z.T. mangelnder Anerkennung von im Herkunftsland erworbenen formalen Qualifikationen zunehmend seltener eine diesen Qualifikationen entsprechende Beschäftigung finden. Weiterhin sind Veränderungen in der Arbeitsmarktplatzierung zu berücksichtigen, so die partielle Auflösung einer Arbeiterschicht durch Aufstiege in Angestellten- und Dienstleistungspositionen sowie die gestiegene Anzahl von Selbständigen. Dieses gemischte Bild von Beschäftigungen spiegelt sich auch in der Verteilung der EGP-Klassen für Personen mit Migrationshintergrund wider. Tabelle VIII.8 stellt die EGP-Klassen derjenigen Haushalte gegenüber, in denen beide Bezugspersonen in Deutschland bzw. eine oder beide im Ausland geboren wurde. Hier zeigt sich, dass ca. ein Fünftel der im Ausland geborenen Bezugspersonen Berufe ausüben, die zur oberen und unteren Dienstklasse zählen. Zwar ist dieser Anteil deutlich geringer als bei denen, die in Deutschland geboren wurden, aber mit gut 23 Prozent doch substanziell in der Gruppe von Familien mit Migrationshintergrund vertreten. Die Anteile der Routinedienstleistenden und Selbständigen ist in beiden Gruppen praktisch gleich, während der Anteil bei den Facharbeitern und leitenden Angestellten leicht und bei den un- und angelernten Arbeitern in Familien mit Migrationshintergrund deutlich höher ist.

Aufgrund sprachlich bedingter Barrieren, die sich zum Teil schon in der Schule abzeichnen, haben Eltern mit Defiziten in der deutschen Sprache beim Eintritt in den Arbeitsmarkt Probleme. Die in der Tabelle VIII.8 beschriebenen Bezugspersonen sind letztlich die, die ihren Platz im Arbeitsmarkt gefunden haben. Welche Qualifikationen diejenigen haben, die keine Anstellung haben, kann hier nicht geklärt werden.

Tabelle VIII.8: Sozialschicht (in Prozent) und mittlerer ISEI nach Geburtsland der Bezugspersonen im Haushalt (Standardfehler in Klammern)

| Sozialschicht der Bezugsperson* im Haushalt (EGP) (PV1) | Geburtsland der Bezugspersonen im Hauhalt (in %) | | |
|---|---|---|---|
| | Beide in Deutschland geboren | Mindestens eine im Ausland geboren | Insgesamt |
| Obere Dienstklasse (I) | 22,1 (1,2) | 12,6 (1,3) | 20,5 (1,0) |
| Untere Dienstklasse (II) | 19,0 (0,8) | 12,6 (1,5) | 17,9 (0,7) |
| Routinedienstleistung (III) | 8,7 (0,6) | 6,5 (1,0) | 8,3 (0,5) |
| Selbständige (IV) | 8,8 (0,5) | 8,8 (1,3) | 8,8 (0,5) |
| Facharbeiter und leitende Angestellte (V, VI) | 23,6 (0,9) | 28,4 (2,3) | 24,5 (0,9) |
| Un- und angelernte Arbeiter, Landarbeiter (VII) | 17,7 (0,8) | 31,1 (2,1) | 20,0 (0,8) |
| ISEI (Mittelwert) | 46,5 (0,5) | 40,4 (0,7) | 45,4 (0,5) |

* Die Angabe ‚Bezugsperson im Haushalt' basiert auf den Informationen des Vaters und, wenn diese nicht vorhanden sind, denen der Mutter. Fehlende Werte für 11,2 Prozent der Befragten wurden nach dem MI-Verfahren einfach geschätzt.

IEA: Progress in International Reading Literacy Study © IGLU-Germany

# 4. Leistungsbezogene Informationen

Die Sozialschicht (EPG-Klassen) der Eltern steht sowohl im Zusammenhang mit deren Bildungsabschlüssen als auch mit dem Familieneinkommen und dem *International Socio-Economic Index* (ISEI). Auf sie wird als Indikator für den sozialen Hintergrund der Familien Bezug genommen.

Abbildung VIII.2 verdeutlicht, welcher Zusammenhang zwischen dem Leseverständnis der Kinder und ihrem sozialen Hintergrund besteht. Der Abbildung ist zu entnehmen, dass das Leseverständnis der Kinder aus Elternhäusern, in denen die Bezugsperson einen Beruf in der oberen bzw. unteren Dienstklasse ausübt, am höchsten ist. Signifikant geringer fällt die mittlere Leistung in den Klassen der Routinedienstleistungen, Selbständigen, den Facharbeitern und leitenden Angestellten aus. Noch geringer ist das Leseverständnis von Kindern aus Haushalten un- und angelernter Arbeiter. Hier liegt das mittlere Leseverständnis ca. eine halbe Standardabweichung hinter den Kindern aus der oberen Dienstklasse. Dieser Unterschied entspricht rund der Differenz von einem Schuljahr und zeigt für die Klassen, in denen Kinder aus solch verschiedenen Elternhäusern kommen, mit welcher Leistungsheterogenität umgegangen werden muss.

Abbildung VIII.2 Lesekompetenz nach Sozialschicht der Bezugsperson im Haushalt* (EGP)

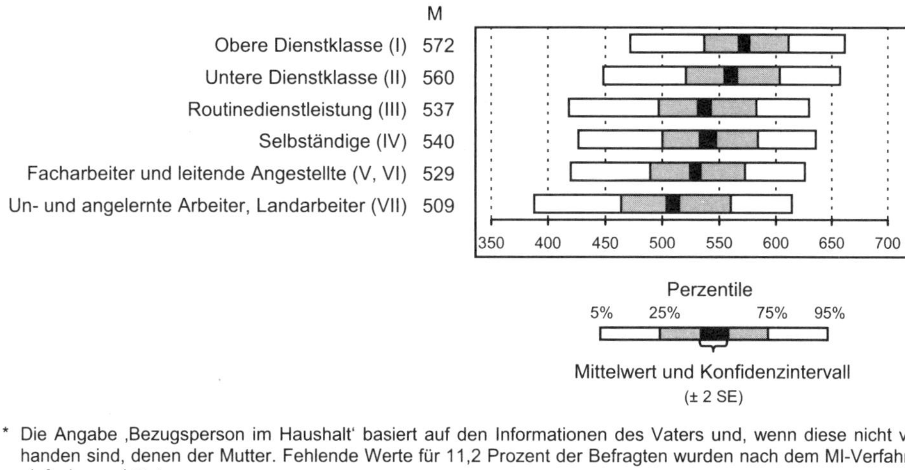


* Die Angabe ‚Bezugsperson im Haushalt' basiert auf den Informationen des Vaters und, wenn diese nicht vorhanden sind, denen der Mutter. Fehlende Werte für 11,2 Prozent der Befragten wurden nach dem MI-Verfahren einfach geschätzt.

IEA: Progress in International Reading Literacy Study

Für Abbildung VIII.2 lässt sich festhalten, dass mit steigender Sozialschicht der Familie und damit einhergehend mit zunehmender Bildungsnähe auch die durchschnittlichen Leistungen höher ausfallen und das Elternhaus somit eine wichtige Determinante für den Leistungsstand und den Bildungserfolg der Kinder darstellt. Der Abbildung kann auch entnommen werden, dass es deutliche Überlappungen in den Leistungsverteilungen der verschiedenen Sozialschichten gibt und somit der Zusammenhang zwischen Sozialschicht und Lesekompetenz als eng aber nicht deterministisch zu interpretieren ist.

In Abbildung VIII.3 sind die drei in der IGLU-Studie erfassten Kompetenzen gegenüber gestellt. Beim Lesen der Graphik ist zu beachten, dass der nationale Mittelwert in der Lesekompetenz aufgrund der Einbindung in die PIRL-Studie bei 539 Punkten liegen würde und die Kompetenzwerte in Mathematik und der naturwissenschaftlichen Komponente des Sachunterrichts national auf 500 normiert vorliegen. Für die nachfolgenden Abbildungen wurden die Mittelwerte und Streuungen der drei Kompetenzmaße einheitlich auf jeweils 100 bzw. 15 transformiert. So sind relative Vergleiche auch zwischen den Kompetenzen möglich, ohne dass hier die nominell höheren Werte des Leseverständnisses im Vergleich zu den anderen Kompetenzen fehlinterpretiert würden.

In Abbildung VIII.3 lässt sich prinzipiell auch das für die mathematische und naturwissenschaftliche Kompetenz beobachten, was zuvor für das Leseverständnis festgehalten wurde. Erwartungsgemäß schneiden die Kinder aus Haushalten mit den höheren EGP-Klassen besser und in den niedrigeren EGP-Klassen schlechter in den Kompetenztests ab. Sowohl beim Lesen als auch in Mathematik und den Naturwissenschaften lassen sich drei Leistungsgruppen unterscheiden. Die obere und untere Dienstklasse unterscheiden sich nicht in den mittleren Leistungen, heben sich aber in allen drei Kompetenzbereichen signifikant von den nachfolgenden Klassen ab. Desgleichen unterscheiden sich bei den drei Kompetenzen die Durchschnittsleistungen der Kinder aus Familien, in denen die Bezugspersonen Routinedienstleistungen verrichten, selbständig arbeiten oder Facharbeiter bzw. leitende Angestellte sind, nicht. Diese Dreiergruppe erreicht in keiner der getesteten Kompetenzen das Niveau der oberen und unteren Dienstklassen, hebt sich aber – ebenfalls in allen drei Fällen – positiv von den Leistungen der Kinder von un- und angelernten Arbeitern ab. Die Darstellung verdeutlicht somit, dass es eine einheitliche Staffelung der Kompetenzen gemäß der EGP-Klassen im Lesen, in der Mathematik und den Naturwissenschaften gibt.

Anhand von Korrelationsanalysen lässt sich nachweisen, dass prinzipiell zwar schwächere Leistungen in einer Kompetenz auch mit besseren in einer oder beiden anderen Bereichen einhergehen können, dass es aber nicht die Regel ist, schwache Leistungen, zum Beispiel im Lesen, durch gutes Rechnen zu kompensieren. Dass dies im Einzelfall gelingt, zeigen die zwar engen, aber nicht deterministischen Zusammenhänge zwischen allen drei Kompetenzen. Diesen ist zu entnehmen, dass das Leseverständnis mit den mathematischen und naturwissenschaftlichen Kompetenzen zu r = .60 bzw. r = .64 korreliert und die mathematischen mit den naturwissenschaftlichen zu r = .74. Gute Leistungen in einer der Kompetenzen sind somit oft auch mit guten Leistungen in den anderen verbunden – ohne, dass dieser Zusammenhang jedoch auf Individualebene zwingend so ausgeprägt ist.

Abbildung VIII.3: Lese-, mathematische und naturwissenschaftliche Kompetenz nach Sozialschicht der Bezugsperson* (EGP) im Haushalt (mit 95 %-Konfidenzintervallen der Gruppenmittelwerte)[3]

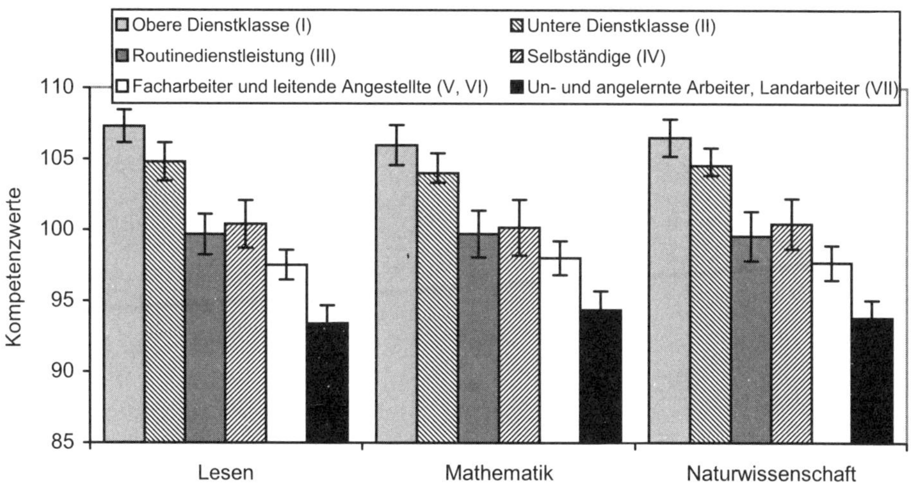


* Die Angabe ‚Bezugsperson im Haushalt' basiert auf den Informationen des Vaters und, wenn diese nicht vorhanden sind, denen der Mutter. Fehlende Werte für 11,2 Prozent der Befragten wurden nach dem MI-Verfahren geschätzt.

Für diese Gegenüberstellung wurden die Testwerte der Schüler in allen drei Kompetenzen jeweils einheitlich auf Mittelwerte von 100 und Standardabweichungen von 15 neu normiert. Die Relationen innerhalb der Skalen bleiben wie auf der Originalmetrik erhalten.

IEA: Progress in International Reading Literacy Study © IGLU-Germany

Der Zusammenhang zwischen dem sozialen Hintergrund und den Kompetenzen von Schülerinnen und Schülern ist in einer Reihe von Untersuchungen bereits analysiert

3 Die an den oberen Enden der Balken eingezeichneten Fehlerindikatoren kennzeichnen das 95-prozentige Vertrauensintervall für den abgebildeten Mittelwert. Unterschiede zwischen zwei Gruppen sind nur dann signifikant, wenn sich diese gekennzeichneten Vertrauensbereiche nicht überschneiden.

worden (Baumert & Schümer, 2001; Lietz, 1996). Die Koppelung zwischen dem sozialen Hintergrund der Schülerinnen und Schüler mit deren Leseverständnis ist ein generelles Phänomen in der Sekundarstufe. Substanzielle Unterschiede bestehen hier insbesondere in dem Grad des Zusammenhanges zwischen den verschiedenen Schultypen in Deutschland (Schwippert, 2002). In der PISA-Untersuchung wurde der Zusammenhang zwischen Kompetenz und sozialem Hintergrund als „sozialer Gradient" beschrieben (Baumert & Schümer, 2001, S. 386). Dieser gibt an, wie stark die für die Kinder ermittelten Kompetenzen von deren sozialem Hintergrund abhängen. Dort wurde festgestellt, dass es im internationalen Vergleich kein anderes Land gibt, bei dem die Veränderungsrate in der Lesekompetenz so stark vom sozioökonomischen Status abhängt wie in Deutschland. In der Stichprobe der 15-Jährigen ändert sich das Leseverständnis um fast eine halbe Standardabweichung, wenn der sozioökonomische Status um eine Standardabweichung variiert.

Da es sich bei der Stichprobe der 15-Jährigen um eine altersbasierte Stichprobe handelt, die nur eingeschränkt mit der klassenbezogenen Stichprobe von IGLU verglichen werden kann, wird im Folgenden der Zusammenhang zwischen dem sozialen Hintergrund von IGLU mit der Stichprobe von 9-Klässlern aus der PISA-Studie verglichen.[4] Vergleicht man anhand dieser beiden Stichproben nun den Zusammenhang zwischen dem höchsten sozioökonomischen Status der Bezugspersonen mit dem Leseverständnis der Kinder, so zeigt sich, dass dieser in den Grundschulen geringer ist als in der Sekundarstufe – dass also mit anderen Worten der soziale Gradient in der vierten Klasse flacher verläuft als in der neunten. Die entsprechenden standardisierten Regressionskoeffizienten (Korrelationen) liegen mit $r = .31$ für die vierte und mit $r = .36$ für die neunte Jahrgangsstufe nominell zwar nicht weit auseinander, zeigen aber, dass in der Stichprobe der älteren Schülerinnen und Schüler rund ein Drittel mehr Varianz in den Leistungen durch den höchsten sozioökonomischen Status erklärt wird als in der Grundschule. Die Leistungen in der Grundschule sind somit signifikant weniger vom sozialen Hintergrund abhängig als in späteren Schulstufen.

Als ein weiteres Merkmal von Familien wurde oben der Migrationshintergrund der Viertklässler beschrieben. In Abbildung VIII.4 sind die in den Tests ermittelten Kompetenzen für die Kinder aus Familien ohne und mit Migrationshintergrund aufgeführt. Bei den Familien mit Migrationshintergrund ist wieder zwischen Familien zu unterscheiden, bei denen eine Bezugsperson bzw. beide Bezugspersonen ihren Geburtsort im Ausland haben. Für alle drei Kompetenzen zeigt sich, dass Kinder aus

4 Wir danken Herrn Prof. Baumert und Frau Dr. Artelt für die bereitgestellten Informationen aus der PISA-Untersuchung.

Familien ohne Migrationsgeschichte am besten abschneiden. Um ca. ein Drittel Standardabweichung schlechter schneiden im Vergleich hierzu die Kinder aus Familien ab, in denen ein Elternteil im Ausland geboren wurden. Um nochmals rund eine halbe Standardabweichung schlechter schneiden Kinder im Lesen und in den Naturwissenschaften ab, wenn beide Eltern im Ausland geboren wurden. Dieser Malus ist in Mathematik weniger stark und beträgt insgesamt nur rund ein Drittel Standardabweichung. Dies lässt vermuten, dass die Leistungen in Mathematik weniger stark von den deutschsprachlichen Kenntnissen der Kinder abhängen als in den Naturwissenschaften bzw. im Lesen. Anhand der Abbildung VIII.4 lassen sich substanzielle Lernrückstände bei den Kindern aus Familien mit Migrationshintergrund feststellen. Dieser Befund war nach der Veröffentlichung der PISA-Befunde auch zu erwarten. Es zeigt sich jedoch, dass sich die relativen Abstände der Leistungen in den drei Kompetenzbereichen, soweit sie eingeschränkt verglichen werden dürfen, zwischen der Primar- und der Sekundarstufe unterscheiden.

Abbildung VIII.4: Lese-, mathematische und naturwissenschaftliche Kompetenz nach Migrationshintergrund (mit 95 %-Konfidenzintervallen der Gruppenmittelwerte)

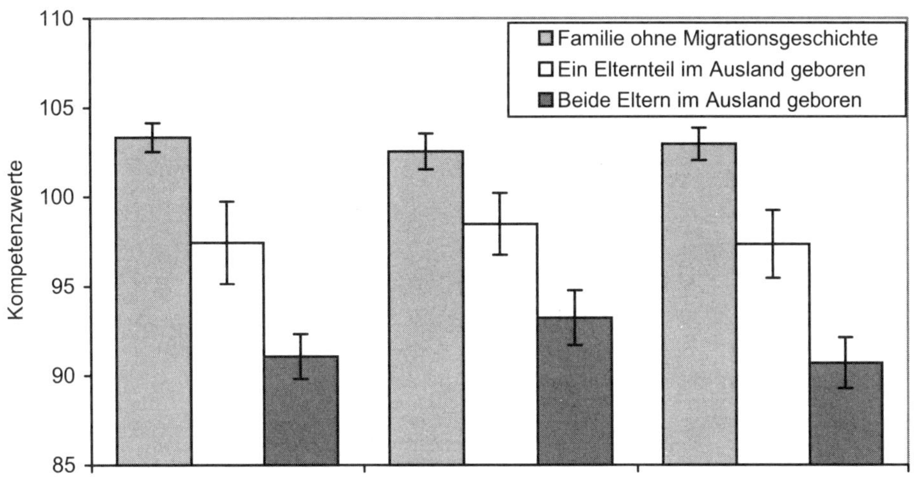


Für diese Gegenüberstellung wurden die Testwerte der Schüler in allen drei Kompetenzen jeweils einheitlich auf Mittelwerte von 100 und Standardabweichungen von 15 neu normiert.

IEA: Progress in International Reading Literacy Study © IGLU-Germany

In der PISA-Untersuchung bestehen in keiner der drei erfassten Kompetenzen Unterschiede zwischen den Leistungen von Kindern ohne Migrationshintergrund und Kindern, bei denen ein Elternteil im Ausland geboren wurden (Baumert & Schümer,

2001). Hingegen liegt in PISA die Differenz im Lesen und den Naturwissenschaften bei mehr als einer halben Standardabweichung (d = 0,64 und d = 0,71), wenn beide Eltern im Ausland geboren wurden. In Mathematik beträgt diese Differenz ‚nur' rund eine halbe Standardabweichung – und liegt somit wieder unter der Differenz der beiden anderen Kompetenzen entspricht aber immerhin noch der Differenz etwa eines Schuljahres.[5] Diese geringere Differenz kann als Bestätigung für die zuvor für die Grundschule formuliert Vermutung gewertet werden, dass sich in Mathematik ein deutschsprachliches Defizit weniger leistungsmindernd auswirkt als in den beiden anderen Kompetenzbereichen.

Abbildung VIII.5: Lese-, mathematische und naturwissenschaftliche Kompetenz nach Geschlecht der Schülerinnen und Schüler (mit 95 %-Konfidenzintervallen der Gruppenmittelwerte)

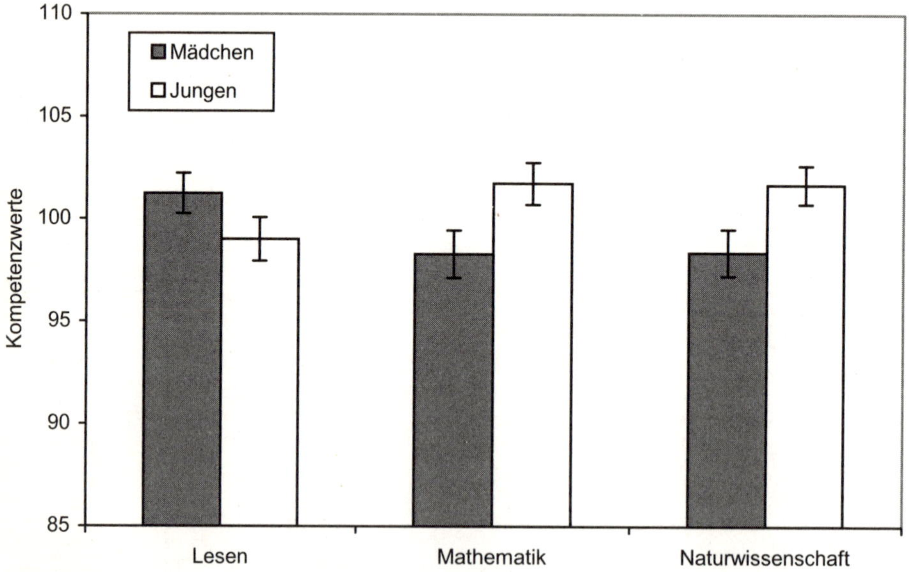


Für diese Gegenüberstellung wurden die Testwerte der Schüler in allen drei Kompetenzen jeweils einheitlich auf Mittelwerte von 100 und Standardabweichungen von 15 neu normiert.

IEA: Progress in International Reading Literacy Study © IGLU-Germany

Der Vergleich von IGLU- und PISA-Befunden zeigt, dass die Leistungen von Kindern aus Familien ohne Bezugsperson und mit einer Bezugsperson, die im Ausland geboren wurde, bei den 15-Jährigen verhältnismäßig geringer ausfallen als bei den Grundschülern. Hingegen bleibt bei 15-Jährigen aus Familien, in denen beide Eltern

5 Zum Verhältnis von Effektgrößen (Anteilen von Standardabweichungen) und dem Zuwachs zwischen zwei Schuljahren vgl. Kapitel IV.

einen Migrationshintergrund haben, der Leistungsstand noch weiter hinter dem ihrer Mitschülerinnen und Mitschüler zurück, bei denen mindestens ein Elternteil in Deutschland geboren wurde. Hier ist zu vermuten, dass die durch den Ausbau der sprachlichen Kompetenz erwartete Verbesserung in den schulischen Leistungen tatsächlich nur in Familien zum Tragen kommt, bei denen mindestens eine Bezugsperson Deutsch spricht.

Die Befunde in IGLU bezüglich der Kompetenzunterschiede zwischen Jungen und Mädchen bestätigen die bekannten Stereotype und bringen keine neuen substanziellen Ergebnisse. Die Mädchen sind im Lesen und die Jungen in Mathematik und den Naturwissenschaften besser. Der Abbildung VIII.5 sind die entsprechenden Werte zu entnehmen. Differenzierte Analysen auf Ebene der Kompetenzstufen und zu den spezifischen Stärken und Schwächen von Jungen und Mädchen folgen in einem späteren Band.

Abbildung VIII.6: Lese-, mathematische und naturwissenschaftliche Kompetenz nach Stadt vs. Land und alten vs. neuen Bundesländern (mit 95 %-Konfidenzintervallen der Gruppenmittelwerte)

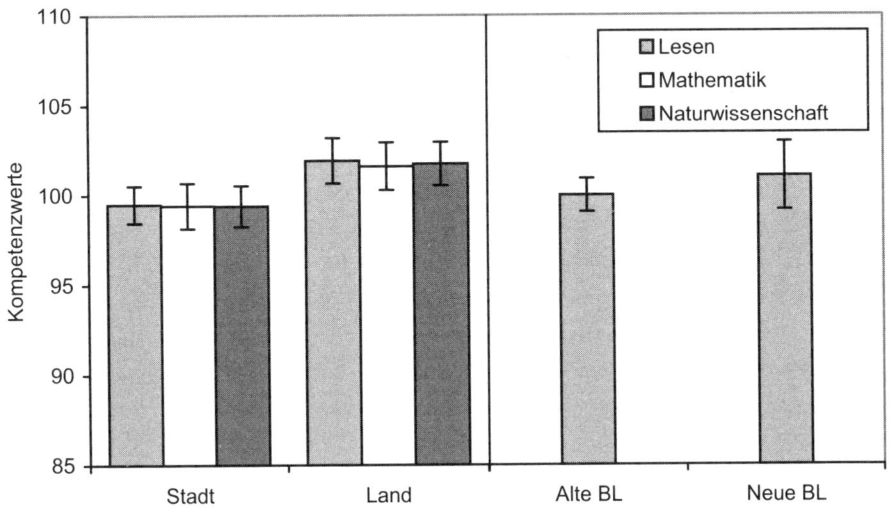


Für diese Gegenüberstellung wurden die Testwerte der Schüler in allen drei Kompetenzen jeweils einheitlich auf Mittelwerte von 100 und Standardabweichungen von 15 neu normiert.

IEA: Progress in International Reading Literacy Study © IGLU-Germany

Abschließend soll in diesem Abschnitt noch ein Blick auf regional bedingte Leistungsunterschiede geworfen werden. Hierzu werden die Kompetenzen nach der vom

Schulleiter gegebenen Information verglichen, ob die Schule in einer Stadt liegt oder nicht. Des Weiteren werden die alten mit den neuen Bundesländern und die fünf besten mit den fünf schwächsten Bundesländern verglichen. Da zwei Flächenstaaten aus den neuen Bundesländern nicht von dem Angebot Gebrauch gemacht haben, ihre Kinder auch in Mathematik und Naturwissenschaft (IGLU-E) zu testen wird hier der Vergleich auf das Leseverständnis beschränkt. In den Abbildungen VIII.6 und VIII.7 sind die Mittelwerte und Standardfehler der einzelnen Substichproben dargestellt. Abbildung VIII.6 ist zu entnehmen, dass nur im Leseverständnis ein signifikanter Vorsprung der Kinder aus ländlichen Gebieten besteht. Allerdings ist dieser Vorsprung mit nur einer Sechstel Standardabweichung gering. Weder in Mathematik noch in den Naturwissenschaften unterscheiden sich die Stadt- bzw. Landkinder. Darüber hinaus kann der Abbildung die Information entnommen werden, dass sich die Leistungen im Lesen nicht signifikant zwischen den alten und neuen Bundesländern unterscheiden.

Abbildung VIII.7: Lese-, mathematische und naturwissenschaftliche Kompetenz der fünf leistungsstärksten vs. der fünf leistungsschwächsten Bundesländer (mit 95 %-Konfidenzintervallen der Gruppenmittelwerte)

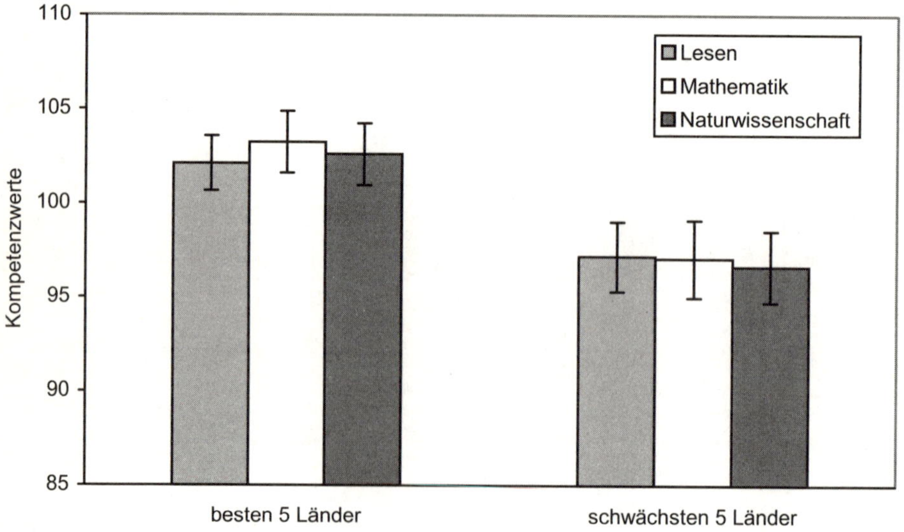


Für diese Gegenüberstellung wurden die Testwerte der Schüler in allen drei Kompetenzen jeweils einheitlich auf Mittelwerte von 100 und Standardabweichungen von 15 neu normiert.

IEA: Progress in International Reading Literacy Study © IGLU-Germany

Durchgängig signifikant unterschiedliche Leistungen finden sich hingegen zwischen den fünf besten und schwächsten Ländern,[6] wie der Abbildung VIII.7 zu entnehmen ist. Hier weisen die fünf besten Länder einen durchgängig signifikanten Vorsprung auf, der mit einer Drittel Standardabweichung im Lesen bzw. mehr als einer Drittel Standardabweichung in Mathematik und den Naturwissenschaften schon relevante Werte von dem erreichbaren Lernfortschritt in einem Schuljahr aufweist. In Deutschland finden sich also auch schon am Ende der Grundschulzeit nicht unerhebliche regionale Disparitäten, die in einem Folgeband genauer analysiert werden sollen.

## 5. Leistungsschwache Schüler

In einem Bildungssystem, in dem hinsichtlich der individuellen Voraussetzungen eine so heterogene Schülerschaft wie in Deutschland unterrichtet wird, ist auch mit einer weiten Streuung von Leistungen zu rechnen. Wie in den Kapiteln zur Lese-, Mathematik- oder Naturwissenschaftskompetenz (Kap. IV, V und VI) gezeigt, unterscheiden sich die 10-Jährigen in ihren Fähigkeiten untereinander deutlich. Ein zentrales Ziel im deutschen Bildungswesen ist, insbesondere leistungsschwache Kinder in den Blick zu nehmen, um sie durch entsprechende Förderung nicht den Anschluss im weiteren Lernverlauf verlieren zu lassen.

Lernen ist ein kumulativer Prozess, bei dem nicht nur Wissens- bzw. Fähigkeitsbausteine isoliert aufgesammelt werden, sondern diese Teile in sinnvolle Zusammenhänge zu bringen sind. Leistungsschwache Schüler stehen vor der Gefahr, dass sie aufgrund fehlender Kompetenzen, nicht die notwendigen strukturierenden Leistungen im Lernprozess erbringen können. Da in der Grundschule eine Basis für die künftige Lernentwicklung der Kinder geschaffen wird, sollen im Rahmen dieses Abschnitts diejenigen Kinder charakterisiert werden, die in einer oder mehreren der im Rahmen der IGLU-E-Studie getesteten Kompetenzen unter dem erwarteten Mindestniveau bleiben, das sie für eine erfolgreiche Weiterentwicklung in den drei betrachteten Kompetenzbereichen benötigen würden. Im Rahmen der Analysen werden leistungsschwache Kinder wie folgt definiert:

- Schwache Schüler im Lesen können nicht sinnentnehmend lesen. Sie können Buchstaben oder einzelne Wörter dekodieren, sind aber schon nicht mehr in der Lage, kurze Sätze sinnvoll zu verstehen. Diese Kinder erreichen

6 Die Bundesländergruppen wurden nach den Mittelwerten im Leseverständnis getrennt. Die Gruppe der fünf leistungsstärksten Länder umfasst 27,8 und die Gruppe der fünf leistungsschwächsten Länder 30,9 Prozent der Schülerstichprobe.

in dem Lesetest weniger als 451 Punkte. Dies entspricht einem Anteil von 10,3 % der Kinder in vierten Klassen.

- In Mathematik können schwache Schüler nur einfache Additionsaufgaben lösen und im Bereich der Geometrie einfache Figuren erkennen und durch einfaches Abzählen von Einheitsquadraten deren Größe abschätzen. Die Verfahren der Subtraktion und Multiplikation können nicht ausgeführt werden. Schwache Kinder in Mathematik erreichen weniger als 411 Punkte. Dies entspricht einem Anteil von ca. 18,6 % der Kinder in vierten Klassen.
- Schwache Schüler in den Naturwissenschaften verfügen maximal über einfaches naturwissenschaftliches Faktenwissen, ohne jedoch verschiedene Phänomene in Beziehung setzen zu können. Bei einigen Kindern geht das Wissen nicht über das Alltagswissen von Vorschulkindern hinaus. Schwache Kinder erreichen in den Naturwissenschaftstests maximal 400 Punkte. Der Anteil dieser Kinder in den vierten Klassen beträgt ca. 16,7 %.

In Abbildung VIII.8 sind die Anteile schwacher Kinder aufgezeigt, die in den drei Kompetenzbereichen nicht die zuvor beschriebenen Marken überschritten haben. Bei der Betrachtung werden der Migrationshintergrund, die Sozialschicht der Bezugspersonen und das Geschlecht der Schülerinnen und Schüler gegenüber gestellt. Wie sich bei der Beschreibung der Leistungsverteilung schon abzeichnete, sind es insbesondere die Kinder mit Migrationshintergrund und aus niedrigeren Sozialschichten, die in den gemessenen Kompetenzen als leistungsschwach identifiziert wurden. Je nach betrachteter Kompetenz gelten rund 25 bis 35 Prozent von Kindern aus Haushalten, in denen beide Bezugspersonen im Ausland geboren wurden, nach oben vorgestellter Definition als schwache Kinder. Dieser Anteil sinkt auf 13 bis 22 Prozentpunkte, wenn nur ein Elternteil im Ausland geboren wurde. Im Leseverständnis sind nur knapp 5 Prozent der Schülerinnen und Schüler als schwach identifiziert worden, bei denen beide Eltern in Deutschland geboren sind – in Mathematik und den Naturwissenschaften sind dies zwischen 10 und 14 Prozent.

Betrachtet man den mittleren Bereich der Abbildung VIII.8, fällt auf, dass mit abnehmenden Dienstklassen der Anteil an Kindern mit schwachen Leistungen in allen drei betrachteten Kompetenzen zunimmt. In der oberen und unteren Dienstklasse sind es jeweils nur ca. 3 bis 10 Prozent der Kinder, die im Lesen, Rechnen und den Naturwissenschaften schwache Leistungen erbringen. Im Gegensatz zu diesen Gruppen ist der Anteil in der Gruppe der un- und angelernten Arbeiter mit 20 Prozent im Lesen und knapp unter 30 Prozent in Mathematik und den Naturwissenschaften deutlich höher ausgeprägt. Die anderen drei Dienstklassen rangieren mit 9 bis 22 Prozent zwischen diesen beiden Gruppen.

Abbildung VIII.8: Anteil von schwachen Schülerinnen und Schülern in der Lese-, mathematischen und naturwissenschaftlichen Kompetenz nach Migrationsstatus, Sozialschicht der Bezugsperson* und Geschlecht der Kinder in Prozent

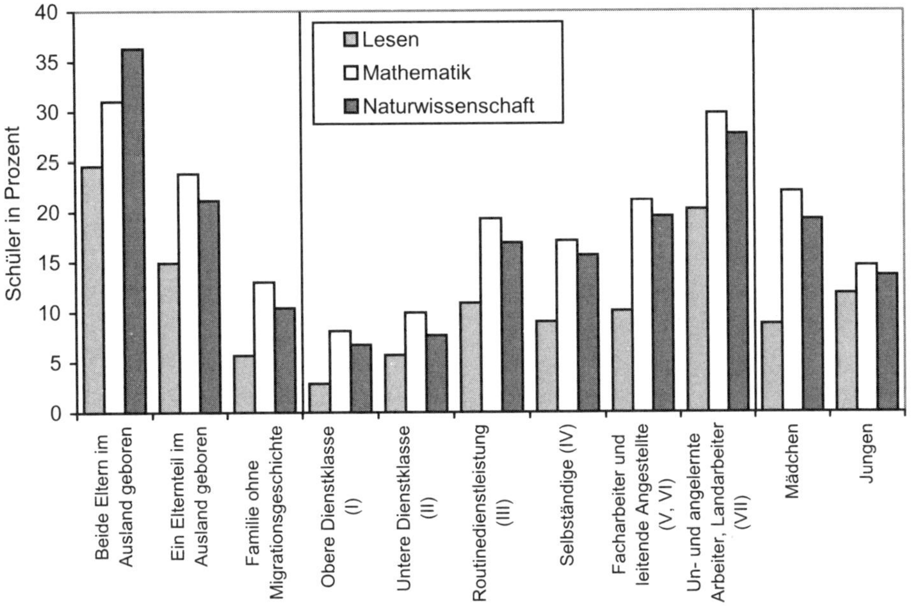


* Die Angabe ‚Bezugsperson im Haushalt' basiert auf den Informationen des Vaters und, wenn diese nicht vorhanden sind, denen der Mutter. Fehlende Werte für 11,2 Prozent der Befragten wurden nach dem MI-Verfahren einfach geschätzt.

IEA: Progress in International Reading Literacy Study © IGLU-Germany

Wie nach der Betrachtung der Leistungsunterschiede zwischen Jungen und Mädchen schon vermutet werden konnte, zählen relativ gesehen die Jungen eher im Lesen und die Mädchen eher in Mathematik und den Naturwissenschaften zu den schwachen Schülerinnen und Schülern, wobei sich der Geschlechtsunterschied aufgrund der vorgenommenen Definition besonders deutlich bei den Anteilen in Mathematik und Naturwissenschaften bemerkbar macht.

Diese bisher vorgenommenen univariaten Betrachtungen verschleiern die zum Teil schon angedeuteten verbundenen Häufigkeiten von Sozialschicht und Migrationsstatus der Familien. Um neben den betrachteten direkten Zusammenhängen zwischen den drei Gruppierungsvariablen auch deren Zusammenwirken zu sehen, wurde eine mehrfaktorielle Varianzanalyse berechnet, bei der neben den direkten Einflüssen des Migrationsstatus, der Sozialschicht und des Geschlechts auch die Interaktionen dieser Variablen mit auf dem Status der schwachen Schüler modelliert wurden. Hierbei zeigt sich bei allen drei erfassten Kompetenzen, dass neben den drei beschriebenen Haupteffekten auch die Interaktion Migration und Sozialschicht signifikant wird, also Familien mit Migrationshintergrund insgesamt überproportional aus niedrigeren Sozialschichten stammen. Alle anderen Interaktionen erreichen das Signifikanzniveau nicht. Dieser Befund bedeutet, dass die zuvor beschriebene isolierte Betrachtung des Migrationshintergrunds der Familien und der Sozialschicht der Bezugsperson gerechtfertigt ist, dass darüber hinaus aber auch noch das Zusammenwirken dieser beiden unabhängigen Variablen als bedeutsam zu berücksichtigen ist, wenn zum Beispiel Effektgrößen geschätzt werden sollen.

## 6. Internationale Vergleiche

Ergebnisse aus Schulleistungsuntersuchungen entfalten ihren Informationswert durch Vergleiche. Im Gegensatz zu etablierten normorientierten Tests, wie zum Beispiel dem Test zur Ermittlung des Intelligenzquotienten (IQ), liegen für die meisten Schulleistungstests keine normierten Vergleichsstichproben vor. Der Wert dieser kriteriumsorientierten Tests entsteht somit erst im Vergleich zwischen unterschiedlich gebildeten Gruppen. Bei ausreichend großen Stichproben können diese kriteriumsorientierten Tests jedoch auch normorientiert interpretiert werden. Bei den bisher vorgestellten Vergleichen sind bisher nur Daten der deutschen IGLU-Stichprobe berücksichtigt worden.

International wurde unter anderem der Geburtsort der Eltern genau wie in IGLU erfasst, so dass ein direkter Vergleich mit den zuvor beschriebenen Ergebnissen möglich ist. Hingegen wurde der Beruf der Eltern international nicht erfragt, so dass ein Vergleich über die Dienstklassenzugehörigkeit international nicht möglich ist. Da in einer Reihe von Studien belegt werden konnte, dass der heimische Buchbestand als Indikator für den soziokulturellen Hintergrund der Familien genutzt werden kann, wird dieser für die Abschätzung von Unterschieden zwischen Gruppen von unterschiedlichem Sozialstatus genutzt (Elley, 1994; Lietz, 1996; Schwippert, 2002). Da die im internationalen Vergleich berücksichtigten Variablen auch in der OECD / PISA-Untersuchung erfragt wurden, ist für 15 an dieser Studie teilnehmenden Länder der entsprechende Vergleichswert mit in die folgenden Abbildungen aufgenommen. Sowohl für die IGLU- als auch für die PISA-Studie sind die Leistungsdifferenzen jeweils in der Originalmetrik aufgenommen. Die Leistungen sind in beiden Studien international jeweils auf einen Mittelwert von 500 mit einer Standardabweichung von 100 normiert worden und beziehen sich somit auf alle teilnehmenden Länder der jeweiligen Studien.

Abbildung VIII.9: Leistungsvorsprung im Leseverständnis von Schülerinnen vor Schülern (PISA-Vergleichswerte wo möglich hinterlegt)

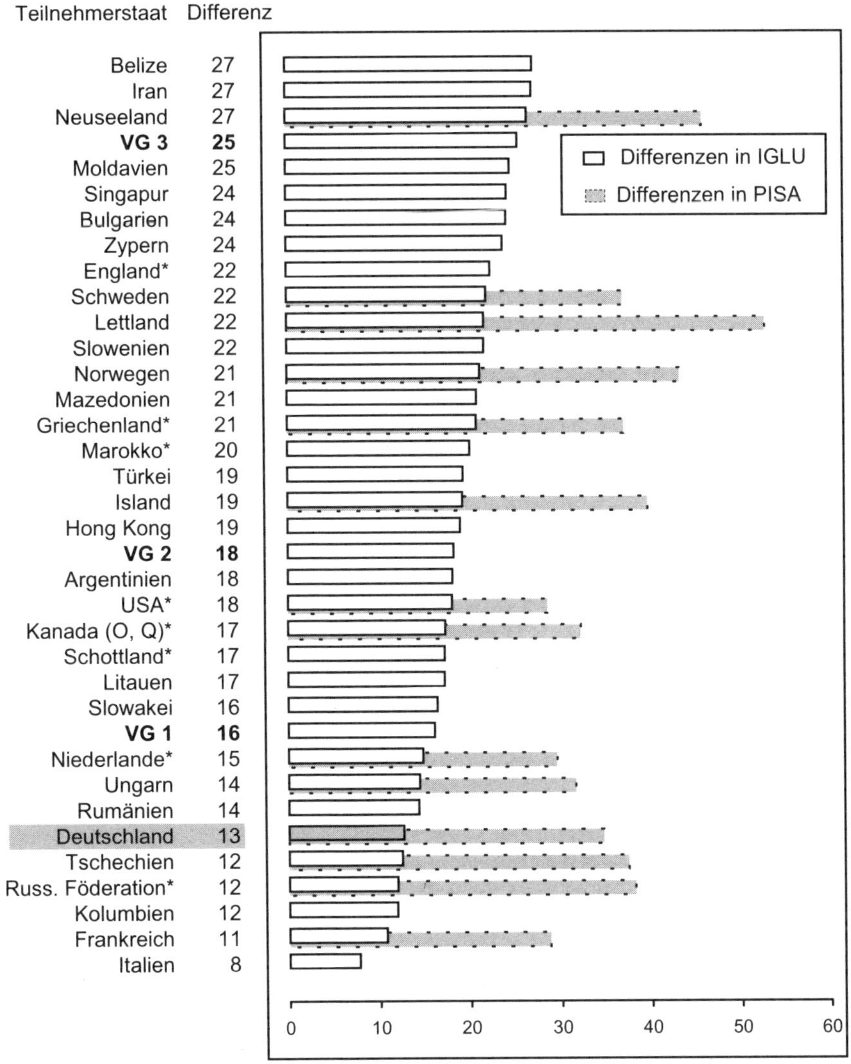


* Zu Besonderheiten der Stichproben vgl. Kapitel II.

[1] Kuwait wurde wegen extremer Unterschiede (48 Punkte) aus der Abbildung herausgenommen.

IEA: Progress in International Reading Literacy Study



Abbildung VIII.9 zeigt auf den ersten Blick, dass im Leseverständnis die Mädchen in allen Nationen einen Vorsprung vor den Jungen haben. Allerdings sind die Unterschiede in den Differenzen erstaunlich, sie schwanken von ca. einer zehntel bis zu einer viertel Standardabweichung. Aus deutscher Sicht relevant sind die mittleren Differenzen der Vergleichsgruppe 1 und 2 (VG 1 und VG 2). Die Differenz im Leseverständnis ist zwischen den Jungen und Mädchen in Deutschland geringer als in diesen beiden Vergleichsgruppen. Der Abbildung VIII.9 ist darüber hinaus auch zu entnehmen, dass die Nationen, die an der OECD / PISA-Studie teilgenommen haben, in der Stichprobe der 15-Jährigen durchgängig größere Leistungsdifferenzen aufweisen als in der Grundschule. Der Leistungsvorsprung der Mädchen scheint somit bei den 15-Jährigen insgesamt größer zu sein. Mit dem Blick auf Deutschland lässt sich feststellen, dass es unser Bildungssystem nicht schafft, die geringen Leistungsunterschiede der Grundschüler auch bei den 15-Jährigen aufzuweisen.

In Abbildung VIII.10 sind die Unterschiede im durchschnittlichen Leseverständnis von Kindern aus Familien mit unterschiedlichem sozialen Hintergrund aufgeführt. Als Indikator für den soziokulturellen Hintergrund und als Approximation für den Sozialstatus wurden hier Familien mit weniger bzw. mit mehr als 100 Büchern unterschieden. Mit einer Ausnahme erreichen in allen Nationen die Kinder aus Familien mit höherem Status ein höheres Leseverständnis als in der statusniedrigeren Gruppe. Deutschland nimmt, was die Größe des Leistungsabstandes angeht, einen Platz zwischen dem ersten und zweiten Drittel der Länder ein. Die Differenz ist mit deutlich weniger als einer halben Standardabweichung (ca. 40 Punkte) im Vergleich somit schon substanziell. Die mittleren Differenzen der für Deutschland relevanten Vergleichsgruppen 1 und 2 liegen nominell niedriger. Werden in den Vergleich wieder die in PISA belegten Differenzen einbezogen, wird hier ein auffälliger Befund sichtbar. Zusammen mit Ungarn weist Deutschland den größten Unterschied zwischen den Sozialgruppen auf. Mit fast 90 Punkten Differenz in der Gruppe der 15-Jährigen ist dieser Unterschied in diesen beiden Ländern am größten.

Die Leistungsunterschiede zwischen Kindern aus Familien mit und ohne Migrationshintergrund sind in Abbildung VIII.11 wiedergegeben. Auffällig ist hier, dass eine Gruppe von Ländern eine negative Differenz in den Testergebnissen zwischen den Familien, die keinen bzw. Familien in denen beide Eltern einen Migrationshintergrund haben, aufweist. Bei näherer Betrachtung, ohne späteren detaillierten Analysen vorzugreifen, handelt es sich hierbei um Länder, in denen die zugewanderten Familien einen tendenziell bildungsnäheren Status haben. Es handelt sich somit um Länder, in die die immigrierten Familien zum Teil aus wirtschaftlichen Gründen einreisten, aber im weitesten Sinne nicht als Wirtschaftsflüchtlinge gelten können. Vielmehr wird es sich bei diesen Familien um privilegierte Personengruppen handeln.

Abbildung VIII.10: Leistungsvorsprung im Leseverständnis von Kindern aus Familien mit mehr als 100 Büchern vor denen mit weniger als 100 Büchern (PISA-Vergleichswerte wo möglich hinterlegt)

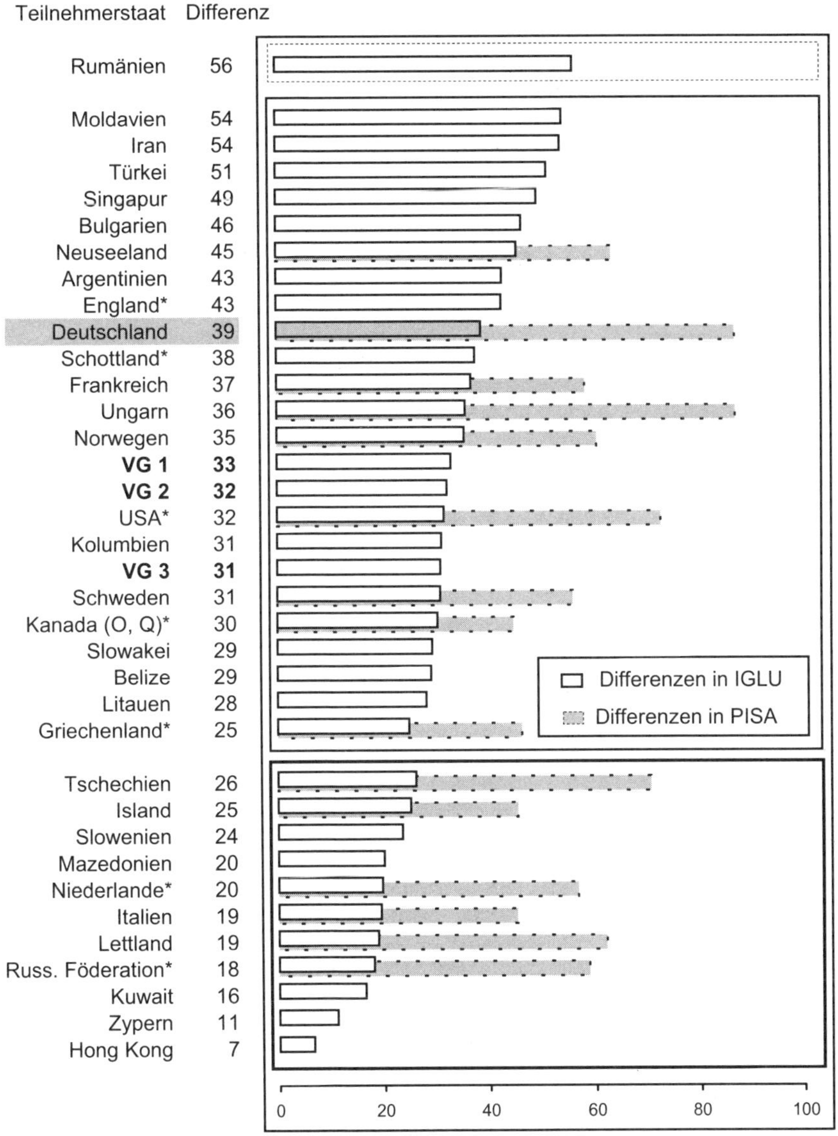


Länder, in denen die Differenz signifikant ($p < 0.5$) über der deutschen Differenz liegt.
Länder, in denen die Differenz nicht signifikant von der deutschen Differenz abweicht.
Länder, in denen die Differenz signifikant ($p < .05$) unter der deutschen Differenz liegt.

* Zu Besonderheiten der Stichproben vgl. Kapitel II.

[1] Marokko wurde wegen negativer Abweichungen (- 6 Punkte) aus der Abbildung herausgenommen.

IEA: Progress in International Reading Literacy Study

Abbildung VIII.11: Leistungsvorsprung im Leseverständnis von Kindern aus Familien ohne Migrationshintergrund vor Kindern, deren Eltern beide im Ausland geboren sind (PISA-Vergleichswerte hinterlegt)

| Teilnehmerstaat | Differenz |
|---|---|
| Bulgarien | 79 |
| Rumänien | 63 |
| Mazedonien | 59 |
| Norwegen | 58 |
| Deutschland | 55 |
| **VG 3** | **51** |
| Schweden | 45 |
| Niederlande* | 44 |
| Island | 39 |
| **VG 1** | **36** |
| Schottland* | 36 |
| Italien | 35 |
| Russ. Föderation* | 31 |
| Tschechien | 30 |
| Argentinien | 28 |
| Marokko* | 25 |
| Frankreich | 31 |
| USA* | 31 |
| Türkei | 30 |
| Kolumbien | 28 |
| Slowenien | 27 |
| Griechenland* | 26 |
| England* | 24 |
| **VG 2** | **22** |
| Ungarn | 21 |
| Litauen | 19 |
| Zypern | 18 |
| Iran | 15 |
| Kanada (O, Q)* | 14 |
| Belize | 12 |
| Neuseeland | -1 |
| Slowakei | -3 |
| Singapur | -7 |
| Hong Kong | -9 |
| Lettland | -10 |
| Moldavien | -14 |
| Kuwait | -20 |

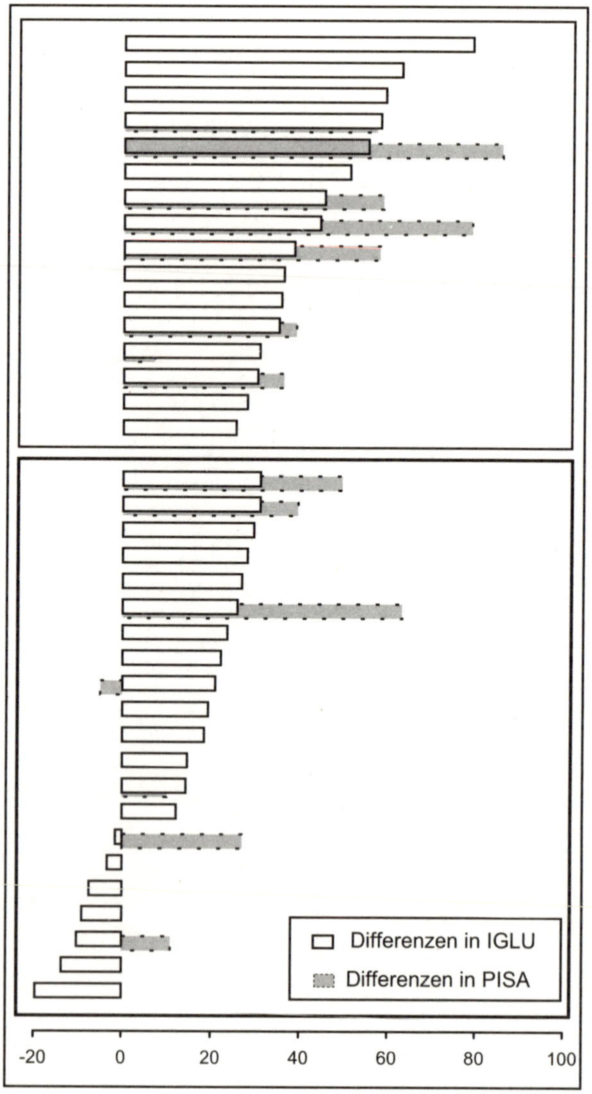


☐ Länder, in denen die Differenz nicht signifikant von der deutschen Differenz abweicht.
☐ Länder, in denen die Differenz signifikant (p < .05) unter der deutschen Differenz liegt.

* Zu Besonderheiten der Stichproben vgl. Kapitel II.

IEA: Progress in International Reading Literacy Study

In Deutschland ist die Differenz im Leseverständnis von Kindern, deren Eltern beide in Deutschland bzw. beide im Ausland geboren wurden, mit mehr als einer halben Standardabweichung groß. Kein anderes Land weist eine signifikant größere Differenz als Deutschland auf. Die durchschnittlichen Differenzen der Vergleichsgruppen 1 und 2 liegen unter bzw. weit unter der der Deutschen. Dass gerade die europäischen Vergleichsländer eher zu denen zählen, bei denen die Differenzen tendenziell größer ausfallen als in den anderen Nationen, lässt noch mal deutlich werden, welche pädagogischen Bemühungen noch im Rahmen der Europäisierung zu leisten sind. Bei späteren inhaltlichen Vergleichen dieser länderspezifischen Lcistungsdifferenzen sind u.a. unterschiedliche Einwanderungssituationen zu berücksichtigen.

Auch im Vergleich mit den Differenzen, die zwischen den OECD-Ländern berechnet wurden, verliert Deutschland nicht seine zweifelhafte Spitzenposition. Kein anderes der für diesen Vergleich zur Verfügung stehenden 15 Länder weist für die Stichprobe der 15-Jährigen größere Differenzen aus. Hier zeigt sich, dass der Malus für Kinder aus Familien, in denen beide Eltern im Ausland geboren wurden, auch in der Sekundarstufe noch zu beobachten ist und nicht wie erhofft (gemessen an den relativen Differenzen) kleiner als in der Grundschule ist. Auch wenn in den meisten dieser Länder die Differenz bei den älteren Schülerinnen und Schülern größer ist als bei den Kindern aus der Grundschule, so ist sie in einigen doch in etwa gleich geblieben oder fällt sogar geringer aus.

## 7. Zusammenschau

Bei der Beschreibung des sozialen Umfeldes der in IGLU getesteten deutschen Schülerstichprobe zeigt sich, dass die Sozialschicht der Eltern bzw. der familiären Bezugsperson mit höheren Bildungsabschlüssen und zudem auch besseren Einkommensverhältnissen zusammenhängen. Kinder aus Familien mit diesem Hintergrund haben sowohl ein bildungsnahes als auch ein wirtschaftlich abgesichertes Zuhause – zwei Faktoren, die für die Prognose der zukünftigen Entwicklung schon in anderen Untersuchungen als positiv herausgestellt wurden. Kinder hingegen, deren Eltern Berufe ausüben, die eher auf ein geringeres Prestige verweisen, sind auch eher als bildungsfern zu charakterisieren und verfügen darüber hinaus auch ökonomisch über weniger Ressourcen.

Die Auswertung der Kompetenztests belegt, dass Kinder tendenziell schlechter abschneiden, wenn ihre Eltern niedrigeren Sozialschichten angehören. Da, wie gezeigt wurde, die Sozialschicht im Zusammenhang mit dem Bildungsabschluss der Eltern steht, ist davon auszugehen, dass schlechter abschneidende Kinder eher aus bildungsferneren als bildungsnahen Elternhäusern stammen. Als für die deutschen Grundschulen erfreulich kann der Befund der vergleichenden Untersuchung des Zusammenhangs zwischen dem sozioökonomischen Status und dem Leseverständnis zwischen der IGLU- und der PISA-Stichprobe gewertet werden. Der schwächer ausgeprägte Zusammenhang in der Grundschule weist darauf hin, dass hier die von den Kindern erbrachten Leistungen weniger von ihrem sozialen Umfeld abhängen als in der Sekundarstufe. Offenbar gelingt es in Deutschland der Grundschule noch, soziale Disparitäten vergleichsweise gering zu halten, während diese im Verlauf der Sekundarstufe I deutlich zunehmen. Diese zunehmende Disparität kann auch als ein sich beschleunigendes Auseinanderdriften der Leistungen in den weiterführenden Schulen interpretiert werden. Somit ließen sich die Befunde von Schneider, Stefanek & Dotzler (1997) und von Baumert, Roeder, Sang & Schmitz (1986) in Einklang bringen, da in der ersten Untersuchung ein negativer Schereneffekt für die Grundschule und in der zweiten ein positiver für die Hauptschulen beobachtet wurde. Diese nationalen Befunde werden zudem auch durch internationale Vergleiche gestützt. Auch wenn der Indikator des heimischen Buchbestandes nur als einfacher Schätzer für den Sozialstatus der Familien dienen kann, so kann gezeigt werden, dass in Deutschland durch den sozialen Hintergrund bedingte Unterschiede beunruhigende Ausmaße annehmen. Während die Differenzen in der Grundschule mit knapp ein Drittel Standardabweichung schon bedeutend sind, so sind diese in der Stichprobe der 15-Jährigen mit fast einer Standardabweichung alarmierend, da dies anders ausgedrückt dem Unterschied von rund zwei Schuljahren entspricht. Es scheint, dass sich die gerade noch als durchschnittlich zu interpretierende Koppelung von Leistung und Sozialschicht der Grundschüler in den weiterführenden Schulen in Deutschland verstärkt.

Wenig besser ist es um den Stand der Kinder aus Familien mit Migrationshintergrund bestellt. So kann anhand der vorgelegten Analysen gezeigt werden, dass Kinder aus Elternhäusern, in denen eine oder beide Bezugspersonen nicht in Deutschland geboren wurden, zunehmend schlechtere Leistungen in den erfassten Kompetenzen zeigen. Als auffällig wurde hierbei die mathematische Kompetenz beschrieben. Bei dieser fallen die Leistungen von Kindern mit Migrationshintergrund weniger stark hinter den Leistungen von Kindern aus Familien ohne Migrationshintergrund zurück. Dieser Befund wurde auf eine schwächere Bindung des Unterrichtsgegenstandes an die deutsche Sprache interpretiert. In der Gegenüberstellung von IGLU- und PISA-Befunden konnte die besondere Bedeutung der Sprache noch weiter belegt werden. Während es in allen drei getesteten Kompetenzbereichen in der Grundschule noch signifikante Unterschiede gibt zwischen Kindern aus Familien ohne Migrationsgeschichte und Kindern aus Familien, in denen eine Person in

Deutschland und eine außerhalb geboren wurde, ist dieser Unterschied bei den 15-Jährigen nicht vorhanden. Dieser Befund kann so interpretiert werden, dass das von Lehmann, Peek & Gänsfuß (1997) vermutete sprachliche Entwicklungspotenzial von Migranten nur von den Kindern genutzt wurde, die zumindest eine deutschsprachige Bezugsperson haben. Das heißt, dass die Sekundarstufe I die offensichtlich notwendige Unterstützung für Kinder, die keine familiäre deutschsprachige Bezugsperson haben, nicht bietet.

Die für Kinder aus Familien mit Migrationshintergrund aufgezeigten Befunde erhalten eine besondere Brisanz, wenn die Ergebnisse des internationalen Vergleichs mit herangezogen werden. Hier zeigt sich, dass Deutschland nach Norwegen die nominell größte Diskrepanz zwischen Kindern aus Familien ohne Migrationshintergrund und Kindern aus Familien, in denen beide Eltern einen Migrationshintergrund haben, in den Leistungen aufweist, wie in keinem anderen vergleichbaren europäischen Staat. Dieser beunruhigende Befund erhält seine Bedeutsamkeit dadurch, dass Deutschland seine ‚Spitzenposition' auch bei den Vergleichsstaaten zeigt, die an der PISA-Untersuchung teilgenommen haben. Bei keinem der 15 Länder, die sowohl an IGLU als auch PISA teilgenommen haben, ist diese Differenz bei den 15-Jährigen so groß wie in Deutschland. Dass trotz guten allgemeinen Abschneidens der in Deutschland getesteten Schülerinnen und Schüler in der Grundschule die Probleme von Kindern mit Migrationshintergrund hier besonders ausgeprägt sind, deutet darauf hin, dass eine frühzeitige Intervention – zum Beispiel durch sprachliche Frühförderung – in und vor der Grundschule notwendig ist.

Bei der Betrachtung regionaler Unterschiede in den Leistungsverteilungen Deutschlands zeigt sich mit Ausnahme des deutlichen Unterschieds zwischen den fünf besten und den fünf schwächsten Ländern ein nur wenig differenziertes Bild. So konnte bezogen auf die Lesekompetenz kein Unterschied zwischen den alten und neuen Bundesländern festgestellt werden und auch für die Leistungen zwischen ländlichen und städtischen Gegenden konnte kein substanzieller Unterschied nachgewiesen werden.

Zusammenfassend ließe sich hier somit feststellen, dass das von Peisert beschriebene ‚katholische Arbeitermädchen vom Lande' heute eine andere Stellung im Bildungssystem hätte als noch vor 30 Jahren. Jedenfalls kann mit dem Blick auf die Befunde von IGLU und IGLU-E dargelegt werden, dass weder das Geschlecht noch der Wohnort in Stadt oder Land systematische Einflüsse auf den Erwerb von Kompetenzen haben. Hinweise für Zusammenhänge beim Kompetenzerwerb lassen sich hingegen sowohl in der kulturellen Tradition und dem Sozialstatus der Familie finden als auch in prinzipiellen Unterschieden zwischen Gruppen von Bundesländern.

Differenzierende Analysen bundeslandspezifischer Unterschiede stehen an dieser Stelle noch aus. Die vorgelegten nationalen Befunde deuten – gestützt durch internationale Vergleiche – darauf hin, dass sich die Situation in deutschen Grundschulen besser darstellt als in der Sekundarstufe I. Auch wenn aufgrund der vergleichenden Analysen ausgemacht werden konnte, dass Probleme, die insbesondere die Abhängigkeit der Leistung vom Sozialstatus und von der Migrationsgeschichte der Familien betreffen, in der Grundschule schon angelegt sind, scheinen sich diese erst in der Sekundarstufe deutlich zu verstärken und zuzuspitzen.

Auch wenn deutsche Grundschülerinnen und -schüler im internationalen Vergleich besser abschneiden als unsere 15-jährige Schülerinnen und Schüler, bleibt die Qualifizierung der vorschulischen Bildung und der Grundschularbeit – insbesondere auch mit dem Ziel des Ausgleichs sozialer Disparitäten – eine bildungspolitische Aufgabe von zentraler Bedeutung. Die Grundschule als diejenige Einrichtung, die als einzige für die Förderung aller Schülerinnen und Schüler unabhängig von sozialer Herkunft und Vorleistungen zuständig ist, hat eine Funktion, die gerade im Rahmen der derzeitigen Gesamtarchitektur des deutschen Schulsystems von herausragender Bedeutung ist. Was auf der Ebene der Grundschule nicht gelingt, lässt sich offenbar – dies zeigen die PISA-Befunde – auf der Ebene der Sekundarstufe I nicht mehr kompensieren. Vielmehr ist nach den PISA-Befunden davon auszugehen, dass sich die auf der Ebene der Grundschule nicht befriedigend gelösten Probleme auf der Ebene der Sekundarstufe I weiter verschärfen. Das auf der Ebene der Grundschule erreichte Leistungsniveau hat wesentlichen Einfluss auf den weiteren Verlauf von Bildungskarrieren. Insbesondere Schülerinnen und Schüler, die im Rahmen von IGLU zur unteren Leistungsgruppe gehören, werden den Anschluss an das Lernen der Sekundarstufe I nur mit Mühe finden und mit hoher Wahrscheinlichkeit auch gegen Ende ihrer Pflichtschulzeit zur ‚Risikogruppe' zählen.

## Literatur

Arbeitsgruppe Bildungsbericht. (1994). *Das Bildungswesen in der Bundesrepublik Deutschland.* Reinbeck: Rowohlt.

Baumert, J., Bos, W. & Watermann, R. (1999). *TIMSS/III. Schülerleistungen in Mathematik und den Naturwissenschaften am Ende der Sekundarstufe II im internationalen Vergleich* (2. Aufl.). Berlin: Max-Planck-Institut für Bildungsforschung.

Baumert, J., Roeder, P. M., Sang, F. & Schmitz, B. (1986). Leistungsentwicklung und Ausgleich von Leistungsunterschieden in Gymnasialklassen. *Zeitschrift für Pädagogik* (5), 639–660.

Baumert, J. & Schümer, G. (2001). Familiäre Lebensverhältnisse, Bildungsbeteiligung und Kompetenzerwerb. In J. Baumert, E. Klieme, M. Neubrand, M.

Prenzel, U. Schiefele, W. Schneider, P. Stanat, K.-J. Tillmann & M. Weiß (Hrsg.), *PISA 2000. Basiskompetenzen von Schülerinnen und Schülern im internationalen Vergleich* (S. 323–407). Opladen: Leske + Budrich.

Bourdieu, P. (1983). Ökonomisches Kapital, kulturelles Kapital, soziales Kapital. In R. Kreckel (Hrsg.), *Soziale Ungleichheiten* (S. 183–198). Göttingen: Schwartz (Soziale Welt, Sonderband 2).

Bourdieu, P. (1999). *Die feinen Unterschiede. Kritik der gesellschaftlichen Urteilskraft* (11. Aufl.). Frankfurt a.M.: Suhrkamp.

Ditton, H. (1992). *Ungleichheit und Mobilität durch Bildung. Theorie und empirische Untersuchung über sozialräumliche Aspekte von Bildungsentscheidungen.* Weinheim: Juventa.

Elley, W. B. (1994). *The IEA Study of Reading Literacy: Achievement and instruction in thirty-two school systems.* Exeter: Pergamon.

Erikson, R., Goldthorpe, J. H. & Portocarero, L. (1979). Intergenerational class mobility in three Western European societies: England, France and Sweden. *British Journal of Sociology, 30*, 341–415.

Ganzeboom, H. B. G. & Treiman, D. J. (1996). International comparable measures of occupational status for the 1988 International Standard Classification of Occupations. *Social Science Research, 25*, 201–239.

Honaker, J., Joseph, A., King, G. & Scheve, K. (2000). *Amelia: A program for missing data* (Version 2.0). Harvard University.

International Labor Office. (1990). *International standard classification of occupations. ISCO-88.* Geneva: International Labor Office.

King, G., Honaker, J., Joseph, A. & Scheve, K. (2001). Analyzing incomplete political science data: An alternative algorithm for multiple imputation. *American Political Science Review, 95* (1), 49–69.

Lehmann, R. H., Peek, R. & Gänsfuß, R. (1997). *Aspekte der Lernausgangslage von Schülerinnen und Schülern der fünften Klassen an Hamburger Schulen.* Hamburg: Behörde für Schule, Jugend und Berufsbildung, Amt für Schule.

Lietz, P. (1996). *Changes in reading comprehension across cultures and over time.* Münster: Waxmann.

Little, R. J. A. & Rubin, D. B. (1987). *Statistical analysis with missing data.* New York: John Wiley & Sons.

Peisert, H. (1967). *Soziale Lage und Bildungschancen in Deutschland.* München: Piper.

Reich, H. H. & Roth, H.-J. (2002). *Spracherwerb zweisprachig aufwachsender Kinder und Jugendlicher.* Hamburg: Freie und Hansestadt Hamburg, Behörde für Bildung und Sport, Amt für Schule.

Schnabel, K. U. & Schwippert, K. (2000). Schichtenspezifische Einflüsse am Übergang auf die Sekundarstufe II. In J. Baumert, W. Bos & R. Lehmann (Hrsg.), *TIMSS/III. Dritte Internationale Mathematik- und Naturwissenschaftsstudie – Mathematische und naturwissenschaftliche Bildung am Ende der Schullaufbahn. Bd.1: Mathematische und naturwissenschaftliche*

*Grundbildung am Ende der Pflichtschulzeit* (S. 261–281). Opladen: Leske + Budrich.

Schneider, W., Stefanek, J. & Dotzler, H. (1997). Erwerb des Lesens und des Rechtschreibens: Ergebnisse aus dem SCHOLASTIK-Projekt. In F. E. Weinert & A. Helmke (Hrsg.), *Entwicklung im Grundschulalter*. Weinheim: Beltz.

Schwippert, K. (2002). *Optimalklassen: Mehrebenenanalytische Untersuchungen.* Münster: Waxmann.

Statistisches Bundesamt Deutschland. (2002). *Erwerbstätigkeit*. Verfügbar unter: http://www.destatis.de/basis/d/erwerb/erwerbtab1.htm [5.3.2003].

# Abbildungsverzeichnis

# Tabellenverzeichnis